ELGA ČECHOVÁ
HELENA TRABELSIOVÁ
HARRY PUTZ

DO YOU WANT TO SPEAK CZECH? I.

CHCETE MLUVIT ČESKY? 1. DÍL

(CZECH FOR BEGINNERS)

3. vydání, Liberec 1997

Sazba: Pantype Liberec
Vytiskla: Severografie Most

ISBN 80-902165-1-X

PREFACE

Do You Want To Speak Czech? is a new textbook for teaching and learning Czech, one of the first such books designed specifically for English-speaking foreigners to appear on the market. Its aim is to present the principles of the Czech language in the most accessible form.

Czech is an inflected language with a rich system of declension, a fact that has led all existing textbooks to subordinate the communicative aspect of the language to the grammar.

The main principle of our textbook, on the contrary, is communication – you will learn the principles of Czech by means of the conversational method. Following this method, you will be able to use the language in all spheres of social life: in the city; at the hotel; in restaurants, shops, post offices, and other places of business; at the railway station, the airport, the customs office, and on the highway; and so on. You will be able to make appointments and give invitations, as well as to conduct both social conversation and simple negotiations in Czech. At the same time you will be learning the necessary grammar, including the system of declension and the conjugation of verbs.

The textbook is illustrated. The introductory picture-lesson will enable you to begin to understand Czech by learning the most common expressions and words. Knowledge of these expressions will help you to learn grammar in the lessons that follow.

At the end of the book you will find a key to all the exercises and translations of the Czech texts into English, so that you will be able to work independently. We have added easy-to-survey charts of declension, conjugation and prepositions. They will help you to gain a complete view of the Czech grammatical system. There is also a glossary at the end of the book containing the necessary vocabulary. For self-learners two ninety-minute cassettes are available.

This textbook was originally published in the German version and has been translated into English by the Janua agency and Dr. Miloš Kopal.

The final proof-reading of the text of this textbook has been carried out by Richard Hunter.

We hope you will enjoy your study of Czech and this book will make it easier for you. Every beginning is difficult, but "bez práce nejsou koláče" **("without work there is no cake")**, or, as we can say in English, **"no pain, no gain".**

We wish you every success.

The authors

We also offer two-week summer courses (also possible during the year) and correspondence courses.

Information from: Harry Putz
P. O. Box 89
460 31 Liberec
Česká republika

E-Mail: harrputz@mbox.vol.cz

A second edition "Do you want to speak even better Czech" is also available.

DOBRÝ DEN! **GOOD DAY!** (can be used instead of good morning / good afternoon / good evening)

How are you?

I'm well, thank you. And you?

I am well too, thank you. Good-bye!

Good-bye!

MOJE RODINA

MY FAMILY

KDO TO JE? = KDO JE TO?

WHO IS IT?

To jsem já.
To je manželka.
To je dcera.
To je syn.

This is me.
This is my wife.
This is my daughter.
This is my son.

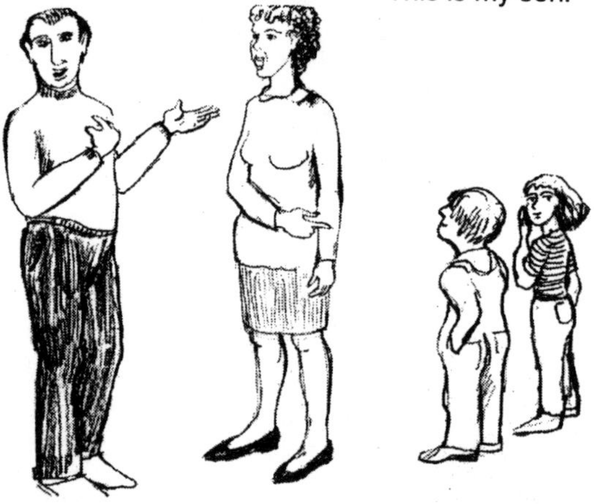

JAK SE JMENUJETE?

WHAT'S YOUR NAME?

Syn se jmenuje Tomáš.
Dcera se jmenuje Jana.
Jmenuju se Petr.
Manželka se jmenuje Alena.

My son is called Tomáš.
My daughter is called Jana.
My name is Petr.
My wife is called Alena.

CO TO JE? = **CO JE TO?** WHAT IS IT?

TO JE . . . THIS IS . . .

KDO TO JE?

M

hote**l**
a hotel

obcho**d**
a shop

pá**n**
a gentleman

F

škol**a**
a school

restaurac**e**
a restaurant

tramva**j**
a tram

N

měst**o**
a town, city

aut**o**
a car

metr**o**
metro
underground (U. K.)
subway (U. S.)

KDE JE PETR?

WHERE IS PETR?

-e

ve škol**e** LOC. CASE
at school

v aut**ě**
in the car

ve měst**ě**
in the city

v Pra**ze**
in Prague

v obchod**ě**
in the shop

OTHER ENDINGS

-e, -ž, -š, -č, -ř, -c, -j, -ď, -ť, -ň

-i

v restaurac**i**
in the restaurant

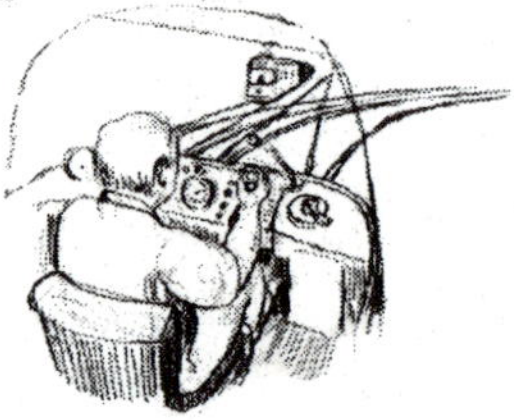

v tramvaj**i**
in the tram

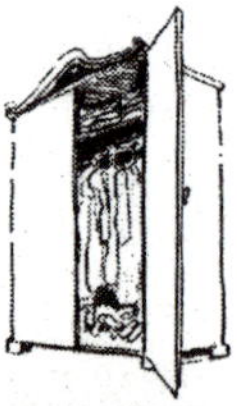

To je skříň.
This is a wardrobe.

ve skřín**i**
in the wardrobe

International words: **-u**

v metr**u**
in the metro
in the subway
in the underground

v hotel**u**
in (at) the hotel

JÍDELNA

CANTEEN

Co to je?
Kdo to je?

What is it?
Who is it?

čaj
tea

káva
coffee

houska
roll

rohlík
roll

chleba (chléb)
bread

svetr
sweater

židle
chair

talíř
plate

stůl
table

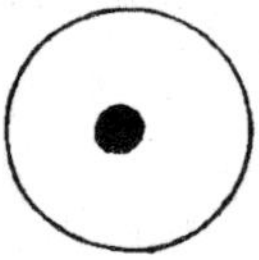

v, ve

in, at

na

on

Kde je . . .?
Where is . . .?
(to show that in Czech no pronoun is necessary)

Je v . . . He (she, it) is in . . .
Je na . . . He (she, it) is on . . .

Kde je Alena?

Je v jídelně.
She is in the canteen.

Kde je káva?

Je na stole.
It is on the table.

Kde je svetr?

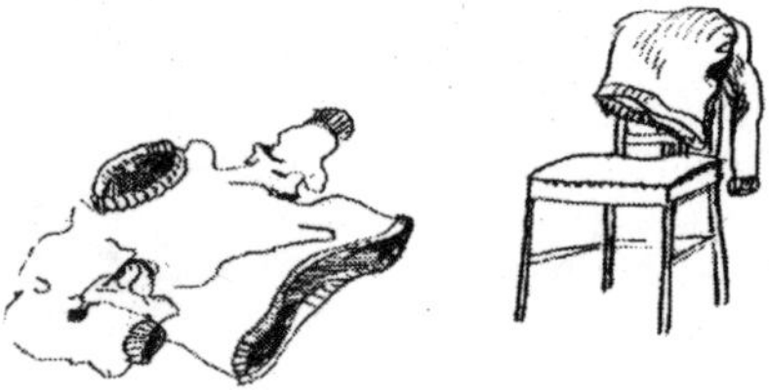

Je na židli.
It is on the chair.

Kde je houska?

Je na talíři.
It is on the plate.

stojí
he is standing

sedí
he is sitting

leží
he is lying

Kde leží . . .?
stojí . . .?

Where is . . . (lying)?
. . . (standing)?

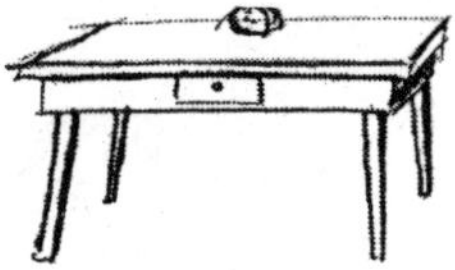

Houska leží na stole.
The roll is (lying) on the table.

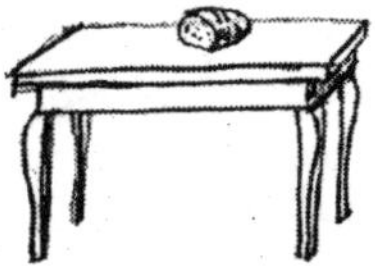

Chleba leží na stole.
The bread is (lying) on the table.

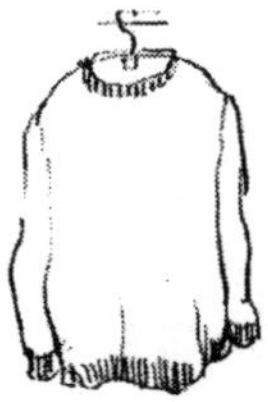

Svetr leží na židli.
The sweater is (lying) on the chair.

Petr stojí v jídelně.
Petr is standing
in the canteen.

Židle stojí v jídelně.
The chair is (standing)
in the canteen.

Stůl stojí v jídelně.
The table is (standing)
in the canteen.

1			2		
JEDEN	M	one	DVA	M	two
JEDNA	F		DVĚ	F	
JEDNO	N		DVĚ	N	

M 1  jed**en** rohlík

2  dv**a** rohlík**y**

F 1  jed**na** houska

2  dv**ě** housk**y**

-y

F 1  jed**na** židle

2 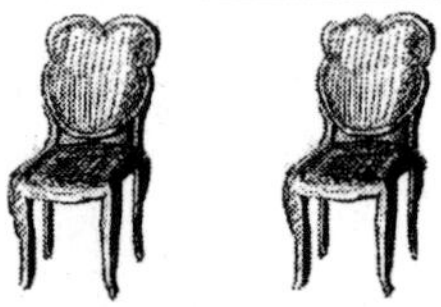 dv**ě** židl**e**

-e

M 1  jed**en** čaj

2 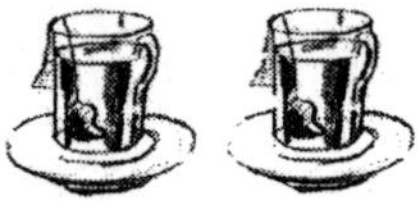 dv**a** čaj**e**

N 1  jed**no** auto

2  dv**ě** aut**a**

-a

! M 1
(M animate)

 jed**en** student

2  dv**a** student**i**

CO TO JE?
WHAT IS IT?

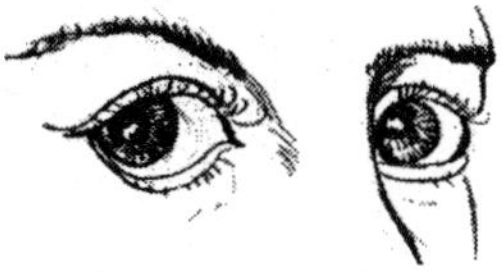

CO VIDÍM?
WHAT DO I SEE?

M
JEDEN

Vidím . . .
I see . . .

jeden stůl = jeden stůl **1**

N
JEDNO

jedno auto = jedno auto **1**

F
JEDNA

a > u

1

jedna houska x jedn**u** housk**u**
manželka x manželk**u** **1**

e > i

jedna židle x jedn**u** židl**i** **1**
jedna restaurace x jedn**u** restaurac**i**

! F **skříň** (F. Cons.)

to je skříň – vidím skříň

1

KAM JDE?

WHERE IS HE GOING?

Jde do hotel**u**.
He is going to the hotel.

Jde do obchod**u**.
He is going to the shop.

M -u

Jde do škol**y**.
He is going to the school.

Jde do jídeln**y**.
He is going to the canteen.

F -y

Jde do metr**a**.
He is going to the metro.

N -a

Jde do měst**a**.
He is going to the town.

M, F, N -e, -ž, -š, -č, -ř, -c, -j, -ď, -ť, -ň: **-e**

Jde do poko**je**.
He is going to the room.

Jde do restaura**ce**.
He is going to the restaurant.

Jde do tramva**je**.
He is getting on the tram.

Co to je?
What is it?

Co je v pokoji?
What is in the room?

Co vidím?
What do I see?

WOULD ANSWER IN ACC

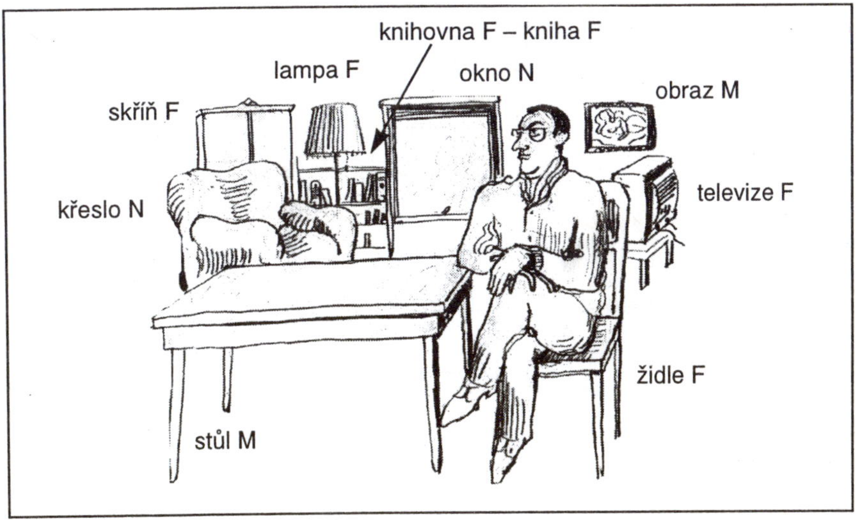

JAKÝ JE HOTEL? WHAT IS THE HOTEL LIKE? **M jaký**

Hotel je velk**ý**.
The hotel is big.

Hotel je mal**ý**.
The hotel is small.

JAKÁ JE ŽIDLE? WHAT IS THE CHAIR LIKE? **F jaká**

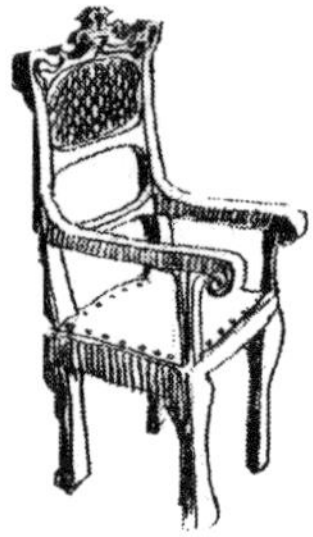

Židle je velk**á**.
The chair is big.

Židle je mal**á**.
The chair is small.

JAKÉ JE AUTO? WHAT IS THE CAR LIKE? **N jaké**

Auto je velk**é**.
The car is big.

Auto je mal**é**.
The car is small.

CZECH SOUNDS (ČESKÉ HLÁSKY)

VOWELS (vokály, samohlásky):

short (krátké)	**a**	**e**	**i**	**o**	**u**		**y**
long (dlouhé)	**á**	**é**	**í**	**ó**	**ú**	**(ů)**	**ý**

´ čárka
° kroužek
ˇ háček

DIPHTHONGS (dvojhlásky): **ou au eu**

CONSONANTS (konsonanty, souhlásky):

b c č d ď f g h ch j k l m n ň p r ř s š t ť v z ž
(w x q)

hard **(tvrdé)**	**h ch k g r d t n**
soft **(měkké)**	**č ř š ž c j ď ť ň**
neutral **(neutrální)**	**b f l m p s v z**
voiced **(znělé)**	**b d ď g h v z ž**
unvoiced **(neznělé)**	**p t ť k ch f s š**

Czech ALPHABET (česká abeceda):

a,á b c č d ď e,é(ě) f g h ch i,í j k l m
n ň o,ó p q r ř s š t ť u,ú,ů v w x
y,ý z ž

PRONUNCIATION (výslovnost):

Vowels:
- a – as in answer
- e – as in ten
- i – as in termination
- o – as in opposite
- u – as in look

Consonants:
- c – similarly as in its
- č – as in cheer
- g – as in good
- h – as in home
- ch – as in the Spanish word "general"
- j – as the first consonant in use
- k – as in climate
- ř – pronounced as r, trying to say ž at the same time
- š – as in she
- w – there is no difference in the pronunciation of "v" and "w" in Czech
- x – as in bricks
- ž – as in the French word "journaliste"

Vowels "e/ě", "i", "y":

Soft consonants + **e, i** (! soft consonants are always followed by "i")

ď ť ň	+ e	=	**dě tě ně**	dělám, na stěně
	+ i	=	**di ti ni**	divadlo, naproti, nic – soft
	+ í	=	**dí tí ní**	dívám se, svítí, není

X

Hard consonants + **e, y** (! hard consonants are always followed by "**y**")

de te ne	deset, ten, není
dy ty ny	tady, tyto ženy – hard
dý tý ný	mladý, týden, nýt

g – h – ch – k – r – ř – c – č – z – ž – s – š – j **+e** → never precede „**ě**" – only „**e**":

hezký, chemie, keks, genitiv, bere, řeka, cesta, čeká, zelený, žene, zase, naše, jestli

d – t – n – b – p – v – m → can precede „**ě**":

bě [bje] **+ě** **– at the end of a word –** na obědě, ve městě, na stěně, o stavbě, na mapě, na návštěvě, mě, v domě
pě [pje]
vě [vje]
mě [mně]

+e, ě **– inside a word „e" or „ě" –** den x děti, ten x tělo, nemá x něco, bere x oběd, pere x pět, vede x věta, mele x město

STRESS (PŘÍZVUK)

The stress falls on the first syllable.
One-syllable prepositions always carry the stress: bez – do – ke – ku – na – o – od – po – pod – pro – před – přes – při – se – u – ve – ze – za

do školy – [**do**školy], na lavici – [**na**lavici], ve třídě – [**ve**třídě]

ASSIMILATION (ASIMILACE, SPODOBA)

– A voiced consonant from the list below changes to its **unvoiced** equivalent at the end of a word:

kov → [kof]
zub → [zup]
had → [hat]

v – f
b – p
d – t

grog	→	[grok]	**g – k**
sníh	→	[sních]	**h – ch**
obraz	→	[obras]	**z – s**
jeď	→	[jeť]	**ď – ť**
muž	→	[muš]	**ž – š**

– In a group all consonants are pronounced either voiced or unvoiced according to the last consonant in the group.

unvoiced: tužka [tu**š**ka], obchod [o**p**chot], odpoledne [o**t**poledne],
voiced: kdo [**g**do], když [**g**dy**š**], shora [**z**hora]

– In two-word combinations where the two words are pronounced as one:
po**d** stolem [po**t**stolem], be**z** peně**z** [be**s**pene**s**], ví**š** dobře [ví**ž**dobře], **v** pondělí [**f**pondělí], **v** jídelně [**v**jídelně]

EXERCISES (CVIČENÍ)

a – á

Praha, Kanada, lampa, mapa, má, dá, mává, máma, žádá, svatá, malá, zábava, Sázava, nadává, laskavá, kavárna, hádavá

e – é

den, vede, deset, pere, neteče, nechceme, nemele, nebere, dnes je ten den, mé, tvé, lépe, déle, nejlépe, nejdéle

i, y – í, ý

mi, my, vyl, pil, lil, ryby, chyby, vily, vidličky, vymyslili, ví, jí, prý, líný, bílý, míří, slíbily, žijící, milými, vířící

o – ó

potom, pokoj, dopis, poledne, odpoledne, chodba, vagon, gramofon, program, Evropa, rok, hovor, horko, gól

u – ú, ů

budu, ruku, kus, hůl, kůl, kůň, půjdu, dupu, u sudu, buchtu, domů, pánům, profesorů, profesoru, trojúhelník, útok, lhůtu, kusů

ě

běhá, běží, tobě, oběma, obědvá, trpěl, pěšky, pět, spěchá, má naspěch, spěte, na mapě, pěkně, věří, úvěr, věno, svědek, světlý, svět, Věra, země, město, městečko, náměstí, umění, úsměv, změna, vzpomněl, věděl, děkuji, děvče, výdělek, dědeček, seděl, k vodě, tělo, štěstí, kotě, těší se, vítězí, těsně, ve městě, něco, Němec, špatně, sněží, sněhobílý, mě, mně, město, měsíc, měli, měna, zaměstnání

di, dí – ti, tí; dy, dý – ty, tý

dím – dým, ti – ty, mladí – mladý, škodí – škody, rádi – rády, díky – dýky, radí – rady, chodí – schody, vodí – vody, tiká – tyká, čistí – čistý, hostí – hosty, cítí – city, svítí – svity, vrátí – vraty

ni, ní – ny, ný

zvoní – zvony, sní – sny, hodní – hodný, psaní – psaný, dni – dny, páni – pány, daní – daný, krásní – krásný

e, é – ě

děj – dej, vědě – vede, němá – nemá, daně – dané, těma – téma, stěna – sténá, utěrka – úterka, rovně – rovné

ou

houpou, hloupou, poslouchá, moucha, houká, strouhou, smlouvou, louka, knihou, hloubá, moukou, troubí, moudrý, houska
!!! používá – poukazuje – poučuje – doučuje (o + u pronounced separately)

ř

třída, vepředu, dveře, nahoře, moře, skříň, dobře, talíř, příbor, přicházejí, přináší, přítel, středa, přestávka, řády, převzala, přišel, příklady, přístroj, přestane, říká, otevře, tři, křeslo, prostředek

č

černý, červený, ručník, večer, vidlička, čistý, čaj, omáčka, vyučování, český, čtvrtek, učím se, včera, proč, čeština, Čech, Češka, čtu, čteme, končí, člověk, začíná, prodavačka

ž

židle, žlutý, leží, nože, rýže, protože, lžíce, manžel, žena, prohlížíme, že, život, žije

z

vzadu, na obraze, zítra, zvoní, cizinec, zelený, televize, za chvíli, zajímavý, rozumějí, v Praze, cizí

h

nahoře, hnědý, hodiny, ahoj, vhodný, tehdy, duha, ohromí, pohybuje, huť, hloubá, hodný, hezký, hodina, prohlížejí, koho, ho

h – ch

pohyby – pochyby, sluhu – sluchu, míhat – míchat, hlad – chlad, huť – chuť, hýbá – chyba, hloupá – chlouba, nahází – nachází, hodí – chodí

r – ř

dobré – dobře, večery – večeří, zahraje – zahřeje, rým – Řím, rasa – řasa, hory – hoří, var – vař, bratry – bratři

Assimilation

obchod, teď, odpoledne, kamarádka, hezký, kde, kdo, obraz, na shledanou, nerad, přestávka, procházka, odpovídající, hlad, zpěv, lávka, muž, nůž, dívka, Bernd, polévka, tužka, uprostřed,
dívka – dívek, tužka – tužek, chyba – chyb, muž – muži, nůž – nože, obraz – obrazu, rád – rádi, třída – tříd, hezký – hezoučký, kniha – knih, prohlídka – prohlídek

Preposition + Noun

na fakultě, na chodbě, na televizi, na stole, na skříni, na poště, na okně, na rádiu, na židli, na náměstí, na nádraží, na obraze, na lampě
ve třídě, ve škole, ve skříni, ve městě, ve stole, ve filmu, ve slovníku, v nemocnici, v divadle, v Německu, v Kanadě, v rodině, v rádiu, v domě, v restauraci, v hotelu, v noci
v obchodě, v práci, v Čechách, v kině, v pokoji, v knize, v Praze, v posteli, v okně, v televizi, v koleji, v kavárně, v programu, v češtině, v přízemí, v Americe, v ústavě, v Anglii, v autě, v Evropě, v Kanadě

L1

a	and
ale	but
Angličan M	Englishman
ano	yes
barevný, -á, -é	coloured
bílý, -á, -é	white
být, já jsem	to be, I am
cizinec M	foreigner (M)
cizinka F	foreigner (F)
co	what
Čech M	Czech (noun)
Češka F	Czech (noun)
černý, -á, -é	black
červený, -á, -é	red
den M	day
dítě N	child
dobrý, -á, -é	good
dole	down
hezký, -á, -é	nice, pretty
hnědý, -á, -é	brown
já	I
jako	as, like
jaký, -á, -é	what, what sort
kde	where
kdo	who
kniha F	book
koberec M	carpet
květina F	flower
lampa F	lamp
malý, -á, -é	small
mladý, -á, -é	young
moderní	modern
modrý, -á, -é	blue
my	we
muž M	man
nahoře	up
ne	no
nový, -á, -é	new
obraz M	picture
okno N	window
on, ona, ono	he, she, it
ošklivý, -á, -é	ugly
pán M	Mr, gentleman
paní F	Mrs, lady
pero N	pen
pokoj M	room
postel F	bed
profesor M	professor
profesorka F	woman-professor
prosím	please, you are welcome
rádio N	radio
sešit M	exercise-book
slovo N	word
slovník M	dictionary
skříň F	cabinet
starý, -á, -é	old
student M	student (M)
studentka F	student (F)
stůl M	table
tady	here
taky = také	also, too
tam	there
tamten, tamta, tamto	that
televize F= **televizor** M	television set
tenhle, tahle, tohle	this
tužka F	pencil
ty	you
uprostřed	in the middle
vedle	next to
velký, -á, -é	big, great, large
vepředu	in front
visí	hangs
vlevo = nalevo	on the left
vpravo = napravo	on the right
vy	you
vzadu	at the back
zelený, -á, -é	green
žena F	woman
židle F, **křeslo** N	chair, armchair
žlutý, -á, -é	yellow

jen(om) = only

L1

A: Dobrý den.
B: Dobrý den.
A: Jste, prosím, profesor?
B: Ano, jsem. A vy jste student?
A: Ano, jsem student.

A: Good morning.
B: Good morning.
A: Excuse me, are you a professor?
B: Yes, I am. And you are a student?
A: Yes, I am a student.

A: Jste profesor?
B: Ne, nejsem. Jsem také student.

A: Are you a professor?
B: Ne, nejsem. Jsem také student.

A: Jste cizinec?
B: Ne, nejsem. Jsem Čech.

A: Are you a foreigner?
B: No, I'm not. I'm Czech.

Gr

BÝT (TO BE)

(já)	**jsem**	**(my)**	**jsme**	I am	we are		
(ty)	**jsi (jseš)**	**(vy)**	**jste**	you are	you are		
(on) (ona) (ono)	**je**	**(oni) (ony) (ona)**	**jsou**	he / she is / it	they are		

nejsem	**nejsme**	I am not	we are not
nejsi (nejseš)	**nejste**	you are not	you are not
není	**nejsou**	he is not	they are not

Verbs in Czech don't have to be accompanied with personal pronouns.

I am at home → **Já jsem doma.**
→ **Jsem doma.** (this form is used more often)

vy jste – you are → **Evo a Tomáši, vy jste doma?**
Eve and Tom, are you at home?
→ **Pane profesore, vy jste doma?**
Professor, are you at home?

VY JSTE: in official communication we use the polite form when speaking with person which is not close to us, e.g. we say "VY JSTE".

X

TY JSI: we use this form when speaking with a person with which we have a close relationship, e.g. we say "TY JSI".

Kdo jste?	**Jsem cizinec.**	Who are you?	I am a foreigner.
Kdo jsi?	**Jsem student.**	Who are you?	I am a student.

Je tady profesor?
(Profesor je tady?)

Is the professor here?
Ano, profesor je tady (profesor tady je).
Yes, the professor is here.
Ne, profesor tady není (profesor není tady).
No, the professor isn't here.

Cv

CVIČENÍ (Exercises)

❒ 1. **Doplňte** (Fill in the blanks):

Já . . . . . tady. Vy . . . . . profesor? Ty . . . . . doma? Oni . . . . . tady.
My . . . . . tam. Ona . . . . . profesorka. On . . . . . cizinec.

❒ 2. **Doplňte podle vzoru** (Fill in the blanks according to the model):

Vzor: Já **jsem** Čech, já **nejsem** cizinec.

My . . . . . tady, my . . . . . tam. Ty . . . . . profesor, ty . . . . student. Ona . . . . . Češka, ona . . . . . cizinka. Já . . . . . cizinec, já . . . . . Čech. Vy . . . . . student, vy . . . . . profesor. On . . . . Petr, on . . . . Tomáš.

❒ 3. **Odpovězte** (Answer):

Kdo jste? Jste Čech? Je Češka? Jste cizinec? Jsi student? Je Tomáš cizinec? Je Eva cizinka? Je tady profesorka? Vy nejste Čech? Jste doma? Je (jsou) Eva aTomáš tady?

❒ 4. **Odpovězte** (Answer):

Jste cizinec?	Ne, nejsem.	Jsem	Čech.
Jste profesor?			student
Jste Čech?			cizinec
Jste Angličan?			Čech

THIS IS ROOM

Co je to? = Co to je? **To je pokoj.**	Co je to? What is it?	**To je pokoj.** It is a room.
Kde je pokoj? **Pokoj je tady.**	Kde je pokoj? Where is the room?	**Pokoj je tady.** The room is here.

Co to je? **To je pokoj.**
To je . . . . .

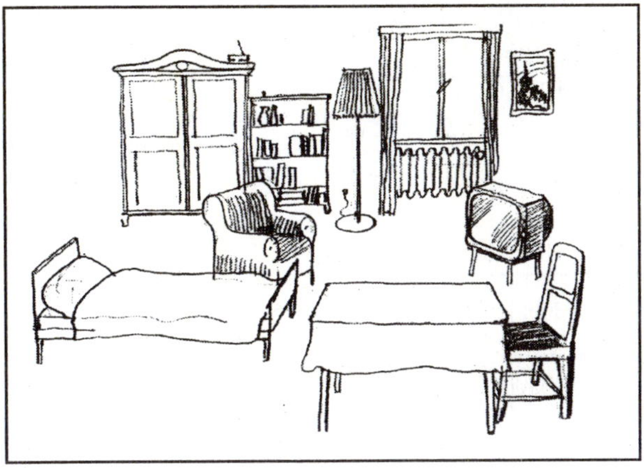

Co je tam?
= Co tam je?

Tam je pokoj.
Tam je . . . . .

What is there? The room is there.

Kde je stůl? **Stůl je vepředu.**

vedle = next to + GENATIVE
uprostřed = in the middle
tady x tam = here x there

skříň
okno
obraz
rádio
lampa
postel
židle
televize
křeslo

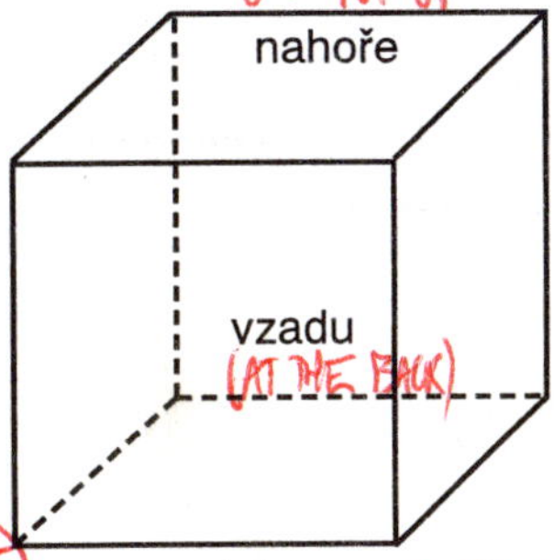

Je stůl **vzadu**? Ne, stůl **není vzadu, je vepředu.**
Je lampa nahoře? Ne, ...
Je okno vepředu? Ne, ...
Je rádio dole? Ne, ...
Je televize vlevo? Ne, ...
Je postel vzadu? Ne, ...
Je skříň napravo? Ne, ...

KDO	–	**Who**
CO	–	**What**
KDE	–	**Where**

NOUNS (SUBSTANTIVA)

The nouns in Czech have three genders:
masculine (M)
feminine (F)
neuter (N) = names of the young (dítě – child, kuře – chicken, kotě – kitten + names of things ending with "o" and "-e/-ě" – the latter can be also feminines)

Nouns ending with:

Conson	**M** **F**	student, stůl, obraz, čaj . . . . skříň, postel, tramvaj . . .	TEN TA
-a	**F** **M**	lampa, profesorka, houska . . . kolega, turista . . .	TA TEN
-e (-ě)	**F** **N** **M**	lavice (bench), židle, tabule (blackboard) moře (sea), vejce (egg), dítě (child) průvodce (guide)	TA TO TEN
-o	**N**	okno, auto, město . . .	TO
-í	**N** **M + F**	nádraží (railway station), náměstí (square) průvodčí (conductor), paní (Mrs, lady)	TO TEN + TA

!! The nouns in Czech have no article.
"Ten, ta, to" are used as the demonstrative pronoun "this" and can also be used in a similar way as the definite article with a noun which has already been spoken of.

A: Ten starý pán je profesor?
B: Ne, to není profesor.

A: Is the old man a professor?
B: No, he's not a professor.

L1

A: Ta hezká paní je také studentka?
B: Ne, to není studentka, to je profesorka.

A: Is the pretty lady a student too?
B: No, she isn't a student, she is a professor.

Gr

ten tento jeden starý pán **tenhle** **tamten**	**M**	the, this, one / an old man this that
ta tato jedna stará paní **tahle** **tamta**	**F**	the, this, one / an old lady this that
to toto jedno staré okno **tohle** **tamto**	**N**	the, this, one / an old window this that

WRITTEN

- E'DAY LANGUAGE

Say it in Czech with „ten, ta, to":

TA SKŘÍŇ

TA ŽIDLE

TEN HOTEL

TEN OBRAZ

TEN HRAD

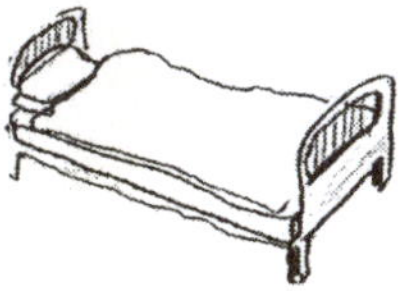

TA POSTEL

TEN STŮL

Gr

ADJECTIVES (ADJEKTIVA)

– Hard adjectives (tvrdá adjektiva)

masculine	**starý**	**-ý**	
feminine	**stará**	**-á**	old
neuter	**staré**	**-é**	

! Adjectives end with long vowels!

– Soft adjectives (měkká adjektiva)

M	**moderní**	**-í**	
F	**moderní**	**-í**	modern
N	**moderní**	**-í**	

A. WHAT IS . . . . . LIKE? = JAKÝ, JAKÁ, JAKÉ?

M	**Jaký** je ten pokoj? What is the room like?	Ten pokoj je **malý a moderní.** The room is small and modern.
F	**Jaká** je ta lampa? What is the lamp like?	Ta lampa je **žlutá a moderní.** The lamp is yellow and modern.
N	**Jaké** je to okno? What is the window like?	To okno je **velké a moderní.** The window is big and modern.

B. WHAT KIND OF = JAKÝ, JAKÁ, JAKÉ?

M	**Jaký** je to profesor? What kind of professor is he?	To je **dobrý** profesor. He is a good professor.

F	**Jaká** je to profesorka? What kind of professor is she?	To je **výborná** profesorka. She is an excellent professor.
N	**Jaké** je to dítě? What kind of child is that?	To je **hezké** dítě. It is a pretty child.

Cv

❒ **5.**

Jaký je ten	pokoj? obraz profesor stůl?	Ten pokoj je	hezký malý starý nový	ošklivý velký mladý moderní
Jaké je to	rádio? okno?	To rádio je	staré velké	moderní malé
Jaká je ta	lampa? kniha židle televize studentka skříň?	Ta lampa je	bílá černá modrá stará hezká malá	žlutá červená zelená nová ošklivá velká

POKOJ

Tady je velký pokoj. Vepředu stojí hnědý stůl a hnědá židle. Na židli sedí mladý muž. Nalevo je postel. Ta postel je bílá. Nahoře visí obraz. Na obraze je žena. Napravo stojí malý stůl. Na stole je barevná televize a květina. Vzadu stojí velká skříň a bílá lampa. Ve skříni leží kniha a slovník. Na skříni stojí černé rádio. Vedle je moderní okno. Nahoře visí lampa, dole leží koberec. Uprostřed stojí červené křeslo.

Cv

❒ **6. Odpovídejte:**

Co je nahoře? Kdo stojí nalevo? Co leží na stole? Kde je postel? Kdo je tady? Co je vzadu? Kde je skříň? Kde jste? Kde je student? Kdo sedí uprostřed? Kdo je ten pán? Kde stojí rádio? Kde visí lampa? Co je ve skříni?

❒ 7. **Říkejte podle vzoru** (Say according to the model):

Vzor: profesor – **ten jeden profesor**

cizinec, lampa, skříň, okno, studentka, postel, židle, rádio, Čech, slovník, kniha, televize, stůl, křeslo, Češka, pán, paní, obraz, muž, dítě, žena

❒ 8. **Říkejte podle vzoru:**

Vzor: Ta lampa je **bílá (hezká)**. To je **bílá (hezká)** lampa.

Ten cizinec je . . . . . To okno je . . . . . Tam stojí. . . . . profesor. To je . . . . . křeslo. Vlevo stojí . . . . . postel. Nahoře visí . . . . . obraz. To je . . . . . skříň. Ten slovník je . . . . . Uprostřed stojí. . . . . stůl. Jedno . . . . . rádio je na skříni. To je . . . . . židle. Kde je ta . . . . . kniha? Kdo je ten . . . . . muž? To je . . . . . dítě.

❒ 9. **Odpovídejte** (Answer):

Jaké je křeslo? Jaký je ten cizinec? Jaká postel stojí nalevo? Jaký obraz tam visí? Jaké je to dítě? Jaký stůl stojí vepředu? Jaký je to pokoj? Jaká kniha leží na stole? Jaké rádio stojí na skříni? Jaký obraz visí nahoře?

❒ 10. **Odpovídejte podle vzoru** (Answer according to the model):

Vzor: Je lampa bílá? (žlutý) – **Ne**, lampa **není bílá, je žlutá.**

Je stůl hnědý? (bílý) – Je profesor mladý? (starý) – Je ta žena hezká? (ošklivý) – Je to okno velké? (malý) – Je postel modrá? (zelený) – Je ta skříň stará? (moderní) – Je to dítě malé? (velký).

❒ 11. **Ptejte se** (Ask): kdo? co? kde? jaký, -á, -é?

Vzor: Tam stojí **profesor**. – **Kdo tam stojí?**

Vepředu je velký stůl. Tady stojí **hezká** cizinka. Na stole leží **kniha**. Na **skříni** je černé rádio. Ve skříni je **nový slovník**. Na židli sedí **dítě**. Tam je **moderní** žena. **Starý** profesor sedí vzadu.

❒ 12. **Říkejte opozitum** (Say the opposite):

Vzor: Je stůl vlevo? – Ne stůl **není vlevo, je vpravo.**

Je lampa nahoře? Je okno vepředu? Je televize napravo? Je profesor tady? Je rádio dole? Je postel vzadu? Je to muž? Je to pán? Je to cizinec? Je ten pokoj moderní? Je ta žena ošklivá? Je to dítě velké? Je ten profesor starý?

❒ 13. **Popište obrázek** (Describe the picture):

L1

Já nejsem Čech. Jsem Angličan (Američan, Kanaďan).
Jsem mladý a velký. Tady jsem student. On je taky student, ale je Čech. BOOKISH!

Angličanka – Englishwoman
Američanka – Americanwoman
Kanaďanka – Canadianwoman

Já jsem cizinka. Jsem mladá a hezká. Tamten starý pán je profesor a tamta žena je studentka jako já. like me.

A: Jak se máte?
B: Děkuju, dobře. A vy?
A: Já taky dobře, děkuju.

A: How are you?
B: Well, thank you. And you?
A: I am well too, thank you.

A: Dobrý den!	A: Good morning!
B: Dobrý den! Jak se máte?	B: Good morning! How are you?
A: Děkuju, dobře. A jak se máte vy?	A: Well, thank you. And how are you?
B: Mám se také dobře, děkuju.	B: I am well too, thank you.
Na shledanou.	Good-bye.
A: Na shledanou.	A: Good-bye.

A: Jak se jmenujete?	A: What's your name?
B: Jmenuju se Tomáš.	B: My name is Tom.
A jak se jmenujete vy?	And what's your name?
A: Já se jmenuju Jana.	A: My name is Jane.
B: Těší mě.	B: It's nice to meet you. (I am pleased.)
A: Také mě těší.	A: It's nice to meet you too.

MLUVNÍ CVIČENÍ (ORAL EXERCISES):

1. a) *Opakujte:* (Repeat)

Ta paní je profesorka.
Ten pán je profesor.
Ten cizinec je student.

b) *Odpovídejte:* (Answer)

Kdo je ta paní?	Ta paní je profesorka.
Kdo je ten pán?	Ten pán je profesor.
Kdo je ten cizinec?	Ten cizinec je student.

2. a) *Poslouchejte:* (Listen)

Kdo je ten hezký pán? Profesor?	**Ano, je profesor.**

b) *Odpovídejte:*

Kdo je ten starý pán? Profesor?	Ano, je profesor.
Kdo je ta hezká paní? Profesorka?	Ano, je profesorka.
Kdo je ten hezký cizinec? Student?	Ano, je student.

3. a) *Poslouchejte:*

Vy jste cizinec?	**Ne, já nejsem cizinec.**

b) *Odpovídejte:*

Vy jste profesor?	Ne, já nejsem profesor.
Ona je profesorka?	Ne, ona není profesorka.
On je cizinec?	Ne, on není cizinec.
Vy jste Čech?	Ne, já nejsem Čech.

4. a) *Poslouchejte:*

Je pokoj velký? Ne, malý.	**Pokoj je malý.**

b) *Reagujte:* (React)

Je rádio nové? Ne, staré.	Rádio je staré.
Je postel velká? Ne, malá.	Postel je malá.
Je obraz hezký? Ne, ošklivý.	Obraz je ošklivý.

Je skříň hnědá? Ne, černá.	Skříň je černá.
Je lampa červená? Ne, bílá.	Lampa je bílá.

5\. a) *Poslouchejte:* **Co je tam vzadu? Rádio?** — **Ano, vzadu je rádio.**

b) *Odpovídejte:*

Co je tam vzadu? Televize?	Ano, vzadu je televize.
Co je tam vlevo? Stůl?	Ano, vlevo je stůl.
Co je tam vpravo? Židle?	Ano, vpravo je židle.
Co je tam nahoře? Kniha?	Ano, nahoře je kniha.
Kdo je tam dole? Profesor?	Ano, dole je profesor.
Kdo je tam vzadu? Profesorka?	Ano, vzadu je profesorka.
Kdo je tam vpravo? Pan Novák?	Ano, vpravo je pan Novák.

6\. a) *Poslouchejte:* **Jak se jmenujete? Petr?** — **Ano, jmenuju se Petr.**

b) *Odpovídejte:*

Jak se jmenujete?	Jana?	Ano, jmenuju se Jana.
Jak se jmenujete?	Zuzana?	Ano, jmenuju se Zuzana.
Jak se jmenujete?	Miloš?	Ano, jmenuju se Miloš.
Jak se jmenujete?	Tomáš?	Ano, jmenuju se Tomáš.
Jak se jmenujete?	Honza?	Ano, jmenuju se Honza.

Česká jména (Czech names)

Antonín, Tonda	= Anthony, Tony	Alžběta	= Elizabeth
Eduard, Eda	= Edward, Ted	Anna, Andulka	= Ann, Nancy
František, Franta	= Francis	Eva	= Eve
Jakub, Kuba	= James, Jim	Hana	= Hanna
Jan, Honza	= John, Jack	Jana	= Jane, Joan
Jindřich, Jindra	= Henry	Jitka	= Judith
Jiří, Jirka	= George	Kateřina, Katka, Kačenka	= Katherine, Kate
Josef, Pepa	= Joseph, Joe	Lucie	= Lucy
Karel	= Charles, Carl	Magdaléna	= Madeleine
Ludvík	= Lewis, Louis	Marcela	= Marcella
Lukáš	= Luke	Marie, Maruška, Mařenka	= Mary, May
Matěj, Matyáš	= Matthew, Matthias	Markéta	= Margaret
Michal, Míša	= Michael	Monika	= Monica
Pavel	= Paul	Pavla	= Paula
Petr	= Peter	Zuzana	= Susan
Štěpán	= Stephen		
Tomáš	= Thomas		

L2

angličtina F	English
Anglie F	England
bohužel	unfortunately
byt M	flat
čas M	time
český, -á, -é	Czech
čeština F	Czech language
člověk M	man (= human being)
dcera F	daughter
dělat, dělám	to do, make I do, I make
divadlo N	theatre
dívat se na +Acc **dívám se**	to look at, I look
dívka F	girl
dneska = dnes	today
dobrý, -á, -é	good
dobře	well
doma	at home
dopoledne	morning, forenoon
fakulta F	faculty
gramatika F	grammar
hodný, -á, -é	good (= nice, kind)
chytrý, -á, -é	clever
jako	as, like
jeho, její, jejich	his, her, their
jen = jenom	only
ještě	still
kamarád M	friend (M)
kamarádka F	friend (F)
kino N	cinema
lekce F	lesson
maminka, matka F	mother
manžel M	husband
manželka F	wife
milý, -á, -é	dear
mít, mám	to have, I have
moře N	sea
na	at, on
nakupovat nakupuju	to buy, I buy
nebo	or
nemocnice F	hospital
nemocný, -á, -é	ill
obchod M	shop
odpočívat odpočívám	to rest, I rest
odpoledne	afternoon
poslouchat, -ám +Acc	to listen to
potom = pak	then
práce F	work
pracovat, pracuju	to work, I work
prodavač M	shop-assistant (M)
prodavačka F	shop-assistant (F)
prodávat, -ám +Acc	to sell, I sell
přítel M	friend (M)
přítelkyně F	friend (F)
rád, ráda, rádo	gladly
rodina F	family
sám, sama, -o	alone
studovat +Acc **studuju**	to study, I study
svetr M	sweater
syn M	son
škola F	school
špatně	badly
špatný, -á, -é	bad
šťastný, -á, -é	happy
tatínek, otec M	father
teď	now
třída F	classroom, class
úkol M	task, homework
už	already, now
v, ve	in, at
večer	evening
volno	free
volný, -á, -é	free
vysvětlovat +Acc **vysvětluju**	to explain, I explain
vzpomínat na +Acc **vzpomínám na**	to remember I remember
zajímavý, -á, -é	interesting
zdravý, -á, -é	healthy
zítra	tomorrow

Je mi líto. I am sorry.

LOCATIVE CASE OF NOUNS – SINGULAR (LOKÁL SINGULÁRU SUBSTANTIV)

Kde? **v, ve** [•] **na** [• above box] **!** (o – při – po)
about – by – after

Kde je pan Kubát? **Kde je kniha?**

M (hard or neutral consonant)	h ch k g r d t n, b f l m p s v z	F -a N -o	M + F (soft consonant)	č ř ž š c j ď ť ň l	F + N -e
M **obchod** **stůl**	v **obchodě** na **stole**	-e -ě	**pokoj**	v **pokoji**	-i
F **třída** **škola** **fakulta**	ve **třídě** ve **škole** **na** **fakultě**		**nemocnice** **skříň** **práce**	v **nemocnici** ve **skříni** v **práci**	
N **kino** **divadlo** **město**	v **kině** v **divadle** ve **městě**		**moře**	v **moři**	

! d t n b p v f m + e = **dě** **tě** **ně** **mě** **bě** **pě** **vě** **fě**
[ďe] **[ťe]** **[ňe]** **[mňe]** **[bje]** **[pje]** **[vje]** **[fje]**

! Pra**ha** – v Pra**ze**
! Čech**y** (pl. F) – v Čech**ách** (pl. L)
! Ameri**ka** – v Ameri**ce**
! Angli**e** – v Angli**i**
! Skots**ko** – ve Skots**ku**
! Slovens**ko** – **na** Slovens**ku**

! ve třídě: in case of difficult pronunciation
– after 2 or more consonants
(tř-, mě- [mně] → [ve])

A: Profesor už je ve třídě?
B: Ne, ještě není.

ALREADY/NOW – CLASS – NOT YET – STILL

A: Kde je ta kniha?
B: Tady na stole.

A: Už je Jana doma?
B: Ne, ještě je ve škole.

PRONOUNCE AS ONE – FOR ALL PREPOSITIONS

A: Tatínek už je doma?
B: Ne, ještě je v práci.

A: Kde je ten černý svetr?
B: Tady na židli.

A: Proč není Petr doma?
B: Je v kině.

A: Kde mám svetr?
B: Je ve skříni.

(Gr)

A. Nouns ending with hard or neutral consonants:

l – s – z + **-e**

M	stůl	na stole	table – on the table
	průkaz	v průkaze (-u)	permit – in the permit
	časopis	v časopise	magazine – in the magazine
F	škola	ve škole	school – in the school
	váza	ve váze	vase – in the vase
	mísa	v míse	bowl – in the bowl
N	divadlo	v divadle	theatre – in the theatre

b – p – v – f – m – d – t – n + **-ě**

M	obchod	v obchodě (-u)	shop – in the shop
	sešit	v sešitě (-u)	exercise-book – in the exercise-book
F	třída	ve třídě	classroom – in the classroom
	fakulta	na fakultě	faculty – at the faculty
	jídelna	v jídelně	canteen – in the canteen
	Kanada	v Kanadě	Canada – in Canada
N	kino	v kině	cinema – in the cinema
	město	ve městě	town – in the town

M + N: k – h – ch – g – r and borrowed words + **-u**

M	trh	na trhu	market – at the market
	prach	v prachu	dust – in the dust
	dialog	v dialogu	dialogue – in dialogue
	park	v parku	park – in the park
	rozhovor	v rozhovoru	discussion – in discussion
N	rádio	v rádiu	radio – on the radio
	metro	v metru	subway – in the subway
	Německo	v Německu	Germany – in Germany
	Rakousko	v Rakousku	Austria – in Austria

(ALSO DATIVE)

F: Softening of the hard consonants: + -e

L2

-ka > -ce	taška	v tašce	bag – in the bag
-ha > -ze	Praha	v Praze	Prague – in Prague
	kniha	v knize	book – in the book
-ga > -ze	Olga	(o) Olze	Olga – (about) Olga
-ra > -ře	opera	v opeře	opera – in the opera
-cha > -še	socha	na soše	statue – on the statue

B. Nouns ending with soft consonants:

ž – š – č – ř – ď – ť – ň – c – j + -i

M	pokoj	v pokoji	room – in the room
	konec	na konci	end – at the end
	vařič	na vařiči	cooker – on the cooker
	talíř	na talíři	plate – on the plate
	koš	v koši	waste-bin – in the waste-bin
	nůž	na noži	knife – on the knife
F	kolej	v koleji	student residence – in the student residence
	odpověď	v odpovědi	answer – in the answer
	pláž	na pláži	beach – on the beach
	huť	v huti	foundry – in the foundry
	nemocnice	v nemocnici	hospital – in hospital
	práce	v práci	work – at work
	židle	na židli	chair – on the chair
N	hřiště	na hřišti	playground, on the playground
	moře	v (na) moři	sea – in the (at) sea
!	cvičení	ve cvičení	exercise – in the exercise
!	přízemí	v přízemí	ground floor – on the ground floor

! na fakultě – **na univerzitě** – **na poště** – **na náměstí**
at the faculty – at the university – at the post office – on the square

– na nádraží **– na koncertě** **– na Moravě**
– at the railway station – at the concert – in Moravia

Cv

❐ **1.**

Kde je	profesor? tatínek maminka Petr	Je	ve škole. na fakultě v práci v nemocnici
Kde je	rádio? kniha magnetofon svetr	Je	na stole. na židli v pokoji ve skříni na skříni
Už je Petr doma?		Ne, ještě je	v kině. ve škole v divadle ve městě

❐ **2. Tvořte lokál – na otázku „kde“** (Form the locative in reply to the question – word "where"):

Vzor: váza – **ve váze**, univerzita – **na univerzitě** **v – ve – na**

židle – okno – skříň – pokoj – lampa – koberec – obraz – televize – květina – slovník – křeslo – třída – fakulta – gramatika – byt – čeština – Praha – park – postel – město

❐ **(3.)**

popelník (ashtray) – ....; podlaha (floor) – ....; učebnice (textbook) – ....; magnetofon (tape-recorder) – ....; tabule (blackboard) – ....; lavice (desk) – ....; telefon – ....; kavárna (café) ....; restaurace – ....; chodba (corridor) – ....; Čechy a Morava – ....; Evropa – ....; banka (bank) – ....; kamera – ....; lavička (bench) – ....; diář (diary) – ....; veletrh (fair) – ....; zaměstnání (occupation) – ....; moře (sea) – ....

CONJUGATION -ám, -uji (-uju)

(I.)

mám volno	**máme volno**	I have free time	we have free time
máš volno	**máte volno**	you have free time	you have free time
má volno	**mají volno**	he, she, it has free time	they have free time

nemám čas	**nemáme čas**	I, you, we, they do not have time
nemáš čas	**nemáte čas**	
nemá čas	**nemají čas**	he, she, it does not have time

	2.	
Mám	**se**	dobře.
Já	**se**	mám dobře.
Jak	**se**	máš?
Tomáš	**se**	má dobře.

The reflexive pronoun "se" does not change.
It is always the 2nd word in the sentence.

A: Máte teď čas?
B: Nemám. Čas mám odpoledne.

A: Do you have time now?
B: No, I have time in the afternoon.

A: Máte velký byt?
B: Ne, máme malý byt.

A: Do you have a big flat?
B: No, we have a small one.

(II.)

studuji (-ju) dobře	**studujeme dobře**	I study well	we study well
studuješ dobře	**studujete dobře**	you study well	you study well
studuje dobře	**studují (-ou) dobře**	he, she, it studies well	they study well

nestuduji (-ju) dobře	**nestudujeme dobře**	I don't study well
nestuduješ dobře	**nestudujete dobře**	you don't study well
nestuduje dobře	**nestudují (-ou) dobře**	he doesn't study well

	2.			2.	
Jmenuju	**se**	Tomáš.	Jmenujeme	**se**	Novákovi.
Jak	**se**	jmenuješ?	Jak	**se**	jmenujete?
Já	**se**	jmenuju Petr.	Jmenujou	**se**	Petr a Pavel.

-ám	**-áme**	**-uji, -uju**	**-ujeme**
-áš	**-áte**	**-uješ**	**-ujete**
-á	**-ají**	**-uje**	**-ují, -ujou**

The endings "uji", "ují" are more bookish, the endings "uju", "ujou" more colloquial.

A: Jak se jmenuje ta dívka? B: Jmenuje se Jana.	A: Kde prodávají ten slovník? B: Tam v obchodě.
A: What is the name of the girl? B: She is called Jana.	A: Where do they sell the dictionary? B: In the shop there.

Cv

❒ **4. Časujte ve všech osobách** (Conjugate in all persons):

a) **nakupuju v obchodě – pracuju dobře – prodávám v obchodě – nestuduju na fakultě – nevysvětluju gramatiku – jsem ve škole – dělám úkol**

b) **obědvám v restauraci** (I lunch in the restaurant) – **kontroluju cvičení** (I check the exercise) – **odpovídám na otázku** (I'm answering the question) – **poslouchám profesorku** (I'm listening to my professor) – **snídám v jídelně** (I have my breakfast in the canteen) – **vstávám brzy** (I get up early)

Gr

ACCUSATIVE CASE – SINGULAR (AKUZATIV SINGULÁRU)

Koho? Whom? **Co?** What?

Masculine animate (Ma) = maskulinum životné (Mž)
inanimate (Mi) neživotné (Mn)

	Nominative		Acc	
Mi	To je ten nový slovník.	→	Mám ten nový slovník.	**Nom = Acc**
N	To je to nové rádio.	→	Mám to nové rádio.	
F	To je **ta** nov**á** lamp**a**.	**!**	Mám **tu** nov**ou** lamp**u**.	**-a > -u** **-á > -ou** **-e > -i** **= (cons.)** **-í = -í**
	To je **tato** televiz**e**.		Mám **tuto** televiz**i**.	
	To je **tahle** jedna skříň.		Mám **tuhle** jedn**u** skříň.	
	To je **tamta** moderní lamp**a**.		Mám **tamtu** moderní lamp**u**.	

Ma To je ten nový profesor a cizinec.

! Ve třídě máme **toho nového** profesor**a** a cizinc**e**.

Toho –	**toho**hle –	tam**toho** –	**toho**to –	jedn**oho**	noun	hard	profesor**a**	**-a**
the	this	that	this	a, one		soft	cizinc**e**	**-e**

nov**ého** (new)
modern**ího** (modern)

NOTE: in the same way as in the declension "kober**ec** – na kober**ci**" (p. 40) "-e-" disappears in the termination "-ec, -ek, -el" of the masculines (to je cizin**ec**, tatín**ek**, Kar**el** – vidím cizin**ce**, tatín**ka**, Kar**la**).

Cv

❒ **5. Vzor:** Mám (nová | kniha) – Mám **novou knihu.**

Mám	malá	dcera
Petr má	nová	televize
Mají	velká	rodina
Máme	hezká	kamarádka
	moderní	třída
	stará	postel
	bílá	skříň
	česká	profesorka
	milá	maminka

Mám	malá dcera	a	hodný syn
Máme	nová profesorka	a	nový profesor
Máme ve třídě	chytrá studentka	a	chytrý student
Máme ve třídě	mladá cizinka	a	mladý cizinec
Mám	stará maminka	a	starý tatínek
Máme	hodná manželka	a	hodný manžel

Mám	nový	svetr
	starý	slovník
	zelený	koberec
	červený	křeslo

Gr

POSSESSIVE PRONOUNS (POSESIVNÍ, PŘIVLASTŇOVACÍ ZÁJMENA):

Nominative

M	F	N
můj	moje = má	moje = mé
tvůj	tvoje = tvá	tvoje = tvé
jeho		
její		
náš	naše	
váš	vaše	
jejich		

M	F	N
my		
your		
his, its		
her		
our		
your		
their		

jeho, jejich – nemění se (does not change)
její – jako „moderní“

Accusative

M	Mi	=	Nom.
	Ma	–	m**ého**, tv**ého**, **jeho**, jej**ího**, naš**eho**, vaš**eho**, **jejich**
F			moj**i** (m**ou**), tvoj**i** (tv**ou**), **jeho**, její, naš**i**, vaš**i**, **jejich**
N		=	Nom.

! When the subject and the possessive pronoun agree, the possessive pronoun “svůj” is used.

Čí? = Whose? **Čí je** ten sešit? Whose exercise-book is this?
Čí je to sešit?

A: Čí je ta kniha na stole?
B: Moje.

A: Čí dítě tam stojí?
B: To je jejich syn Tomáš.

A: Stojí tvoje auto na ulici?
B: Ne, je v garáži.

PAN KUBÁT A JEHO RODINA

L2

   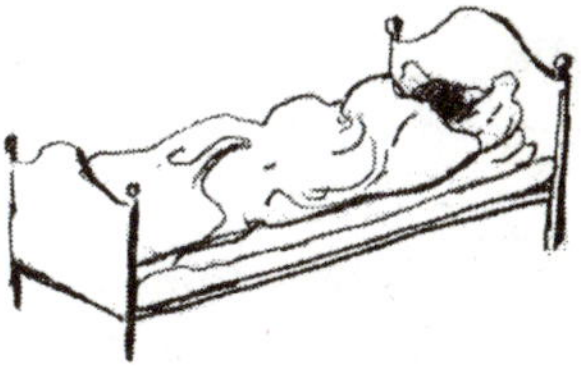

Pan Kubát je profesor na fakultě. Teď je ve třídě a vysvětluje novou gramatiku. Rád pracuje. Je to šťastný člověk. Má hezký byt, hodnou manželku, hezkou dceru a chytrého syna.
Jeho manželka je teď doma. Taky pracuje, v nemocnici, ale teď je nemocná. Její práce je zajímavá.
Jejich syn Tomáš je ještě ve škole. Je chytrý, dobře studuje. Má rád češtinu a angličtinu.
Jejich dcera se jmenuje Jana, je to hezká dívka. Je prodavačka, prodává v obchodě. Ráda se dívá na televizi, ráda má také kino a divadlo. Dnes prodává jen dopoledne, odpoledne má volno.

ONLY
ACCUSATIVE
LOCATIVE

IS THEIR SON GROWN-UP ?

A: Je jejich syn už velký?
B: Ne, ještě je malý.

NO

IS YOUR JOB GOOD ?

A: Je vaše práce dobrá?
B: Ano, moje práce je dobrá.

ME - IT'S ALRIGHT

ARE YOU LOOKING AT OUR OLD PROFESSOR ?

A: Díváte se na našeho starého profesora?
B: Ne, dívám se na naši profesorku.

IS TOM ANSWERING YOUR Q ?

A: Odpovídá Tomáš na tvoji otázku?
B: Ne, neodpovídá.

? IS THEIR DAUGHTER A SHOP-ASSISTANT

A: Je jejich dcera prodavačka?
B: Ne, je to profesorka.

NOPE
WHOSE DICTIONARY LYING ON DESK ?

A: Čí slovník leží tady na lavici?
B: To je můj slovník.

A: Jak se má vaše manželka? Je zdravá?
B: Bohužel ne. Je teď nemocná.
A: To je mi líto.

Cv

❐ 6. Přeložte a opakujte (Translate and repeat):

A: Vysvětluje už profesor novou gramatiku?
B: Ne, ještě vysvětluje tu starou.

A: Kde máš tu novou knihu?
B: Tady na stole.

A: Ještě studuješ starou lekci?
B: Ne, už studuju novou.

A: Má kamarádka ráda kino?
B: Kino ano, ale televizi ne.

A: Kde prodávají tuhle knihu?
B: Tady v obchodě na fakultě.

A: Co to máš na stole?
B: To je nová televize.
A: A kde máš starou?
B: Ta stará je ve skříni.

A: Máš teď čas?
B: Mám, ale dívám se na televizi.

A: Kde pracujete?
B: Pracuju na fakultě jako profesor.

A: Máte rodinu?
B: Mám manželku, syna a dceru.

❐ 7. Dejte do správného tvaru (Put in the correct form):

Mám (barevná televize) .... Máte (chytrý syn) .... Studuju (česká gramatika) .... Máte rád (ta práce) .... ? Mám rád (moderní divadlo) .... Profesor vysvětluje (nová gramatika) .... V pokoji máme (bílá postel, hnědá skříň, černý stůl, modrý obraz a staré rádio) .... Poslouchám (ten český profesor a ta česká profesorka) ....

❐ 8. Odpovídejte (Answer):

Vzor: Kde je profesor? **třída** Profesor je **ve třídě.**

Kde je cizinec? **Praha**
Kde je rodina? **byt**
Kde stojí postel? **pokoj**
Kde prodává prodavačka? **obchod**

Kde pracuje matka? **nemocnice**
Kde je ten pán? **město**
Kde je profesorka? **fakulta**
Kde studuje student? **univerzita**

❒ **9. Odpovídejte podle vzoru** (Form answers according to the model):

Vzor: Vidím toho pána. – **F**: Vidíte také **tu paní?**

Vidím jednoho velkého cizince. Vidíte také . . . . ?
tohohle mladého profesora.
toho nemocného syna.
tohoto šťastného manžela.
tamtoho milého prodavače.
jednoho starého pána.
moderního muže.

PAN SMITH A JEHO RODINA

Pan Smith je Angličan. Doma v Anglii je profesor na fakultě, ale v Praze je student. Studuje na univerzitě češtinu. V Praze je sám, vzpomíná na svou rodinu.
Jeho manželka, paní Smithová, nepracuje, ale v Praze není. Je doma v Anglii. Dopoledne odpočívá, odpoledne nakupuje, večer se dívá na televizi nebo jde do divadla. Má hezký den.
Jeho dcera je už velká. Jmenuje se Jane. Už nestuduje, pracuje v nemocnici jako doktorka. Má velmi ráda svou práci. Dopoledne i odpoledne pracuje, volno má jen večer.
Jeho syn Tom ještě studuje – na univerzitě v Londýně. Nestuduje rád, není dobrý student, ale je chytrý. Má rád jen kino, video a sport.

vzpomíná na **svou** rodinu	he thinks about his family
má ráda **svou** práci	she likes her occupation
Londýn	London
a = i	and

Podle textu vypravujte o své rodině. (Talk about your family according to the text.)

Cv

❐ 10.

Vzor: mám: Petr .... knihu na stole. – Petr **má** knihu na stole.

dívám se: My se .... na pana Kubáta. Vy se taky .... ? ....(ty) na televizi? Petr se taky .... ?

dělám: Co ....(vy)? Co ....(ty)? Studuju.

mám rád(a): .... (vy) divadlo? .... (ty) rád kino? On............. velmi manželku. Ona .... manžela.

mám: Dneska ne .... (já) čas, ale zítra ano.
Oni dneska ne .... čas, ale zítra ano.
Oni .... volno odpoledne. .... (vy) taky volno?

vzpomínám: ....(ty) na rodinu? On .... na dceru.

nakupuju: .... (já) večer ve městě. Manželka ne ...., ... já.
Syn a dcera .... v obchodě.

studuju: Odpoledne .... (my) češtinu. Vy také .... češtinu?
Jana .... angličtinu.

pracuju: Manželka .... v nemocnici. Otec .... na fakultě.
Syn a dcera ještě ne .... Večer už ne .... (já).

vysvětluju: .... (vy) ještě tu gramatiku? Profesor ne............. gramatiku dobře.

❐ 11. Přeložte a odpovězte (Translate and answer):

Whom is the man thinking about?	his pretty girl friend
What does the shop-assistant sell?	books, exercise-books pictures, pens
What does the student study?	Czech grammar
Where does your wife work?	in a shop in Prague
Where does he have his pencil?	on the desk in the classroom
What does the professor explain at school?	a new lesson
What are you doing now?	I am studying Czech now.
What does Mr. Taylor like?	his job
Where do you do your shopping?	in the town
Whom are you looking at?	at his son and your daughter

MLUVNÍ CVIČENÍ

1. a) *Poslouchejte:* **Kde je pan Novák? Ve třídě? Ano, je ve třídě.**

b) *Odpovídejte:* Kde je pan Novák? Ve třídě? Ano, je ve třídě.
Kde je profesor? Na fakultě? Ano, je na fakultě.

Kde je Petr? V kině? Ano, je v kině.
Kde je Jana? V obchodě? Ano, je v obchodě.
Kde jsou Petr a Jana? Ve městě? Ano, jsou ve městě.

2. a) *Poslouchejte*: **Petr je ve škole nebo doma? Petr je doma.**

b) *Odpovídejte:*
Petr je ve škole nebo doma? Petr je doma.
Jana je doma nebo na fakultě? Jana je na fakultě
Pavel je v kině nebo v divadle? Pavel je v divadle.
Pan Novák je doma nebo v práci? Pan Novák je v práci.
Profesor je ve škole nebo ještě v nemocnici? Profesor je ještě v nemocnici.

3. a) *Poslouchejte:* **Už je Jana doma? Ne, ještě není doma.**

b) *Odpovídejte:* Už je Jana doma? Ne, ještě není doma.
Už je tam profesor? Ne, ještě tam není.
Už jsou Jana a Petr ve městě? Ne, ještě nejsou ve městě.
Už je manželka v práci? Ne, ještě není v práci.

4. a) *Poslouchejte:* **Máte rád svou práci? Ano, mám rád svou práci.**

b) *Odpovídejte:* Máte rád svou práci? Ano, mám rád svou práci.
Máte rád kino a divadlo? Ano, mám rád kino a divadlo.
Máte rád také televizi? Ano, mám rád také televizi.
Máte rád češtinu? Ano, mám rád češtinu.
Máte rád svou manželku? Ano, mám rád svou manželku.

5. a) *Poslouchejte:* **Co vysvětluje profesor? Novou gramatiku?**
Ano, vysvětluje novou gramatiku.

b) *Odpovídejte:* Co studuješ? Češtinu? Ano, studuju češtinu.
Co máš na stole? Tu novou knihu? Ano, mám tam tu novou knihu.
Co tam prodávají? Televizi? Ano, prodávají tam televizi.

6. a) *Poslouchejte:* Je maminka nemocná? Ne, není nemocná.

b) *Odpovídejte:* Je maminka nemocná? Ne, není nemocná.
Je Jana prodavačka? Ne, není prodavačka.
Je Petr dobrý student? Ne, není dobrý student.
Je Jana v Praze? Ne, není v Praze.
Je Petr chytrý? Ne, není chytrý.
Je dcera šťastná? Ne, není šťastná.

7. a) *Poslouchejte:* **Pan Novák má chytrého syna. Jeho syn je chytrý.**

b) *Reagujte:*

Pan Novák má chytrého syna.	Jeho syn je chytrý.
Pan Novák má hezkou dceru.	Jeho dcera je hezká.
Pan Novák má hodnou manželku.	Jeho manželka je hodná.
Pan Novák má starého tatínka.	Jeho tatínek je starý.
Pan Novák má starou maminku.	Jeho maminka je stará.

8. a) *Poslouchejte:* **Kdo pracuje v nemocnici? Ty? Ano, já pracuju v nemocnici.**

b) *Odpovídejte:*

Kdo pracuje v nemocnici? Ty?	Ano, já pracuju v nemocnici.
Kdo pracuje v nemocnici? Manželka?	Ano, manželka pracuje v nemocnici.
Kdo pracuje v nemocnici? Manželka a dcera?	Ano, manželka a dcera pracují v nemocnici.
Kdo pracuje na fakultě? Vy?	Ano, já pracuju na fakultě.
Kdo pracuje na fakultě? Oni?	Ano, oni pracují na fakultě.

KONVERZACE

A: Jak se jmenujete, prosím?
B: Tom Smith.
A: Odkud jste?
B: Jsem z Anglie.
A: Jste tady služebně?
B: Ano, jsem tady na konferenci.
A: Jaké je vaše zaměstnání?
B: Jsem vedoucí prodeje.
A: To je zajímavé zaměstnání, že?
B: Ano, máte pravdu. Je to zajímavé zaměstnání.

A: What's your name, please?
B: Tom Smith.
A: Where are you from?
B: I am from England.
A: Are you here on business?
B: Yes, I am at a conference here.
A: What's your occupation?
B: I am the head of a sales department.
A: That is an interesting job, is it not?
B: Yes, you are right. It is an interesting job.

A: Kde pracujete, pane Parkinsone?
B: Pracuju teď u firmy Ford Motor Company v USA jako plánovač.
A: Máte rád svou práci?
B: Ano, mám. Líbí se mi.

A: Where do you work, Mr. Parkinson?
B: I work as a planner with the Ford Motor Company in the USA now.
A: Do you like your job?
B: Yes, I do. I like it.

Oslovení (titles)

Pane profesore!	Tomáši!	Paní profesorko!
Pane řediteli!	Petře!	Paní ředitelko!
Pane Millere!		Paní Kubátová!
Pane kolego! Kolego!		Slečno! (Miss!)

L2

greeting
name?
from where?
privately?
work?
Do you like it?
greeting

greeting
. . . .
. . . .
on business
professor
interesting
greeting

Act out the scene shown in the picture. Make sentences on the basis of the words written beside the picture.

FAMILY

DĚDEČEK grandfather — **BABIČKA** grandmother

RODIČE parents

STRÝC uncle — **OTEC** father — **MATKA** mother — **TETA** aunt

BRATR brother — **SYN** son

DCERA daughter — **SESTRA** sister

SOUROZENCI
brothers and sisters

L3

anglicky	English
asi	maybe, probably
brzo = brzy	soon, early
bydlet, bydlím	to live, I live
celý, -á, -é	whole
cvičení N	exercise
často	often
česko-anglický	Czech-English
česky	Czech
daleko	far
dlouho	long
dlouhý, -á, -é	long
domů	(to) home
hodina F	hour
chvíle F	moment
jak	how
jít, jdu	to go, I go
kam (jdeš?)	where (are you going?)
káva F	coffee
kavárna F	café
končit, končím	to finish, I finish
mluvit	to speak,
mluvím	I speak
moc = hodně	many, much
myslet na +Acc	to think about,
myslím na +Acc	I think about
mýt se	to wash oneself
myju se	I wash
něco	something
nějaký, -á, -é	some
nerad, -a, -o	not gladly
noc F	night
noviny F pl.	newspaper
obědvat	to have lunch,
obědvám	I have lunch
oblékat se	to dress
oblékám se	I dress
odpovídat na +Acc	to answer,
odpovídám na	I answer
otázka F	question
pěšky	on foot
pít +Acc, **piju**	to drink, I drink
poledne	noon
pospíchat	to hurry,
pospíchám	I hurry
program M	programme
proč	why
prohlížet si +Acc	to view, to see the sights (of)
prohlížím si	I view
oni si prohlížejí	they view
procházka F	walk
protože	because
přestávka F	pause, break
psát + Acc, **píšu**	to write, I write
ptát se na +Acc	to ask about,
ptám se	I ask
radost F	pleasure
ráno N, adv.	morning
sedět, sedím	to sit, I sit
sem	here
snídat	to have breakfast,
snídám	I have breakfast
spát, spím	to sleep, I sleep
spolu	together
stále = pořád	constantly, always
unavený, -á, -é	tired
večeřet	to have dinner,
večeřím	I have dinner
vidět, vidím	to see, I see
vstávat	to get up,
vstávám	I get up
telefonovat	to phone,
telefonuju	I phone
začínat, začínám	to begin, I begin
za chvíli	in a moment
zdravit, zdravím	to greet, I greet
že	that

budík M	alarm-clock
zvonit, -ím	to ring, I ring
čistit si, -ím	to clean, I clean
zuby	teeth
koupelna F	bathroom

NUMERALS 1-20, 30, 40, 50, 60, 70, 80, 90, 100 (ČÍSLOVKY)

1	**jedna**	11	**jedenáct**	30	**třicet**
2	**dvě**	12	**dvanáct**	40	**čtyřicet**
3	**tři**	13	**třináct**	50	**padesát**
4	**čtyři**	14	**čtrnáct**	60	**šedesát**
5	**pět**	15	**patnáct**	70	**sedmdesát**
6	**šest**	16	**šestnáct**	80	**osmdesát**
7	**sedm**	17	**sedmnáct**	90	**devadesát**
8	**osm**	18	**osmnáct**	100	**sto**
9	**devět**	19	**devatenáct**		
10	**deset**	20	**dvacet**		

Kolik je . . .? How much is...?

1 + 1 = 2	jedna	**a**	jedna	**jsou**	dvě
1 + 2 = 3	jedna	**a**	dvě	**jsou**	tři
2 + 2 = 4	dvě	**a**	dvě	**jsou**	čtyři
2 + 3 = 5	dvě	**a**	tři	**je**	pět
3 + 3 = 6	tři	**a**	tři	**je**	šest

Kolik je hodin?
What's the time?

je jedna hodin**a**
jsou dvě hodin**y**
tři hodin**y**
čtyři hodin**y**
je pět hodi**n**
šest hodi**n**
dvanáct hodi**n**

je	**1 hodina**
jsou	**2, 3, 4 hodiny**
je	**5, 6, 7 hodin**

V kolik hodin? (At) what time?
Kdy? When?

kdy? **v + Acc**

V kolik hodin začíná škola?
Kdy začíná škola?

V jedn**u** hodin**u**
Ve dvě (tři, čtyři) hodin**y**
V pět (šest, deset ...) hodi**n**

Jak dlouho?
How long?

jedn**u** hodin**u**
dvě hodiny

jak dlouho? **Acc**

CONJUGATION -ím, -u

(III.)

mluvím česky	**mluvíme česky**	I speak Czech	we speak Czech
mluvíš česky	**mluvíte česky**	you speak Czech	you speak Czech
mluví česky	**mluví česky**	he, she, it speaks Czech	they speak Czech

nemluvím	**nemluvíme**	I do not speak	we do not speak
nemluvíš	**nemluvíte**	you do not speak	you do not speak
nemluví	**nemluví**	he, she, it does not speak	they do not speak

rozumím dobře	**rozumíme dobře**	I understand well	we understand well
rozumíš dobře	**rozumíte dobře**	you understand well	you understand well
rozumí dobře	**rozumějí dobře**	he, she, it understands well	they understand well

3. p. pl. – ONI **-ejí x -í:** **-ějí**

Prohlíž**ejí** si Prahu.	x	(oni) Bydl**í** v Praze.	They live in Prague.
		(oni) Mysl**í** na rodinu.	They think about the family.
Rozum**ějí** dobře.		(oni) Mluv**í** česky.	They speak Czech.
		(oni) Vid**í** profesora.	They see the professor.
		(oni) Lež**í** v posteli.	They lie in bed.
		(oni) Konč**í** v 5 hodin.	They end at 5 o'clock.

on / ona / ono / oni → bydlí → he / she / it } lives; they live

A: Už rozumíš česky?
B: Ne, ještě nerozumím.

A: Kde bydlíš v Praze?
B: V Praze 6.

A: V kolik hodin začíná škola?
B: Myslím, že už ráno v osm hodin.

A: Kdo už je ve třídě?
B: Sedí tam jen Tomáš.

A: Kde sedíte rád v kině?
B: Vepředu, protože špatně vidím.

A: Petr už spí?
B: Ne, leží jen v posteli, je unavený.

A: Jak dlouho studuješ?
B: Už tři hodiny, za chvíli končím.

A: Kdy ráno vstáváš?
B: Už v sedm hodin, to je moc brzo.

(IV.)

jedu tam	**jedeme tam**	I go there	we go there
jedeš tam	**jedete tam**	you go there	you go there
jede tam	**jedou tam**	he, she, it goes there	they go there

nejedu tam	**nejedeme tam**	I do not go there	we do not go there
nejedeš tam	**nejedete tam**	you do not go there	you do not go there
nejede tam	**nejedou tam**	he, she, it does not	they do not go there

SURVEY OF CONJUGATION

			INFINITIVE	
I.	**-uju (-uji)** **-uješ** **-uje**	**-ujeme** **-ujete** **-ujou (ují)**	**-ovat:**	nakupovat, pracovat, studovat, vysvětlovat, kontrolovat, opakovat, telefonovat ...
II.	**-u** **-eš** **-e**	**-eme** **-ete** **-ou**		**! irregular forms**
III.	**-ám** **-áš** **-á**	**-áme** **-áte** **-ají**	**-at:** **-át:**	prodávat, dělat, oblékat se, odpočívat, obědvat, snídat, vstávat ... ptát se, znát (to know)
IV.	**-ím** **-íš** **-í**	**-íme** **-íte** **-í, -ejí**	**-et:** **-ět:** **-it**	ležet, bydlet, prohlížet si, myslet ... rozumět, vidět ... končit, mluvit ...

II.!	**jít**	– jdu, jdeš, jde, jdeme, jdete, jdou	to go
	jet	– jedu, jedeš, jede, jedeme, jedete, jedou	to go (by vehicle)
	číst	– čtu, čteš, čte, čteme, čtete, čtou	to read
	psát	– píšu (-i), píšeš, píše, píšeme, píšete, píšou (-í)	to write
!	**mýt se**	– myju (-i) se, myješ se, myje se, myjeme se, myjete se, myjou (-í) se	to wash oneself
	pít	– piju (-i), piješ, pije, pijeme, pijete, pijou (-í)	to drink

IV.! **spát** – spím, spíš, spí, spíme, spíte, spí — to sleep
stát – stojím, stojíš, stojí, stojíme, stojíte, stojí — to stand

mýt — mýt se — mýt si obličej

matka myje syna (Acc)

myju **se**
(I wash)

myju **si** obličej (Acc)
obličej M (face)
(I wash my face)

oblékat — oblékat se — oblékat si sukni

matka obléká dceru (Acc)

oblékám **se**
(I get dressed)

oblékám **si** sukni (Acc)
sukně F (skirt)
(I put on a skirt)

A: Už rozumíš česky?
B: Ne, rozumím jen málo.

A: Piješ ráno doma kávu?
B: Ne, kávu piju odpoledne v práci.

A: Už spíš?
B: Ne, ještě ne, ale jsem moc unavený.

L3

A: Čteš už dlouho?
B: Asi jednu hodinu.

A: Co čteš?
B: Zajímavou knihu.

A: Kam jdete?
B: Na procházku.

A: Tomáši, máš radost, že už končí škola?
B: Mám, dneska je v Praze můj bratr.
A: Kam spolu jdete?
B: Jdeme si prohlížet Prahu.

A: Co si oblékáš?
B: Ten nový svetr.

A: Na co se ptá otec?
B: Ptá se, jak se mám a jaká je škola.

A: Na koho se ptá náš profesor?
B: Na toho studenta z Anglie.

Cv

❒ 1.

Díváte se na	jeho rodinu	?	Ne, nedívám se na . . .
Myslíte na	češtinu		Ne, nemyslím na . . .
Ptáte se na	školu		Ne, neptám se na . . .
Odpovídáte na	její práci		Ne, neodpovídám na . . .
	barevnou televizi		
	tuto otázku		

❒ 2.

V jednu hodinu	(já a manželka)	začínat pracovat
Ve dvě hodiny	(syn a dcera)	obědvat v restauraci
Ve čtyři hodiny		vstávat. Je to moc brzo.
V pět hodin		odpočívat doma a poslouchat magnetofon
V sedm hodin		pospíchat domů
V deset hodin		
V jedenáct hodin		prohlížet si Prahu
		už ležet v posteli
		ještě sedět v práci
		končit a jít domů

❒ 3.

jít:
(já . . . . . . domů.
(ty) . . . . . . na procházku.
(oni) . . . . . . obědvat domů
. . . . . . pěšky na poštu.

číst:
(vy) . . . . . . noviny.
(my) . . . . . . tu knihu.
(oni) . . . . . . dlouho.

pít:	(já)	. . . . . . kávu.
	(vy)	. . . . . . čaj.
	(on)	. . . . . . coca-colu.

❒ **4. Tvořte infinitiv:**

Vzor: Já **spím**, on jde taky . . . . . . – On jde taky **spát**.

Já **nakupuju** ve městě, on jde taky . . . . . .
Já **telefonuju**, on jde taky . . . . . .
Já **pracuju**, on jde taky . . . . . .

Já se **dívám** na televizi, on se začíná taky . . . . . .
Já **poslouchám** rádio, on začíná taky . . . . . .
Já si **oblékám** svetr, on si jde taky . . . . . . svetr.

Já už **rozumím** česky, on začíná taky . . . . . . česky.
Já si **myslím**, že to není dobře, on si to začíná taky . . . . . .
Já **mluvím** anglicky, on začíná taky . . . . . . anglicky.

Já **jsem** už unavený, on začíná taky . . . . . . unavený.
Já **píšu** úkol, on jde taky . . . . . . úkol.
Já už **spím**, on jde taky . . . . . .
Já **čtu** knihu, on začíná taky . . . . . . knihu.

Já už dlouho **odpočívám**, on jde taky . . . .
Petr **si prohlíží** tu zajímavou knihu, ona si začíná knihu taky . . . . . .
My už **studujeme**, vy jdete taky . . . . . .?
Oni už **snídají** a **pijou** čaj. Vy jdete taky . . . . . . a . . . . . . čaj?

Gr

PERSONAL PRONOUNS IN THE ACCUSATIVE CASE

(OSOBNÍ ZÁJMENA V AKUZATIVU)

já	**mě**	**na mě (mne)**	me
ty	**tě**	**na tebe**	you
on	**ho (jej), jeho**	**na něho** (Ma), **na něj** (Ma, Mi)	him, it
ono	**ho, je**	**na ně, na něj** (N)	
ona	**ji**	**na ni**	her
my	**nás**	**na nás**	us
vy	**vás**	**na vás**	you
oni, ony, ona	**je**	**na ně**	them

!	vidí jej	X	dívá se na něj	j > n
	vidí ji	X	dívá se na ni	
	vidí je	X	dívá se na ně	
!	vidí tě	X	dívá se na tebe	
	vidí mě	=	dívá se na mě na mne	
	without preposition	X	with preposition	

Prepositions which take the Acc:

na	(on, to):	for question kam (where)?	**Jdu na univerzitu.**
pro	(for):	**To je pro tebe.**	
jít pro	(to go for):	**Jdu pro knihu.**	I go for the book.
		Jdu pro něho na nádraží. !	I go catch him up at the railway station.

A: Díváš se na tu slečnu?
B: Ne, nedívám se na ni.

A: Jdeš pro tu knihu?
B: Ano, jdu pro ni.

A: Ptáte se na toho nového studenta?
B: Ano, ptám se na něho. Mám pro něho knihu.

A: Proč si nás tak prohlížejí?
B: Protože nás ještě neznají.

A: Jano, máš pro mě ten sešit?
B: Bohužel, mám ho doma.

Cv

❐ **5. a)**

Ptám se **na** Vidím	profesora. magnetofon. syna.	Ptám se **na něho (něj).** Vidím **ho.**
Dívám se **na** Prohlížím si	televizi. manželku. tu ženu.	Díváme se **na ni.** Prohlížím si **ji.**

b) **JÁ** Vidí . . . . . . Ptá se . . . . . . Zdraví . . . . . . Myslí na . . . . . .
TY Prohlíží si . . . . . . Vzpomíná na . . . . . . Má pro . . . . . . knihu.

MY
VY

❐ **6. Odpovídejte** (Answer):

Díváte se na televizi? Ano, ...
Myslíte na rodinu? Ano, ...
Zdravíš profesora? Ano, ...
Vidíte ty stoly? Ne, ...
Prohlížíte si Prahu? Ano, ...
Vysvětluje profesor gramatiku? Ne, ...
Vzpomínáte na syna? Ano, ...
Prosím vás, nemáte pro mě dopis? (letter) Ano, ...
Je pro vás čeština těžká? (difficult) Ano, ...

MŮJ DEN

Je sedm hodin ráno
Jak začíná můj den? Začíná brzo – vstávám už v sedm hodin, protože nerad pospíchám. Myju se, oblékám se a potom dlouho snídám. Škola není daleko, jdu tam pěšky.

Je deset hodin dopoledne
Sedím ve třídě. Studuju už dvě hodiny, za chvíli je přestávka. Profesor se na něco ptá, já ale nemyslím na češtinu a odpovídám na jeho otázku špatně. Teď začínáme psát jedno cvičení.

Jsou tři hodiny odpoledne
Škola končí, jdu domů. Potom ale vidím Petra. Mám velkou radost, že ho vidím. Má pro mě česko-anglický slovník. Petr je můj kamarád, ale nebydlí v Praze. Dlouho spolu mluvíme, ptám se, jak se má, co dělá, jak se má jeho rodina. Potom jdeme na procházku, prohlížíme si starou Prahu, v kavárně pijeme kávu a coca-colu.

Je deset hodin večer

Už ležím v posteli, ale ještě nespím. Čtu jednu zajímavou knihu. Na televizi se nedívám, protože tam není dobrý program. Čtu už jednu hodinu a začínám být unavený. Už nečtu a neposlouchám rádio. Za chvíli jdu spát.

KAM JDU?	Where do I go?	KDE JSEM?	Where am I?
Jdu dom**ů**.	I go home	Jsem dom**a**.	I am at home.
Jdu na procházk**u**.	I am going for a walk.	Jsem na procházc**e**.	I'm on a walk.
Jdu na pošt**u**.	I go to the post.	Jsem na pošt**ě**.	I am at the post.
Jdu **tam**.	I go there.	Jsem **tam**.	I am there.
Jde **sem**.	He comes here.	Je **tady**.	He is here.

CO DĚLAJÍ?

7 h ráno	Už je v práci a začíná pracovat.	Vstává a obléká se.	Ještě spí.
12 h	Obědvá v restauraci. Pospíchá, nemá čas.	Má přestávku ve škole. Odpočívá a prohlíží si něco.	Sedí v pokoji a čte si. Asi je nemocný, protože není ve škole.
4 h odpol.	Jde domů. Je unavený. Vidí nějakého pána a zdraví ho: Dobrý den.	Jana a její kamarád sedí v kavárně. Mají radost, mluví spolu, pijou kávu.	Je stále doma. Už nesedí, teď leží v posteli a dívá se na televizi. Není rád doma sám.
8 h večer	Odpočívá. Sedí v pokoji a čte noviny.	Jana telefonuje a neodpovídá na jeho otázku.	Petr večeří a ptá se na školu.
11 h v noci	Spí.	Něco píše. Na stole má slovník a knihu. Asi studuje.	Spí.

Cv

❐ 7. Odpovídejte (Answer):

1. Co dělá otec celý den? Co Jana? Co Petr?
2. Co dělají otec, Jana a Petr | v 7 hodin ráno? / ve 12 hodin? / ve 4 hodiny odpoledne? / v 8 hodin večer? / v 11 hodin v noci?
3. Kdo má hezký den? Kdo má špatný den? Proč? Kdo dlouho pracuje?
4. OTEC: Je otec v 7 hodin ráno ještě doma? Kde je? Pracuje hodně celý den? Kde obědvá? Kdy končí svou práci? Kam jde potom? Má večer volno?

   JANA: V kolik hodin Jana vstává? Kde je celé dopoledne? Má hezké odpoledne? Proč? Je večer doma? Jde brzo spát? Co dělá v noci?

   PETR: Proč je Petr celý den doma? Jak dlouho spí? Co dělá celý den? Je rád doma sám?

❐ 8. Co dělá večer ta rodina?

❐ 9. **Jaký je váš den?**
Co děláte ráno, dopoledne, v poledne, odpoledne a večer?

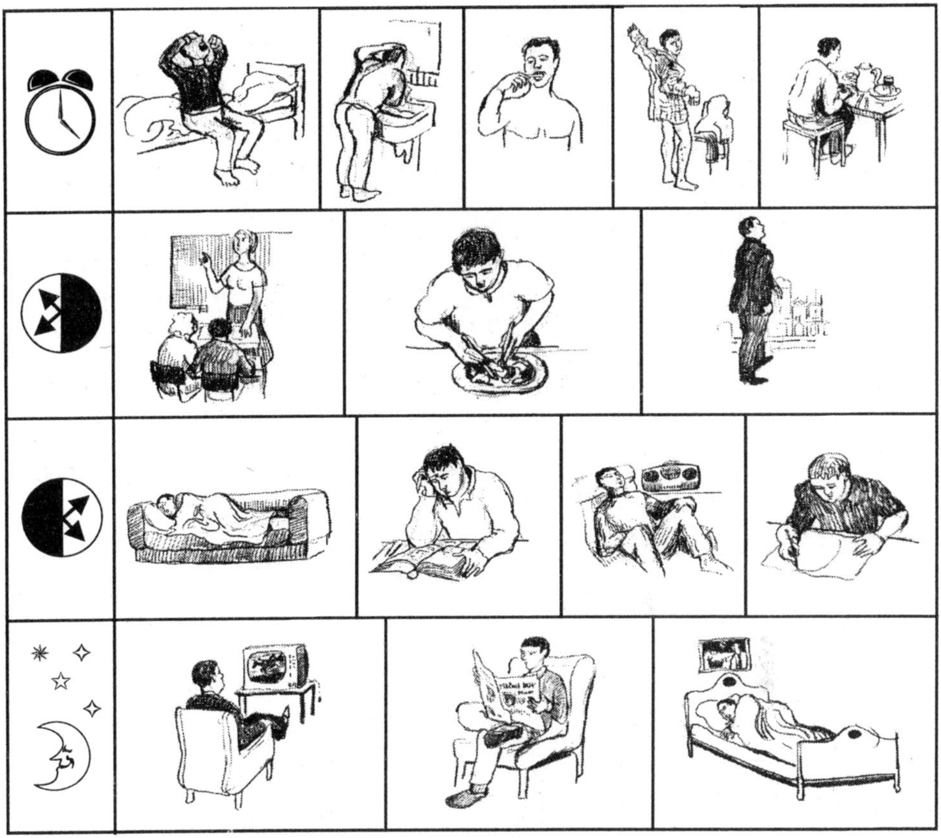

Describe your daily routine (Popište svůj denní program):

❐ **10. Ask your colleague if he does these things too:**
(Ptejte se svého kolegy, jestli to dělá také):

Vzor: Odpoledne nakupuju ve městě. – **Také odpoledne nakupuješ?**

Večer dlouho pracuju.
Vzpomínám často na svou rodinu.

Doma odpoledne odpočívám.
Můj den začíná v 7 hodin.
Obědvám v jídelně ve škole.

I speak Czech at school.
I like drinking coffee.
I am reading an interesting book.
I am always in a hurry in the morning.
We have a break at school at 10 o'clock.
We write long exercises in the classroom.
I get up at 7 o'clock in the morning.
I stand in the square and look at it (= am seeing its sights).
I go on foot.
At 10 o'clock I am already in bed.

❒ (11.) **Řekněte v plurálu** (Say it in the plural form):

Vzor: Student pospíchá. – **Studenti také pospíchají.**

Poslouchám rádio. Tomáš a Marta ......
Prohlížím si starou Prahu. Studenti ......
On se dívá na televizi. Oni ......
Profesor vysvětluje gramatiku. Profesoři ......
Už dobře rozumím česky. Studenti ......
Ten muž má hezkou knihu. Ti muži ......
Dívka se obléká hezky. Dívky ......
Jdu pěšky, není to daleko. Studenti ......
Často myslím na svou rodinu. Oni ......
Nenakupuje rád. Tomáš a Petr ......

❒ **12. Doplňte zájmena** (Fill in the pronouns):

Vzor: Mám **sešit**. Vidím **ho**.

1. Máte **nové rádio**. Proč ...... neposloucháš? 2. Jím rád **housku**. Jíš ...... také rád? 3. V obchodě mají **knihu a slovník**. Prohlížím si ...... 4. Často piju **kávu**. Mám ...... moc rád. 5. To jste **vy**! Jsem rád, že ...... vidím. 6. Mám rád **svou rodinu**. Často na ...... vzpomínám. 7. To je **tvůj přítel**. Proč ...... nezdraví? 8. **Tomáš** tady není. Jdu pro ...... 9. Studuj**eme** češtinu. Je pro ...... těžká. 10. Profesor vysvětluje **českou gramatiku**. Vysvětluje ...... dobře. 11. Už **jsem** tady. Máš pro ...... ty noviny? 12. **Ty** ještě nejsi ve třídě? Profesor už na ...... čeká. 13. Máme **novou televizi**. Často se ale na ...... nedíváme. 14. Dnes není ve třídě **student** ze Skotska. Profesor se na ...... ptá. 15. To je **můj otec a moje matka**. Často na ...... myslím.

❒ **13. Přeložte** (Translate):

I am writing a long exercise. Are you writing it too?
I see a pretty young girl there. Do you see her too?

There goes my professor, I greet him.
I am thinking of our friend. Are you thinking of him too?
I have a new tape-recorder. I listen to it often.
She has a letter for me. Does she have one for you too?
These are students from England. Do you know them?
We are reading a book and a newspaper. Are you reading them too?
Here is Mr. Kubát. He has an interesting book for us.

Tvořte dialogy (Construct dialogues):

a) Proč | máš radost
vstáváš brzo
pospícháš
se nedíváš na televizi
ještě nespíš
jsi unavený | ?

Protože | škola začíná už v 8 hodin.
je v Praze kamarádka.
tam není zajímavý program.
za chvíli začíná čeština.
hodně studuju.
čtu moc zajímavou knihu.

b) Petr | čte
myslí na
je | nový film.
v kině
zajímavou knihu
v divadle
program v televizi

Jak se jmenuje | ten
ta
to | kino
kniha
divadlo
program
film | ?

c) Je Jsou	7 hodin ráno. 10 hodin dopoledne 2 hodiny odpoledne 9 hodin večer 11 hodin večer 5 hodin odpoledne	Co dělá Petr?

Snídá doma.
Už spí.
Čte si v posteli.
Sedí v kavárně.
Je ve škole na češtině.
Ve třídě odpovídá na otázku.

MLUVNÍ CVIČENÍ

1. a) *Poslouchejte:* **Jsou tři hodiny.** **Co, už jsou tři?**

b) *Reagujte:*

Jsou tři hodiny.	Co, už jsou tři?
Je pět hodin.	Co, už je pět?
Je sedm hodin.	Co, už je sedm?
Jsou dvě hodiny.	Co, už jsou dvě?
Jsou čtyři hodiny.	Co, už jsou čtyři?
Je dvanáct hodin.	Co, už je dvanáct?

2. a) *Poslouchejte:*
V kolik hodin začíná škola? V 8, nebo v 9? **Začíná už v 8.**

b) *Odpovídejte:*

V kolik hodin začíná kino?	V 5, nebo v 6?	Začíná už v 5
V kolik hodin začíná škola?	V 8, nebo v 9?	Začíná už v 8.
V kolik hodin začíná čeština?	V 10, nebo v 11?	Začíná už v 10.
V kolik hodin začíná divadlo?	V 7, nebo v 8?	Začíná už v 7.
V kolik hodin začíná přestávka?	V 1, nebo ve 2?	Začíná už v 1.

3. a) *Poslouchejte:* **Jana už sedí ve třídě?** **Ne, ještě nesedí.**

b) *Odpovídejte:*

Jana už sedí ve třídě?	Ne, ještě nesedí.
Jana už leží v posteli?	Ne, ještě neleží.
Jana už mluví česky?	Ne, ještě nemluví.
Jana už rozumí dobře?	Ne, ještě nerozumí.
Jana už bydlí v Praze?	Ne, ještě nebydlí.

4. a) *Poslouchejte:* **Co děláš ráno v 7? Vstáváš? Ano, vstávám.**

b) *Odpovídejte:*

Co děláš ráno v 7? Snídáš? Ano, snídám.
Co děláš ráno v 7? Oblékáš se? Ano, oblékám se.
Co děláš ráno v 7? Myješ se? Ano, myju se.
Co děláš ráno v 7? Piješ kávu? Ano, piju kávu.
Co děláš ráno v 7? Studuješ? Ano, studuju.

5. a) *Poslouchejte:* **Co dělá otec? Petr se ptá, co dělá otec.**

b) *Reagujte:*

Co dělá otec? Petr se ptá, co dělá otec.
Co dělá maminka? Petr se ptá, co dělá maminka.
Jak se má Jana? Petr se ptá, jak se má Jana.
Jak se má bratr? Petr se ptá, jak se má bratr.
Jaká je škola? Petr se ptá, jaká je škola.
Jaký je ten program v televizi? Petr se ptá, jaký je ten program v televizi.

6. a) *Poslouchejte:* **Co děláš? Petr se mě ptá, co dělám.**

b) *Reagujte:*

Co děláš? Petr se mě ptá, co dělám.
Jak se máš? Petr se mě ptá, jak se mám.
Proč jdeš domů? Petr se mě ptá, proč jdu domů.
Proč nepiješ kávu? Petr se mě ptá, proč nepiju kávu.
Co čteš? Petr se mě ptá, co čtu.
Co si prohlížíš? Petr se mě ptá, co si prohlížím.
Na co myslíš? Petr se mě ptá, na co myslím.

7. a) *Poslouchejte:* **Kde bydlíš? V Praze? Ano, bydlím v Praze.**

b) *Odpovídejte:*

Kde bydlíš? V Praze? Ano, bydlím v Praze.
Na koho myslíš? Na rodinu? Ano, myslím na rodinu.
Na co se ptáš? Na tu knihu? Ano, ptám se na tu knihu.
Kam jdeš? Na procházku? Ano, jdu na procházku.
Koho vidíš? Profesora? Ano, vidím profesora.
Co piješ? Kávu? Ano, piju kávu.

8. a) *Poslouchejte:* **Vidíš ten obraz? Ano, vidím ho.**

b) *Odpovídejte:*

Vidíš ten obraz? Ano, vidím ho.
Vidíš tu paní? Ano, vidím ji.
Vidíte ten obchod? Ano, vidím ho.
Vidíte tam nemocnici? Ano, vidím ji.
Vidíte toho pána? Ano, vidím ho.
Vidíte tam kino? Ano, vidím ho.

KONVERZACE

A: Je to Vaše první návštěva v Praze, Steve?
B: Ne, mám tady přítele, navštěvuji ho každý rok v létě.
A: Já jsem tady poprvé.
B: Jak dlouho tady zůstanete?
A: Budu tady jeden měsíc. Navštěvuju kurs češtiny na Karlově univerzitě.

A: Is this your first visit to Prague, Steve?
B: No, I have got a friend here. I visit him every year in the summer.
A: I am here for the first time.
B: How long are you going to stay here?
A: I will be here one month. I am attending a Czech course at Charles University.

H: Haló!
T: Haló! Tady je Tomáš. Telefonuju z kanceláře. Co děláš, Heleno?
H: Píšu dopis manželovi. Je právě v Londýně. A co děláš ty?
T: Právě mám přestávku, piju čaj a čtu noviny, ale za deset minut mě čeká zákazník. Můžu k vám dnes odpoledne přijít?
H: Ale ano. Přijď asi v pět hodin. Hodí se ti to?
T: Ovšem. Budu se těšit.
H: Já taky. Ahoj!
T: Ahoj!

H: Hello!
T: Hello! This is Tom speaking. I am calling you from my office. What are you doing, Helen?
H: I am writing a letter to my husband. He is now in London. And what are you doing?
T: I have a break just now, I am drinking tea and reading a newspaper but my customer is expecting me in ten minutes. May I come see you this afternoon?
H: Yes. Come at about five o'clock. Is that a good time for you?
T: Certainly. I will look forward to seeing you.
H: Me too. Bye.
T: Bye.

L4

autobusový, -á, -é	bus
až	until, as far as
čekat na +Acc, **-ám**	to wait for, I wait
čím?	by what?
číslo N	number
čtvrtek M	Thursday
do +Gen	to, into
francouzsky	French
hodit se, hodí se	to suit, it suits
chtít, chci	to want, I want
informace F	information
informační	informational
jestli	if, whether
jet, jedu	to go, I go (by vehicle)
jízdenka F	ticket
každý, -á, -é	every, each
koupit +Acc, **-ím**	to buy, I will buy
kouřit, -ím	to smoke, I smoke
který, -á, -é	who, which
místenka F	seat-reservation ticket
moct = moci, můžu	to be able, I can
muset, musím	to have to, I must
nádraží N	railway station
náměstí N	square
nástupiště N	platform
nastupovat, -uju	to get in/on, I get in/on
neděle F	Sunday
nejdřív(e)	first of all
někdo	somebody
Německo N	Germany
německy	German
nic	nothing
odejít	to leave
odejdu	I will leave
odjet	to leave (by vehicle)
odjedu	I will leave (by vehicle)
odkud	from where
pátek M	Friday
peníze M pl.	money
platit +Acc, **-ím**	to pay, I pay
podívat se na +Acc	to look at,
-ám se	I will look at
pokladna F	cash register
pošta F	post
pozdě	late
pro +Acc	for
proto	therefore, that is why
průvodčí M+F	conductor
přijet	to arrive (by vehicle),
přijedu	I will arrive (by vehicle)
přijít	to arrive,
přijdu	I will arrive
říkat, -ám	to say, I say
samozřejmě	of course
smět, -ím	to be allowed, I may
sobota F	Saturday
stačí	it is enough
středa F	Wednesday
tabule F	blackboard
tak	so
těšit se na +Acc	to look forward to,
-ím se	I am looking forward to
tramvaj F	tram
to stačí	it is enough
trochu	a little
učit se, -ím se	to learn, I learn
umět, -ím	to know how, I know how
úterý N	Tuesday
vařit +Acc, **-ím**	to cook, I cook
vlak M	train
vrátit se	to come back
-ím se	I will come back
vybírat si +Acc	to choose,
-ám si	I choose
výborně	well done
výlet M	trip
vystupovat	to get off, out
-uju	I get off, out
z, ze +Gen	from
zpáteční	return, round-trip
zpoždění N	delay
nádražní rozhlas	railway station loudspeaker
lístek M, pl. **lístky**	ticket, tickets

Gr

DAYS OF THE WEEK (DNY)

Který den je dnes? What day is today?

Dnes je	**pondělí**	N	Today is	Monday
	úterý	N		Tuesday
	středa	F		Wednesday
	čtvrtek	M		Thursday
	pátek	M		Friday
	sobota	F		Saturday
	neděle	F		Sunday

Kdy? When?

v +Acc

v pondělí	on	Monday
v úterý		Tuesday
ve středu		Wednesday
ve čtvrtek		Thursday
v pátek		Friday
v sobotu		Saturday
v neděli		Sunday

ASPECT (VID)

imperfective (nedokonavý, imperfektivní)
perfective (dokonavý, perfektivní)

The Imperfective Aspect of verbs expresses uncompleted action, action in progress or repeated action – it can have the form of the present, the past or the future tense.

The Perfective Aspect expresses the idea of completion – it can express the past or the future – never the present.

I am paying for the beer.
Platím pivo.

dívat se to look	–	**dívám se** I look
kupovat to buy	–	**kupuju** I buy

I will pay for the beer.
Zaplatím pivo.

podívat se to look	–	**podívám se** I will look
koupit to buy	–	**koupím** I will buy

L4

platit –	**platím**	**zaplatit** –	**zaplatím**
to pay	I pay	to pay	I will pay
vracet se –	**vracím se**	**vrátit se** –	**vrátím se**
to come back	I come back	to come back	I will come back

JÍT TO GO	**jdu** I go	**půjdu** I will go	**přijdu** I will come	**odejdu** I will leave

JET TO GO (by vehicle)	**jedu** I go (by vehicle)	**pojedu** I will go (by vehicle)	**přijedu** I will come	**odjedu** I will leave

při- → ●
od(e)- ● →

A:Kdy pojedeš do Prahy?
B: Až v pátek odpoledne.

A: Pojedeš v sobotu do Prahy?
B: Ne, nepojedu, nemám čas.

A: Pojedeš do Prahy vlakem?
B: Ne, autobusem.

A: Pojedeš sám?
B: Ne, pojede také Tomáš.

A: Kdy se vrátíš z Prahy?
B: Vrátím se asi až v neděli večer.

A: Mám tady novou knihu. Chceš se podívat?
B: Teď nemám čas, podívám se na ni za chvíli.

A: Kdy přijede Jana?
B: Zítra ráno v 8 hodin.

A: Půjdete dneska večer do kina?
B: Nepůjdu, nemám čas.

A: Kdo ještě půjde do kina?
B: Myslím, že ještě půjde Petr.

A: Kupuje Tomáš ten kabát?
B: Ne, koupí ho až zítra.

A: Platíte tu kávu?
B: Ne, zaplatí ji ten pán.

A: Přijde ještě někdo?
B: Asi Petr.

A: Kdy přijdeš? V sobotu nebo v neděli?
B: V sobotu. V neděli musím studovat.

A: V kolik hodin jede vlak?
B: Podívám se na informační tabuli.

A: Kdy odjedeš z Prahy?
B: V deset večer.

Gr

KAM JDEŠ? (Where are you going?) 1) **na** + Acc

M	na výlet, na koncert
F	na procházku, na fakultu, na univerzitu, na poštu
N	na nádraží, na náměstí

Also:

Jdu na kávu (kafe).	I am going for a coffee.
Jdu na pivo.	I am going for a beer.
Jdu na tenis, na fotbal.	I am going to play tennis, football.
Jdu na ryby.	I am going fishing.

2) **do** + Gen — Jdu **do obchodu.** Jedu **do Prahy.**

GENITIVE CASE OF NOUNS – SINGULAR (GENITIV SINGULÁRU SUBSTANTIV)

	Mi – hard or neutr. cons. h ch k g r d t n, b f l m p s v z	F -a N -o	Mi + F – soft cons. č ř š ž c j ď ť ň	F+N -e
Mi	do obchodu, do vlaku, do hotelu do autobusu, do New Yorku	**-u**	do pokoje	**-e**
F	do Prahy, do Kanady, do Evropy, do školy, do třídy, do kavárny, do koupelny	**-y**	do nemocnice, do restaurace, do koleje, do Asie, do Anglie do skříně, do postele	**-e**
N	do města, do kina, do divadla, do Brna, do Skotska, do Irska, do metra, do okna	**-a**	do moře	**-e**

ODKUD JDEŠ? **z** + Gen — Where are you coming from? — from

z obchodu, z pokoje, z výletu
ze školy, z restaurace, z fakulty, z pošty
z kina, z nádraží, z Německa

Gen sg. Ma – p. 162

L4

A: Kam pojedeš na výlet?
B: Do Prahy.
A: A kdy?
B: V sobotu ráno.

A: Kam pojedeš v sobotu?
B: Pojedu asi do Německa.

A: Kdy se vrátíš ze školy?
B: Až odpoledne.

A: Vidím, že se Jana obléká. Kam jde?
B: Myslím, že jde do divadla.

A: Odkud jdeš tak pozdě?
B: Ještě není tak pozdě, je teprve 10, jdu z kina.

A: Proč jdeš na nádraží?
B: Jdu koupit místenku do Prahy.

A: Odkud jede autobus do Brna?
B: Myslím, že z nástupiště číslo 11.

A: Kdy se vrátí Petr z Německa?
B: Dneska ne, asi ve středu.

A: Půjdeš taky do kavárny?
B: Ne, půjdu na procházku.

A: Kdy se vrátí Helena z práce?
B: Ve čtyři hodiny. Proč?
A: Jdeme spolu na koncert. Ale ještě je čas.

A: Kde je Tomáš?
B: Jde do obchodu koupit slovník.

A: Půjdete taky na procházku?
B: Ne, půjdu do restaurace na kávu.

A: Už jdu do vlaku, jede za chvíli.
B: Tak ahoj!

A: Dobrý den! Prosím vás, tenhle autobus jede na nádraží?
B: Ne, tohle je číslo 5 a na nádraží jede číslo 6.
A: Děkuju.

A: Dobrý den! Prosím vás, jdu dobře na nádraží?
B: Ano, tamhle vepředu už ho vidíte.

Cv

❐ **1. Říkejte: kde jste, kam jdete, odkud se vracíte**
(Say: where you are, where you are going, where you are coming back from)

	Jsem (v, ve, na)	Jdu, jedu (do, na)	Vracím se z
nemocnice kavárna kino koncert nádraží park hotel univerzita obchod Praha pošta Anglie Morava			

Gr

The positive and negative forms of Czech modal verbs do not correspond with their English equivalents. Eg. I must = musím
I must not = nesmím **So take care!**

MODAL VERBS (MODÁLNÍ SLOVESA)

MUSET

Musím odejít.	**Musíme odejít**	I must	we must leave
Musíš odejít.	**Musíte odejít.**	you must	you must leave
Musí odejít.	**Musí odejít.** **-ejí**	he, she, it must	they must leave

nemusím	**nemusíme**	I need not	we need not
nemusíš	**nemusíte**	you need not	you need not
nemusí	**nemusí (-ejí)**	he, she, it need not	they need not

Musím už odejít, nemám čas.	I have to go already, I do not have time.
Musím odejít, za chvíli jede autobus.	I have to go, my bus leaves in a few minutes.
Musím si koupit jízdenku.	I have to buy a ticket.
Musím hodně studovat.	I must study a lot.
Musíte se podívat, v kolik hodin jede vlak.	You have to inquire when your train leaves.
Musím jít pěšky, autobus už nejede.	I have to go on foot, my bus does not go any more.
Zítra musíš vstávat v šest.	Tomorrow you must get up at six o'clock.
Nemám čas, musím psát dopis.	I do not have time, I must write a letter.
Musím jít spát, jsem unavený.	I must go to sleep, I am tired.

Nemusím dělat nic.	I do not have to do anything.
Nemusím si koupit místenku.	I do not have to buy a seat-reservation.
Nemusím dneska studovat, zítra není škola.	I do not have to study today, I have no lessons tomorrow.

CHTÍT

TO WANT

Chci jít na procházku.	**Chceme jet na výlet.**	I want	we want
Chceš jít na procházku?	**Chcete jet na výlet?**	you want	you want
Chce jít na procházku.	**Chtějí jet na výlet.**	he, she, it wants	they want

nechci	**nechceme**	I do not want	we do not want
nechceš	**nechcete**	you do not want	you do not want
nechce	**nechtějí**	he, she, it does not want	they do not want

Chci jít domů, jsem unavený.	I want to go home, I am tired.
Chceš jet taky do Prahy? Chci.	Do you want to go to Prague too? I do.
Chceš kávu? Děkuju, rád.	Do you want coffee? Thank you, it would be a pleasure.
Chcete jít taky do kina?	Do you want to go to the cinema too?
Chci, ale nemám čas.	I want to, but I do not have time.
Chci se podívat do města.	I want to look around the town.
Nechci se vrátit.	I do not want to come back.
Nechci v autobuse stát, proto si musím koupit místenku.	I do not want to stand in the bus and so I have to buy a seat-reservation.

SMĚT

TO BE ALLOWED

Smím jít.	**Smíme jít.**	I may go	we may go
Smíš jít.	**Smíte jít.**	you may go	you may go
Smí jít.	**Smějí jít.**	he, she, it may go	they may go

Nesmím kouřit.	**Nesmíme kouřit.**	I must not smoke	we must not smoke
Nesmíš kouřit.	**Nesmíte kouřit.**	you must not smoke	you must not smoke
Nesmí kouřit.	**Nesmějí kouřit.**	he, she, it must not smoke	they must not smoke

„Smím jít do kina?“ ptá se bratr.	"May I go to the cinema?" brother asks.
„Ano, smíš,“ odpovídá matka.	"Yes, you may," mother answers.
„Ne, nesmíš,“ odpovídá otec.	"No, you may not," father answers.

MOCT = MOCI

TO BE ABLE

můžu (mohu) jít	**můžeme jít**	I can go	we can go
můžeš jít	**můžete jít**	you can go	you can go
může jít	**můžou (mohou) jít**	he, she, it can go	they can go

nemůžu (nemohu)	**nemůžeme**	I cannot	we cannot
nemůžeš	**nemůžete**	you cannot	you cannot
nemůže	**nemůžou (nemohou)**	he, she, it cannot	they cannot

Můžeš mi ukázat tu knihu?	Can you show me the book?
Už můžeme jít domů.	We can already go home.
Ještě nemůžou odjet.	They can not leave yet.
Už nemůžu psát, jsem moc unavená.	I cannot write any more, I am very tired.
Můžeš přijít domů v 7?	Can you come home at seven?
Můžete se podívat, kdy jede vlak?	Can you inquire when the train goes?
Ano, můžu.	Yes, I can.
Můžeš se podívat na informační tabuli?	Can you look at the information board?
Nemůžu, špatně vidím.	I cannot, I can not see well.
Můžou se už vrátit? Můžou.	Can they come back already? They can.
Nemůžu jet do Prahy, nemám čas.	I cannot go to Prague, I do not have time.
Nemůžete přijít už v osm? = Můžete přijít už v osm? Můžu.	Can you come as early as eight? I can.

UMĚT

TO KNOW / KNOW HOW TO

Umím česky.	**Umíme česky.**	I know Czech.	We know Czech.
Umíš anglicky?	**Umíte anglicky?**	Do you know English?	Do you know English?
Umí německy.	**Umějí německy.**	He, she, it knows German.	They know German.

neumím	**neumíme**	I do not know	we do not know
neumíš	**neumíte**	you do not know	you do not know
neumí	**neumějí**	he, she, it does not know	they do not know

Umíš hrát tenis?	Do you know how to play tennis?
Umím vařit dobrou kávu.	I know how to make good coffee.
Umějí už mluvit česky?	Do they already know Czech?

Neumím vařit. — I do not know how to cook.
Tomáš neumí dobře anglicky. — Tom does not know English well.

L4

muset	to have to	musím	nemusím	-ím,	-íš,	-í,	-íme,	-íte,	-í (-ejí)
chtít	to want	chci	nechci	-i,	-eš,	-e,	-eme,	-ete,	-ějí
smět	to be allowed	smím	nesmím	-ím,	-íš,	-í,	-íme,	-íte,	-ějí
moct	to be able	můžu	nemůžu	-u,	-eš,	-e,	-eme,	-ete,	-ou
umět	to know / know how to	umím	neumím	-ím,	-íš,	-í,	-íme,	-íte,	-ějí

! Dneska musím **jít nakupovat** do velkého obchodu do města.
Today I have to go shopping to the big shop in the town.

MÁM NĚCO UDĚLAT — SHOULD / OUGHT TO

mám jít	**máme jít**	I should / ought to go	we should / ought to go
máš jít	**máte jít**	you should / ought to go	you should / ought to go
má jít	**mají jít**	he, she, it should / ought to go	they should / ought to go

nemám jít	**nemáme jít**	I am not to go	we are not to go
nemáš jít	**nemáte jít**	you are not to go	you are not to go
nemá jít	**nemají jít**	he, she, it is not to go	they are not to go

Máš koupit místenku. — You should / have to buy a seat-reservation.
Máte odpovídat na otázku. — You should / have to answer the question.
Mám v sobotu přijít? — Should I come on Saturday?
Nemáme už vystupovat? — Shouldn't we get off now? Aren't we to get off now?

A: Chcete se učit česky?
B: Ano, chci.

A: Umíte taky anglicky?
B: Jenom trochu.

A: Prosím vás, můžete mi koupit místenku?
B: Ano, můžu. Kam chcete jet a kdy?
A: Do Prahy v sobotu ráno.

A: Tomáši, už musíš vstávat. Je už 7 hodin. Nesmíme přijít pozdě do školy.
B: Tak to musím pospíchat. Nechci přijít pozdě.

A: Chceš něco v obchodě?
B: Ne, děkuju, nechci nic.

A: Smím tady kouřit?
B: Ne, tady nesmíte kouřit.

A: Mám jet do divadla tramvají, nebo autem?
B: Můžeš jet tramvají nebo jít pěšky, není to daleko.

A: Pane kolego, máte přijít zítra dopoledne na fakultu.
B: Kdo to říká?
A: Váš profesor. Chce s vámi (with you) **mluvit.**
B: To se mi hodí. Dopoledne mám volno.

Cv

❒ **2. Řekněte negaci a doplňte větu**
(Put the statement in the negative and fill in the blanks):

Vzor: Chci koupit knihu, ale . . . . **Nechci** koupit knihu, ale **noviny.**
Můžu jít do kina, protože . . . . **Nemůžu** jít do kina, protože **nemám čas.**

Dneska se můžu dívat na televizi, protože . . . . . .
Na nástupišti smíme kouřit, protože . . . . . .
Máme jet vlakem, ale . . . . . .
Umím dobře anglicky, ale . . . . . .
Musím studovat češtinu, ale . . . . . .

❒ **3. Odpovídejte podle vzoru** (Answer according to the model):
Vzor: Studuju češtinu. (muset) – **Musím studovat** češtinu.

Nakupujeme. (muset)
Odpočíváš odpoledne? (moci)
Vysvětluje profesor novou gramatiku? (moci)
Co děláte večer? (chtít)
Eva pracuje v obchodě. (chtít)
Pan Kubát a paní Kubátová jedou do Prahy. (chtít)
Nepřijdeme pozdě. (chtít)
Píšu dopis. (mám)

Proč nezdravíte toho pána? (chtít)
Už vystupujeme? (máme)
Helena a Jana odpovídají. (smět)

❒ **4. Řekněte kolegovi, že něco děláte, a zeptáte se, jestli to chce taky dělat** (Tell your colleague that you are doing sth. and ask if he wants to do it too):

Vzor: Píšu úkol. **Chceš taky psát** úkol?

Dneska jedu do Prahy.
Koupím si hezkou knihu.
Podívám se na zajímavý film.
Už zaplatím.
Ráno jdeme na výlet.
Učím se českou gramatiku.

❒ **5. Řekněte Tomášovi, že to musí také udělat** (Tell Tom that he must also do it):

Koupím místenku do Prahy. **Tomáši, musíš taky. . .**
Zdravím našeho profesora.
Piju čaj.
Stojím na náměstí.
Čekám na paní profesorku.
Petr ještě píše úkol.
Večer jdu brzo spát.

❒ **6. Zeptejte se pana Kubáta, jestli může nebo umí** (Ask Mr. Kubát if he can or knows how to):

go to Prague in the morning **Pane Kubáte, prosím vás, můžete . . . .?**
speak English well **umíte . . . .?**
come to work as early as 7 o'clock tomorrow
buy a seat-reservation for you
play tennis
have supper tonight in a restaurant

❒ **7. Řekněte Heleně, že to nesmí dělat** (Tell Helen that she may not do it):

Můžu tady odpočívat? **Heleno, nesmíš . . .**
Můžu ve třídě mluvit?
Můžu v nemocnici kouřit?
Můžu jet v sobotu do Brna?
Můžu jít ve středu na výlet?
Můžu se teď dívat na televizi?

❒ **8. Tomáš se ptá, jestli má, nemá...** (Tom asks if he should ... or should not...):

Should I go shopping now? **Mám . . . . . .?**
Should I go to school now?
Should I make coffee now?
Shouldn't they come back now?
Should we go by train or by bus?
Should I get up now?

Gr

ČÍM POJEDETE? (How will you travel?)

jedu, pojedu vlakem

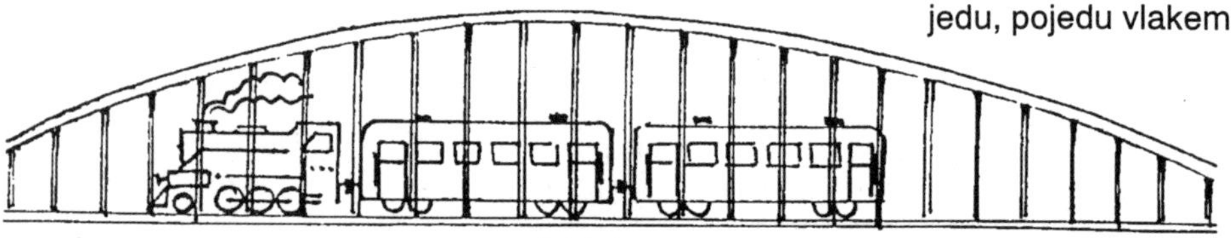

vlak M

jedu, pojedu tramvají autem autobusem

Čím = Instrumental case

M + N	-em	→ **metrem, vlakem**
F – **hard**	-ou	→ **tužkou**
F – **soft**	-í	→ **tramvají**

Píšu tužkou a perem. — I write with a pencil and a pen.
Jím příborem. — I eat with cutlery.
Myji se vodou. — I wash myself with water.

S, SE (with) + Instr.

Do kina půjdu s přítelkyní. — I will go to the cinema with my girlfriend.
Kam jdeš s tou taškou? — Where are you going with the bag?
Jedeš sám, nebo s přítelem? — Are you going alone or with a friend?

(ANI) – ANI NEITHER – NOR

Do Prahy ne pojedu **(ani)** v sobotu **ani** v neděli.
I will go to Prague neither on Saturday nor on Sunday.

9. Odpovídejte:

Vzor: Pojedete v sobotu, nebo v neděli — Nepojedu (ani) v sobotu ani v neděli, ale v pátek.

Pojedete metrem, nebo tramvají? ......
Koupíte si knihu, nebo noviny? ......
Přijdete s přítelem, nebo s přítelkyní? ......
Umíte anglicky, nebo francouzsky? ......
Je ten pán Skot, nebo Angličan? ......

POJEDU DO PRAHY

Chci jet na výlet do Prahy. Praha není daleko, pojedu proto v sobotu ráno a z Prahy se vrátím v neděli večer. Nechci se vrátit moc pozdě, protože v pondělí brzo ráno mám školu. Nejdřív se ale musím podívat, kdy a čím pojedu. Jdu proto na nádraží a tam se ptám, jestli můžu jet do Prahy vlakem. Do Prahy jede bohužel jen jeden vlak večer v sedm hodin a to se mi nehodí. Jdu proto na autobusové nádraží. Na informační tabuli čtu, že autobus do Prahy jede z nástupiště číslo 12 a že jede každou hodinu. To se mi hodí. Vybírám si autobus v 8 hodin ráno, do Prahy přijedu v 10 hodin. Už se těším, ale dnes je teprve středa. Musím si koupit místenku, protože chci v autobuse sedět. Nerad stojím. Jdu proto do pokladny a říkám: „Prosím vás, chci jednu místenku do Prahy na sobotu na 8 hodin ráno.“ Musím si taky koupit hned jízdenku a platím 40 korun. To je hodně. Tak a teď nemusím nic dělat a jen se můžu těšit na Prahu. Zítra a v pátek máme školu.

Hodí se mi to. = To se mi hodí.	It suits me.
Už nechci nic dělat.	I do not want to do anything more.
Těším se na výlet (na Prahu).	I am looking forward to the trip (to Prague).
Čím pojedeš do Prahy?	How will you travel to Prague?
Vlakem, nebo autobusem?	By train or by bus?
každou hodinu	every hour

nastupovat do + Gen

nastupuju do auta

vystupovat z, ze + Gen

vystupuju z auta

L4

POJEDEŠ TAKY DO PRAHY?

Jan = Honza (Vidím Honz**u**. S Honz**ou**. Honz**o**! – p. 299)

H: Ahoj!
A: Ahoj! Jak se máš?
H: Dobře. Mám radost, že tě vidím.
A: Já taky. Kam jdeš?
H: Jdu koupit lístky do kina. Chci jít s Janou.
A: Tak to můžeme jít chvíli spolu. Já jdu na nádraží.
H: Kam pojedeš?
A: Já a Helena, to je moje kamarádka ze školy, se chceme jet podívat do Prahy.
H: A kdy pojedete? Já tam chci jet taky.
A: V sobotu ráno v osm autobusem.
H: Výborně, to se mi hodí, v sobotu mám čas. Můžu jet taky?
A: Samozřejmě, můžeš. Pojedeš sám, nebo pojede taky Jana?
H: Pojedu sám, Jana tady v sobotu není.
A: Chceš koupit místenku?
H: Děkuju, jseš hodná. Tady jsou peníze – 40 korun. To stačí. Kdy se uvidíme?
A: V sobotu ráno na nádraží. Autobus jede z nástupiště číslo 19.
H: Tak fajn. Už se těším. Ahoj!
A: Ahoj!

Co chce dělat Honza? A co Alena? Kam chtějí spolu jet?

❐ 10. Odkud jedete? Kde jste? Kam jedete?

Ostrava
Amerika
Brno
Austrálie
Skotsko
Irsko
Wales
Dover
Londýn (! Gen: Londýn**a**)
New York

MLUVNÍ CVIČENÍ

1. a) *Poslouchejte:*	**Kam pojedeš?**	**Do Prahy?**	**Ano, pojedu do Prahy.**
b) *Odpovídejte:*	Kam pojedeš?	Do Prahy?	Ano, pojedu do Prahy.
	Kam pojedeš?	Na výlet?	Ano, pojedu na výlet.
	Kam pojedeš?	Do Německa?	Ano, pojedu do Německa.
	Kam pojedeš?	Do města?	Ano, pojedu do města.
	Kam pojedeš?	Na fakultu?	Ano, pojedu na fakultu.
	Kam pojedeš?	Do školy?	Ano, pojedu do školy.

2. a) *Poslouchejte:*	**Půjdeš do města nebo domů?**	**Půjdu do města.**
b) *Odpovídejte:*	Půjdeš do města nebo domů?	Půjdu do města.
	Půjdeš večer do kina nebo do divadla?	Půjdu do kina.
	Půjdeš na nádraží nebo na poštu?	Půjdu na nádraží.
	Půjdeš do obchodu nebo do kavárny?	Půjdu do obchodu.
	Půjdeš na procházku nebo do školy?	Půjdu na procházku.
	Půjdeš do kavárny nebo na procházku?	Půjdu do kavárny.

3. a) *Poslouchejte:* **Kam chceš jít? Na nádraží?**	**Ano, chci tam jít.**
b) *Odpovídejte:*	
Kam chceš jít? Na nádraží?	Ano, chci tam jít.
Kam chceš jít? Do školy?	Ano, chci tam jít.
Kam chcete jít? Na fakultu?	Ano, chci tam jít.
Kam chcete jít obědvat? Do restaurace?	Ano, chci tam jít.
Kam chcete jít? Do kavárny na kávu?	Ano, chci tam jít.

4. a) *Poslouchejte* **Můžeš přijít dneska večer?**	**Nemůžu, dneska večer nemám čas.**
b) *Odpovídejte:* Můžeš přijít dneska večer?	Nemůžu, dneska večer nemám čas.
Můžeš přijít zítra ráno?	Nemůžu, zítra ráno nemám čas.
Můžete přijít ve středu odpoledne?	Nemůžu, ve středu odpoledne nemám čas.

Můžete přijít v pátek dopoledne?	Nemůžu, v pátek dopoledne nemám čas.
Můžeš přijít ve čtvrtek v jednu hodinu?	Nemůžu, ve čtvrtek v jednu hodinu nemám čas.
Můžete přijít v úterý v deset hodin?	Nemůžu, v úterý v deset hodin nemám čas.

5. a) *Poslouchejte:* **Vrátím se zítra.** — **Musím se také vrátit zítra.**

b) *Reagujte:*

Vrátím se zítra.	Musím se také vrátit zítra.
Pojedu do Prahy.	Musím také jet do Prahy.
Jdu na fakultu.	Musím také jít na fakultu.
Jdu koupit jízdenku.	Musím také jít koupit jízdenku.
Studuju už dlouho.	Musím také studovat dlouho.
Vrátím se v neděli večer.	Musím se také vrátit v neděli večer.

6. a) *Poslouchejte:* **Vlak jede v šest hodin ráno.** — **To se mi hodí. To se mi nehodí.**

b) *Reagujte:*

Vlak jede v šest hodin ráno.	To se mi hodí.
Škola končí už ve čtvrtek.	To se mi hodí.
Škola začíná v pondělí odpoledne.	To se mi nehodí.
Přijdu zítra odpoledne.	To se mi nehodí.
Profesor má čas jen v pondělí ráno.	To se mi hodí.
Jede jen jeden autobus v sedm hodin.	To se mi nehodí.
Chceš taky koupit jízdenku?	To se mi hodí.

7. a) *Poslouchejte:* **Prosím vás, ten vlak jede do Prahy? Na co se ptá Petr?** — **Petr se ptá, <u>jestli</u> ten vlak jede do Prahy.**

b) *Reagujte:*

Prosím vás, ten vlak jede do Prahy? Na co se ptá Petr?	Petr se ptá, jestli ten vlak jede do Prahy.
Prosím vás, můžu přijít dneska odpoledne? Na co se ptá Petr?	Petr se ptá, jestli může přijít dneska odpoledne.
Prosím vás, tenhle autobus jede na nádraží? Na co se ptá Petr?	Petr se ptá, jestli tenhle autobus jede na nádraží.
Prosím vás, tady prodávají místenku? Na co se ptá Petr?	Petr se ptá, jestli tady prodávají místenku.
Prosím vás, autobus do Prahy jede z nástupiště 12? Na co se ptá Petr?	Petr se ptá, jestli autobus do Prahy jede z nástupiště 12.
Prosím vás, musím si koupit místenku na vlak v 8 hodin? Na co se ptá Petr?	Petr se ptá, jestli si musí koupit místenku na vlak v 8 hodin.

8. a) *Poslouchejte:* **Pojedete v sobotu v 8 hodin ráno. Musíte si koupit místenku.** — **Prosím vás, chci jednu místenku na sobotu na 8 hodin ráno.**

b) *Reagujte:*

Pojedete v sobotu v 8 hodin ráno. Musíte si koupit místenku.	Prosím vás, chci jednu místenku na sobotu na 8 hodin ráno.

Pojedete v neděli v 6 hodin večer.
Musíte si koupit místenku.
Pojedete v pátek ve 4 hodiny.
Musíte si koupit místenku.
Pojedete v pondělí v 7 hodin ráno.
Musíte si koupit místenku.
Pojedete ve středu ve 12 hodin.
Musíte si koupit místenku.

Prosím vás, chci 1 místenku
na neděli na 6 hodin večer.
Prosím vás, chci 1 místenku
na pátek na 4 hodiny.
Prosím vás, chci 1 místenku
na pondělí na 7 hodin ráno.
Prosím vás, chci 1 místenku
na středu na 12 hodin.

KONVERZACE

Na nádraží v informacích

A: Kdy jede další vlak do Plzně?
B: V 9.20 dopoledne.
A: Jede nějaký vlak také odpoledne?
B: Samozřejmě. Jeden jede v 15.10 a další v 17.40.
A: Děkuju.

At the railway station at the information desk

A: When does the next train to Plzeň leave?
B: At 9.20 a. m.
A: Does any train go in the afternoon too?
B: Of course. One goes at 3.10 p. m. and another at 5.40 p. m.
A: Thank you.

U okénka

A: Jednu jízdenku do Plzně.
B: Jenom tam, nebo i zpáteční?
A: Zpáteční, prosím.
B: Prosím, tady je. Dáte mi 30 korun.

A: Prosím vás, z kterého nástupiště jede vlak do Olomouce?
B: Z pátého. Ale vlak má asi jednu hodinu zpoždění.
A: To musím tedy hodinu čekat. Je tu nějaká restaurace, kde můžu jíst?
B: Ano. Na konci druhého nástupiště.
A: Budu tam slyšet nádražní rozhlas?
B: Ano. Myslím, že ano.

At the ticket window

A: One ticket to Plzeň.
B: Just a single ticket or return as well?
A: Return, please.
B: Here it is. Thirty crowns, please.

A: Excuse me, what platform does the train to Olomouc go from?
B: From number five. But the train will be delayed about one hour.
A: Then I have got to wait for one hour. Is there a restaurant where I could eat?
B: Yes, at the end of the second platform.
A: Will I hear the railway station loudspeaker there?
B: Yes. I think you will.

Nádražní rozhlas

Vlak do Olomouce přijíždí právě na páté nástupiště. Omluvte jeho zpoždění. Vlak odjede za 10 minut. Nastupujte, prosím!
Pozor! Na nástupiště číslo 6 přijíždí vlak z Vídně.

Railway station loudspeaker

The train to Olomouc is now arriving at platform five. Excuse its delay. The train will leave in ten minutes.

Will you get in, please.
Be careful on platform six. The train from Vienna is arriving.

L5

automat M	vending-machine
brát, beru impf.	to take, I take
cesta F	way, road, journey
dát, dám pf.	to give, I will give
dát si (kávu)	to have (coffee)
dík! = **děkuju**	thanks, thank you
doleva	to the left
doprava	to the right
dostat se pf. (někam)	to get (somewhere)
dostanu se	I will get (somewhere)
dostat, dostanu pf.	to get, I will get
dozvědět se pf.	to come to know,
dozvím se	I will come to know
hledat, -ám impf.	to seek, look for
hned	at once
jestli(že)	if
knihovna F	library
kolej F	student residence
kolem (+Gen)	around
kostel M	church
krásný, -á, -é	beautiful
kudy	which way?
líbit se	to please
líbí se (mi) +Dat	I like, it pleases me
lidé, lidi pl.	people
mapa F	map
metr M	metre
50 metrů	fifty metres
metro N	metro, subway, underground
most M	bridge
muzeum N	museum
najít, najdu pf.	to find, I will find
na konci	at the end
naproti	opposite
národní	national
opravovat, -uju impf.	to repair, correct
opravit, -ím pf.	
orloj M	astronomical clock
otevírat, -ám impf.	to open
otevřít, -u pf.	
parkoviště N	car park
platit, -ím impf.	to pay
zaplatit, -ím pf.	to pay
počkat na +Acc, **-ám** pf.	to wait for
čekat, -ám impf.	
potřebovat, -uju impf.	to need

prohlížet si, -ím impf.	to view, to see the sights of
prohlédnout si, -nu si pf.	
probudit se, -ím pf.	to wake up
probouzet se, -ím, -ejí impf.	
přestupovat, -uju impf.	to change
přestoupit, -ím pf.	(e. g.trains)
příjemný, -á, -é	pleasant
raději	rather
roh M	corner
na rohu	at the corner
kde? – **za rohem**	where? – round
kam? – **za roh**	the corner
rovně	straight
stanice F	station
stěna F = **zeď** F	wall
studentský, -á, -é	student
svlékat se, -ám impf.	to undress
svléknout se, -nu pf.	
taška F	bag
tedy	therefore
telefon M	telephone
tramvajenka F	tram-ticket
ulice F (= **třída**)	street
tudy	this way
turista M	tourist
u +Gen	at, near, by
uklízet, -ím, -ejí impf.	to clean
uklidit, -ím pf.	
určitě = **jistě**	surely
úschovna F	left-luggage room
vadit +Dat, **vadí** impf.	to hamper / bother
to nevadí	it does not matter
vařit, -ím impf.	to cook
uvařit, -ím pf.	
vědět, vím, oni vědí impf.	to know, I know, they know
vedle +Gen	next to
věšet, -ím impf.	to hang
pověsit, -ím pf.	
věž F	tower
vítat, -ám impf.	to welcome
přivítat, -ám pf.	
Vltava F	Vltava (Czech river)
všechno	all
vybírat, -ám impf.	to choose
vybrat, vyberu pf.	

vystupovat, -uju impf. **vystoupit, -ím** pf.	to get off, out	**zase = opět**	again
vzpomínat na +Acc **-ám** impf. **vzpomenout, -nu** pf.	to remember sth.	**zatím**	in the meantime
		zatím ahoj!	see you later
		zavírat, -ám impf. **zavřít, zavřu** pf.	to shut
zahýbat, -ám impf. **zahnout, -nu** pf.	to turn	**znát, -ám** impf. **poznat, -ám** pf.	to know
zahněte!	turn!	**zůstávat, -ám** impf. **zůstat, zůstanu** pf.	to stay
zapomínat, -nám impf. **zapomenout, -nu,** pf.	to forget		

Prosím vás, jak (kudy) se dostanu na ...?	Excuse me, how do I get to ...?
Musíte jet metrem A a vystoupit na stanici Muzeum.	You have to go by metro line A and get off at the Museum station.
Ahoj, vítám tě v Praze.	Hello, welcome to Prague.
Co si dáš? Kávu nebo čaj?	What would you have? Coffee or tea?
Posaďte se! Posaď se!	Sit down!
Líbí se ti (vám) tady?	Do you like it here?
Ano, moc se mi tady líbí.	Yes, I like it here very much.
Prosím vás, nevíte, kde je Národní třída?	Excuse me, do you know where National Street is?
Je to daleko? – Asi 100 metrů.	Is it far? It is about one hundred meters.
Pěšky je to daleko. – To mi nevadí.	It is a long way on foot. That doesn't bother me.

Pražské památky (pamětihodnosti) — Prague sights

Václavské náměstí	Wenceslas Square	Národní divadlo	National Theatre
Národní muzeum	National Museum	Hradčany	Hradčany
Prašná brána	Powder Tower	Hradčanské náměstí	Hradčany Square
Staré Město	Old Town	Chrám svatého Víta	St. Vitus' Cathedral
Staroměstské náměstí	Old Town Square	Královský palác	Royal Palace
Staroměstská radnice	Old Town Hall	Zlatá ulička	Golden Lane
orloj	The Astromical Clock	Bazilika svatého Jiří	Basilica of St. George
Pěší zóna	Pedestrian zone	Královský letohrádek	Royal Summer Palace
Týnský chrám	The Church of Our Lady Before Týn	Malá Strana	Lesser Town
		Malostranské náměstí	Lesser Town Square
Pomník Jana Husa	Jan Hus Memorial	Strahovský klášter	Strahov Monastery
Pomník svatého Václava	St. Wenceslas Monument	Pražská Loreta	Loretto
Kostel svatého Jakub	St. James' Church	Klenotnice	The Treasury
Kostel svatého Mikuláše	St. Nicholas' Church	Památník národního písemnictví	Museum of National Literature
Karlův most	Charles Bridge		
Staronová synagoga	Old-New Synagogue	Starý židovský hřbitov	Old Jewish Cemetery

Gr L5

NUMERALS 21–1000 (ČÍSLOVKY)

21	dvacet jedna
22	dvacet dva
23	dvacet tři
24	dvacet čtyři
25	dvacet pět
26	dvacet šest
27	dvacet sedm
28	dvacet osm
29	dvacet devět
30	třicet
21	jedn**a**dvacet
22	dva**a**dvacet
23	tři**a**dvacet

31 32 33 34 35 36 37 38 39 40
třicet jedna, jednatřicet — čtyřicet

41 42 43 44 45 46 47 48 49 50
čtyřicet tři, třiačtyřicet — padesát

51 52 53 54 55 56 67 68 59 60
padesát pět, pětapadesát — šedesát

61 62 63 64 65 66 67 68 69 70
šedesát dva, dvaašedesát — sedmdesát

71 72 73 74 75 76 77 78 79 80
sedmdesát pět, pětasedmdesát — osmdesát

81 82 83 84 85 86 87 88 89 90
osmdesát čtyři, čtyřiaosmdesát — devadesát

91 92 93 94 95 96 97 98 99 100
devadesát sedm, sedmadevadesát — sto

101	sto jedna
112	sto dvanáct
123	sto dvacet tři
134	sto třicet čtyři
198	sto devadesát osm
199	sto devadesát devět
200	**dvě stě**

100	**sto**
200	**dvě stě**
300	**tři sta**
400	**čtyři sta**
500	**pět set**
600	**šest set**
700	**sedm set**
800	**osm set**
900	**devět set**
1 000	**tisíc**

1	**sto**
2	**stě**
3, 4	**sta**
5–9	**set**

!

1991	tisíc devět set devadesát jedna (devatenáct set devadesát jedna)
1967	tisíc devět set šedesát sedm
1492	tisíc čtyři sta devadesát dva
1848	tisíc osm set čtyřicet osm

PREPOSITIONS + Gen (PREPOZICE + G)

u	**vedle**	**blízko**	**kolem**	+ **Genitiv**
at, near	next to	near	around	

Kde?	Škola je **u** pošty.	Where?	The school is near the post.
	vedle pošty		next to the post.
	blízko pošty		near the post.
Kudy?	**Půjdete kolem** školy.		You will go around the school.

NA + Accusative case

a) KAM? (na + Acc) **X** **KDE? + Locative** (na + Loc)

Kam dáváš tu knihu? **Na stůl.** (M) X Kniha leží **na stole.**

Kam věšíš ten obraz?	**Na stěnu.** (F)	X	Obraz visí **na stěně.**
Kam jdeš?	**Na fakultu.** (F)	X	Jsem **na fakultě.**
Kam jede autobus?	**Na nádraží.** (N)		Jsem **na nádraží.**

Jdu **na autobus, na metro.**	I am going to take the bus, the metro.
Dneska půjdu **na kávu.**	Today I will go for a coffee.
Cesta **na kolej** je dlouhá.	It is a long way to the student hostel.

Jdu **pro pivo**. Jdu **pro oběd.** I am going to get a beer / some lunch.	X	Jdu **na oběd.** Jdu **na pivo.** I am going to lunch / for a drink.

b) OBJECT (of VERB)

Čekáš na Tomáše? Počkám na něho taky.	Are you waiting for Tom? I will wait for him too.
Myslím na rodinu. Myslíš na ni taky?	I think about my family. Do you think about yours too?
Těším se na výlet. Těšíš se na něj taky?	I am looking forward to the trip. Are you looking forward to it too?
Díváš se na televizi? Musíš se na ni podívat.	Do you watch TV? You must watch it.
Profesor se ptá na Petra. Chci se zeptat na cestu na kolej.	The professor asks about Peter. I want to ask the way to the college.

čekat / počkat na		to wait for
myslet na		to think about
těšit se na	**+Acc**	to look forward to
dívat se / podívat se na		to look at
ptát se / zeptat se na		to ask about, after

c) NA = PRO

lístek	na tramvaj	tram ticket
	na autobus	bus ticket
	na metro	metro ticket

Lístek platí pro (= na) metro. The ticket is valid for the metro.

Cv

❐ **1. Odpovězte:**

Na co myslíš?	What are you thinking about?
Chceš se podívat na tu knihu?	Do you want to have a look at the book?
Na koho čekáš?	Who are you waiting for?
Těšíte se na bratra?	Are you looking forward to seeing your brother?
Jdete na fakultu?	Are you going to the faculty?
Prosím vás, ten autobus jede na nádraží?	Excuse me, does this bus go to the railway station?
Co je tam na židli?	What is there on the chair?
Co to máš na stole?	What have you got on the table?
Na co se ptá Tomáš?	What is Thomas asking about?
Kam platí ten lístek?	Where is the ticket valid?
Zeptáte se na Národní divadlo?	Will you ask about the National Theatre?
Kam dnes půjdete?	Where will you go today?
Kam jede tramvaj číslo 14?	Where does tram no. 14 go?

❐ **2. a)** Škola je **vedle** pošty. Škola je **u** pošty.

divadlo	●	Kde je kavárna Slávia?
nádraží	●	Kde je parkoviště?
pošta	●	Kde je obchod Kniha?
nemocnice	●	Kde je informační centrum?
fakulta	●	Kde je restaurace Bílá růže?
obchod	●	Kde je stanice metra?
hotel	●	Kde je autobusové nádraží?
kino	●	Kde je pošta?

pošta ●

Je vedle (u)...

b) Musíš jít **kolem** pošty.

divadlo
nádraží
pošta
nemocnice
fakulta
obchod
hotel
kino

Kudy musím jít?

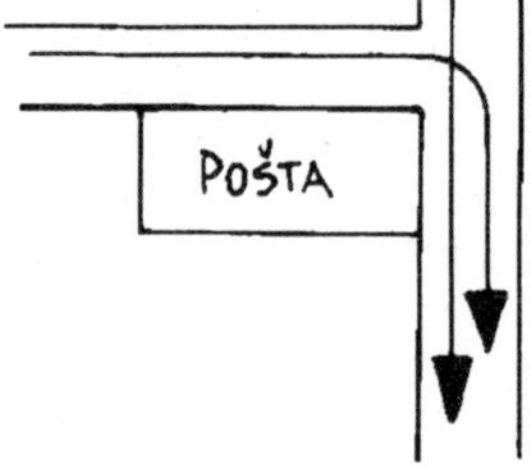

Musíte jít kolem ......
Musíš jít kolem ......

KOLEM POŠTY

L5

KUDY půjdu?

stále rovně — straight on

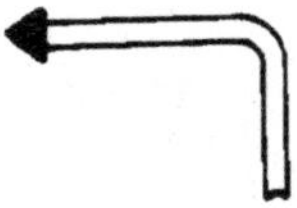

zahněte doleva! — turn left!

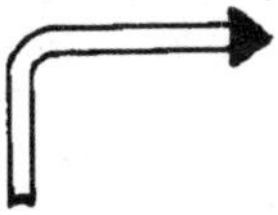

zahněte doprava! — turn right!

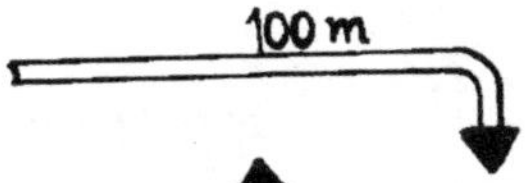

rovně asi 100 metrů a potom zahněte doprava! — straight approximately one hundred meters and then turn right!

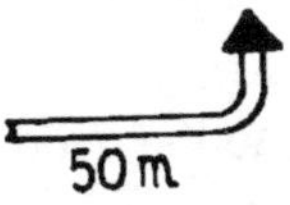

rovně asi 50 metrů a potom zahnu doleva — straight approximately fifty meters and then I will turn left

Do mapy zakreslete, kudy půjdete:
(Draw on the map the route you are going to take:)

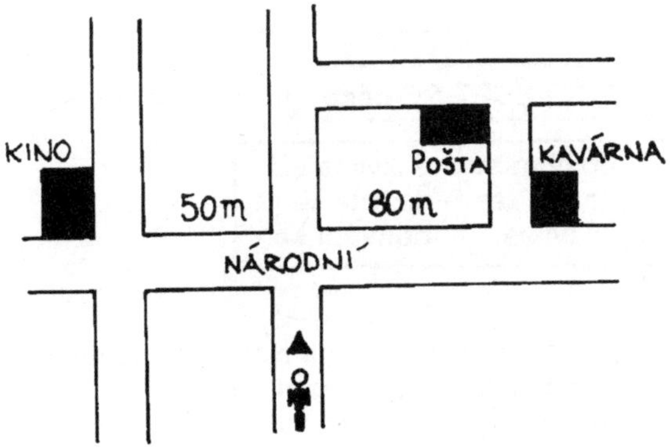

a) Nejdříve půjdete doleva, ulice se jmenuje Národní, půjdete rovně jen asi 50 m a potom musíte zahnout doprava. Co uvidíte hned vlevo?

b) Kudy půjdete na poštu?

c) Kudy půjdete do kavárny?

Gr

KDE JSTE? | **KAM PŮJDETE?**

at the back	vzadu	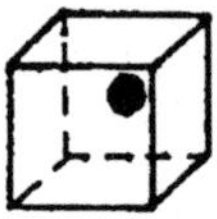	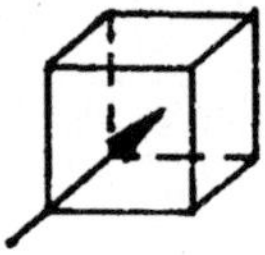	**do**zadu	to the back
in the front	vepředu	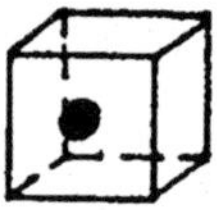	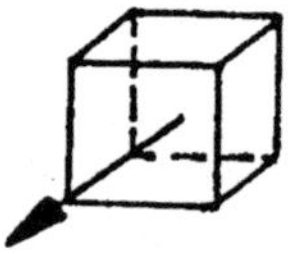	**do**předu	to the front
up	nahoře			naho**ru**	up(wards)
down	dole			dol**ů**	down(wards)
in the middle	uprostřed			**do**prostřed	to the middle
on the left on the right	vlevo vpravo		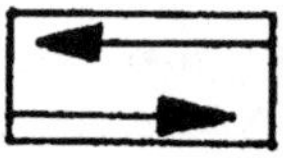	**do**leva **do**prava	to the left to the right

---

VĚDĚT něco (to know sth.) | **DOZVĚDĚT SE něco** (to come to know sth.)

(já) **vím**	(my) víme	**dozvím se**	dozvíme se
(ty) víš	(vy) víte	dozvíš se	dozvíte se
(on) ví	(oni) **vědí!**	dozví se	**dozvědí se**

Příklady (Examples):

Víte, kde je Národní divadlo? — Do you know where the National Theatre is?
Nevíš, kam půjde Honza? — Do you know where John is going?
Nevím, kdo je ta paní. — I do not know who this lady is.

Nevíš, jestli dneska přijde Jana?	Do you know if Jane is coming today?
Oni vědí, že zítra není škola.	They know that there is no school tomorrow.
Víš, co chce Petr koupit?	Do you know what Peter wants to buy?
Nevím, kdy se vrátím.	I do not know when I am coming back.
Dozvím se to až zítra.	I will not know until tomorrow.
Nesmějí **se** to **dozvědět**.	They mustn't get to know it.

Cv

❐ **3.**

Víš,	že kino je na náměstí?	Ano, vím.
	že Petr je v práci?	Ne, nevím.
	že tu knihu už v obchodě nemají?	
Víte,	kde je divadlo?	Ano, vím to.
	kde je Václavské náměstí?	Ne, nevím to.
	kde je naše fakulta?	
Petr ví,	kam půjdu večer?	Ano, ví to.
	kdy začíná koncert?	Ne, neví to.
	kdo přijde večer?	
	v kolik hodin začínají prodávat lístky na koncert?	
Oni vědí,	kam půjde večer Jana?	Ano, vědí to.
	kdy přijde Jana domů?	Ne, nevědí to.
	v kolik hodin začíná film?	
	co je tady ve skříni?	

❐ **4.**

Znáte	dobře cestu na nádraží?	Ano, znám ji (ho).
Znáš	kavárnu Slávia?	Ne, neznám ji (ho).
(Do you	našeho českého profesora?	
know?)	tu krásnou ženu?	
	toho starého muže?	
	mého kamaráda?	
	mou sestru?	

Gr

INDEFINITE AND NEGATIVE PRONOUNS AND ADVERBS

(NEURČITÁ A ZÁPORNÁ ZÁJMENA A ADVERBIA)

kdo, koho	Kdo jste? Koho vidíte?	Who are you? Whom do you see?
co	Co je tam?	What is there?
kde	Kde je sešit?	Where is the exercise-book?
kam	Kam jdete?	Where are you going?
kdy	Kdy přijdete?	When will you come?
jak	Jak se máte?	How are you?
jaký	Jaký je ten pokoj?	What kind of room is it?
který	Který den je dnes?	What day is today?
!odkud	Odkud jste?	Where are you from?

nikdo, nikoho	nobody	**Ni**kdo tady **ne**ní.	Nobody is here.
nic	nothing	**Ne**ní tam **nic**.	There is nothing there.
nikde	nowhere	Petr **nikde ne**ní.	Peter isn't anywhere.
nikam		**Ni**kam **ne**půjdu.	I will not go anywhere.
nikdy	never	**Nikdy nic ne**ví.	He never knows anything.
nijak	in no way	**Ni**jak to **ne**jde.	It is in no way possible.
! žádný	none, no	**Žádný** sešit tady **ne**ní.	There is no exercise-book here.
! odnikud	from nowhere, not from anywhere	Od**ni**kud **ni**kdo **ne**jde.	Nobody comes from anywhere.

NI — Pronouns / Adverbs + NE Verb

někdo, někoho	somebody	**Někdo** jde.	Somebody is coming.
něco	something	**Něco** tady je.	Something is here.
někde	somewhere	**Někde** to bude.	It will be somewhere.
někam	somewhere	**Někam** půjdeme.	We will go somewhere.
někdy	sometime	**Někdy** přijde.	He will come sometime.
nějak	somehow	**Nějak** to uděláme.	We will do it somehow.
nějaký	some, a	Vezmu **nějakou** knihu.	I will take a book.
některý	some, a	**Některý** den přijdu.	I will come some day.
odněkud	somewhere	**Odněkud** se známe.	We know each other from somewhere.

❒ 5.

Vidíte tam Čekáš tady na Je tam Díváš se na Těšíš se na Sedí tady Přijde ještě	NĚKDO NĚKOHO	?	Ano, Jana. Petr profesor pan Kubát (na) Janu (na) Petra (na) profesora (na) pana Kubáta
			Ne, nikdo. Ne, (na) nikoho.

❒ 6.

Vzor: Co děláš? (nic) — **Nedělám nic.**

Vidíš tam někde profesora? (nikde)	Nevidím ho nikde.
Petr někam půjde? (nikam)	Nikam nepůjde.
Přijdete ještě někdy? (nikdy)	Nepřijdu už nikdy.
Musíš teď něco dělat? (nic)	Nemusím dělat nic.
Koupíte si nějakou knihu? (žádnou)	Nekoupím si žádnou knihu.
Je někdo ve třídě? (nikdo)	Nikdo tam není.
Myslíš, že Petr na někoho čeká? (nikoho)	Ne, nečeká na nikoho.

❒ **7. Odpovídejte na otázky „ne“** (Answer the questions with "NO"):

Vidíte někoho? Ne, ...	Do you see anyone?
Jde ten muž někam? Ne, ...	Is the man going anywhere?
Pojedete někdy do Brna? Ne, ...	Will you go to Brno sometime ?
Prohlíží si ten turista něco? Ne, ...	Is the tourist viewing anything?
Leží tam nějaký sešit? Ne, ...	Is there an exercise-book there?
Neznáme my se odněkud? Ne, ...	Don't we know each other from somewhere?
Půjdete někdy na procházku? Ne, ...	Will you go for a walk sometime?
Ví tady někdo něco? Ne, ...	Does anyone know anything here?
Je tady někde můj svetr? Ne, ...	Is my sweater here somewhere?
Naučíš se večer nějakou novou lekci? Ne, ...	Will you learn a new lesson in the evening?
Nevidíte tam nějakého pána? Ne, ...	Don't you see a gentleman there?
Hledáte něco? Ne, ...	Are you looking for something?
Zeptáte se někoho? Ne, ...	Will you ask someone?
Nevidíte tady někde někoho? Ne, ...	Don't you see anyone anywhere here?

Gr EXPRESSING THE FUTURE WITH PERFECTIVE VERBS

(FUTURUM DOKONAVÝCH SLOVES)

Perfektivní verba vyjadřují jen futurum a minulost:
Perfective verbs express only the future and the past:
podívám se – I'll have a look **(Future tense)**
podíval jsem se – I had a look **(Past tense)**

Dívám se na informační tabuli. **Podívám se**, kdy pojede vlak.	I am looking at the information board. I will look to see when the train leaves.
Každou neděli **se vracím** v 8 hodin. Zítra **se** ale **vrátím** už v pět.	I come back at eight o'clock every Sunday. Tomorrow, however, I will come as early as five o'clock.
Ptám se na vlak. **Zeptám se** také na autobus.	I ask about the train. I will ask about the bus too.
Čtu hezkou knihu. **Přečteš** si ji taky?	I am reading a nice book. Will you read it too?
V obchodě **si vybírám** dlouho. **Vybereš si** taky něco?	I am taking a long time to choose in the shop. Will you choose something too?
Kupuju si místenku. Tomáš **si** ji **koupí** zítra.	I am buying a seat-reservation. Tom will buy one tomorrow.
Za jízdenku **platím** 40 korun. Petr nechce **zaplatit** 40 korun.	I pay forty crowns for the ticket. Peter does not want to pay forty crowns.
Teď **nedělám** nic. **Udělám** to zítra.	I am doing nothing now. I will do it tomorrow.
Říkám to dobře česky? **Řeknu** to česky.	Do I say it well in Czech? I will say it in Czech.
Dnes **jíme** v restauraci. **Sníte** všechno?	Today we eat in a restaurant. Will you eat everything up?

dívat se	–	**podívat se**	to look at
vracet (se)	–	**vrátit (se)**	to come back **!**
ptát se	–	**zeptat se**	to ask
číst	–	**přečíst**	to read
vybírat si	–	**vybrat si**	to choose
kupovat si	–	**koupit si**	to buy
platit	–	**zaplatit**	to pay
dělat	–	**udělat**	to make, do
říkat	–	**říct**	to say
jíst	–	**sníst**	to eat

FORMATION OF PERFECTIVE VERBS
(TVOŘENÍ DOKONAVÝCH SLOVES)

L5

A. By means of prefixes:

	impf.	pf.	impf.	pf.	
U-	dělám	**udělám**	dělat	**u**dělat	to make, do
	vidím	**uvidím**	vidět	**u**vidět	to see
	vařím	**uvařím**	vařit	**u**vařit	to cook, boil
	myju se	**umyju se**	mýt se	**u**mýt se	to wash oneself
PO-	dívám se	**podívám se**	dívat se	**po**dívat se	to look
	děkuju	**poděkuju**	děkovat	**po**děkovat	to thank
	znám	**poznám**	znát	**po**znat	to recognize, to be acquainted with
	čekám	**počkám**	čekat	**po**čkat	to wait
NA-	píšu	**napíšu**	psát	**na**psat	to write
	snídám	**nasnídám se**	snídat	**na**snídat **se**	to have breakfast
	obědvám	**naobědvám se**	obědvat	**na**obědvat **se**	to have lunch
	večeřím	**navečeřím se**	večeřet	**na**večeřet **se**	to have supper
PŘE-	čtu	**přečtu**	číst	**pře**číst	to read
PŘI-	vítám	**přivítám**	vítat	**při**vítat	to welcome
S-	končím	**skončím**	končit	**s**končit	to finish
	jím	**sním**	jíst	**s**níst	to eat
VY-	piju	**vypiju**	pít	**vy**pít	to drink
	čistím si	**vyčistím si**	čistit si	**vy**čistit si	to clean
Z-	opakuju	**zopakuju**	opakovat	**z**opakovat	to repeat
ZA-	platím	**zaplatím**	platit	**za**platit	to pay
	hraju	**zahraju**	hrát	**za**hrát	to play
	telefonuju	**zatelefonuju**	telefonovat	**za**telefonovat	to phone
ZE-	ptám se	**zeptám se**	ptát se	**ze**ptat se	to ask

!				
jím (impf.)	**sním** + Acc (pf.)	Sním polévku.	I will eat the soup up.
	najím se + Gen (pf.)	Najím se polévky.	I will eat the soup.
piju (impf.)	**vypiju** +Acc (pf.)	Vypiju kávu.	I will drink up the coffee.
	napiju se +Gen (pf.)	Napiju se kávy.	I will drink coffee.

B. Changes in stem and suffix:

impf.	pf.	impf.	pf.	
		-ovat > **-it**		
(na)kup**uju**	(na)koup**ím**	nakup**ovat**	(na)koup**it**	to buy
vysvětl**uju**	vysvětl**ím**	vysvětl**ovat**	vysvětl**it**	to explain
nastup**uju**	nastoup**ím**	nastup**ovat**	nastoup**it**	to get in / on
vystup**uju**	vystoup**ím**	vystup**ovat**	vystoup**it**	to get off / out
přestup**uju**	přestoup**ím**	přestup**ovat**	přestoup**it**	to change (e.g. trains)
oprav**uju**	oprav**ím**	oprav**ovat**	oprav**it**	to repair, correct
		-nout		
prohlížím si	prohléd**nu** si	prohlížet si	prohléd**nout** si	to view
oblékám se	oblék**nu** se	oblékat se	oblék**nout** se	to dress
svlékám se	svlék**nu** se	svlékat se	svlék**nout** se	to undress
vzpomínám	vzpome**nu** si	vzpomínat	vzpome**nout si**	to remember
zapomínám	zapome**nu**	zapomínat	zapome**nout**	to forget
odpočívám	odpoči**nu si**	odpočívat	odpoči**nout si**	to rest
zahýbám	zah**nu**	zahýbat	zah**nout**	to turn
		c > **t, z** > **d**		
vra**c**ím se	vrá**t**ím se	vra**cet** se	vrá**tit** se	to come back
uklí**z**ím	ukli**d**ím	uklí**zet**	ukli**dit**	to clean
probou**z**ím se	probu**d**ím se	probou**zet** se	probu**dit** se	to wake up
		-ávat > **-át, -at**		
dávám	dám	**dávat**	**dát**	to give
prodávám	prodám	prod**ávat**	prod**at**	to sell
dostávám	dostan**u**	dost**ávat**	dost**at**	to get
vstávám	vstan**u**	vst**ávat**	vst**át**	to get up
zůstávám	zůstan**u**	zůst**ávat**	zůst**at**	to stay
začínám	zač**nu**	zač**ínat**	zač**ít**	to begin
vybírám	vyb**eru** !	vyb**írat**	vybr**at**	to choose
beru	**vezmu**	**brát**	**vzít**	to take

L5

odpovídám	odpo**vím**	odpo**vídat**	odpo**vědět**	to answer
zavírám	zav**řu**	zav**írat**	zav**řít**	to shut
otevírám	otev**řu**	otev**írat**	otev**řít**	to open
říkám	řek**nu**	**říkat**	**říct** (říci)	to say

! There are no regular principles for forming perfective verbs. You have to learn these forms by heart from your dictionary.

! The present tense of perfective verbs (vezmu, řeknou, odpovědí...) always expresses the future.

koupím = in the future = I will buy

Neznám Prahu ještě dobře. **Poznám** ji brzo.	I do not yet know Prague well. I will get to know it soon.
Hledám orloj. Doufám, že ho brzy **najdu**.	I am looking for the Astronomical Clock. I hope that I will find it soon.
Dávám tašku na židli. Knihu **dám** na stůl.	I am putting the bag on the chair. I will put the book on the table.
Teď **přestupuju** na metro C. Potom **přestoupím** na metro B.	I am changing to line C. Then I will change to line B.
Tomáš **vystupuje** teď. Já **vystoupím** za chvíli.	Tom is getting off now. I will get off in a moment.
Vítám tě v Praze. **Přivítá** tě ještě můj bratr.	I welcome you to Prague. My brother is going to welcome you too.
Kupuju jen jeden lístek. Potom **koupím** ještě čtyři.	I am buying just one ticket. Then I will buy four more.
Prohlížím si mapu. **Prohlédnu** si Národní divadlo.	I am viewing the map. I will view the National Theatre.
Chci **platit**. **Zaplatím** já.	I want to pay. I will pay.
Tramvaj **zahýbá** doprava. My také **zahneme** doprava.	The tram turns right. We will turn right too.

	Present	Future				
JÍT	jdu	půjdu	přijdu	odejdu	PŘIJÍT	ODEJÍT
JET	jedu	pojedu	přijedu	odjedu	PŘIJET	ODJET
Imperfect			Perfect		● ←	● →

A: Kdy zítra přijdeš?
B: V šest hodin, ale v osm už musím zase odejít.

A: Kdy přijede autobus do Prahy?
B: V 8.20 a odjede za 10 minut.

A: Chceš si přečíst tuhle knihu? Je moc hezká.
B: Ano, rád si ji přečtu.

A: Napíšeš mi brzo?
B: Ano, napíšu ti hned zítra.

A: Už píšeš ten úkol?
B: Ještě ne, ale začnu ho psát za chvíli.

A: Dáte si kávu?
B: Ano, dám si ji rád.

A: Co si vyberete? Kávu, nebo čaj?
B: Chci kávu.

A: Chceš jít taky do kina?
B: Rád půjdu, musím se jen obléknout.

A: Pojedete taky zítra do Prahy?
B: Ještě nevím, uvidím zítra ráno.

A: Můžu přijít v sobotu dopoledne? Máš čas?
B: No, vstanu asi v devět, potom půjdu něco koupit, můžeš přijít tak v jedenáct.

A: V kolik hodin zítra skončíš v práci?
B: Ve dvě, můžeš přijít už ve tři.

A: Už půjdeš?
B: Ne, ještě tady zůstanu.

A: Jdu jen něco koupit. Počkáš na mě?
B: Nemůžu na tebe počkat, za chvíli začne čeština.

L5

V PRAZE

Praha je krásné staré město. Už ji trochu znám. Vím, kde je Václavské náměstí a Národní muzeum, vím, kde najdu orloj, kostel, univerzitu. Tuhle sobotu tam pojedu. Myslím, že na nádraží na mě počká Honza. Dám si tašku do úschovny a půjdeme hned spolu do města. Jestliže tam Honzu neuvidím, nevadí, znám cestu na kolej, kde Honza bydlí. Nejdřív pojedu metrem C, potom na stanici Muzeum přestoupím na metro A. Z metra vystoupím na stanici Hradčanská a ještě musím jet tramvají číslo 1.

Petr: Ahoj, Honzo!
Honza: Ahoj, vítám tě v Praze. Chceš jet hned do města, nebo si nejdřív někde dáme kávu?
P.: Nejdřív chci kávu, musím se probudit.
H.: Fajn, hned vedle nádraží je příjemná kavárna. Jdeme tam. Určitě nemáš lístky na metro, viď?
P.: Ne, nemám.
H.: Koupíme je hned tady v automatu. Myslím, že deset stačí.
P.: Lístky platí jen na metro, nebo také na autobus a tramvaj?
H.: Platí na všechno. Můžeme jet, čím chceme.
P.: Ty nepotřebuješ lístky?
H.: Ne, mám studentskou tramvajenku.

Petr: Kde teď jsme?
Honza: Jsme na Národní třídě u Vltavy. Tady vlevo vidíš Národní divadlo, tam dole Karlův most. Chceš si ho prohlédnout?
P.: Určitě!
H.: Půjdeme kolem kavárny Slavia a potom stále rovně. Tam, kde vidíš tu věž, zahneme doleva na Karlův most. Naproti je naše Národní knihovna. Líbí se ti Praha?
P.: Ano, moc se mi líbí.

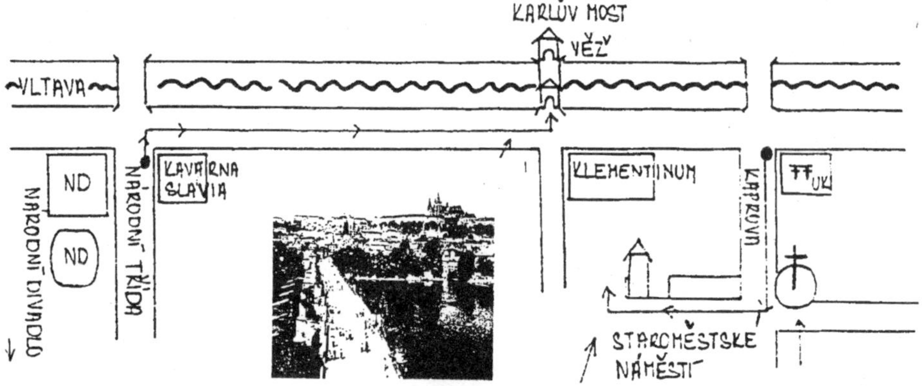

Honza: Já se teď musím vrátit na kolej, v 5 hodin čekám telefon z Německa. Pojedeš taky, nebo chceš zůstat ve městě?
Petr: Raději zůstanu tady a půjdu si sám něco prohlédnout. Kudy se dostanu na Staroměstské náměstí?
H.: Teď jsme vedle fakulty. Já pojedu metrem na kolej a ty půjdeš tudy rovně. Tahle ulice se jmenuje Kaprova. Vzadu na konci vidíš velký bílý kostel a hned u něho je náměstí. Orloj ale ještě neuvidíš, musíš jít asi 50 metrů doprava a tam na rohu na věži je orloj.
P.: Dík! Kdy se zase uvidíme?
H.: V sedm hodin tady u metra. Zatím ahoj!
P.: Ahoj!

L5

NA NÁMĚSTÍ

Můžu říct, že stojím uprostřed Prahy. To už víte, že to je Václavské náměstí. Stojím dole, nahoře vidím muzeum a dívám se kolem. Je odpoledne. Lidi jdou z práce, někdo pospíchá, někdo jde na procházku nebo na kávu.
Já už kávu nechci. Co tedy chci dělat? Jsem turista a chci si prohlédnout celou Prahu. Teď si půjdu prohlédnout orloj. Ale mapu mám v hotelu a neznám cestu. Myslím, že to není daleko. Kolem jde nějaká dívka. Líbí se mi a rád se ptám: „Kudy se dostanu na náměstí, kde je orloj?“ ptám se česky, trochu česky už umím.
„Vidím, že česky rozumíte jen trochu, vysvětlím cestu raději anglicky,“ říká dívka. „Nebo – já tam jdu taky, ale nejdřív si musím dát kávu. Jestliže nepospícháte, můžeme si kávu vypít spolu a potom spolu půjdeme na Staroměstské náměstí. Ano?“
Co odpovím?

Cv

❐ 8. Odpovídejte ANO, nebo NE podle textu:
(Answer YES or NO according to the text above):

Jste turista?
Pospícháte?
Sedíte teď v kavárně?
Vidíte Karlův most?
Vidíte muzeum?
Chcete si prohlédnout orloj?
Potřebujete mapu?
Máte ji teď?
Ptáte se na cestu?
Mluvíte česky?
Odpovídá dívka také česky?
Líbí se vám dívka?
Jdete na náměstí hned?
Půjdete tam spolu?

Staroměstské náměstí

❒ **9. Odpovídejte** (Answer):

Kdo jste?
Kde jste?
Co vidíte?
Co chcete dělat?

Proč potřebujete mapu?
Kdo jde kolem?
Kdo se vám líbí?
Na co se ptáte?

Kam chce jít dívka?
Na co se ptá dívka?
Co odpovíte?

❒ **10. Jaká otázka předcházela?** (What question preceded?)

. . . . ? Jsem na náměstí.
. . . . ? Nepospíchám, mám čas.
. . . . ? Ne, muzeum je nahoře.
. . . . ? Mapu potřebuju, protože neznám cestu.
. . . . ? Ne, kávu už nechci.
. . . . ? Česky mluvím jen trochu.
. . . . ? Ta dívka se mi líbí.
. . . . ? Ne, orloj není daleko.
. . . . ? Nejdřív si musím dát kávu.
. . . . ? Rád půjdu taky.

❒ **11. Doplňte text** (Fill in the blanks):

Petr sedí . . . . a čeká . . . . Uvidí kamarádku, právě (right now) . . . . . . do kavárny. Vstane a pozdraví ji: „. . . . . . . Moniko! Jsem rád, že tě . . . . Posaď se tady. Čekám . . . . , ale ještě tady není.“

„Já tady hledám bratra, také. . . . . znáš, ale vidím, že. . . . .
No nevadí. Ráda se posadím."
„. . . . . si dáš?" ptá se Petr.
„. . . . .," Monika.
„Co stále děláš?"
„. . . . . den jsem. . . . . Práce se mi. . . . . , ale nemám na nic čas.
Volno . . . . . . jen v. . . . . a. . . . . A co ty?"
„Stále. . . . . na fakultě."
„Myslím, že studuješ. . . . . ?"
„Ano."
„Co. . . . . potom dělat?"
„Chci zůstat. . . . . jako asistent."

❒ **12. Odpovídejte na otázky:**

Půjdeš kolem pošty? Co stojí vedle divadla? Je u školy Tomáš? Kdo jde do obchodu? Je orloj blízko divadla? Kam dáváš ten sešit? Kdo věší obraz na stěnu? Jede ten autobus do Prahy? Kde visí obraz? Kam půjdeš dnes na oběd? Nechceš jít na pivo? Díváte se často na televizi? Je to lístek na metro? Kdo stojí na rohu? Je za rohem už Národní divadlo? Musím jít stále rovně?

❒ **13. Odpovídejte podle vzoru** (Answer according to the model):

a) Vzor: Je Tomáš **tady**? – Ne, teprve (only) **sem** přijde.
Je taška **tady?** – Ne, teprve ji **sem** dám.

Stojí už Petr **vepředu**? Ne, teprve. . . . .
Je Eva **nahoře**? Ne, teprve. . . . .
Stojí už židle **vzadu**? Ne, teprve. . . . .
Je květina **uprostřed**? Ne, teprve. . . . .
Je Tomáš už **dole**? Ne, teprve. . . . .

b) Vzor: Dáš tu židli **sem**? – Už je **tady**.

Dáš tu mapu **dopředu**? Dáš tu knihu **nahoru** na skříň? Půjde Petr **do obchodu**? Dáš ten stůl **doprostřed**? Pověsíš tu lampu **nalevo**? Půjde Tomáš **na poštu**? Dáváš tu knihu **na stůl**? Dáš židli **dozadu**? Přijde Helena **dolů**? Jde Eva **do školy**? Půjde profesor **na fakultu**?

❒ **14. Odpovídejte podle vzoru:**

Vzor: Nikdo to neví? – **Ale ano, ně**kdo to ví.

Nic tady neleží? Žádný student to neví? Nikoho nevidíte? Žádnou knihu si nevezmete?

Nikdy neodpovídáte dobře? Určitě nikam nepůjdeme? Ten slovník tady nikde neleží? Nijak mi to nejde. Odnikud ho neznám.

❒ **15. Odpovídejte podle vzoru:**

a) Vzor: Píšeš úkol? Ne, **napíšu ho** až večer (potom, zítra . . . . . .)
imperfektivní verbum → perfektivní verbum

Vaříš dnes večeři? Ne, ...
Myješ ten talíř? Ne, ...
Čekáš u školy na kamaráda? Ne, ...
Děláš to nové cvičení? Ne, ...
Už snídáš? Ne, ...
Večeří už Tomáš? Ne, ...
Čteš ty noviny? Ne, ...
Vítáš přítelkyni v Praze? Ne, ...
Jíš tu housku? Ne, ...
Čistíš si zuby? Ne, ...
Platí už přítel? Ne, ...
Ptáš se na novou gramatiku? Ne, ...
Vysvětluje profesor gramatiku? Ne, ...
Už vystupuješ? Ne, ...
Kupuješ si ten kabát? Ne, ...
Prohlížíš si tu novou knihu? Ne, ...
Zahýbá už teď tramvaj doprava? Ne, ...
Už se vracíte? Ne, ...
Uklízí ta paní váš pokoj? Ne, ...
Berete si tedy ten svetr? Ne, ...
Otvíráte teď okno? Ne, ...
Už se Tomáš probouzí? Ne, ...

b) Vzor: Napíšeš ten úkol? **Už ho píšu**. (I am already writing it.)
perfektivní verbum → imperfektivní verbum

Zavřete, prosím, to okno? Odpovědí na tu otázku? Vyberete si nějakou hezkou knihu? Vstaneš až v 7 hodin? Prodá prodavačka ten kabát? Odpočinete si odpoledne? Oblékne se Tomáš? Přestoupíte na stanici Muzeum? Zatelefonujete do Německa? Zopakuješ si starou gramatiku? Naobědváš se potom? Poděkuješ za květinu? Uděláš to cvičení?

❒ **16. Zeptejte se svého kolegy** (Ask your colleague):

		! pf. verbs
if he	will drink tea	(vypít)
	will eat the bread	(sníst)
	will read the book	(přečíst si)
	will ask about the new grammar	(zeptat se)
	will have supper in a restaurant	(navečeřet se)
	will already end the work	(skončit)
	will revise the old grammar	(zopakovat si)
	will wait for his friend	(počkat)
	will make coffee	(uvařit)
	will not forget the book	(zapomenout)
	will correct the exercise	(opravit)
	will get on at the student residence	(nastoupit)
	will put on the new coat today	(obléknout si)
	will view the Astronomical Clock tomorrow	(prohlédnout si)
	will buy something in the shop	(koupit si)
	will choose something	(vybrat si)
	will pay in the restaurant	(zaplatit)
	will also welcome his friend to Prague	(přivítat)

❒ **17. Přeložte** (Translate):

Nobody ever knows anything. – The library is by the bridge. – I like old Prague. – Do I have to go on foot? – Where is there a car park nearby? You have to go approximately one hundred meters. – The tourist views the old church. – Go straight on and then turn left. – Shall I go by tram or by tube? As you wish. – Are you looking forward to seeing your friend? – Thank you, that is enough. – How do I get to the station? – Are you staying at a hotel or in a student residence? – I want neither coffee nor tea. – Welcome to Bohemia. – Where will you put the book? On the table. – Where is the picture hanging? On the wall. – Do you understand a little English already? – There is no student here.

(Go! = Jděte!)

❒ **18.**

Který autobus jede na:	Hlavní nádraží?	205
	kolej?	178 nebo 184
	autobusové nádraží?	235
	hlavní poštu?	168
	stanici Hradčanská?	149
	metro Muzeum?	157

❐ 19.

Čtěte:

35	27	68	79	171	199	400	364	481	1 583
45	53	12	21	282	345	678	987	333	9 847

Jaké číslo má váš telefon? (Jaké je vaše telefonní číslo?)
23 573   26 704   21 920   52 18 276

KONVERZACE

Act out the scene. Base your dialogue on the words written beside the picture.

greeting the name of the street where we are standing	greeting, what is he looking for National Street
way to the bus station Florenc	50 m straight on, then underground line B 2 stations, not far
tickets? to change?	in a vending-machine no, one ticket is enough
he thanks greeting	you are welcome, not at all greeting

MLUVNÍ CVIČENÍ

1. a) *Poslouchejte:* **Kde musím vystoupit? Na stanici Muzeum?**
Ano, tam musíte vystoupit.

b) *Odpovídejte*

Kde musím vystoupit? Na stanici Muzeum? — Ano, tam musíte vystoupit.
Kde musím přestoupit? Na stanici Můstek? — Ano, tam musíte přestoupit.
Kde musím zahnout? Tam na konci ulice? — Ano, tam musíte zahnout.
Kde musím vystoupit? Na stanici Hlavní nádraží? — Ano, tam musíte vystoupit.
Kudy musím jít na náměstí? Tudy rovně? — Ano, tudy musíte jít.
Kudy musím jít na nádraží? Tudy doprava? — Ano, tudy musíte jít.

2. a) *Poslouchejte:*
Na kolej se dostanu tramvají číslo 7, nebo 12? **Dostanete se tam tramvají číslo 12.**

L5

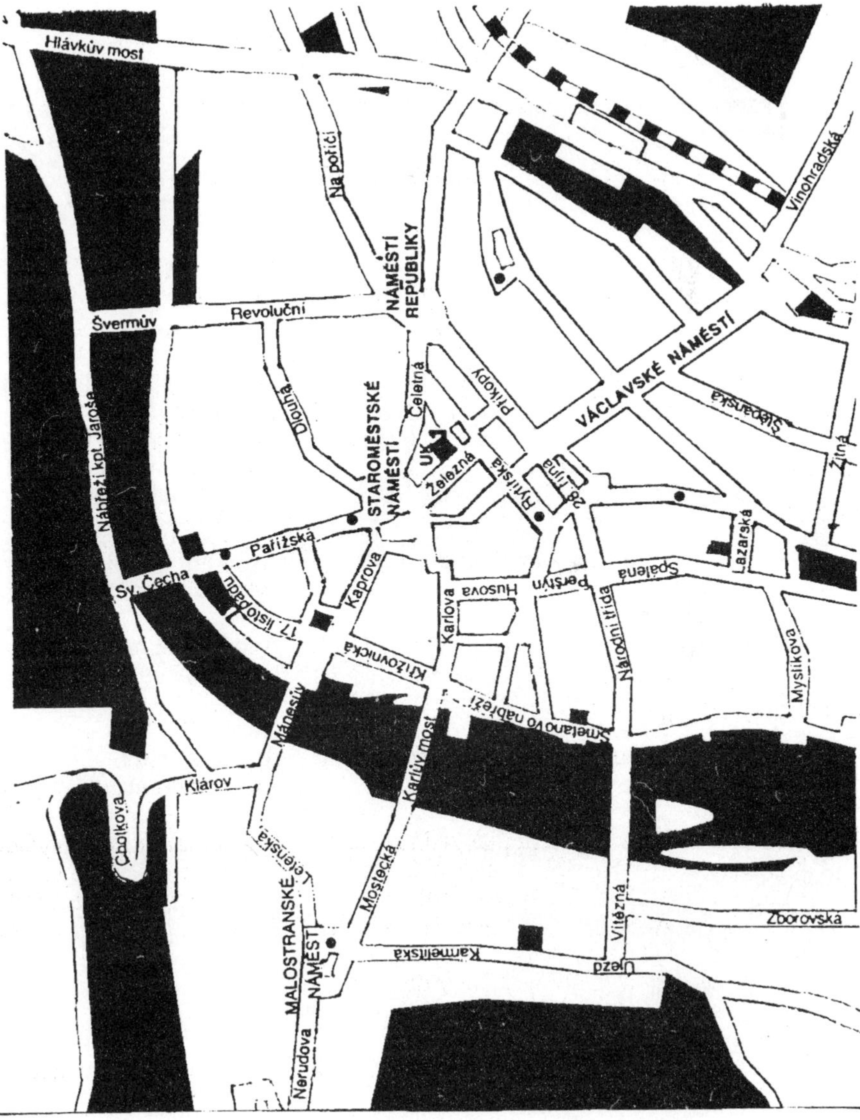
Hlávkův most
Na poříčí
NÁMĚSTÍ REPUBLIKY
Vinohradská
Švermův
Revoluční
Příkopy
VÁCLAVSKÉ NÁMĚSTÍ
Štěpánská
Dlouhá
Celetná
STAROMĚSTSKÉ NÁMĚSTÍ
Nábřeží kpt. Jaroše
Železná
Rytířská
28. října
Žitná
Pařížská
Lazarská
Sv. Čecha
Kaprova
Husova
Perštýn
Spálená
17. listopadu
Karlova
Národní třída
Křižovnická
Myslíkova
Smetanovo nábřeží
Mánesův
Karlův most
Klárov
Chotkova
Letenská
Mostecká
Vítězná
Zborovská
MALOSTRANSKÉ NÁMĚSTÍ
Karmelitská
Újezd
Nerudova

b) *Odpovídejte:*

Na kolej se dostanu tramvají číslo 10, nebo 12?	Dostanete se tam tramvají číslo 12.
Na nádraží se dostanu autobusem číslo 100, nebo 150?	Dostanete se tam autobusem číslo 150.
Na hlavní poštu se dostanu metrem A, nebo B?	Dostanete se tam metrem B.
Na Václavské náměstí se dostanu tramvají, nebo autobusem?	Dostanete se tam autobusem.
Na Karlův most se dostanu tramvají, nebo pěšky?	Dostanete se tam pěšky.

3. a) *Poslouchejte:* **Co si dáš? Kávu, nebo čaj?** **Dám si kávu.**

b) *Odpovídejte:*

Co si dáš? Kávu, nebo čaj?	Dám si kávu.
Kam chceš jít? Do města, nebo na kolej?	Chci jít do města.
Chcete si prohlédnout orloj, nebo Národní muzeum?	Chci si prohlédnout orloj.
Koupíš si jeden lístek, nebo deset?	Koupím si jeden lístek.
Zůstaneš tady ty, nebo Honza?	Zůstanu tady já.
Ta tvoje kavárna je u fakulty, nebo u divadla?	Je u fakulty.
Co potřebuješ? Mapu Prahy, nebo slovník?	Potřebuju mapu Prahy.
Tenhle lístek platí pro autobus, nebo pro vlak?	Platí pro autobus.

4. a) *Poslouchejte:* **Líbí se vám Praha?** **Ano, líbí se mi.** **Ne, nelíbí se mi.**

b) *Odpovídejte:*

Líbí se vám Praha?	Ano, líbí se mi.
Líbí se vám ten film?	Ne, nelíbí se mi.
Líbí se vám Národní divadlo?	Ano, líbí se mi.
Líbí se vám tahle taška?	Ne, nelíbí se mi.
Líbí se vám Václavské náměstí?	Ano, líbí se mi.
Líbí se vám naše město?	Ano, líbí se mi.

5. a) *Poslouchejte:* **Už čteš tu knihu?** **Ne, ještě ne, ale přečtu si ji.**

b) *Odpovídejte:*

Už čteš tu knihu?	Ne, ještě ne, ale přečtu si ji.
Už piješ kávu?	Ne, ještě ne, ale vypiju ji.
Už kupuješ jízdenku?	Ne, ještě ne, ale koupím ji.
Už končíš svou práci?	Ne, ještě ne, ale skončím ji.
Už si vybíráš nějakou knihu?	Ne, ještě ne, ale vyberu si ji.

6. a) *Poslouchejte:* **Už píšeš ten dopis?** **Ne, ještě ne, ale napíšu ho.**

b) *Odpovídejte:*

Už píšeš ten dopis? Ne, ještě ne, ale napíšu ho.
Už si prohlížíš ten obraz? Ne, ještě ne, ale prohlédnu si ho.
Už si oblékáš svetr? Ne, ještě ne, ale obléknu si ho.
Už hledáš ten slovník? Ne, ještě ne, ale najdu ho.
Už děláš oběd? Ne, ještě ne, ale udělám ho.

7. a) *Poslouchejte:* **Čeká tady někdo?** **Ne, nečeká tady nikdo.**

b) *Odpovídejte:*

Čeká tady někdo? Ne, nečeká tady nikdo.
Ví to někdo? Ne, neví to nikdo.
Sedí tam někdo? Ne, nesedí tam nikdo.
Leží na stole něco? Ne, neleží tam nic.
Těšíte se na něco? Ne, netěším se na nic.
Půjdete někam? Ne, nepůjdu nikam.
Je tady někde Petr? Ne, není tady nikde.

8. a) *Poslouchejte:* **Chci se zeptat, kolik je hodin.** **Prosím vás, kolik je hodin?**

b) *Reagujte:* Chci se zeptat, kolik je hodin. Prosím vás, kolik je hodin?
Chci se zeptat, jak se dostanu na Karlův most. Prosím vás, jak se dostanu na Karlův most?
Chci se zeptat, jestli je Národní divadlo ještě daleko. Prosím vás, je Národní divadlo ještě daleko?
Chci se zeptat, která tramvaj jede na nádraží. Prosím vás, která tramvaj jede na nádraží?
Chci se zeptat, čím musím jet na hlavní poštu. Prosím vás, čím musím jet na hlavní poštu?
Chci se zeptat, kde si můžu koupit jízdenku na metro. Prosím vás, kde si můžu koupit jízdenku na metro?

9. a) *Poslouchejte:* **Znáte Rakousko?** **Ještě ne, ale brzo ho chci navštívit.**

b) *Odpovídejte:*

Znáte Rakousko? Ještě ne, ale brzo ho chci navštívit.
Znáte Španělsko? Ještě ne, ale brzo ho chci navštívit.
Znáte Japonsko? Ještě ne, ale brzo ho chci navštívit.

10. a) *Poslouchejte:* **Je to pravda, že si koupíte dům?** (Is it true) **Ano, koupím.**

b) *Odpovídejte:*

Je to pravda, že si koupíte dům? Ano, koupím.
Je to pravda, že tady zůstanete ještě dlouho? Ano, zůstanu.

Je to pravda, že začnete studovat filozofii?	Ano, začnu.
Je to pravda, že si referát připraví Petr?	Ano, připraví.
Je to pravda, že konference končí už ve čtyři?	Ano, skončí.
Je to pravda, že se nevrátíte?	Ano, nevrátím se.

11. a) *Poslouchejte:* **Otevřu okno.** **Musím taky otevřít okno.**

b) *Reagujte:*

Otevřu okno.	Musím taky otevřít okno.
Začnu už vařit.	Musím taky začít vařit.
Skončím brzo.	Musím taky skončit brzo.
Přestoupím na tramvaj.	Musím taky přestoupit na tramvaj.
Vezmu si jeden lístek.	Musím si taky vzít jeden lístek.
Obléknu si svetr.	Musím si taky obléknout svetr.
Odpovím česky.	Musím taky odpovědět česky.
Řeknu to za chvíli.	Musím to taky říct za chvíli.

jde sem	● ←	– **přichází, oni přicházejí** (inf. **přicházet**) x fut. přijde
jde tam	● →	– **odchází, oni odcházejí** (inf. **odcházet**) x fut. odejde
jede sem	● ←	– **přijíždí, oni přijíždějí** (inf. **přijíždět**) x fut. přijede
jede tam	● →	– **odjíždí, oni odjíždějí** (inf. **odjíždět**) x fut. odjede

klepat impf.– (já) klepu, klepám
zaklepat pf. – (já) zaklepu, zaklepám

L6

bát se,	to be afraid,
bojím se +Gen impf.	I am afraid
bratr M	brother
cigareta F	cigarette
dál(e)!	come in!
dárek M	gift
dopis M	letter
dort M	cake
dovolená F	holiday
držet, -ím impf.	to hold
hodinky F pl.	wrist watch
chlebíček M	sandwich
když	when
kouřit, -ím impf.	to smoke
vykouřit pf.	
láhev, láhve F	bottle, bottles
loučit se s+I, **-ím** impf.	to say good-bye
rozloučit se, -ím pf.	
měsíc M	month, moon
milý, -á, -é	dear, nice
nabízet, -ím impf.	to offer
nabídnout, -nu pf.	
najednou	suddenly
návštěva F	visit
navštěvovat, -uju impf.	to visit
navštívit, -ím pf.	
pojď! pojďte!	come!
poznávat, -ám impf.	to become
poznat, -ám pf.	familiar with
pracovna F	study
právě (teď)	just now
představovat (se)	to introduce oneself
-uju (se) impf.	
představit (se), -ím pf.	
připíjet si na +Acc impf.	to toast s. o.,
připíjím ti na	I toast you
připít si, -iju si pf.	
připravovat se (na +Acc),	to get ready
-uju se impf.	(for)
připravit (se), -ím pf.	
ruka F	hand
rychle	quickly
sestra F	sister
sklenička F	(a) glass
souhlasit s +I, **-ím** impf.	to agree with
škoda F	pity
telegram M	wire, telegram
těší mě	it pleases me
tykání N	* (the use of
tykat +Dat **(si)**	the familial when addressing each other)
učitel M	teacher
vykat +Dat **(si)**	(to use "you")
vám (Dat)	to you
víno N	wine
všichni Ma	everybody, all
všechny Mi, F, Acc Ma	
všechna N	
za hodinu	in one hour
zákusek M	sweet
zdraví N	health
zdravý, -á, -é	healthy
zvonit, -ím impf.	to ring
zazvonit, -ím pf.	

Chci (chtěl bych) se představit.	I'd like to introduce myself.
Chci vám představit svou sestru.	I would like to introduce my sister to you.
Těší mě, že vás poznávám.	It is nice to meet you.
Můžu vám nabídnout kafe?	May I offer you coffee?
Připijeme si? Na zdraví!	Shall we drink a toast? Cheers!
Šťastnou cestu!	A pleasant journey!
Sedněte si! Sedni si!	Sit down!

jedna ruka	**– dvě ruce** (F)	one hand	– two hands
jedno oko (N)	**– dvě oči** (F)	one eye	– two eyes
jedno ucho(N)	**– dvě uši** (F)	one ear	– two ears

* in Czech it is quite common between people who know each other well

Gr

NUMERALS 1000 – ∞ (ČÍSLOVKY 1000 – ∞)

jeden tisíc			1 000	
dv**a** tisíc**e**			2 000	1 tisíc
tři tisíce	**-e**	tisíce jako „pokoje"	3 000	2, 3, 4 tisíce
čtyři tisíce		(as)	4 000	5-9 tisíc
pět tisí**c**			5 000	
šest tisíc			6 000	
:	**!** θ			
sto tisíc			100 000	
:				

devět set tisíc (900 000)
devět set devadesát devět tisíc (999 000)

---

jeden milion			1 000 000	
dv**a** milion**y**			2 000 000	1 milion
tři miliony	**-y**	jako „stoly"	3 000 000	2, 3, 4 miliony
čtyři miliony			4 000 000	5–9 milionů
pět milion**ů**		jako „100 metrů" (M)	5 000 000	
:				
sto milionů	**-ů**		100 000 000	
:				

devět set devadesát devět milionů osm set osmdesát osm tisíc (999 888 000)

---

jedna miliarda (1 000 000 000)

dv**ě** miliard**y** 3, 4 miliardy	**-y**	miliardy jako „ženy"
pět miliard 6 – ∞ miliard	-θ	miliard jako „5 hodin" (F)

Přečtěte: 25 000, 69 204, 140 560, 250 600, 329 434, 400 805, 630 543, 780 000, 880 008, 977 773, 1 200 000, 15 000 000, 75 000 000

ZÁJMENO „SVŮJ"

(Pronoun „svůj" = my, your, his, her, its
our, your, their / own
mine, yours, his, hers, its, ours, yours, theirs)

SVŮJ is a possessive pronoun in relation to the subject. It has the same declination as "můj" (It does not appear in the nominative).

		Mám (+Acc): sg.		pl.
I have my you have your he has his she has her it has its we have our you have your they have their	son desk	**svého** syna **svůj** stůl	Ma Mi	**své, svoje** syny stoly
my your his, her, its our your their	lamp	**svou** lampu **svoji**	F	**své, svoje** lampy
my your his, her, its our your their	car	**své** auto **svoje**	N	**svá, svoje** auta

Příklady:

Máte rád **svou (svoji)** práci? **Moje (má)** práce je zajímavá.	Ano, mám rád **svou (svoji)** práci. (**já – mou** → **svou**)
Pan Kubát hledá **svého** syna. **Jeho** syn tady není.	(**on – jeho** → **svého**)
Navštěvujeme rádi **svoje (své)** přátele. **Naši** přátelé jsou milí.	(**my – naše** → **svoje**)

Cv

❒ **1. Vzor:** Chci vám představit **svou** sestru. To je . . . sestra.

já ⟶ moje — To je **moje** sestra.

Petr otevírá svou knihu. Vidím . . . . knihu.
Honza má na stole svoje noviny. My všichni čteme . . . . noviny.
Pavel hledá svůj svetr. Já vím, že . . . . svetr je ve skříni.
Mám rád svou práci. Líbí se ti . . . . práce?
Čekám na svého kamaráda. Víš, kdo je . . . . kamarád?

❒ **2. Vzor:** (moje sestra): Chci vám představit . . . . sestru

moje = já ⟶ **svou** sestru.

(můj bratr): Prohlížím si . . . . bratra na fotografii.
(můj slovník): Nemám tvůj slovník, mám . . . .
(vaše noviny): Máte . . . . noviny, nebo moje?
(tvoje kamarádka): Nevidíš už někde . . . . kamarádku? Musíme jít.
(jeho rodina): On má hodně rád . . . . rodinu.

Gr

PLURAL OF THE NOMINATIVE AND ACCUSATIVE CASES

(PLURÁL / NOMINATIV a AKUZATIV)

Nom = Kdo to je? Co to je? — Who is it? What is it?
Acc = Koho vidím? Co vidím? — Whom do I see? What do I see?

F + Mi + N: – **Nom + Acc**

				hard cons.	soft consonants	
F Mi	ty	mé (moje) tvé (tvoje) naše, vaše	hezké moderní, její	žen**y** stol**y**	přítelkyn**ě**, židl**e**, skřín**ě** pokoj**e**	! místnosti (F -ost) ! paní
N	ta	tvá (tvoje) naše, vaše	hezká moderní, její	aut**a**	moř**e**	! nádraží

! stůl – stoly, domy, nože (Mi)
ů > o

! to dítě (N) – pl.: **ty děti (F)**
hezké dítě – pl. hez**ké** děti

L6

Ma – **Nom**

ti	mí (moji) tví (tvoji) naši, vaši	mladí moderní, její	páni, muži	pánové Italové Švédové Irové Arabové	! -tel, -an +é učitelé Angličané Moravané ! Španělé

-ové: mainly in national names (of one syllable, less often of two syllables)

! člověk – **lidé, lidi**
přítel – přátelé

! **Ma:** dobrý – dobří; hezký – hezcí; drahý – drazí (dear); tichý – tiší (silent); mladý – mladí; krásný – krásní

r > ř	doktor – doktoři (doctors)
k > c	úředník – úředníci (officials)
h > z	pstruh – pstruzi (trouts)
ch > š	Čech – Češi (Čechové) (Czechs)
d > ď (di)	kamarád – kamarádi (friends)
t > ť (ti)	student – studenti (students)
n > ň (ni)	pán – páni (gentlemen)

český – čeští
anglický – angličtí

-ský >-ští
-cký>-čtí

! **Němec – Němci** (Germans)

Ma – **Acc**

			hard cons.	soft consonants	
ty	mé (moje), své, tvé (tvoje), (svoje) naše, vaše	mladé moderní, její	pány Američany Iry	muže	! učitele (-tel), přátele manžele ! lidi

2 – **dva + M** (dva muži, dva stoly)
– **dvě + F, N** (dvě ženy, dvě auta)

! **pan Kubát** / **paní Kubátová** = **manželé Kubátovi** – Mr. and Mrs. Kubát

Nom pl.

každý	**všichni muži** (Ma)	all
	všechny stoly (Mi)	all
každá	**všechny ženy** (F)	
každé	**všechna města** (N)	

Acc Ma: **všechny muže**

rád – Ma: **rádi** (muži mají rádi fotbal)
ráda – F: **rády** (ženy i děti mají rády dort)
rádo

[glad(ly), mít rád – to like]

jeho – nemění se (does not change)
jejich – nemění se
její – jako „moderní"

Nom	sg.		pl.	
Ma	ten	–	ti	i
Mi	ten	–	ty	y
F	ta	–	ty	y
N	to	–	ta	a

=

sg.		pl.		sg.		pl.	
pán	–	páni		muž	–	muži	i
stůl	–	stoly	+	pokoj	–	pokoje	
žena	–	ženy	+	židle	–	židle	e
město	–	města	+	moře	–	moře	

Ma	hezký	–	hezcí	í
Mi	hezký	–	hezké	é
F	hezká	–	hezké	é
N	hezké	–	hezká	á

můj	–	moji, mí
můj	–	moje, mé
moje (má)	–	moje, mé
moje (mé)	–	moje, má

Příklady na plurál:

Všichni studenti přijdou zítra v 7 hodin.	All students are coming at seven o'clock tomorrow.
Vidím dobře **na všechny studenty.**	I see all the students well.
Čekají tady na vás **nějací Angličané.**	Some Englishmen are waiting for you here.
Nečekám **na Angličany**, ale **na Australany.**	I am not waiting for the Englishmen but for the Australians.
Tvoji přátelé přijdou taky?	Will your friends come too?
Počkáme ještě **na tvé přátele.**	We will still wait for your friends.
Píšou z Prahy **manželé Novákovi.**	The Nováks write from Prague.
Tamhle vidím **manžele Fišerovy.**	I can see the Fishers over there.
Jsou **všechny knihy zajímavé**?	Are all the books interesting?
Tamty **vysoké domy** se mi nelíbí.	I do not like those tall houses.
Tyhle čtyři lístky jsou pro vás.	These four tickets are for you.
Na koleji mají **dva pokoje** spolu koupelnu.	In the student residence two rooms share one bathroom.
Chceme **dvě kávy, dva džusy a nějaké zákusky.**	We want two cups of coffee, two glasses of juice and some cakes.

To jsou + Nom	**Vidím** + Acc
chytří inženýři	chytré inženýry
dobří doktoři	dobré doktory
drazí pstruzi	drahé pstruhy
velcí Češi	velké Čechy
staří Slováci	staré Slováky
němečtí studenti	německé studenty
někteří úředníci	některé úředníky
čeští profesoři	české profesory

❐ 3. **Vzor:** Ten student je Angličan. – pl.: **Ti studenti jsou Angličané.**

Ten student		Angličan.	Ta studentka		Angličanka.
Ten profesor		Čech.	Ta profesorka		Češka.
Ten muž	je	Australan.	Ta žena	je	Australanka.
Ten cizinec	(jsou)	Američan.	Ta cizinka	(jsou)	Američanka.
Ten pán		Francouz.	Ta paní		Francouzka.
Ten doktor		Ital.	Ta doktorka		Italka.

❐ 4. **Vzor:** Tam jsou studenti. – **Vidíš dobře ty studenty?**

Tam jsou	studenti. Vidíš dobře . . . . .?		Tam jsou	muži. Vidíš . . . . .?	
	úředníci	-y		cizinci	-e
	doktoři			učitelé	
	Češi			lidi	

❐ 5.

Koupím: 2 (jízdenka), 2 (lístek), 2 (dort), 2 (taška), 2 (chlebíček), 2 (kafe), 2 (čaj)
Na stole mám: pl. – tvůj svetr, váš dopis, tvou knihu, vaši učebnici
Na ulici vidím: pl. – starý dům, moderní obchod, velký autobus, nějakého muže, mladého cizince
pl. – nějakou ženu, starou věž, červenou tramvaj
pl. – bílé auto, hezké kino, malé dítě

Gr

IMPERFECTIVE FUTURE (IMPERFEKTIVNÍ FUTURUM)

a) **BÝT:**

(já) **budu**	(my) **budeme**	nebudu	nebudeme
(ty) **budeš**	(vy) **budete**	nebudeš	nebudete
(on) **bude**	(oni) **budou**	nebude	nebudou

TO BE:

I will **be**	we will **be**
you will **be**	you will **be**
he, she, it will **be**	they will **be**

Příklady:

Zítra **bude** středa.	Tomorrow will be Wednesday.
Budu doma až večer.	I will not be at home until the evening.

Budou dvě hodiny.	It will be two o'clock.
Budete v neděli večer doma?	Will you be at home on Sunday evening?
Jak dlouho **budeš** ještě nemocný?	How much longer will you be ill?
Zítra **nebude** vyučování?	Will there not be lessons tomorrow?

budu **nebudu**	+	**IMPF. Infinitive**

Brzo **budu mít** dovolenou.	I will have a holiday soon.
V neděli **budu studovat.**	I will study on Sunday.
Už **nebudu kouřit.**	I will not smoke any more.
Budeme si tykat?	(Will we use the familial)
Nebudou souhlasit.	They will not agree.

Future tense of modal verbs:

chci	–	**budu chtít**	I will want
nemůžeme	–	**nebudeme moct (moci)**	we will not be able to ...
umějí	–	**budou umět**	they will know / know how to...
musíš	–	**budeš muset**	you will have to...
nesmíte	–	**nebudete smět**	you will not be allowed to...

Zítra **budete muset zůstat** celý den doma.	Tomorrow you will have to stay at home all day.

b)

Udělám to hned.	I will do it at once.
● jen 1 akce	● only 1 action
Skončím už za chvíli.	I will finish it in a moment.
┤ **akce končí**	┤ the action finishes
je ohraničená časově	it is limited in time
↓	
PERFEKTIVNÍ FUTURUM	

Budu to **dělat** celý den.	I will do it all day
akce trvá	the action goes on
Každé ráno si **budu kupovat** noviny.	I will buy a newspaper every morning.
akce se opakuje	the action is repeated
2x, 3x, 4x...	2x, 3x, 4x...
↓	
IMPERFEKTIVNÍ FUTURUM	

budu + imperfektivní verbum v infinitivu

Příklady:

Napíšu ti hned zítra.	I am going to do it tomorrow.
Dopis **budu psát** určitě hodinu.	I will be certainly writing the letter for one hour.
Tu knihu **si přečtu** rád.	It will be a pleasure for me to read the book.
Dneska večer **si budu číst,** nebudu se dívat na televizi.	I will read this evening, I will not watch TV.
Prohlédnu si muzeum.	I will see the museum.
Celé odpoledne **si budu prohlížet** Prahu.	I will view Prague all afternoon.

A: Kdy budeš zítra doma?
B: Dopoledne budu v práci, ale v jednu hodinu už budu doma.

A: Co budeš dělat večer?
B: Zůstanu doma a budu se dívat na televizi.

A: Máš už lístky do divadla?
B: Ne, budu je mít až zítra.

A. Pane profesore, kdy budete mít čas na konzultaci?
B: Dneska ne, ale zítra budu mít čas ve čtyři hodiny. Najdete mě v pracovně.

Cv

❒ **6. Doplňte perfektivní, nebo imperfektivní verbum**
(Fill in the correct perfective or imperfective verb):

otvírat – otevřít: Někdo zvoní, jdu . . . . .
Jsou na stole skleničky? Už . . . . . tu láhev.

připravovat se – připravit něco:
Půjdu spát, jen ještě musím . . . . . knihy do školy.
Konference bude za měsíc. Už se na ni . . . . . ?

představovat se – představit někoho:
„Já jsem Pavel Nový," . . . . . nový kolega.
„Chci vám . . . . . svého bratra."

loučit se – rozloučit se:
„Za chvíli se už musím . . . . ., v osm hodin musím být na nádraží."
„Na shledanou a šťastnou cestu!" . . . . . paní Nová.
připíjet si – připít si: „. . . . . ?" ptá se Pavel. „Mám už chuť na víno."
„Na tvoje zdraví!" . . . . . Pavel. „Na tvé taky," . . . . . Jana.
vítat – přivítat: „Dobrý den. Pojďte dál!" . . . . . návštěvu paní Nová.
Zítra přijde nový kolega. Kdo ho . . . . . ?

❒ **7.** Co budeš zítra dělat? Zítra budu

Zítra budu	pracovat.
	studovat materiály
	dívat se na televizi
	poslouchat magnetofon
	procházet se
	číst si
	připravovat se na konferenci

Nebudu	číst tvůj materiál,	nemám čas.
	psát dopis	
	dívat se na ten film	
	poslouchat tu novou desku	
	poslouchat v rádiu ministra	
	vařit dneska večer	
	potřebovat tu knihu	

❒ **8. Řekněte ve futuru** (Say in the future tense):

Vzor: Večer (se dívám) na televizi. – Večer **se budu dívat** na televizi.

Každé ráno (kupuju) noviny.
Celý večer (si čtu).
Co (děláš) v sobotu večer?
Kolik je hodin? Už (jsou) 4 hodiny.
(Jsem) rád, když přijdete.
Nevím, jestli (rozumím) česky.
Dneska nemám čas, (učím se) až zítra.
Zítra (mám) volno.
Už (nekouřím), není to zdravé.
Teď to nepotřebuju, (potřebuju to) zítra.
Zítra ještě (musím koupit) chlebíčky.
Nevím, jestli v pondělí (musím jít) na fakultu.

Gr

L6

| KDYŽ |

Conditional sentences

1. | když = jestliže = jestli | — if, in case

Jestliže / Když — budu mít čas, přijdu. — If I have time, I will come.

Když / Jestli — budeš ještě zítra nemocný, přijdu tě navštívit. — If you are still ill tomorrow, I will come to visit you.

! Nevím, jestli přijdu. — I don't know if I'm coming.

Time clauses

2. | **když, až** | — when

Když jsem nemocný, nemůžu studovat.	When I am ill, I cannot study.
Když piju kafe, musím kouřit.	When I drink a cup of coffee, I have to smoke.
Když jsem byl nemocný, ležel jsem.	When I was ill, I lay in bed.
Až budu mít čas, budu studovat.	When I have time I will study.
Až vypiju kávu, napíšu dopis.	When I have drunk a coffee, I will write a letter.
Přijď, **až** přijedeš!	When you arrive, come round!

Past		**KDYŽ**
Present	when	**KDYŽ**
		x
Future		**AŽ**

!

Tramvaj jede **až** na náměstí.	The tram goes as far as the square.
Přijdu dnes **až** v 8 hodin.	Today I will not come until eight o'clock.

AŽ
- when
- until
- (only at), not until → teprve

Cv

❒ **9. Přeložte** (Translate):
When I come home, I will still read. When he comes, we will drink coffee.

How far does the tram go? Why will Tom not come today until ten o'clock? If somebody rings, we will open. When I have holiday, I go to England. Does this train go to Brno? Today our professor will not come until later. I will wait until you come.

❒ **10. Zeptejte se svého kolegy, co dělá nebo bude dělat:**

when you	are in Prague have a visit have a holiday go for a visit visit somebody	sit in a café are ill get a present your friend comes late the bus does not go as far as the railway station

NÁVŠTĚVA

Je sobota, dvě hodiny odpoledne. Kubátovi jsou doma a čtou. Najednou někdo zvoní a paní Kubátová jde otevřít. Když se vrací, drží v ruce telegram.
„Pavle, telegram od Heleny! Přijede dneska vlakem na Hlavní nádraží ve dvě hodiny. Ale to je právě teď! To už nemůžeme jít naproti."
„Přijede Helena? To je fajn. Musí přijít sama, myslím, že tady bude asi za hodinu."
„Už za hodinu? Musím jít rychle něco koupit, nic tady nemám. Co mám koupit?"
„Kafe máme doma, můžeš koupit tři nebo čtyři zákusky nebo chlebíčky."

Ve tři hodiny někdo zvoní a za chvíli už Kubátovi vítají Helenu.
„Ahoj, Heleno! To jsme rádi, že tě zase vidíme."
„Ahoj! Já jsem taky ráda. A tady vám chci představit svou sestru Janu."
„Těší nás, že vás poznáváme. Já jsem Monika Kubátová a to je můj manžel Pavel. Pojďte dál!"

„Sedněte si! Můžu vám nabídnout kávu nebo čaj?" ptá se Monika Kubátová.
„Já si dám kávu a ty, Jano?" říká Helena.
„Já taky, děkuju."
„Kouříte?" nabízí Pavel Kubát cigarety.
„Děkuju, nekouřím já ani Helena. Ale myslím, že si můžeme tykat, souhlasíte?" odpovídá Jana.

„Rád. Připijeme si na to," říká Pavel a už otvírá láhev vína. Paní Kubátová připravuje skleničky a za chvíli si už všichni připíjejí: „Na zdraví! A na tykání!"

V šest hodin se Helena podívá na hodinky.
„Za hodinu jede vlak, musíme se rozloučit."
„Škoda, že už musíte jít. Děkujeme za milou návštěvu," loučí se Kubátovi.
„Kdy zase přijedete do Prahy?"
„Za dva měsíce budu mít dovolenou, a když budu mít čas, určitě přijedu. Ještě napíšu," říká Helena.
„Šťastnou cestu!"

Pojďte dál! Odložte si!	Come in! Take off your coat!
Sedněte si! = Posaďte se, prosím!	Sit down!
Udělejte si pohodlí!	Make yourself comfortable!
Mohu vám nabídnout šálek kávy nebo čaje?	May I offer you a cup of coffee or tea?
Děkuji, neobtěžujte se.	Thank you, I do not want to trouble you.
To je pro mě maličkost.	It is no trouble.
Prosím ke stolu.	Come to the table!
Posložte si!	Help yourself/ves!
Vezměte si!	
Můžu vám přidat?	May I offer you another...?
Děkuju, jen trochu (jen kousek).	Thank you, just a little.
Ne, děkuju, to opravdu stačí.	No, thank you, it is really enough.
Už nemůžu.	I cannot eat any more.
Přijďte k nám někdy!	Come visit us sometime!
Děkuju za pozvání, až budu moct, přijdu.	Thank you for your invitation, I will come as soon as I can.
Mohl bych vás dnes pozvat na večeři?	May I invite you for supper tonight?
Bohužel, dnes nemůžu. Zítra velmi rád(a).	Unfortunately, I cannot come tonight. I would very much like to tomorrow.
Nevyrušuju?	Am I not disturbing you?
Naopak, dlouho jsme se neviděli.	On the contrary, we have not seen each other for a long time.
Nebudu vás dlouho zdržovat.	I won't delay you long.
Jsem rád, že vás zase vidím.	I am happy to see you again.
Rád bych se s vámi rozloučil.	I would like to tell you good-bye.
Bohužel už musím jít.	Unfortunately, I have to go now.
Děkuju za hezký večer.	Thank you for a nice evening.
Já děkuju za návštěvu.	I thank you for your visit.
Přijďte zase brzy, jste vždy vítán.	Come again soon, you are always welcome.
Díky za milou návštěvu.	Thank you for your nice visit.

KUBÁTOVI MAJÍ NÁVŠTĚVU

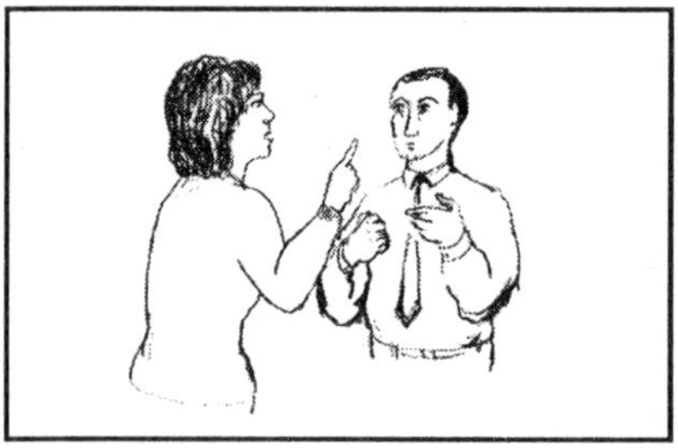

Kubátovi . . . . . doma a čekají . . . . . „Nemáš cigaretu?“ ptá se pan Kubát. „To víš, že . . . . . Ale . . . . . kouříš, to není zdravé,“ odpovídá paní Kubátová. „Když čekám, musím . . . . . ,“ říká pan Kubát.

Návštěva . . . . . Je to pan Čapek z . . . . ., kolega z práce.
„Ahoj! . . . . . dál!“ vítá ho pan Kubát.
Paní Kubátová . . . . . ještě nezná, proto se představuje: „Dobrý . . . . . . Já jsem Petr Čapek.“
„ . . . . . mě, jsem ráda, že . . . . .,“ říká paní Kubátová. „A děkuju za květiny.“

Paní Kubátová . . . . . kávu a dort.
„Děkuju . . . . .,“ děkuje pan Čapek.
Pan Kubát nabízí cigaretu: „. . . . . ?“
„Ne, nekouřím, není to . . . .,“ říká pan Čapek.

„Už bude . . . . . hodin, musím . . . . . V sedm hodin jede vlak. Musím najít taxi, už nemám čas,“ říká pan Čapek.
„Tam dole . . . . . jedno taxi, podívej!“ . . . . . pan Kubát.
„To je dobře. Nemusím se bát, že přijdu . . . .“

„Děkujeme za . . . . .,“ loučí se paní Kubátová.
„Kdy zase . . . . . ?“ ptá se pan Kubát.
„Za tři měsíce budu mít . . . . . a myslím, že . . . . . Ale teď už . . . . . pospíchat. Na shledanou!“ . . . . . pan Čapek.
„ . . . . . cestu!“ . . . . . Kubátovi.

Cv

❐ **11. Odpovídejte podle textu** (Answer according to the text above):

Kdy jsou Kubátovi doma? Od koho má paní Kubátová telegram? Kdy přijede Helena? Jdou Kubátovi naproti na nádraží? Proč nejdou? Co musí paní Kubátová koupit? Kdy zvoní Helena? Co říká? Co se ptá Monika Kubátová? Co nabízí pan Kubát? Na co si připíjejí? Kdy se musí Helena a její sestra rozloučit? Kdy zase přijedou do Prahy?

❐ **12. Přeložte:**

Novák: Good evening. May I introduce my brother Tom to you?
Kubátová: Good evening, Mr. Novák. It is nice to meet your brother. My husband will not come until later, he is still at work.
N: That doesn't matter. If we may, we will wait for him, Mrs. Kubátová.
K: Of course, you may. May I offer you coffee or a glass of wine?
N: Thank you very much, we would like to have some coffee.
K: Here is coffee and some sandwiches.

A: May I offer you a cigarette?
B: Thank you, I do not smoke.

A: I have to say good-bye already. My train leaves in one hour. Thank you for a nice evening.
B: I thank you for a nice visit. I would like to see you again soon. Good-bye.

A: Come to the table, please. Help yourselves, there are cakes, sandwiches, wine and beer here.
B: Thank you. I will take only a piece of cake.
A: That is not much. May I give you one more piece?
B. No, thank you. It is really enough. I am full.

A: May I invite you for supper tonight?
B: ....

A: I am not disturbing you? It is already eight o'clock.
B: ....

A: Come again soon, you are always welcome.
B: ....

L6

A: Ten pokoj je ale hezký!
B: Myslíš?
A: Nelíbí se ti?
B: Moc ne. Ale líbí se mi, že je velký.

A: Ten pokoj je ale hezký! / krásný! / nádherný! / fantastický!

B: Myslíš?

A: Nelíbí se ti?

B: Moc ne.
Moc se mi nelíbí.
Ale líbí se mi, že je velký. / jak je velký. / jak je světlý. (light)

Co se vám líbí v pokoji?

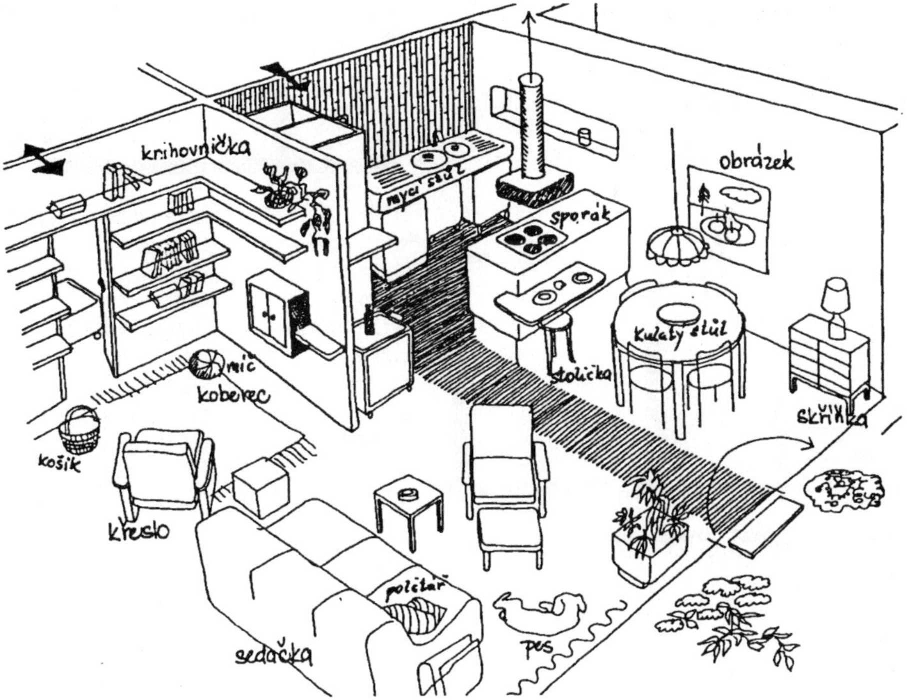

Líbí se mi | krásné obrázky
ta dvě křesla
nová sedačka
knihovničky
malý koberec
květiny u okna
malá skříňka v rohu
jídelní stůl
pes, který leží u sedačky

❐ **13.** Je velký tento byt?
Jak se jmenují pokoje v bytě?
Kde spíte?
Kde jíte?
Kam posadíte návštěvu?
Kde se myjete?
Kam dáte postele?
Kam dáte jídelní stůl?
Kde si svlékáte kabát?
Kde můžete být, když je hezky?

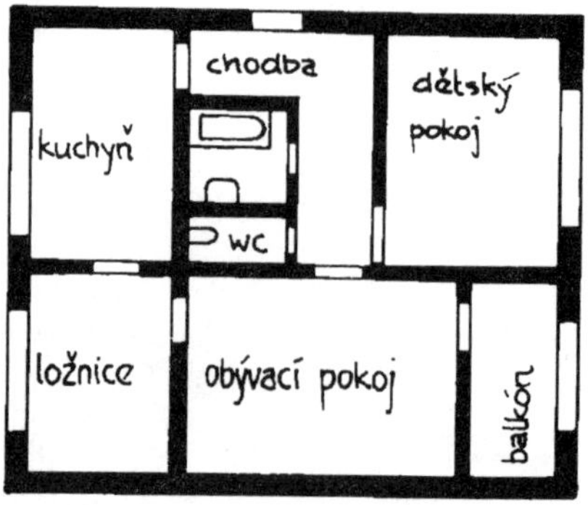

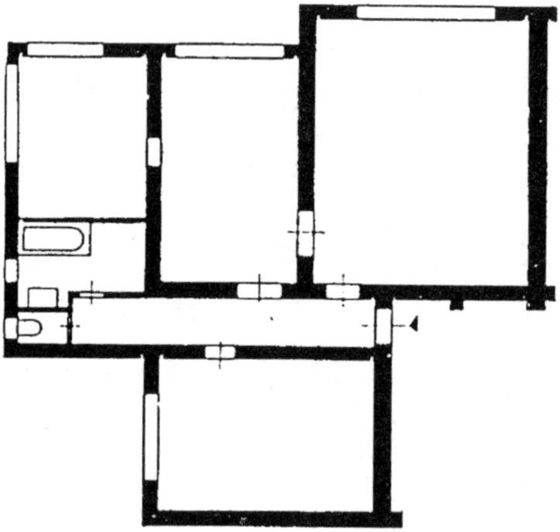

kuchyň (F)	kitchen
chodba	corridor
koupelna	bathroom
WC (vé cé)	lavatory, WC
ložnice	bedroom
obývací pokoj	sitting-room
dětský pokoj	children's room
balkon	balcony

Gen – do obývacího pokoje
do dětského pokoje
Loc – v obývacím pokoji
v dětském pokoji
na chodbě, na balkoně

KONVERZACE

obchodní zástupce business representative
sekretářka secretary
ředitel director

OZ: Prosím Vás, je přítomen pan ředitel?
S: Ano, koho mám ohlásit?
OZ: Zde je moje navštívenka. Zeptejte se, prosím, jestli mě může přijmout. Omlouvám se, že jsem svou návštěvu nemohl ohlásit předem.
S: Počkejte, prosím, zeptám se. Ano, pan ředitel Vás za chvíli přijme. Posaďte se.
Ř: Promiňte, že jste musel čekat. Co si přejete?
OZ: Jsem zástupce firmy . . . . . . která má zájem o spolupráci s vaším podnikem. Zde je dopis od našeho ředitele.
Ř: To nás těší. Můžeme si o tom promluvit.

BR: Excuse me, is the director here?
S: Yes, who should I say is here?
BR: Here is my card. Ask him, please, if he can see me. I apologize for not having been able to let you know about my visit in advance.
S: Just a minute, please. I will ask him. Yes, the director will see you in a moment. Have a seat.
D: I'm sorry that you had to wait. What can I do for you?
BR: I am a business representative from the firm . . . . . . , which is interested in cooperation with your company. This is a letter from our director.
D: It is a pleasure for us. We can discuss it.

MLUVNÍ CVIČENÍ

1. a) *Poslouchejte:* **Nevíš, kde bude večer pan Kubát? V hotelu?**
Myslím, že bude v hotelu.

b) *Odpovídejte:*

Nevíš, kde bude večer pan Kubát? V hotelu?	Myslím, že bude v hotelu.
Nevíš, kdo bude dneska dělat večeři? Otec?	Myslím, že ji bude dělat otec.
Nevíte, kdy bude mít váš německý kolega čas? Ve tři hodiny?	Myslím, že bude mít čas ve tři hodiny.
Nevíte, kdy budu muset vrátit tu knihu? Za měsíc?	Myslím, že ji budete muset vrátit za měsíc.
Nevíš, jestli budou Kubátovi chtít zítra přijít?	Myslím, že budou chtít přijít.

2. a) *Poslouchejte:* **Co budeš dělat, až skončíš?**
Až skončím, uvařím si kafe a budu si číst.

b) *Odpovídejte:*

Co budeš dělat, až skončíš?	Až skončím, uvařím si kafe a budu si číst.
Co budeš dělat, až přijdeš domů?	Až přijdu domů, uvařím si kafe a budu si číst.
Co budeš dělat, až odejde návštěva?	Až odejde návštěva, uvařím si kafe a budu si číst.

3 a) *Poslouchejte:* **Máte ještě nějaké cigarety? Ne, nemám už žádnou cigaretu.**

b) *Odpovídejte:*

Máte ještě nějaké cigarety?	Ne, nemám už žádnou cigaretu.
Máte ještě nějaké otázky?	Ne, nemám už žádnou otázku.
Máte ještě nějaké jízdenky?	Ne, nemám už žádnou jízdenku.

4. a) *Poslouchejte:* **Vidíš tam ty děti? Ne, nevidím tam nikoho.**

b) *Odpovídejte:*

Vidíš tam ty děti?	Ne, nevidím tam nikoho.
Vidíš tam ty muže?	Ne, nevidím tam nikoho.
Vidíš tam ty ženy?	Ne, nevidím tam nikoho.
Vidíš tam ty mladé cizince?	Ne, nevidím tam nikoho.

5. a) *Poslouchejte:* **Představuju ti svou sestru Hanu.**
Těší mě, že vás poznávám. Budeme si tykat?

b) *Reagujte:*

Představuju ti svou sestru Hanu.	Těší mě, že vás poznávám. Budeme si tykat?
Představuju ti svého kamaráda Pavla.	Těší mě, že vás poznávám. Budeme si tykat?
Představuju ti svého přítele Honzu.	Těší mě, že vás poznávám. Budeme si tykat?
Představuju ti svou kamarádku Janu.	Těší mě, že vás poznávám. Budeme si tykat?

6. a) *Poslouchejte:* **Právě přicházejí Petr Novák a jeho manželka.**
Novákovi jsou tady? To je fajn.

b) *Reagujte:*

Právě přicházejí Petr Novák a jeho manželka.	Novákovi jsou tady? To je fajn.
Právě přichází Karel Svoboda a jeho manželka.	Svobodovi jsou tady? To je fajn.
Právě přichází Pavel Fišer a jeho manželka.	Fišerovi jsou tady? To je fajn.

7. a) *Poslouchejte:* **Jsou už tady všichni studenti?**
Ne, ještě čekáme na dva studenty.

b) *Odpovídejte:*

Jsou už tady všichni studenti?	Ne, ještě čekáme na dva studenty.
Jsou už tady všichni kolegové?	Ne, ještě čekáme na dva kolegy.
Jsou už tady všichni cizinci?	Ne, ještě čekáme na dva cizince.
Jsou už tady všichni Američané?	Ne, ještě čekáme na dva Američany.
Jsou už tady všichni učitelé?	Ne, ještě čekáme na dva učitele.

8. a) *Poslouchejte:* **Ahoj, Heleno!** **To jsem ráda, že tě vidím.**

b) *Reagujte:*

Ahoj, Heleno!	To jsem ráda, že tě vidím.
Ahoj, Pavle!	To jsem rád, že tě vidím.
Ahoj, Heleno a Pavle!	To jsme rádi, že tě vidíme.
Dobrý den, pane Kubáte a paní Kubátová!	To jsme rádi, že vás vidíme.

9. a) *Poslouchejte:* **Na co si připijeme? Na zdraví? Ano, připijeme si na zdraví.**

b) *Odpovídejte:*

Na co si připijeme? Na zdraví?	Ano, připijeme si na zdraví.
Na co si připijeme? Na tykání?	Ano, připijeme si na tykání.
Na co si připijeme? Na štěstí? (happiness)	Ano, připijeme si na štěstí.
Na co si připijeme? Na všechno dobré?	Ano, připijeme si na všechno dobré.

10. a) *Poslouchejte:* **Kdy se vrátí manžel?** **Vrátí se až za tři měsíce.**

b) *Odpovídejte:*

Kdy se vrátí manžel?	Vrátí se až za tři měsíce.
Kdy pojedete na dovolenou?	Pojedu až za tři měsíce.
Kdy začne konference?	Začne až za tři měsíce.
Kdy budete mít česko-anglický slovník?	Budeme ho mít až za tři měsíce.

11. a) *Poslouchejte:* **Petr není ještě doma? Kdy přijde?** **Přijde asi za hodinu.**

b) *Odpovídejte:*

Petr není ještě doma? Kdy přijde?	Přijde asi za hodinu.
Hledám pana doktora Kubáta. Nevíte, kdy bude v pracovně?	Bude tam asi za hodinu.
Ty to ještě nemáš? Kdy to, prosím tě, uděláš?	Udělám to asi za hodinu.
Ty ještě pracuješ? Kdy skončíš?	Skončím asi za hodinu.

L7

atmosféra F	atmosphere
blahopřát + Dat **k** + Dat	to congratulate on
blahopřeju impf.	I congratulate
poblahopřát pf.	
centrum (Gen **-a**) N	centre
děkovat + Dat **za** +Acc	to thank for
-uju impf.	
poděkovat pf.	
dohodnout se pf.	to come to an agreement
dohodnu se	I will come to an a.
dřív(e)	earlier
důležitý, -á, -é	important
dvakrát	twice
espreso N	espresso
hlavně	mainly
hodně = **mnoho** = **moc**	much, many
chata F	cottage
chutnat +Dat impf.	to taste
jednání N	negotiation(s)
k, ke +Dat	to, towards
krásně	beautifully
líto	
je mi líto	I am sorry
lyže F pl.	skis
lyžovat impf.	to ski,
lyžuju	I ski
mléko N	milk
nadiktovat +Dat +Acc	to dictate
-uju pf.	
diktovat impf.	
nakonec	in the end
nervózní	nervous
obchodní	business (adj.)
objednávat, -ám impf.	to order
objednat pf.	
odpovědět +Dat **na** +Acc pf.	to answer
odpovím,	I will answer
oni odpovědí	they will answer
odpovídat, -ám impf.	
omlouvat (se) +Dat	to apologize
-ám impf.	
omluvit se pf.	
onemocnět pf.	to fall ill
onemocním	I will fall ill

partner M	partner
partnerka F	
plánovat impf.	to plan,
plánuju	I plan
naplánovat pf.	
pomáhat +Dat	to help
-ám impf.	
pomoct, pomůžu pf.	
prázdniny F pl.	holidays
prominout +Dat pf.	to excuse,
prominu,	I will excuse,
promiň(te)!	excuse me!
prosinec M	December
proti +Dat	against, opposite
první	first
půl hodiny	half an hour
rodiče M pl.	parents
rozumět +Dat impf.	to understand
-ím	
porozumět pf.	
růže F	rose
sekretářka F	secretary
sejít se pf.	to meet
sejdeme se	we will meet
scházet se impf.	
Silvestr M	New Year's Eve
služební	business (trip)
strávit, -ím pf.	to spend (time)
trávit impf.	
svátek M	name day, holiday
takže	so that
telefonicky	by phone
teplo adv., N	warm, warmth
těžký, -á, -é	heavy, difficult
trvat, -á impf.	to take (some time),
potrvat, -á pf.	to last
týden M	week
vánoce F pl.	Christmas
věřit +Dat, **-ím** impf.	to believe
uvěřit pf.	
vůbec	at all
zatím	in the meantime
zdržet se, -ím se pf.	to be delayed
zima adv., F	cold, winter
zimní	winter
zlobit se (**na** +Acc) impf.	to be angry (with)

Blahopřeju manželce **k svátku.**	I congratulate my wife on her name day.
Poděkovala jsem mu **za růže.**	I thanked him for the roses.
Dohodli jsme se, že **se sejdeme** v 6.	We agreed to meet at six o'clock.
Ta káva **mi chutnala.**	I enjoyed the coffee.
Nerada **lyžuju**.	I do not like skiing.
Rychle jsem **se naobědval.**	I ate lunch quickly.
Objednal jsem dvě kávy.	I ordered two coffees.
Hned **ti odpovím.**	I will answer you at once.
Omlouvám se, že jsem přišel pozdě.	I apologize for arriving late.
Chci **se ti omluvit.**	I want to apologize to you.
Dcera **onemocněla**.	My daughter fell ill.
Plánujeme hezké **prázdniny.**	We plan beautiful holidays.
Nechceš **pomoct**? Rád ti **pomůžu.**	Don't you want to help? I will be glad to help you.
Pomáhám manželce hodně.	I help my wife a lot.
Promiňte! Neviděl jsem vás.	Excuse me. I did not see you.
Vůbec ti nerozumím.	I do not understand you at all.
Prázdniny **strávíme na chatě.**	We will spend our holidays at our cottage.
Prázdniny **trvají** dva **týdny.**	The holidays last two weeks.
Věřím, že přijde. Asi se někde **zdržel.**	I believe that he will come. Maybe he was delayed somewhere.

Gr

DATIVE CASE OF PERSONAL PRONOUNS

(DATIV OSOBNÍCH ZÁJMEN)

JÁ	TY	ON (ONO)	ONA	MY	VY	ONI, ONY, ONA
mi (ke) mně	ti (k) tobě	mu jemu k **ně**mu	jí k **ní**	(k) nám	(k) vám	jim k **n**im
to me	to you	to him	to her	to us	to you	to them

Líbí se <u>mi</u> to.
<u>Mně</u> se to líbí.

mi X mně

I like it.
(i. e. it pleases me)

mně tobě jemu	at the beginning of the sentence for emphasis **!**

Další příklady:

Vadí **ti** to? | ti X tobě | Does it matter to you?
Tobě to vadí? **Mně** ne. Does it matter to you? Not to me.

Hodí se **mu** to? | mu X jemu | Does it suit him?
Jemu se to hodí, ale jí ne. It suits him but it doesn't suit her.

k, ke = to

Přijdeš **ke mně** večer?	Will you come to my place this evening?
Přijdu **k tobě** večer.	I will come to your place this evening.
Přijdete k nám večer?	Will you come to our place this evening?
Přijdeme k vám večer.	We will come to your place this evening.
Půjdu **k němu** na návštěvu.	I will go to his place for a visit.
Půjdu **k ní** na návštěvu.	I will go to her place for a visit.
Půjdu **k nim** na návštěvu.	I will go to their place for a visit.

jemu	**X**	**k němu**
jí	**X**	**k ní**
jim	**X**	**k nim**

!

VERBS WITH THE DATIVE (SLOVESA S DATIVEM)

Impf.	Pf.	
blahopřát	**poblahopřát**	to congratulate
děkovat	**poděkovat**	to thank
líbit se	**- - - - -**	to please
odpovídat	**odpovědět**	to answer
pomáhat	**pomoct (-ci)**	to help
patřit	**- - - - -**	to belong
rozumět	**porozumět**	to understand
telefonovat	**zatelefonovat**	to phone
věřit	**uvěřit**	to believe
radit	**poradit**	to advise

Kolik je ti let?	How old are you? (i. e. How many years are to you?)
Je mi 25 let.	I am twenty-five. (i. e. There are twenty-five years to me)
Jak vám je?	How are you? (i. e. How is it to you?)

Příklady:

Já **ti** nerozumím	I do not understand you.
Tobě nerozumím, ale **jemu** ano.	I do not understand you, but I understand him.
Děkuju **vám**.	Thank you.

Zítra **mu** zatelefonuju.	I will phone him tomorrow.
Proč **mi** nevěříte?	Why do you not believe me?
Ta kniha patří **jemu**.	The book belongs to him.
Musíme **jim** poblahopřát.	We have to congratulate them.
Oni **ti** nechtějí odpovědět?	Do they not want to answer you?
Napíšu **vám** dopis.	I will write you a letter.
Vysvětluje **jim** cestu na kolej.	He explains to them the way to the student residence.
Kupuju **mu** místenku.	I am buying him a seat-reservation.

SI Koupím **si** lístek.
JÁ ↲
Obléknu **si** svetr.
Vezmu **si** dort.

Koupím **ti** lístek.
JÁ → TY

Piju kávu a **k ní si** dám dort.	I am drinking coffee and having a piece of cake with it.
Obléknu si nový svetr a **k němu si** vezmu ty hnědé kalhoty.	I will put on a new sweater and wear brown trousers with it.
Rodiče se už vrátili, půjdu **k nim** dnes večer.	My parents have already come back, I will visit them this evening.

Cv

❒ **1. Doplňte ve správném tvaru** (Fill in the blanks with the correct form):

TY Řeknu . . . . . . to zítra. Napíšu . . . . . . až za týden.
VY Děkuju . . . . . . moc. Hned . . . . . .to vysvětlím.
ON Dám . . . . . . ten slovník, nepotřebuju ho. Je . . . . . . zima?
ONA Přijdu k . . . . . . v 8 hodin. Líbí se . . . . . . ten obraz?
Mně se to nehodí, ale . . . . . . ano.
Jaký dárek . . . . . . vybereš k svátku?

❒ **2. Odpovězte:**

Kolik vám je let?
Je vám zima, nebo teplo?
Líbí se vám v Praze?
Je vám líto, že nemáte dovolenou?
Mám čas ve čtyři. Hodí se vám to?
Kdo vám to vysvětlí?
Kdy vám bude Petr telefonovat?
Objednáte mi kávu s mlékem?
Otevřete mi dveře? Mám dvě těžké tašky.

Kdy ke mně zase přijdete?
Proč mu to neřeknete česky?
Sednu si vedle Vás. Nevadí vám to?

❒ **3. Zeptejte se svého kolegy:**

if he (she) | understands when you speak Czech
can answer you in Czech
will thank them

if the professor will explain the grammar to you
if this bag belongs to him (her)
if he (she) will have a cup of coffee now
how old he (she) is
when he (she) will call you

Gr

DATIVE CASE OF NOUNS – SINGULAR (DATIV SINGULÁRU SUBSTANTIV)

(KE) KOMU? TO WHOM?
(K) ČEMU? TO WHAT

	hard consonants		soft consonants	
Ma	pán**ovi** Petru Novák**ovi** Karel – Karl**ovi**	**-ovi** **(-u)**	muž**i**, přítel**i** (-tel) Tomáš**ovi**	**-ovi**
Mi N	stol**u** měst**u**	**-u**	pokoj**i** moř**i** ! nádraží	**-i**
F	žen**ě** škol**e**	**-e/ě**	židl**i**, skřín**i**, ! místnosti ! paní	

! F

-ka	> **ce**	doktorka	– doktorce
-ha	> **ze**	Praha	– Praze
-ga	> **ze**	Olga	– Olze
-ra	> **ře**	sestra	– sestře
-cha	> **še**	sprcha	– sprše

F sg. → Dative c. = Locative c.

PREPOSITIONS WITH THE DATIVE (PREPOZICE S DATIVEM)

k, ke + Dat	to
Tramvaj jede k nádraží.	The tram goes to the railway station.
K svátku koupím růže.	I will buy roses as name day present.
proti, naproti + Dat	opposite
Pošta je naproti nádraží.	The post is opposite the railway station.
Půjdu naproti Petrovi.	I will go to meet Peter.
proti + Dat	against
Co máš proti Petrovi?	What do you have against Peter?
díky + Dat	thanks to
Umím to díky tobě.	I know it thanks to you.
kvůli + Dat	for the sake of
Kvůli tobě to udělám.	I will do it for your sake.

DECLENSION OF ADJECTIVES AND PRONOUNS: (DEKLINACE ADJEKTIV A ZÁJMEN)

Ma + Mi + N

ten, to	tomu	**-omu**
jeden jedno	jednomu	**-omu**
náš, naše	našemu, vašemu	**-emu**
můj, moje (mé)	mému	**-ému**
tvůj, tvoje (tvé)	tvému	**-ému**
svůj, svoje (své)	svému	**-ému**
nový, nové	novému	**-ému**
její	jejímu	**-ímu**
moderní	modernímu	**-ímu**

Nouns:

stolu		pokoji	příteli
městu	pánovi	moři	Petrovi
-u	**-ovi**	**-i**	**-i (-ovi)**
Mi + N	Ma	Mi + N	Ma
hard		soft	

F = Locative

ta	té	**-é**
jedna	jedné	**-é**
nová	nové	**-é**
moje (má)	mé	**-é**
tvoje (tvá)	tvé	**-é**
	své	**-é**
naše	naší	**-í**
její	její	**-í**
moderní	moderní	**-í**

Nouns:

ženě	židli
-e, -ě	**-i**
hard	soft

Cv

❐ **4. Doplňte:**

Musím zatelefonovat (svůj přítel) . . . . . – Věříš (ten starý pán) . . . . . ? – (Náš kamarád) . . . . . je dneska 30 let. – Také chci poblahopřát (tvá milá matka) . . . . . – Bydlím naproti (ten moderní hotel) . . . . . – Kvůli (naše přítelkyně) . . . . . to musíš udělat. – Nemám nic proti (ta vaše sekretářka) . . . . . – Díky (příjemná atmosféra) . . . . . se (já) . . . . . tam líbí. – (Má manželka a já) . . . . . chutná ten oběd.

❐ **5.**

a) Komu telefonuješ?	Telefonuju	Petr kolega bratr Pavel Honza	otec přítel Tomáš strýc (uncle)
b) Komu píšeš?	Píšu	rodina Jana kamarádka sestra maminka teta (aunt)	
c) Hledáte poštu?	Je naproti	obchod park kostel hotel kino metro	orloj parkoviště nádraží
d) Hledáš metro?	Je naproti	pošta škola fakulta	restaurace věž

❐ **6. Odpovězte:**

Komu se to hodí?
Komu chutná to jídlo?
Komu odpovídáte?
Komu půjdete blahopřát?

L7

Komu musíte zatelefonovat?
Komu nevěříte?
Naproti komu sedíte?
Ke komu půjdete dnes večer?
Komu pomáhá váš přítel?
Komu patří ten svetr?
Jak vám je?

Gr

PAST TENSE (PRÉTERITUM)

BÝT	(já)	M	**byl jsem**	(my)	M	**byli jsme**		
TO BE		F	**byla jsem**		F	**byly jsme**		
	(ty)	M	**byl jsi**	(vy)	M sg.	**byl jste**	M pl.	**byli jste**
		F	**byla jsi**		F sg.	**byla jste**	F pl.	**byly jste**
	(on)		**byl**	(oni)		**byli**		
	(ona)		**byla**	(ony)		**byly**		
	(ono, to)		**bylo**	(ona)		**byla**		

Příklady:

Byl jsem včera večer doma.	I was at home last (yesterday) evening.
Jana **byla** nemocná.	Jane was ill.
Jana a Petr **byli** v kině.	Jane and Peter were in the cinema.
Na stole **byly** knihy.	There were books on the table.
Byl jste tam, pane profesore?	Were you there, Professor?
Byla jsi tam, Jano?	Were you there, Jane?
Byly dvě hodiny.	It was two o'clock.
Na ulici **byla** jen dvě auta.	There were only two cars on the street.

děla- X+ **-l**	dělal	**sg.**	**Ma, Mi**	he did / has done
-la	dělala		**F**	she did / has done
-lo	dělalo		**N**	it did / has done
-li	dělali	**pl.**	**Ma**	(men) did / have done
-ly	dělaly		**Mi + F**	(women) did / have done
-la	dělala		**N**	(girls) did / have done (děvčata N pl.)

dělal, dělala, dělalo <u>jsem</u> **dělal, dělala, dělalo <u>jsi</u>** **dělal, dělala, dělalo –**	I did / have done – M – F – N you did / have done – M – F – N he, she, it did / has done – M – F – N

dělali, dělaly, dělala <u>jsme</u> **dělali, dělaly, dělala <u>jste</u>** **dělali, dělaly, dělala –**	we did / have done – Ma – Mi + F – N you did / have done – Ma – Mi + F – N they did / have done – Ma – Mi + F – N

Co jste dělal, pane Kubáte? What did you do / have you done, Mr. Kubát?
Co jste dělal<u>a</u>, paní Nová? What did you do / have you done, Mrs. Nová?

nedělal jsem	**nedělali jsme**	I did not do / have not done	we did not do / have not done
nedělal jsi	**nedělali jste**	you did not do / have not done	you did not do / have not done
nedělal	**nedělali**	he did not do / has not done	they did not do / have not done

KOUPIT **SI:**	koupila jsem si koupil **sis** (jsi + si = sis) koupil si	koupili jsme si koupili jste si koupil si
DÍVAT **SE:**	díval jsem se díval **ses** (jsi + se = ses) díval se	dívali jsme se dívali jste se dívali se

INFINITIV PRÉTERITUM

-at / **-át** > **-al**	čekat – čekal psát – psal	he (has) waited he wrote / has written
-it / **-ít** > **-il**	koupit – koupil pít – pil	he (has) bought he drank / has drunk
-et > **-el**	myslet – myslel	he (has) thought
-ovat > **-oval**	studovat – studoval	he (has) studied

! **-át** > **-ál**	stát – stál bát se – bál se smát se – smál se hrát – hrál přát – přál si	he (has) stood he (has) feared he (has) laughed he (has) played he (has) wished

Irregular forms:

L7

-ít > -el	**jít – šel, šla, šli** **mít – měl** **chtít – chtěl** **otevřít – otevřel** **umřít – umřel**	he, she, it went / has gone he (has) had he (has) wanted he (has) opened he (has) died
-st < -tl, -dl	**číst – četl** **jíst – jedl** **sníst – snědl**	he (has) read he ate / has eaten he ate / has eaten sth. up
-ct < -kl, -hl	**říct – řekl** **moct – mohl**	he (has) said he could / has been able
! -al	**vzít – vzal** **začít – začal** **přijmout – přijal**	he took / has taken he began / has begun he (has) accepted, received
-nout >-l	**obléknout – oblékl**	he (has) put on
	zapomenout – zapomněl **vzpomenout si – vzpomněl si**	he forgot / has forgotten he (has) remembered

POSITION of „jsem", „si (se)", „to" and pronouns:

	2.				1. 2. 3.	
Koupil	**jsem**	to včera.		Koupil	**jsem si to**	včera.
Včera	**jsem**	to koupil.		Včera	**jsem si to**	koupil.
To	**jsem**	koupil včera.			2.	
	2.					

Koupil jsem manželce růže.	Koupil	**jsem**	**jí**	**je.**
Koupil jsem synovi auto.	Koupil	**jsem**	**mu**	**ho.**
Koupil jsem Janě a Petrovi lampu.	Koupil	**jsem**	**jim**	**ji.**
		1.	2.	3.

Dative pronouns are placed before accusative pronouns in sentences containing both.

Příklady:

Koupil sis už místenku? — Did you already buy / have you already bought a seat-reservation?

Vypil jsem dva džusy. — I drank / have drunk up two glasses of juice.

Na ulici **stálo** černé auto. — A black car stood on the street.

Myslel jsem, že přijdeš.	I thought that you would come.
K svátku **jsem si přála** růže.	I (have) wished for roses for my name day.
Telefonoval jste mi včera?	Did you phone us yesterday?
Rodiče už **odešli** do divadla.	My parents have already gone to the theatre.
Neměl jsem čas a **neudělal jsem** to.	I did not have time and did not do it.
Co **jsi** to **řekl?**	What did you say?
Snědla jsi, Jano, celý oběd?	Have you eaten all your lunch up, Jane?
Někdo **zavřel** dveře.	Somebody (has) shut the door.
Chtěl jsem tě včera navštívit.	I wanted to visit you yesterday.
Už **jste četl** tuhle knihu, pane profesore?	Have you already read this book, Professor?
Už **začal** film?	Has the film already begun?
Proč **sis oblékl** můj svetr?	Why have you put on my sweater?
Už **sis vzpomněl** na to datum?	Have you remembered the date yet?
Ne, **zapomněl jsem** to.	No, I have forgotten it.
Bohužel **jsem nemohl** přijít.	Unfortunately, I could not come.

SUBJECT„to“: **-o** (SUBJEKT „to“)

Je mi to líto.	Byl**o** mi to líto.	I am / was sorry.
Hodí se mi to.	Hodil**o** se mi to.	It suits / suited me.
Líbí se mi to.	Líbil**o** se mi to.	I like / liked it.
Nevadí mi to.	Nevadil**o** mi to.	I do not / did not mind.
Těší mě to.	Těšil**o** mě to.	It is / was a pleasure for me.

SENTENCES WITHOUT A SUBJECT: **-o** (VĚTY BEZ SUBJEKTU)

Je mi zima.	Byl**o** mi zima.	I am / was cold.
Je mi teplo.	Byl**o** mi teplo.	I am / was warm.
Je mi špatně.	Byl**o** mi špatně.	I feel / felt bad.
Je mi dobře.	Byl**o** mi dobře.	I feel / felt well.
Je pět hodin.	Byl**o** pět hodin.	
Je mi 20 let.	Byl**o** mi 20 let.	

Kdo? M – by**l**
Co? N – byl**o**

X Byl**y** dvě hodiny.

7. Tvořte věty (Make sentences):

a)

(já)	byl	jsem	včera dlouho v práci
(ty)	byla	jsi	nemocný
vy, pane kolego	byli	jste	nervózní
Petr		jsme	na služební cestě
my všichni			dva týdny v Londýně
přátelé			jeden měsíc v Anglii
			tři dny v New Yorku

b)

Jana	(ne)šel, šla, šli	z práce
Petr	(ne)přišel, přišla, přišli	domů
Jana a Petr	(ne)odešel, odešla, odešli	do práce
rodiče		koupit kafe
		nikam
		na návštěvu
		navštívit přítele

8. Řekněte text v préteritu (Put the text into the past tense):

V 7 hodin jsem (vstát), potom jsem dlouho (snídat). (Číst) jsem noviny, (poslouchat) jsem rádio. Potom jsem (jít) do města. (Chtít) jsem koupit malý dárek pro jednoho přítele. (Vybrat) jsem si obchod Sklo – porcelán. (Prohlížet) jsem si dlouho skleničky. (Nevědět) jsem, jestli se budou příteli líbit. Mně se (líbit). Nakonec jsem je (koupit). Když jsem (odejít) z obchodu, (být) už 10 hodin. (Mít) jsem chuť na kávu, proto jsem (jít) do kavárny Slávie. (Prohlédnout) jsem si celou kavárnu, jestli tam není nějaký kamarád, ale (nebýt). (Muset) jsem pít kávu sám. Ještě jsem ji (nevypít), když (přijít) Jana. (Mít) jsem radost, dlouho jsem Janu (nevidět). (Mluvit) jsme spolu, (ptát) jsme se na kamarády. Ve 12 hodin jsme (zaplatit) a (odejít). Venku jsme si (říct): Ahoj!
(outside)

9. Najděte správnou odpověď (Choose the correct answer):

1. Jak vám je?	1. Venku je teplo.
2. Už vám je dobře?	2. Je mi 33 let.
3. Kolik vám je let?	3. Je mi špatně.
4. Kolik let je synovi?	4. Je mu 14 let.
5. Jak je venku?	5. Ne, ještě mi není dobře.
6. Bylo tam krásně?	6. Ne, bylo jen trochu zima.
7. Jak vám bylo včera večer?	7. Ano, bylo tam velmi krásně.
8. Bylo ráno hodně zima?	8. Včera večer mi už bylo dobře.

Gr

CONDITIONAL (KONDICIONÁL)

pracoval (M) pracovala (F) pracovalo (N)	+ **bych** **bys** **by**	pracovali (Ma) pracovaly (Mi + F) pracovala (N)	+ **bychom** **byste** **by**

sg. I would work
you would work
he, she, it would work

pl. we would work
you would work
they would work

! **počkal(a) byste:** Počkal byste, pane doktore?
Počkala byste, paní doktorko?

počkali byste: Počkali byste, kolegové?

KOUPIT **SI:** koupil bych si
koupil **by sis** (bys + si = sis)
koupil by si

koupili bychom si
koupili byste si
koupili by si

DÍVAT **SE:** díval bych se
díval **by ses** (bys + se = ses)
díval by se

dívali bychom se
dívali byste se
dívali by se

POSITION of „bych“: Rád **bych** ti to řekl. (2.)
Řekl **bych** ti to rád.

Rád **bych ti to** řekl. (1. 2. 3.) (I would like to tell it to you.)
Rád **bych si to** koupil. (I would like to buy it.)

Příklady:

Rád **bych** vám něco **řekl.**	I would like to tell you something.
Šel bych do města.	I would go to the town.
To **bys** neměl dělat.	You should not do it.
Dal bys mi ty noviny?	Would you give me the newspaper?
Řekl bych, že to není dobře.	I would say it is not good.
Měl byste dneska čas?	Would you have time today?
Mohl bych se vás na něco zeptat?	Could I ask you something?
Chtěli bychom dvě kávy.	We would like two coffees.
Petr **by šel** taky, ale nemá čas.	Peter would go too, but he does not have time.

❐ **10. Řekněte v kondicionálu** (Say it in the conditional):

Co byste dělal(a)?

a) koupím si to – čekám – počkám na tebe – podívám se na to – napíšu vám – zatelefonuju vám – studuju – vypiju to – budu rád – udělám to hned – dám ti to – bydlím v Praze – musím odejít

b) řeknu to – neřeknu vám to – chci to – můžu – můžu to udělat – půjdu tam – nepůjdu tam rád – odejdu ven – přijedu vlakem – odjedu zítra – mám radost – přečtu to rychle – vzpomenu si – zapomenu to rád – vezmu si to – otevřu okno – sním všechno – začnu studovat

❐ **11. Řekněte v kondicionálu:**

Vzor: Řekněte mi . . . **– Řekl byste mi . . . ?**

Řekněte mi, kolik je hodin?
Můžu se vás na něco zeptat?
Chci ti něco říct.
Chceme dva džusy.
Rád **půjdu**, ale nemám čas.
Rád vám to **vysvětlím**, ale nemám čas.
Rád ti to **dám**, ale ještě to potřebuju.
Otevřete ty dveře.

❐ **12. Zeptejte se kolegy (v kondicionálu):**

if	he (she)	would not like to tell you something
		would come to your place this evening
		would go to the cinema today
		would not have a nice book for you
		could open the window
		could call you tomorrow
	you	might shut the door because it is cold
	he (she)	would like flowers for his birthday
		would make you a cup of good black coffee
		would do it for you
		would be so kind as to give you the book
		would remember your address
		would give the letter to your secretary
		would not like to watch TV

A: Co byste si přál?
B: Chtěl bych čtyři housky.

A: Proč jste včera nebyl ve škole?
B: Promiňte, prosím, bylo mi špatně.

A: Jiří, proč jsi včera k nám nepřišel?
B: Musel jsem zůstat doma, měli jsme návštěvu.

A: Evo, podala bys mi tu knihu?
B: Ale samozřejmě. Tady ji máš.

A: Tomáši, ty proti Heleně něco máš?
B: Ne, nikdy jsem proti ní nic neměl.

A: Proč jste jim včera nepomohli?
B: Neměli jsme čas. Studovali jsme.

A: Už ti bylo 20 let?
B: Ne, až za tři měsíce.

A: Pane řediteli, omluvil byste mě, že přicházím pozdě?
Vlak měl velké zpoždění.
B: Nic se nestalo, pojďte dál.

A: Včera vám bylo špatně, že?
B: Ano, bylo mi hodně špatně.

A: Věřil jste tomu, co říkal?
B: Ne, nemluvil pravdu.

A: Hano, jak jsi strávila dovolenou?
B: Prima. Byla jsem u moře. Bylo tam teplo.

A: Davide, kde ses tak dlouho zdržel?
B: Dlouho mi nejela žádná tramvaj.

A: Rozuměl jsi mu?
B: Ne, vůbec ne.

A. Už jste si objednali jídlo?
B: Ne, čekáme na tebe.
A: A na co byste měli chuť?
B: To nám musíš poradit ty.

A: Byli jste v sobotu na chatě?
B: Ne, měli jsme doma práci.

A: Heleno, uměla bys na tuto otázku už odpovědět německy?
B: Ne, ještě bych to neuměla. Je to moc těžké.

A: Dostala jsi od manžela růže?
B: Ano, jsou od něho.

A: Kde jsi byl ve středu?
B: Na služební cestě.

L7

KDE JSI BYL TAK DLOUHO?

„Ahoj! Proč jdeš tak pozdě? Už tady čekám půl hodiny," zlobí se trochu Petr, když jsem k němu přišel. Včera jsme se telefonicky dohodli, že se sejdeme v pět hodin u orloje a strávíme spolu celý večer. Dlouho jsme se neviděli, protože Petr měsíc nebyl v Praze. „Promiň, Petře! Zdržel jsem se v práci. Měl jsem důležité jednání, nemohl jsem skončit dřív. Už jsem byl ale nervózní, že na mě nepočkáš."

„Hlavně, že jsi přišel. Kam půjdeme? Naplánoval jsi něco?" zeptal se mě Petr.

„Nenaplánoval jsem nic. Co bys chtěl dělat?"

„Je mi zima. Půjdeme nejdřív na kafe a potom uvidíme," odpověděl mi Petr.

„Zatím dvakrát espreso s mlékem," objednal jsem v kavárně. „Kde jsi byl celý ten měsíc?" zeptal jsem se.

„První dva týdny v prosinci jsem byl na služební cestě v Berlíně. Potom jsem si vzal dovolenou a odjel jsem na naši chatu. Počkal jsem tam na manželku a děti, až budou mít zimní prázdniny. Vánoce a Silvestra jsme strávili také tam. Bylo tam krásně! A co ty? Kde jsi byl na Vánoce?"

„Já jsem musel zůstat v Praze, protože onemocněla manželka. Bylo mi to líto, protože jsem se těšil na lyže."

„No vidíš, já mohl lyžovat celé dny, ale neumím to. Jen jsem četl, chodil na procházky a odpočíval. Potřeboval jsem to, čeká mě teď hodně práce."

CO JSEM DĚLAL VČERA?

Včera byl dlouhý den. Začal ráno v sedm, protože jsem v osm hodin už musel být v kanceláři. Čekal jsem jednoho obchodního partnera. Jednání trvalo celé dopoledne, až v jednu hodinu jsem se šel naobědvat.

Odpoledne jsem zatelefonoval domů manželce, protože jí ráno nebylo dobře a zůstala doma. Stále jí bylo špatně, takže jsem musel ve tři hodiny jít synovi naproti a vzít ho autem domů. Potom jsem se vrátil znovu do kanceláře a nadiktoval jsem sekretářce jeden dopis.

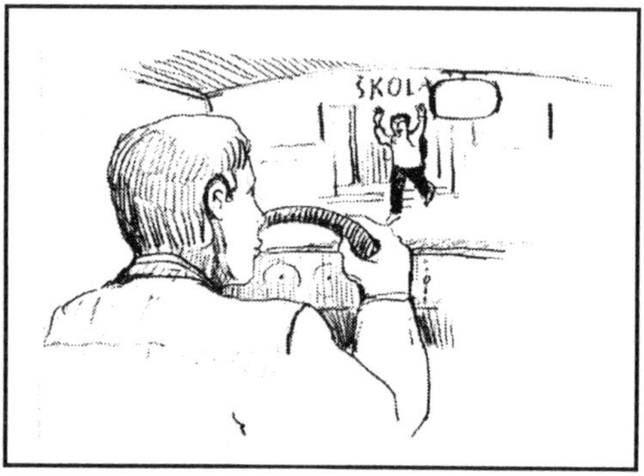

Skončili jsme v pět hodin a už jsem byl na cestě domů, když jsem si vzpomněl, že nemám pro manželku dárek. Jak jsem mohl zapomenout! Vrátil jsem se do centra a prohlížel si obchody. Nakonec jsem jí koupil růže a parfém a taky chlebíčky a víno.

L7

Domů jsem přijel pozdě. Děti právě večeřely. Manželka se trochu zlobila, ale potom jsem jí poblahopřál k svátku, dal květiny a dárek a celý večer jsme strávili v příjemné atmosféře.

Cv

❒ 13. **Dokončete větu** (Complete the sentence):

Petr se zlobil, protože . . . . .
Přišel jsem pozdě, protože . . . . .
Sešli jsme se . . . . .
Dlouho jsme se neviděli, protože . . . . .
Byl jsem nervózní, že . . . . .
Zeptal jsem se: „ . . . . .?“
Petr mi odpověděl: „ . . . . .“
Bylo mi zima, proto. . . . . .
V kavárně jsem objednal . . . . .
V prosinci jsem byl . . . . .
Na Vánoce jsem musel zůstat v Praze, protože . . . . .
Těšil jsem se . . . . .
Na chatě jsem celé dny . . . . .

❒ 14. **Řekněte ve futuru** (Say in the future tense):

Pozor!	přečíst – pf. . . . . **přečtu**
	číst – impf. . . . . . **budu číst**
(sejít se):	Tak fajn, ... zítra v 5 hodin.
(strávit):	Zítra celý večer . . . . . spolu.
(být):	Zítra . . . . . v práci, ... doma.
(zůstat):	. . . . . tady v Praze dlouho?
(moct):	Nevím, jestli zítra . . . . . přijít.
(objednat si):	„Co . . . . . ?“ ptá se mě Petr.

(odpočívat, číst si, chodit):	Na chatě . . . . . (jen). . . . . , ... a . . . . . na procházky.
(vzít si):	. . . . . dovolenou v prosinci.
(lyžovat):	Celé vánoce . . . . . , umím to dobře.
(počkat):	. . . . . na manželku a na děti na nádraží.
(potřebovat):	Nevím, jestli ještě zítra . . . . . ten slovník.

❒ 15.

Co byste rád(a) dělal(a)? Rád(a) bych (číst si). = **Rád bych si četl.**

Rád(a) bych	číst si a odpočívat hodně
	koupit si něco
	jít na procházku
	jet na služební cestu
	vzít si dovolenou
	odejít domů
	odjet na chatu
	lyžovat

❒ 16. **Vytvořte ze slov věty** (Form sentences from the words):
(Doplňte prepozice a řekněte v préteritu se subjektem „já“.)

Vzor: Být – škola. = **Byl jsem ve škole.**
Syn – být – škola. = **Syn byl ve škole.**

Ráno – odejít – práce – 7 hodin.
8 hodin – přijít – můj obchodní partner.
Naše jednání – trvat – 2 hodiny.
Naobědvat se – sám – restaurace.
Zatelefonovat – domů – manželka.
Manželka – být – špatně – proto – zůstat – doma.
Syn – skončit – škola – 3 hodiny.
Muset jít – on – naproti.
Zapomenout – že – manželka – mít – svátek.
Koupit – ona – květiny.
Mít – chuť – víno a chlebíčky.
Večeřet – spolu.
Doma – být – krásně.

❒ 17. **Odpovídejte podle vzoru:**

Vzor: Budeš psát dopis? **– Už jsem ho napsal.** (impf. → pf.)

Budete číst tu knihu?
Budete si plánovat dovolenou?

Budete blahopřát kamarádovi?
Budete telefonovat Heleně?
Budete obědvat?
Budeš si brát ještě salát?
Budete přestupovat?
Budete si kupovat nové rádio?
Přijde k vám zítra Tomáš?
Bude profesor vysvětlovat Evě a Petrovi novou gramatiku?
Budete si prohlížet Pražský hrad?
Budeš to říkat kamarádce?
Budete tomu pánovi nabízet tykání?
Budete navštěvovat svého přítele?
Budete si připíjet na zdraví?
Už bude zvonit?
Budeš otci děkovat za dárek?
Budeš pomáhat mamince?

MLUVNÍ CVIČENÍ

1. a) *Poslouchejte:* **Už přišly děti domů? Ne, ale zatelefonuju ti, až přijdou.**

   b) *Odpovídejte:*

Už přišly děti domů?	Ne, ale zatelefonuju ti, až přijdou.
Už jsi napsal ten dopis?	Ne, ale zatelefonuju ti, až ho napíšu.
Už jsi koupil ty lístky?	Ne, ale zatelefonuju ti, až je koupím.
Už máte čas?	Ne, ale zatelefonuju vám, až ho budu mít.
Už víte, kdy se vrátíte?	Ne, ale zatelefonuju vám, až to budu vědět.

2. a) *Poslouchejte:* **Už jsem vám napsal, že pojedu do Berlína?**
   Ano, řekl jste mi to.

   b) *Odpovídejte:*

Už jsem vám napsal, že pojedu do Berlína?	Ano, řekl jste mi to.
Už vám Petr napsal, že zítra bude v Praze?	Ano, řekl mi to.
Už jsem vám napsal, že mám pro vás lístky do divadla?	Ano, řekl jste mi to.

3. a) *Poslouchejte:* **Říká, že se dneska zdrží v práci.**
   To nám už přece řekl včera. (he did say)

   b) *Reagujte:*

Říká, že se dneska zdrží v práci.	To nám už přece řekl včera.
Říká, že si vezme dovolenou.	To nám už přece řekl včera.
Říkají, že na chatu pojedou už dneska.	To nám už přece řekli včera.
Říkají, že budou muset zůstat v Praze.	To nám už přece řekli včera.

4. a) *Poslouchejte:* **Jak se jmenuje tenhle kostel? Zapomněl jsem, jak se jmenuje.**

b) *Odpovídejte:*

Jak se jmenuje tenhle kostel?	Zapomněl jsem, jak se jmenuje.
Kdy přijde Petr?	Zapomněl jsem, kdy přijde.
Kolik mu je let?	Zapomněl jsem, kolik mu je let.
Kdy má Jana svátek?	Zapomněl jsem, kdy má svátek.
Kolik jí je let?	Zapomněl jsem, kolik jí je let.

5. a) *Poslouchejte:* **Nové obchodní centrum je zajímavé, že? Už jste tam byli? Ne, ještě jsme neměli na to čas.**

b) *Odpovídejte:*

Nové obchodní centrum je zajímavé, že? Už jste tam byli?	Ne, ještě jsme neměli na to čas.
Nová galérie je zajímavá, že? Už jste si ji prohlédli?	Ne, ještě jsme neměli na to čas.
Jeho nový byt je krásný, že? Už jste ho navštívili?	Ne, ještě jsme neměli na to čas.
To nové víno je velmi dobré, že? Už jste ho také vypili?	Ne, ještě jsme neměli na to čas.
Ten dort je velmi dobrý, že? Už jste ho také snědli?	Ne ještě jsme neměli na to čas.

6. a) *Poslouchejte:* **Kolik bylo hodin, když ses vrátil domů? Když jsem se vrátil domů, bylo už pět.**

b) *Odpovídejte:*

Kolik bylo hodin, když ses vrátil domů?	Když jsem se vrátil domů, bylo už pět.
Kolik bylo hodin, když jste v práci skončil?	Když jsem v práci skončil, bylo už pět.
Kolik bylo hodin, když přišel váš obchodní partner?	Když přišel, bylo už pět.
Kolik bylo hodin, když jste večeřel?	Když jsem večeřel, bylo už pět.
Kolik bylo hodin, když jsi mi telefonoval?	Když jsem ti telefonoval, bylo už pět.

7. a) *Poslouchejte:* **Ahoj! Co děláš? Obědváš? Právě jsem se naobědval a teď půjdu ven.** (outside)

b) *Odpovídejte:*

Ahoj! Co děláš? Obědváš?	Právě jsem se naobědval a teď půjdu ven.
Ahoj! Co děláš? Snídáš?	Právě jsem se nasnídal a teď půjdu ven.
Dobrý den! Co děláte? Večeříte?	Právě jsem se navečeřel a teď půjdu ven.

Dobrý den! Co děláte? Už končíte? Právě jsem skončil a teď půjdu ven.

8. a) *Poslouchejte:* **Je to daleko k nádraží? Ne, je to jen několik metrů. Můžete jít pěšky.**

b) *Odpovídejte:*

Je to daleko k nádraží? Ne, je to jen několik metrů. Můžete jít pěšky.

Je to daleko k metru? Ne, je to jen několik metrů. Můžete jít pěšky.

Je to daleko k stanici tramvaje? Ne, je to jen několik metrů. Můžete jít pěšky.

9. a) *Poslouchejte:* **Kdy už dáš Petrovi ten dárek? Dám mu ho ještě dneska.**

b) *Odpovídejte:*

Kdy už dáš Petrovi ten dárek? Dám mu ho ještě dneska.
Kdy už dáš manželovi to víno? Dám mu ho ještě dneska.
Kdy už dáš šéfovi ten dopis? Dám mu ho ještě dneska.
Kdy už dáš otci to kafe? Dám mu ho ještě dneska.

10. a) *Poslouchejte:* **Řekneš Janě, že přijdu? Ano, řeknu jí to.**

b) *Odpovídejte:*

Řekneš Janě, že přijdu? Ano, řeknu jí to.
Dáš manželce tuhle knihu? Ano, dám jí to.
Vrátíš profesorce slovník? Ano, vrátím jí to.
Napíšete paní Aleně, že může přijet za týden? Ano, napíšu jí to.

L8

balíček M	packet
banka F	bank
barva F	colour
cena F	price
citron M	lemon
cukr M	sugar
docela (hezký)	quite (nice)
drahý, -á, -é	expensive
drobné pl.	change (money)
džem M	jam
haléř M	heller
houska F	(type of) roll
hruška F	pear
chléb, chleba M	bread
jablko N	apple
kabina F	cabin
koruna F	crown
laciný, -á, -é	cheap
letní	summer (adj.)
levný, -á, -é	cheap
málo	a little
máslo N	butter
měkký, -á, -é	soft
menší	smaller
minerálka F	mineral water
mockrát	many times
moment M	moment
obchodní dům M	department store
oděvy M pl.	clothes
ovoce N	fruit
ovšem	of course
peníze M pl.	money
peněženka F	purse, wallet
pivo N	beer
pomeranč M	orange
potraviny F pl.	groceries
prázdný, -á, -é	empty
přát +Dat **(si)** impf.	to wish
přeju, přál jsem	I wish, I wished
popřát pf.	
přijď(te)!	come!
přivézt pf.	to bring
přivezu, -vezl jsem	I will bring, I brought
půl(ka)	half
rohlík M	(type of) roll
rozměnit, -ím pf. +Acc **na** +Acc	to change
sako N	jacket
salám M	salami
samoobsluha F	self-service shop-
slušet +Dat impf.	to suit
sluší mi	it suits me
směnárna F	exchange office
snídaně F	breakfast
spočítat, -ám pf.	to count
počítat, -ám impf.	
stačit impf.	to be enough
to stačí	it is enough
stát, stojí to impf.	to cost, it costs
sůl F (Gen **soli**)	salt
světlý, -á, -é	light
sýr M	cheese
šedivý, -á, -é	grey
tmavý, -á, -é	dark
tvrdý, -á, -é	hard
věc F (Gen **věci**)	thing
vejce = vajíčko N	egg
velikost F	size
větší	bigger
voda F	water
vyměnit, -ím pf. +Acc **za** + Acc	to exchange
měnit, -ím impf.	
zákazník M	customer
zákaznice F	
zkusit -ím pf.	to try
zkoušet, -ím impf.	
zpátky	back
zrcadlo N	mirror

Gr L8

PENÍZE (MONEY):

KOLIK TO STOJÍ? (HOW MUCH DOES IT COST?)

0,10 Kč	deset haléř**ů**	(jako 10 metrů)
0,20 Kč	dvacet haléř**ů**	
0,50 Kč	padesát haléř**ů**	
1 Kč	jedna korun**a**	(jako jedna hodina
2 Kč	dvě korun**y**	dvě hodiny
3 Kč	tři korun**y**	
4 Kč	čtyři korun**y**	
5 Kč	pět koru**n**	pět hodin)
10 Kč	deset korun	
100 Kč	sto korun	
101 Kč	sto jedna korun	
206 Kč	dvě stě šest korun	
1550 Kč	tisíc pět set padesát korun	
325,60 Kč	tři sta dvacet pět korun šedesát haléřů	

Příklady:

Kolik (Co) to stojí? — How much does it cost?
Stojí to 67,50 Kč. — It costs 67,50 crowns.
(šedesát sedm korun padesát haléřů)

PENÍZE (mince, bankovky): money (coins, banknotes)

drobné – rozměnit pětikorunu **na** koruny
rozměnit na drobné (small change)

desetník (0,10)
dvacetník (0,20)
padesátník (0,50)
koruna (1)
dvoukoruna (2)
pětikoruna (5)
desetikoruna (10)
dvacetikoruna (20)
padesátikoruna (50)
stokoruna, stovka (100)
dvousetkoruna, dvoustovka (200)
pětisetkoruna, pětistovka (500)
tisícikoruna (1 000)
dvoutisícikoruna (2 000)
pětitisícikoruna (5 000)

BANKA (the bank), **SMĚNÁRNA** (the exchange-office)
– **vyměnit** libry **za** koruny v bance, ve směnárně
(to exchange British pounds for Czech crowns at the bank, at the exchange office)

Cv

❒ **1.**

Kolik to stojí? 11,50 Kč – 146,30 Kč – 98,70 Kč – 44,20 Kč
1 410 Kč – 567 Kč – 139 000 Kč

Kolik stojí káva?	29,50 Kč
cigarety	38,40 Kč
pomeranče	23,00 Kč
pivo	9,60 Kč
zákusek	5,20 Kč
džus	15,00 Kč
skleničky	230,00 Kč
svetr	1 540,00 Kč

V BUFETU

A: Dobrý den!
B: Dobrý den! Co si přejete?
A: Jeden džus a dva chlebíčky.
B: Tady jsou. Přejete si ještě něco?
A: Ještě cigarety Sparta.
B: Je to všechno?
A: Ano, všechno. Kolik platím?
B: 34 korun.
A: Tady je padesátikoruna.
B. Tady máte 16 korun zpátky.
A: Děkuju, na shledanou.
B: Na shledanou.

A: Dobrý den!
B: Dobrý den! Co si přejete?

1 džus a 2 chlebíčky
1 pivo a 1 chlebíček
1 coca-cola a tenhle zákusek
2 kávy s mlékem

Tady jsou. Přejete si ještě něco?

Ještě cigarety. Děkuju, už nic. Ještě 1 černou kávu. Ještě 2 housky.	Je to všechno?
Ano, všechno. Kolik platím?	34 Kč – 13 Kč – 21 Kč – 17 Kč
Tady je padesátikoruna.	Tady máte 16 – 37 – 29 – 33 Kč zpátky.
Děkuju, na shledanou.	Na shledanou.

KOLIK PLATÍM? (prodavačka, zákazník)

Z: Kolik platím?
P: 356 korun. Nemáte, prosím, drobné?
Z: Bohužel ne, mám jen pětistovku.
P: Nevadí, nějak to udělám. Tady máte 144 korun zpátky.
Z: A prosím vás, nemůžete mi rozměnit pětikorunu? Potřebuju dvoukorunu na telefon.
P: Ale ano, tady máte dvě dvoukoruny.
Z: Mockrát děkuju. Na shledanou.
P: Na shledanou.

Gr

GENITIVE CASE – SINGULAR (GENITIV SINGULÁRU)

(u) KOHO? ČEHO?

Př.: Jdu do obchod**u**. (M) do pokoj**e**
Jdu do škol**y**. (F) do prác**e**
Jdu do kin**a**. (N) do moř**e**

	hard consonants		soft consonants	
Ma	studenta, pána	-a	muže, přítele (-tel)	-e
N	města	-a	moře, vejce	-e
Mi	stolu, cukru ! sýra, chleba, večera	-u ! -a	pokoje, čaje	-e
F	ženy, kávy	-y	židle, skříně! soli (sůl), věci (věc) noci, místnosti (-ost)	-e ! -i

! Mi (Gen **-a**): svět**a** (world), národ**a** (nation), jazyk**a** (language), les**a** (wood), kostel**a** (church), sklep**a** (cellar), oběd**a** (lunch), čtvrtk**a** (Thursday)

DECLENSION OF ADJECTIVES AND PRONOUNS:

(DEKLINACE ADJEKTIV A ZÁJMEN)

Ma + Mi + N

ten, to	toho	**-oho**
jeden, jedno	jednoho	**-oho**
náš, naše	našeho	**-eho**
váš, vaše	vašeho	**-eho**
nový, nové	nového	**-ého**
můj, moje (mé)	mého	**-ého**
tvůj, tvoje (tvé)	tvého	**-ého**
svůj, svoje (své)	svého	**-ého**
moderní	moderního	**-ího**
její	jejího	**-ího**

pána	stolu	muže
-a	**-u (-a)**	**-e**
Ma + N	Mi	Ma + Mi + N
hard		soft

F

	= Dat + Loc	
ta	té	**-é**
jedna	jedné	**-é**
nová	nové	**-é**
má, moje	mé	**-é**
tvá, tvoje	tvé	**-é**
	své	**-é**
naše	naší	**-í**
vaše	vaší	**-í**
její	její	**-í**
moderní	moderní	**-í**

ženy	židle	
-y	**-e (ě), -i**	(= Nom + Acc pl.)
hard	soft	

KOLIK + Gen (ČEHO?) Kolik mléka?

L8

1 kilo (jeden kilogram) – 2 kila (N) 1 deko (jeden dekagram) – 10 deka (N) 1 litr – 2 litry – 5 litrů (M) 1 metr – 2 metry – 10 metrů (M)	**+ Gen**	1 litr mléka
mnoho, hodně, moc (much, many), dost (enough) málo, trochu	**+ Gen**	málo mléka
kousek, kus (piece) půl, půlka (half) čtvrt, čtvrtka (quarter) část (portion) balíček (packet) sáček (bag)	**+ Gen**	1 sáček mléka

Příklady:

kilo cukru	one kilogramme of sugar	
10 deka kávy	one hundred grammes of coffee	10 dkg = 100 g
metr papíru	one metre of paper	
litr mléka	one litre of milk	
mnoho vody	a lot of water	
trochu čaje	a little tea	
dost času	enough time	
kousek sýra	one piece of cheese	
půlka chleba	half a loaf of bread	
čtvrtka másla	a quarter of butter	
část housky	one (piece of) roll	
čtvrt kila salámu	quarter kilogramme of salami	

Cv

❒ **2.**

Dejte mi, prosím ......
(Please give me ......)

10 deka	–	káva
1 kilo	–	cukr
1 balíček	–	čaj
půlku	–	chleba a máslo
trochu	–	sýr
málo	–	voda
dost	–	víno
2 litry	–	mléko
20 deka	–	salám
půl litr**u**	–	pivo
čtvrt litr**u**	–	minerálka
půl kil**a**	–	káva
2 kil**a**	–	sůl

❐ 3.

Kolik chceš	salámu? sýra cukru mléka	Chci **ho**	20 deka půl kila dvě kila půl litru
Kolik chceš	kávy? vody minerálky	Chci **jí**	10 deka dvě skleničky jednu láhev jen trochu

❐ 4.

Chtěl(a) bych . . . . 1 balíček – čínský čaj
2 láhve – bílé víno
1 láhev – světlé pivo
půlku – černý chléb
10 dkg – ementálský sýr
sklenici – studená voda
2 sklenice – vinný střik (spritzer)
skleničku – studený džus
šálek – vídeňská káva (šálek M – a mug, Vídeň F – Vienna)
půl kila – šunkový salám (šunka F – ham)
láhev – francouzský sekt

Gr

PREPOSITIONS WITH THE GENITIVE (PREPOZICE S GENITIVEM)

kde?	**u - vedle – blízko**	u (vedle, blízko) divadla
kam?	**do**	do obchodu
odkud?	**z**, **od** + Gen	z obchodu, **od kamaráda** (from a friend)
kudy?	**kolem**, **okolo** + Gen	kolem divadla, **okolo domu**

bez + Gen — without

Jdou bez Tomáše a Heleny. — They go without Tom and Helen.

kromě + Gen — except, besides

Jdou všichni kromě Tomáše. — All except Tom are going.
Kromě Heleny jde ještě Tomáš. — Besides Helen, Tom will also go.

podle + Gen	depending on, according to
Oblékáme se podle počasí.	We dress according to the weather.
Udělám to podle jeho přání.	I will do it according to his wish.

pomocí + Gen	with the help of
To cvičení napsal s pomocí slovníku.	He wrote the exercise with the help of his dictionary.

VERBS WITH THE GENITIVE (SLOVESA S GENITIVEM)

impf.	pf.		
bát se	**- - - -**	+ G	to be afraid
dosahovat	**dosáhnout**		to reach, achieve
ptát se	**zeptat se**		to ask
všímat si	**všimnout si**		to notice
účastnit se	**zúčastnit se**		to take part

Bojím se **toho člověka.**	I am afraid of the man.
Dosahuje **dobrého výsledku** ve sportu.	He achieves a good result in the sports.
Zeptám se **naší profesorky**.	I will ask our professor.
Všímám si **té památky.**	I notice the monument.
Zúčastníš se **té konference?**	Will you take part in the conference?

! pokoj **mého kamaráda (Gen)**	→	the room of my friend
sešit **naší přítelkyně (Gen)**	→	the exercise-book of my girlfriend
fotografie **velkého města (Gen)**	→	the photo of the big city

Cv

❒ 5.

Čí je to kniha?
taška?

To je kniha / taška | mého kamaráda, tvého bratra, našeho profesora, toho starého pána, tamtoho cizince, vašeho přítele

Čí to je slovník?
svetr?

To je slovník / svetr | mé kamarádky, tvé sestry, naší profesorky, té staré ženy, tamté cizinky, naší doktorky

❒ 6.

Od koho máš / máte | ten obrázek? / tu knihu?

Mám ho od / ji | manžel, manželka, syn, dcera, mladší sestra, starší bratr, můj přítel, moje kamarádka

Od koho máš	ten obrázek?	Mám ho od	manžel
máte	tu knihu?	ji	manželka
			syn
			dcera
			mladší sestra
			starší bratr
			můj přítel
			moje kamarádka

❒ 7.

Kde je pošta?	Je vedle	ten velký dům
		ten moderní obchod
		hlavní nádraží
		ta restaurace
Kam jdeš?	Jdu do	Národní divadlo
		nové kino
		obchodní dům
		tvůj pokoj

❒ **8. Doplňte prepozice: do, z, od, bez, vedle, kolem**

1. Mám tu fotografii . . . . . Heleny. 2. Teď jdu . . . . . banky, za chvíli jsem zpátky. 3. Pavel sedí vzadu . . . . . té mladé ženy. 4. Zítra pojedeme na výlet . . . . . Petra, protože je nemocný. 5. Tramvaj jede . . . . . našeho domu. 6. V kolik hodin ses vrátil . . . . . kina? 7. . . . . koho jsi dostala ty květiny? . . . . . manžela? 8. Piješ kafe . . . . . cukru? 9. Ty nepiješ kávu s mlékem? Tak ti ji dám . . . . . mléka. 10. Kam mám dát tu tašku? . . . . . skříně? 11. Nemůžeš najít láhev vína? Stojí tamhle . . . . . lampy.

V OBCHODĚ POTRAVINY (zákaznice, prodavačka)

Z: Dobrý den!
P: Dobrý den! Co si přejete?
Z: Moment, napsala jsem si to na lístek. Tady ho mám. Tak tedy: dva balíčky kávy, 10 deka tohoto salámu, 20 deka tvrdého sýra a čtyři housky.

P: Chleba nechcete? Je měkký, právě ho přivezli.
Z: Můžete mi ho dát půlku. Berete prázdné láhve?
P: Ano, můžete mi je dát sem. To je všechno?
Z: Ještě bych chtěla nějaké ovoce.
P: Máme jablka, hrušky, pomeranče, citróny. Co si vyberete?
Z: Jablka.
P: Stačí kilo?
Z: Ano. To je všechno. Kolik platím?
P: Moment, hned to spočítám. Je to 94 korun 50 haléřů.
Z: Nemůžu najít peněženku. Kam jsem si ji mohla dát? Aha, je tady v tašce. Tady je stovka.
P: A tady máte 5,50 zpátky. Na shledanou. Přijďte zase.
Z: Na shledanou.

Cv

❐ **9.**

pomeranč (M)

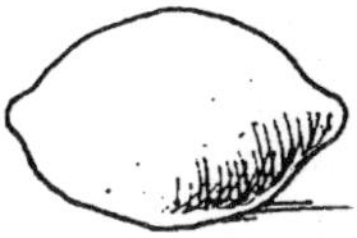

citron (M)

jablko (N)

hruška (F)

Mám rád . . . .
Nechtěl bys . . . . ? Jdu koupit nějaké ovoce.
Chceš . . . . ? Dám ti 1 (jedno, jednu, jeden).

rohlík (M)

houska (F)

Ráno snídám. . . . . s máslem a sýrem.
Jdeš do města? Koupíš mi 2 (dva, dvě) . . . . ?
Chtěl bych 10 deka salámu a 1 (jeden, jednu) . . . .
Máš raději . . . ., nebo . . . . ?

chléb
chleba (M)

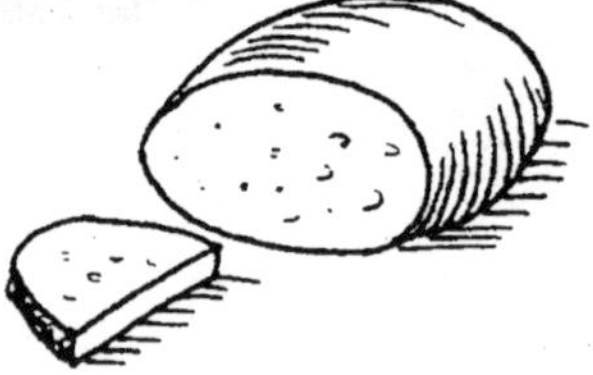

sýr (M)

máslo (N)

džem (M), marmeláda (F)

K snídani mám ráda . . . . a . . . .
Pojď si vybrat snídani! Je tady . . . . a . . . . a housky.
Chceš chleba s . . . . , nebo s . . . . ?
Máme ještě doma . . . . ? Ne? Tak ho koupím.

vejce
vajíčko (N)

jitrnice (F)

salám (M)

Zelenina a luštěniny – Vegetables and pulses

brambory F pl.	potatoes
celer M	celeriac
cibule F	onion
česnek M	garlic
čočka F	lentils
fazole F	beans
hrášek M	peas
kapusta F	cabbage
kedluben M	kohlrabi
křen M	horseradish
květák M	cauliflower
mrkev F	carrot
okurka F	cucumber
paprika F	pepper
pažitka F	chive
petržel F	parsley
pórek M	leek
rajčata N pl. (sg. **rajče**)	tomatoes
ředkvička F	radish
salát M	lettuce
špenát M	spinach
zelí N	cabbage

Ovoce – Fruit

angrešt M	gooseberry
borůvka F	bilberry
broskev F	peach
hroznové víno N	grapes
jahoda F	strawberry
malina F	raspberry
meruňka F	apricot
ořech M	nut
ostružina F	blackberry
rybíz M	currant
švestka F	plum
třešeň F, pl. **třešně**	cherries
višeň F, pl. **višně**	morello cherries

L8

Mléčné výrobky – Milk products

smetana F	cream	**jogurt** M	yogurt
šlehačka F	whipped cream	**máslo** N	butter
tvaroh M	curd cheese	**sýr tavený** M	spreading cheese
		tvrdý	hard cheese
mouka F	flour	**hořčice** F	mustard
strouhanka F	bread crumbs	**pepř** M	pepper
těstoviny F pl.	pasta	**kmín** M	caraway
ovesné vločky F pl.	oat flakes	**kari** N	curry
rýže F	rice		

V OBCHODĚ ODĚVY (zákazník, prodavačka)

Z: Dobrý den!
P: Dobrý den! Co si prosím přejete?
Z: Chtěl bych letní sako, číslo 50. Můžete mi nějaké ukázat?
P: Prosím, tady si můžete vybrat. Které se vám líbí?
Z: Docela se mi líbí tohle šedivé sako. Je to moje velikost?
P: Moment, podívám se. Ano, je to číslo 50.
Z: Můžu si ho zkusit?
P: Ovšem. Tam vzadu je kabina a tady velké zrcadlo.
Z: Zkusím si ho tady. Sluší mi?
P: Myslím, že potřebujete větší.
Z: Ano, tohle větší je mi dobře. Kolik stojí?
P: 1 540 korun.
Z: Vezmu si ho.
P: Platit budete tamhle u pokladny. Na shledanou a přijďte zase.
Z: Na shledanou.

Jak se ptáme na cenu?	Kolik (Co) to stojí?	How much does it cost?
	Kolik (Co) stojí kilo?	How much does one kilogramme cost?
	metr?	one metre?
Co řekne prodavačka?	Co si přejete?	What will you have, madam?
	Co vám můžu nabídnout?	What can I do for you?

Co řekneme prodavačce?

Můžete mi ukázat ten hnědý svetr?	Can you show me the brown sweater?
Můžu se podívat na ten svetr?	May I take a look at the sweater?

Chtěl bych si prohlédnout tamten svetr.	I would like to take a look at this sweater.
Můžu si ten svetr zkusit?	May I try the sweater on?
Kde si ho můžu zkusit?	Where may I try it on?
Tady u pultu, nebo v kabině?	Here at the counter or in the fitting room?
Vybereme si?	Shall we choose?
Je mi to velké. Nemáte menší číslo?	It is too big for me. Do you have a smaller size?
Je mi to malé. Nemáte větší velikost?	It is too small for me. Do you have a larger size?
Ta barva se mi nehodí. Není moderní.	The colour does not suit me. It is out of fashion.
Nemáte jinou barvu?	Don't you have it in another colour?
Nemáte ten svetr v jiné barvě?	Don't you have the sweater in another colour?
Sluší mi to?	Does it suit me?
Ta barva mi nesluší.	The colour doesn't suit me.
Je mi dobře. Vezmu si ho.	It suits me. I will take it.
Padne mi dobře, ale je moc drahá.	It suits me but it is very expensive.

Cv

❐ **10. Vyberte si** (Choose):

kalhoty (F pl.)

Jsou mi malé.
Jsou mi dobře.
Jejich barva se mi nelíbí.

Je mi moc velká. Menší nemáte?
Chtěla bych jinou barvu.
Nesluší mi, nevezmu si ji.

sukně (F)

boty (F pl.)

košile (F)

Není moderní, děkuju, nevezmu si ji.
Vezmu si ji, hodí se mi k sukni.
Je mi dobře, ale je moc drahá.

(M) **oblek: sako** (N)
kalhoty

Je moc drahý. Nemáte lacinější?
Není mi dobře. Můžu si zkusit ten modrý?
Sako mi je dobře, ale kalhoty mi jsou velké.

Řekněte prodavačce:

- chcete ten modrý svetr
- chcete si ten svetr zkusit v kabině
- to není vaše velikost
- nic se vám nelíbí
- nevíte, jestli si vezmete ten modrý, nebo hnědý svetr
- ten svetr vám nesluší, chcete jinou barvu
- to tričko je vám malé, chcete větší

tričko (N)

OBCHODNÍ DŮM		Department store
suterén:	**potraviny – samoobsluha**	basement: foods – supermarket
přízemí:	**drogerie**	ground floor: drugstore
	papírnictví	stationer's
	hračky	toys
	galanterie	haberdashery
	bižuterie	jewellery

1. patro: **(první)**	**dámské prádlo** **dámská konfekce** **dámská obuv** **látky** **pletené zboží**	first floor:	ladies' underwear ladies' ready-made clothes ladies' shoes clothes knitwear
2. patro: **(druhé)**	**pánské a dětské prádlo** **pánské a dětské oděvy** **pánská a dětská obuv** **kožené zboží**	second floor:	gentlemen's and children's underwear gentlemen's and children's clothes gentlemen's and children's footwear leather goods
3. patro: **(třetí)**	**elektrické spotřebiče** **domácí potřeby** **sklo a porcelán** **sportovní potřeby**	third floor:	electrical appliances household utensils glassware and china sporting goods
4. patro: **(čtvrté)**	**ložní prádlo** **koberce** **nábytek**	fourth floor:	bed linen carpets furniture
5. patro: **(páté)**	**restaurace** **kavárna**	fifth floor:	restaurant café

the floor – (to) poschodí
(to) patro

❒ **11.**

NĚCO **NIC**	+ **HEZKÉHO**	**(Gen)**	**něco hezkého** **něco laciného** **nic drahého** **nic zdravého**	something nice something cheap nothing expensive nothing healthy

Ve městě si chceme prohlédnout něco Tady není nic Mám chuť na něco	zajímavý nový hezký dobrý

Gr L8

COMPARISON (KOMPARACE, STUPŇOVÁNÍ)

adjectives:

malý	**–**	**menší –**	**nejmenší**	
velký	**–**	**větší –**	**největší**	

než kdo, co **z(e) + G**

small – smaller – smallest
big – bigger – biggest

adverbs:

málo	**–**	**méně –**	**nejméně**	
hodně	**–**	**více –**	**nejvíce**	

než kdo, co **z(e) + G**

few – fewer – fewest
little – less – least
many, much – more – most

Příklady:

Petr je **větší <u>než já</u>.**

Petr je **největší <u>z rodiny</u>.**

Peter is taller than me.
Peter is the tallest in the family.

Petr jí **více <u>než já</u>.**

Petr jí **nejvíce <u>z rodiny</u>.**

Peter eats more than I.
Peter eats the most in our family.

TOMÁŠ PETR

Tomáš je větší než Petr.
Petr je menší než Tomáš.

dobrý	**–**	**lepší**	**–**	**nejlepší**
špatný	**–**	**horší**	**–**	**nejhorší**

dobře	**–**	**lépe**	**–**	**nejlépe**
špatně	**–**	**hůř(e)**	**–**	**nejhůř(e)**

good – better – best
bad – worse – worst

well – better – best
badly – worse – worst

ADJECTIVE
+
Noun

↓

Tomáš je **lepší** *student* než já.
Tom is a better student than I am.

Jaký student?

ADVERB
+
Verb

↓

Učí se **lépe** než já.
He learns better than I do.

Jak se učí?

COMPARISON OF ADJECTIVES (KOMPARACE ADJEKTIV)

-ejší **-ější**	levný – levn**ější** – **nej**levn**ější**	cheap – cheaper –
	laciný – lacin**ější** – **nej**lacin**ější**	(the) cheapest
	nový – nov**ější** – **nej**nov**ější**	new
	krásný – krásn**ější** – **nej**krásn**ější**	beautiful
	zdravý – zdrav**ější** – **nej**zdrav**ější**	healthy
	zajímavý – zajímav**ější** – **nej**zajímav**ější**	interesting
	moderní – modern**ější** – **nej**modern**ější**	modern
-ší	mladý – mlad**ší** – **nej**mlad**ší**	young
	starý – star**ší** – **nej**star**ší**	old
	dra**hý** – dra**žší** – **nej**dra**žší** (h > ž)	expensive
-čí	hez**ký** – hez**čí** – **nej**hez**čí**	nice, pretty
ký > čí	měk**ký** – měk**čí** – **nej**měk**čí**	soft

Příklady:

Tenhle modrý svetr je **hezčí než** ten hnědý, ale také **dražší.**	This blue sweater is nicer than the brown one but also more expensive.
To je moc drahé. Nemáte něco **lacinějšího?**	This is very expensive. Don't you have anything cheaper?
Mám **staršího** bratra a **mladší** sestru	I have an older brother and a younger sister.
Vezmu si tenhle chleba, **je nejměkčí.**	I will take this bread, it is the softest.

COMPARISON OF ADVERBS (KOMPARACE ADVERBIÍ)

L8

-eji	rychle – rychl**eji** – **nej**rychl**eji**	quickly – more quickly – most quickly
	pomal**u** – pomal**eji** – **nej**pomal**eji**	slowly
	tepl**o** – tepl**eji** – **nej**tepl**eji**	hot
	zima – **chladněji** – **nejchladněji**	cold

Příklady:

Zůstanu **raději** doma, není mi dobře.	I would rather stay at home, I do not feel well.
Rozumí česky **více než** já.	He can understand Czech more than I can.
Nejméně rozumím já.	I can understand least.
Umí to udělat **lépe než** Petr.	He knows how to do it better than Peter.
Je tady **tepleji než** u nás doma.	It is warmer here than in our house.

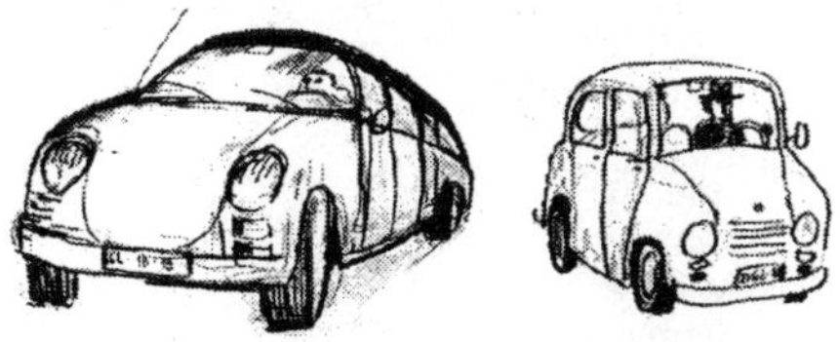

Velké auto jede **rychleji než** malé auto.
Malé auto jede **pomaleji než** velké auto.

Comparative and superlative of adjectives

sladký	sladší	nejsladší	sweet – sweeter – sweetest
prudký	prudší	nejprudší	vehement, intense, violent, forceful, severe
úzký	užší	nejužší	narrow
blízký	bližší	nejbližší	near
krátký	kratší	nejkratší	short
nízký	nižší	nejnižší	low
těžký	těžší	nejtěžší	heavy, difficult
hluboký	hlubší	nejhlubší	deep
široký	širší	nejširší	wide
vysoký	vyšší	nejvyšší	high
hladký	hladší	nejhladší	smooth
horký	horčejší	nejhorčejší	hot
hezký	hezčí	nejhezčí	nice, pretty
lehký	lehčí	nejlehčí	light, easy
vlhký	vlhčí	nejvlhčí	damp
suchý	sušší	nejsušší	dry
tichý	tišší	nejtišší	silent
jednoduchý	jednodušší	nejjednodušší	simple
dlouhý	delší	nejdelší	long
tuhý	tužší	nejtužší	tough
čistý	čistší	nejčistší	clean

hustý	hustší	nejhustší	thick
	hustější	nejhustější	
tlustý	tlustší	nejtlustší	fat
složitý	složitější	nejsložitější	complicated
jistý	jistější	nejjistější	sure
bílý	bělejší	nejbělejší	white
snadný	snazší	nejsnazší	easy
	snadnější	nejsnadnější	
tmavý	tmavší	nejtmavší	dark
	tmavější	nejtmavější	
moudrý	moudřejší	nejmoudřejší	wise
chytrý	chytřejší	nejchytřejší	clever

Comparative and superlative of adverbs

krátce	kratčeji	nejkratčeji	shortly
měkce	měkčeji	nejměkčeji	softly
prudce	prudčeji	nejprudčeji	severely
draho, draze	dráže	nejdráže	expensively
dlouho, dlouze	déle	nejdéle	long
ticho, tiše	tišeji	nejtišeji	silently
jednoduše	jednodušeji	nejjednodušeji	simply
široko, široce	šířeji, šíře	nejšířeji	widely
vysoko, vysoce	výše	nejvýše	highly
snadno, snáze	snadněji	nejsnadněji	easily
blízko	blíže	nejblíže	near
úzko, úzce	úžeji	nejúžeji	narrowly
zřídka, řídce	řidčeji	nejřidčeji	rarely
hluboko, hluboce	hlouběji	nejhlouběji	deeply
nízko, nízce	níže	nejníže	low
brzo, brzy	dříve	nejdříve	early
teplo, teple	tepleji	nejtepleji	warm
chladno, chladně	chladněji	nejchladněji	cold
čisto, čistě	čistěji	nejčistěji	cleanly
veselo, vesele	veseleji	nejveseleji	happily
daleko, dalece	dále	nejdále	far
rád	raději	nejraději	gladly

Zpívá si **vesele.**	She sings merrily.
Je mu **veselo.**	He feels merry.
Je mu **teplo.**	He feels warm.
Obléká se **teple.**	He dresses warmly.
Je **jasno.**	It (the sky) is bright.
Je to **jasně** červená barva.	It is a bright red colour.
Je tu **chladno.**	It is cold here.
Dívá se **chladně.**	She looks coldly.
Mluví **dlouho.**	He speaks for a long time.
Mluví **dlouze.**	He is long-winded.

❒ **12.**

a)

Hledám nějaký	lacinější	kabát.
-ou		restauraci
-é		kalhoty
		boty

Tohle je ale	drahý	kabát.
jsou	-á	restaurace
	-é	kalhoty
		boty

b)

Víc se mi líbí	tyhle černé kalhoty	než	tamty modré.
	tyhle hnědé boty		tamty bílé
	tohle šedivé sako		tamto zelené
	tahle žlutá košile		tamta červená

Vezmu si	je.
	ho
	ji

c)

Tahle žena je	krásná	než tamta.
	hezká	
	mladá	
	moderní	
	stará	
	zajímavá	

Př.: **krásnější**

❒ **13.**

Řekněte opak (Say the opposite):

Nejlépe mi jsou tyhle kalhoty.
Nejvíc mi sluší tohle sako.
Skončilo to, jak mohlo **nejhůř.**
Nejméně se mi líbí tenhle obraz.
Nejvíc česky umí můj kolega Tom.
Kolik máš sýra? Mám ho **nejméně** půl kila.

❒ 14. **Doplňte správně** (correctly) **adjektiva a adverbia:**

dobrý – dobře: Ringo je . . . . . student ve třídě. Studuje . . . . . ze všech.
pomalý – pomalu: Moje auto je . . . . . než tvoje. Jezdí . . . . . než tvoje.
špatný – špatně: Kevin píše . . . . diktáty ze třídy. Vždycky píše . . . . . ze všech.
zajímavý – zajímavě: Nevíš něco . . . . . ? To Tomáš vypravuje . . . . . než ty.
krásný – krásně: Jitka si koupila . . . . . šaty, které měli v obchodě. Obléká se vždycky . . . . . ze všech.
zdravý – zdravě: Černý chléb je . . . . . než bílý. Všichni bychom měli žít . . . . .
laciný – lacině: Prosím vás, nemáte něco . . . . . ? Všude (everywhere) je teď moc draho, musíme nakupovat . . . . .

❒ 15. **Říkejte podle vzoru:**

Vzor: Píšeš moc **pomalu**. Musíš psát **rychleji.**

Studuješ **špatně**. Musíš studovat . . . . .
Máš **málo** peněz. Musíš si jich přinést . . . . .
Jdete moc **rychle**. Musíte jít . . . . .
Je **zima**. Neoblékáš se moc teple. Musíš se oblékat . . . . .
V diktátě máš **hodně** chyb. Musíš jich dělat . . . . .
Ty jsi to koupil moc **draho**. Já to chci koupit . . . . .
Už včera jsi to udělal **špatně**, ale dneska ještě . . . . .

❒ 16. **Doplňujte:**

málo – Já mám . . . . . peněz než ty, ale . . . . . jich má Petr.
hezký – Koupil jsem si . . . . . kabát než Richard, ale . . . . . si koupil Tomáš.
rychle – Mirek chodí . . . . . než já, ale . . . . . z nás všech chodí Zdeněk.
zajímavý – Kniha je . . . . . než noviny, ale . . . . . pro mě je televize.
starý – Já mám . . . . . otce než ty, ale . . . . . má Pavel.
teplo – V ložnici je . . . . . než v kuchyni, ale . . . . . je v pokoji.
dobře – Můj přítel odpovídá . . . . . než já, ale . . . . . odpovídá Jirka.
brzy – Tomáš přišel dnes . . . . . než Pavel, ale . . . . . přišla Eva.

❒ 17. **Odpovídejte podle vzoru:**

Vzor: To je zajímavá kniha, že? – To je moje **nejzajímavější kniha.**

To je tvá dobrá kamarádka, že?
To je hezká studentka, že?

To je drahé rádio, že ano?
To je rychlý sportovec, že?
To je levný koberec, že?
To je krásná žena, že ano?
To jsou tvoje staré boty, že?
To je moderní restaurace, že?

❒ **18. Doplňte opozitum** (Fill in the opposite):

Nechci ty dražší boty, ale ty . . . . .
Ta místnost není nejteplejší, ale . . . . .
Tomáš nepřišel nejdříve, ale . . . . .
Ty jsi to neudělal lépe, ale . . . . .
Nelíbí se mi horší kvalita, ale . . . . .
Nesmíš jet rychleji, ale . . . . .
Tenhle dům není nejmodernější, ale . . . . .
Dneska jsem neudělal víc práce, ale . . . . .
Ten film není ošklivější, ale . . . . .
Tam nevidíme nejstaršího studenta, ale . . . . .
Tu knihu nedáme nejhoršímu studentovi, ale . . . . .

❒ **19. Odpovídejte podle vzoru:**

Vzor: Nechtěl byste něco **zajímavějšího? – Ne, děkuju, nechci (nepotřebuju) nic zajímavějšího. To mi stačí.**

Nechtěl byste něco (sladký) . . . . . ?
(krátký) . . . . . ?
(těžký) . . . . . ?
(lehký) . . . . . ?
(dlouhý) . . . . . ?
(snadný) . . . . . ?
(chytrý) . . . . . ?

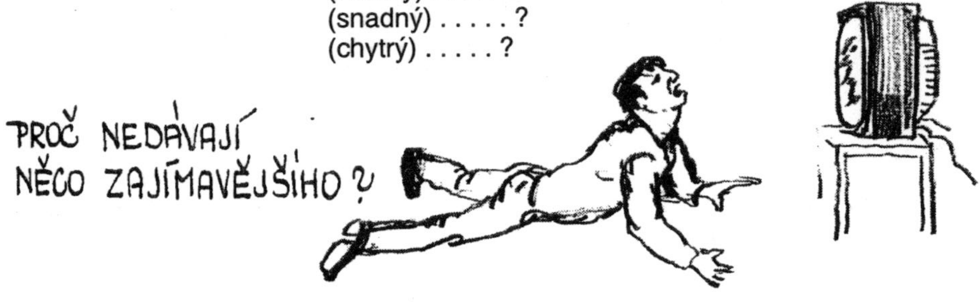

Všechno nejlepší k narozeninám!
Happy Birthday!
(All the Best on Your Birthday)

❐ **20.**

Zákazník: Tento oblek mi je **malý.** Nemáte nějaký **větší**?

Prodavač: Bohužel, **větší** už nemáme, to je náš **největší**.

These apples have already gone bad.
This skirt is too big for me.
These trousers are too expensive.
This book is not interesting.
These shoes are not in fashion.

❐ **21.**

Řekněte česky a reagujte:

That is too expensive.
That is not nice.
That is not new.
That is not interesting.
That is too cheap for me.

Nemáte něco **lacinějšího?**

❐ **22. Doplňte:**

To není dobře. Musíš to udělat . . . . .
Píšeš špatně. Musíš psát . . . . .

To je málo salátu. Můžeš mi ho dát . . . . .
Mám moc práce. Potřeboval bych jí mít . . . . .
Jdeš moc rychle. Jdi . . . . .
Venku je už moc zima. Musíš se obléknout . . . . .
Jdeme pomalu. Musíme jít . . . . .

MLUVNÍ CVIČENÍ

1. a) *Poslouchejte:* **Chcete půlku chleba, nebo celý? Chci půlku chleba.**

   b) *Odpovídejte:*

Chcete půlku chleba, nebo celý?	Chci půlku chleba.
Chcete 10, nebo 20 deka sýra?	Chci 10 deka sýra.
Chcete jeden, nebo dva litry vína?	Chci jeden litr vína.
Chcete jednu, nebo dvě láhve mléka?	Chci jednu láhev mléka.
Chcete jeden, nebo dva balíčky kávy?	Chci jeden balíček kávy.
Chceš hodně, nebo málo másla?	Chci hodně másla.
Chceš jen půlku housky, nebo celou?	Chci jen půlku housky.

2. a) *Poslouchejte:* **Chcete 10 deka měkkého, nebo tvrdého sýra?**
   Chci 10 deka tvrdého sýra.

   b) *Odpovídejte:*

Chcete 10 deka měkkého, nebo tvrdého sýra?	Chci 10 deka tvrdého sýra.
Chcete láhev červeného, nebo bílého vína?	Chci láhev bílého vína.
Chcete láhev světlého, nebo černého piva?	Chci láhev černého piva.
Chcete dvě láhve červené, nebo žluté limonády?	Chci dvě láhve žluté limonády.
Chcete balíček indického, nebo čínského čaje?	Chci balíček čínského čaje.

3. a) *Poslouchejte:* **Kde sedí tvoje kamarádka? Tam vedle toho starého pána?**
   Ne, vedle toho starého pána sedí moje sestra.

   b) *Odpovídejte:*

Kde sedí tvoje kamarádka? Vedle toho starého pána?	Ne, vedle toho starého pána sedí moje sestra.
Kde sedí tvoje kamarádka? Vedle tamté staré paní?	Ne, vedle tamté staré paní sedí moje sestra.
Kde sedí tvoje kamarádka? Tam vzadu vedle tvého německého přítele?	Ne, vedle mého německého přítele sedí moje sestra.
Kde sedí tvoje kamarádka? Tam vlevo vedle toho Němce?	Ne, vedle toho Němce sedí moje sestra.

4. a) *Poslouchejte:* **To sako stojí 1 740 korun.**
   To je moc drahé. Nemáte nějaké levnější?

b) *Reagujte:*

To sako stojí 1 740 korun.	To je moc drahé. Nemáte nějaké levnější?
Ty kalhoty stojí 920 korun.	To je moc drahé. Nemáte nějaké levnější?
Ten svetr stojí 870 korun.	To je moc drahé. Nemáte nějaký levnější?
Ten oblek stojí 4 500 korun.	To je moc drahé. Nemáte nějaký levnější?

5. a) *Poslouchejte:* **Sluší mi to sako? Ano, moc ti sluší.**

b) *Odpovídejte:*

Sluší mi to sako?	Ano, moc ti sluší.
Sluší mi ten oblek?	Ano, moc ti sluší.
Sluší mi ty kalhoty?	Ano, moc ti sluší.

6. a) *Poslouchejte:* **Proč sis tu sukni nekoupila? Protože mi neslušela.**

b) *Odpovídejte:*

Proč sis tu sukni nekoupila?	Protože mi neslušela.
Proč sis to sako nekoupila?	Protože mi neslušelo.
Proč sis ten svetr nekoupil?	Protože mi neslušel.
Proč sis ty kalhoty nekoupil?	Protože mi neslušely.

7. a) *Poslouchejte:* **Nemůžete mi rozměnit pětikorunu na koruny? Bohužel, nemám žádné drobné.**

b) *Odpovídejte:*

Nemůžete mi rozměnit pětikorunu na koruny?	Bohužel, nemám žádné drobné.
Na pětistovku nemám zpátky. Nemáte drobné?	Bohužel, nemám žádné drobné.
Nemáte menší peníze? Na stovku nemám zpátky.	Bohužel, nemám žádné drobné.

8. a) *Poslouchejte:* **K čemu potřebuješ tu dvoukorunu? Na telefon? Ano, dvoukorunu potřebuju na telefon.**

b) *Odpovídejte.*

K čemu potřebuješ tu dvoukorunu? Na telefon?	Ano, dvoukorunu potřebuju na telefon.
K čemu potřebuješ tu stovku? Na telefon?	Ano, stovku potřebuju na telefon.
K čemu potřebuješ tu dvacetikorunu? Na telefon do Brna?	Ano, dvacetikorunu potřebuju na telefon.

9. a) *Poslouchejte:* **Na co ses ptal prodavačky? Ptal jsem se, jestli mi rozmění pětikorunu.**

b) *Odpovídejte:*

Na co ses ptal prodavačky? Ptal jsem se, jestli mi rozmění pětikorunu.
Na co ses ptal na poště? Ptal jsem se, jestli mi rozmění pětikorunu.
Na co ses ptal té paní? Ptal jsem se, jestli mi rozmění pětikorunu.

10. a) *Poslouchejte:* **Proč hledáš banku? Už nemám koruny, musím si vyměnit marky.**

b) *Odpovídejte:*

Proč hledáš banku? Už nemám koruny, musím si vyměnit libry.
Proč hledáš směnárnu? Už nemám koruny, musím si vyměnit libry.
Proč jdeš do banky? Už nemám koruny, musím si vyměnit libry.

KONVERZACE

Praha, 23. 5. 199_

Věc: Nabídka skleněného zboží

Vážený pane,

jsme firma, která se zabývá vývozem skleněných výrobků. Vaši adresu jsme dostali od našeho obchodního přítele s doporučením, abychom Vám nabídli naše zboží. V současné době Vám můžeme nabídnout tyto výrobky: kalíšky
mísy
vázy
svícny
džbánky.

V příloze zasíláme: prospekty jednotlivých druhů výrobků, ceník uvedených výrobků

Dodací podmínky: 4–8 týdnů – dle množství a sortimentu
Platební podmínky: platba předem
Platnost nabídky: 3 měsíce

S přátelským pozdravem

Ing. Jindřich Holub

Prague, 23rd May 199_

Re: Offer of glassware

Dear Sir,

Our company is engaged in the export of glass products. We obtained your address from our business colleague with the recommendation that we offer you our goods. At present we can offer you the following products: goblets
bowls
vases
candlesticks
jugs

We are sending you in the enclosure: folders describing the individual kinds of products, a price list for the above products.

Delivery conditions: 4–8 weeks depending on quantity and kind.
Payment conditions: payment in advance
Offer valid for 3 months.

Best regards,

Jindřich Holub

Reklamace zboží

Zákazník: Zavolejte mi prosím pana vedoucího.
Vedoucí: Co si přejete?
Z: Ráno jsem tady koupil ovocný jogurt a zjistil jsem, že má prošlou dobu spotřeby.
V: Ano, opravdu. „Spotřebujte do 8. 2.“ – je tady uvedeno. Omlouváme se. Hned vám pochopitelně vrátíme peníze.

Complaints and claims

Customer: Will you call the manager for me, please.
Manager: What can I do for you?
C: I bought a fruit yogurt here in the morning and found out that it is now past the consumption date.
M: Yes, you are right. It is written there – consume by 8th February. We apologize. We will give you back your money immediately, to be sure.

Zákaznice: Včera jsem si tu koupila tento svetr za 940 korun. Bohužel jsem si nevšimla, že tady vzadu má skvrnu. Chtěla bych ho vyměnit.
Prodavačka: Ukažte, prosím. Skvrna asi půjde odstranit, ale svetr vám samozřejmě vyměníme. Máte paragon?

Z: Měla bych ho někde mít. Tady je.

P: Počkejte si chvíli. – Bohužel, svetr už nemáme ve vaší velikosti. Vyberete si jiný model, nebo chcete vrátit peníze?

Z: Ne, děkuju, jiný nechci. Chtěla bych vrátit peníze.

Customer: Yesterday I bought this sweater here for 940 crowns. Unfortunately I didn't notice that there was a stain on the back of it. I'd like to exchange it.
Shop-assistant: Will you show it to me, please. Maybe the stain can be removed, but we will of course exchange the sweater. Do you have your receipt?
C: I should have it somewhere. Here it is.
S: Wait a minute. – Unfortunately we don't have the sweater in your size any more. Will you choose another style or do you want your money back?
C: No, thank you, I don't want another one. I'd like to get my money back.

L9

číšník M	waiter	**obyvatel** M	inhabitant
čtyřikrát	four times	**osoba** F	person
dohromady	altogether	**pití** N	drink
doporučit +Dat +Acc **-ím** pf.	to recommend	**promiň!** **promiňte!**	excuse me!
doporučovat, -uju impf.		**příbor** M	cutlery
dvakrát	twice	**připravený, -á, -é**	prepared
hlad M	hunger	**rezervovaný, -á, -é**	reserved
host M, pl. **hosté** = **hosti**	guest, guests	**rezervovat** impf. **-uju**	to reserve
hotový, -á, -é	ready	**rok – 10 let**	one year – ten years
hrníček M	mug	**rozbít se, -ije** pf.	to break
chutnat, -á +Dat impf.	to taste	**sklo** N	glass
chuť F	taste, appetite	**spadnout, -nu** pf.	to fall down
dobrou chuť!	bon appetit	**spadl**	he fell down
jednou	once	**spokojen, -a, -o** =	satisfied =
jídelní lístek M	menu	**spokojený, -á, -é s** +Instr	satisfied with
jídlo N	food, meal	**talíř** M	plate
koš M	waste-bin	**tradiční**	traditional
lžíce F	spoon	**ubrus** M	tablecloth
lžička F	teaspoon	**účet** M	bill
nechat impf.	to let, leave	**vidlička** F	fork
nech(te) si chutnat!	I hope it's to your taste	**volný, -á, -é**	free
nést, nesu impf.	to carry, I carry	**vrchní** M	headwaiter
nesl	he carried	**výborný, -á, -é**	wonderful
nůž M, pl. **nože**	knife, knives	**žízeň** F	thirst
objednávka F	order		
obsazený, -á, -é	occupied		

Ano, tady je volno.	Yes, this seat is free.
Bohužel, tady je obsazeno.	Unfortunately, this seat is occupied.
Budete si přát večeři?	Would you like to have supper?
Co si budete přát k pití?	What would you like to drink?
U stolu jsou ještě dvě volná místa.	There are still two free seats at the table.
Chutnalo vám?	Did you enjoy it?
Můžete mi rezervovat stůl pro čtyři osoby na dnes večer?	Can you reserve me a table for four persons for tonight?
Nevadí ti, že jsem rozbil skleničku? Spadla mi.	Don't you mind that I broke the glass? I dropped it.
Jsem velmi spokojený.	I am very satisfied.

biftek M	beef (steak)
brambory F pl.	potatoes
bramborový, -á, -é	potato (adj)
dort M	cake
drůbež F	poultry
hovězí	beef
hranolky M pl.	chips
husa F	goose
játra N pl.	liver
kachna F	duck
karbanátek M	hamburger
kaše F	mashed potatoes, pulp
knedlík M	dumpling
koláč M	cake, tart
koláček M	cookie, tart
kost F	bone
kuře, pl. **kuřata** N	chicken(s)
kuřecí	
kýta F	haunch
moučník = dezert = zákusek M	sweet
obloha F	garnish
okurka F	cucumber (adj)
okurkový, -á, -é	cucumber
omeleta F	omelette
opékaný, -á, -é	grilled
ovarové koleno N	joint
pečeně F	roast
pečený, -á, -é	roasted
polévka F, **vývar** M	soup, bouillon

předkrm M	hors d'oeuvre
roštěná F	entrecote
ryba F	fish
rýže F	rice
řízek M	fillet
salát M	lettuce, salad
smažený, -á, -é	fried
smetana F	cream
šlehačka F	whipped cream
svíčková F	fillet of beef
šunka F	ham
telecí	veal
těstoviny F pl.	pasta
tvaroh M	curd cheese cheese
tvarohový, -á, -é	cottage cheese
uzený, -á, -é	smoked
vepřový, -á, -é	pork
vývar M	bouillon
zelí N	cabbage
zmrzlina F	ice cream
žebírko N	chop
hořký, -á, -é	bitter
kyselý, -á, -é	sour
sladký, -á, -é	sweet
slaný, -á, -é	salty
studený, -á, -é	cold
teplý, -á, -é	warm
horký, -á, -é	hot

Jídelní lístek

L9

Studené předkrmy	Kuřecí koktejl Pražská šunka
Polévky	Hovězí vývar s játrovými knedlíčky Hovězí vývar s vejcem Bramborová polévka
Hotová jídla	Vepřová pečeně, knedlík, zelí Hovězí pečeně, zelenina, opékané brambory Telecí pečeně, bramborový knedlík, rajčatový salát Guláš, knedlík Hovězí maso vařené, omáčka, knedlík Uzené maso, bramborová kaše, okurka Karbanátek, brambory, zelný salát
Jídla na objednávku	(po 18. hodině) (osmnácté) Roštěnka, hranolky, tatarská omáčka, obloha Vepřový steak, brambory, obloha Telecí řízek, bramborový salát s majonézou Smažená játra, opékané brambory, okurkový salát
Drůbež a ryby	Pečené kuře, brambory, paprikový salát Pečená husa, bramborový knedlík, zelí Rybí filé, bramborový salát
Moučníky	Dort Ovocný a tvarohový koláč Zákusky podle vlastního výběru
Zmrzlina	Vanilková Jahodová Pohár „Corso“

PŘEJEME DOBROU CHUŤ!

Gr

GENITIVE CASE – PLURAL (GENITIV PLURÁLU)

KOHO? ČEHO?

<table>
<tr><td colspan="5">the same forms for all genders</td><td>hard cons.</td><td>soft cons.</td><td colspan="2"></td></tr>
<tr><td rowspan="2">těch
všech</td><td rowspan="2">našich
vašich</td><td rowspan="2">nových
mých
tvých
svých</td><td rowspan="2">moderních
jejích</td><td>M</td><td>pánů
stolů</td><td>mužů
pokojů</td><td colspan="2">-ů</td></tr>
<tr><td>F
N</td><td>žen
měst</td><td>židlí, věcí
moří</td><td>Θ</td><td>-í</td></tr>
</table>

Čechy F pl. – **do Čech, z Čech**

! F, N: studen**tka** + [-e-] = studen**tek** — student (when consonant combination is difficult to pronounce)
diva**dlo** + [-e-] = diva**del** — theatre

! N **-iště > -išť:** nástupiště – nástupišť — platform

! F:
-ice > **-ic** — ulice – ulic — street
-ile > **-il** — chvíle – chvil ! í > i — moment, while
-yně > **-yň** — přítelkyně – přítelkyň — girl friend

! M:
přátelé – **přátel** — friends
obyvatelé – **obyvatel** (10 miliónů obyvatel) — inhabitant
peníze – **peněz** (pl.) — money
tisíce – **tisíc** (sto tisíc korun) — thousand
roky – **let** (30 let = 30 roků) — years
dny – **dní, dnů** — days
lidi – **lidí** (hodně lidí) — people
děti – **dětí** (F) — children

Příklady:

Bylo pět **hodin.**	It was five o'clock.
Je to deset **korun** a dvacet **haléřů.**	It is ten crowns twenty hellers.
Do divadla je to asi sto **metrů.**	The theatre is about one hundred metres from here.
Mám už málo **peněz.**	I have little money left.
Kolik **let** mu je?	How old is he?
Budu v Praze ještě asi pět **dní.**	I will be in Prague for about another five days.

Mám hodně **dobrých přátel.**	I have a lot of good friends.
U pokladen byl**o** hodně **lidí.**	There were many people at the cash registers.
Mám doma několik **zajímavých obrazů.**	I have several interesting pictures at home.
Mám ještě pět **těch dobrých cigaret.**	I still have five of the good cigarettes.
Do **divadel a kin** teď chodí méně **lidí.**	Fewer people now go to the theatres and cinemas.

hodně, moc, mnoho
dost, málo
kolik, několik
5 6 7 . . 15 . . 100
5–∞

(+ G) (sg. + pl.)

(+ G)

5 hodin	x	2 hodiny
10 metrů	x	2 metry
20 žen	x	3 ženy
6 židlí	x	4 židle
↓		↓
Je 5 hodin.	x	**Jsou** 2 hodiny.
Pracuje tu 5 žen.	x	**Pracují** tady 2 ženy.
Byl**o** 5 hodin.	x	Byl**y** 2 hodiny.
Pracoval**o** tady 5 žen.	x	Pracoval**y** tady 2 ženy.
↓		↓
Verb: sg. N		**Verb: pl.**

Cv

❒ **1. Vzor:** Jsou tam 2 cizinci. – **Ale ne, je tam 5 cizinců.**

Jsou Byli (-y) (-a)	tam	2 cizinci. 2 doktoři 2 Američané	Ale ne,	je bylo	tam 5 . . . . . .
		2 talíře 2 hrníčky 2 dárky			
		2 cizinky 2 housky 2 skleničky			
		2 divadla 2 kina 2 auta			

❐ 2.

Znáš už hodně	Čechů?	Hodně ne, ale	dva Čechy ano.
	českých měst?		dvě města
	svých kolegů?		dva kolegy
	českých jídel?		dvě jídla
	pražských kostelů?		dva kostely
	moderních galérií?		dvě galérie

❐ 3.

a) Někdo tady zapomněl lístky do kina.
Čí jsou?

Budou asi	tví kolegové	tvé sestry
	naši přátelé	naše přítelkyně
	moji kamarádi	moje kamarádky
	ti cizinci	ty cizinky
	ti Angličani	ty Angličanky

b) Zeptáte se někoho, kde je Národní divadlo?

Zeptám se	ti lidi
	tamti páni
	tamty staré ženy
	tamty děti
	ty mladé prodavačky

❐ 4.

Kolik **minut** se vaří vajíčka?	5 minut – 4 minuty
Kolik **hodin** jste jel do Berlína?	12 hodin – 2 hodiny
do Plzně?	
Kolik **dní** jsi byl na služební cestě?	6 dní – 3 dny
Kolik **týdnů** jste strávil v Praze?	7 týdnů – 2 týdny
Kolik **měsíců** jste už nebyl doma?	10 měsíců – 3 měsíce
Kolik **let** ti je?	28 let – 4 roky

❐ 5. **Řekněte ve správném tvaru:**
(Find the words that you do not know in the dictionary.)

Ve městě bylo mnoho	velké a staré auto	člověk
	moderní divadlo a kino	malé dítě
	stará i nová budova	hezká dívka
	hezká ulice	mladý chlapec
	malý obchod	starý muž a stará žena

Koupil jsem si několik
-la

bílá košile	červená růže
zimní sako	česká kniha a český časopis
moderní oblek	modrý hrníček a talíř
hnědé boty	sklenička
minisukně	červené tričko

Gr

GENITIVE CASE OF PERSONAL PRONOUNS (GENITIV OSOBNÍCH ZÁJMEN)

Př.: Kolik chceš salámu? Chci **ho** 10 deka.
Kolik chceš kávy? Chci **jí** málo.

já	ty	on, ono	ona	my	vy	oni, ony, ona
mě u mě	tě tebe u tebe	ho jeho u **n**ěho	jí u **n**í	nás u nás	vás u vás	jich u **n**ich
me	you	him, it	her	us	you	them

Ptá se **tě** na cestu. He is asking you to show him the way.
Tebe se ptá, ale **mě** ne. He is asking you, but not me.

Ptá se **ho** na cestu. He is asking him for the way.
Jeho se neptá, ale **jí** ano. He is not asking him, but her.

jeho	**– bez <u>n</u>ěho**
jí	**– bez <u>n</u>í**
jich	**– bez <u>n</u>ich**

Tebe, Jeho > at the beginning of the sentence, for emphasis

Cv

❒ **6.**

a) Zeptáte se

doktora?
doktorky?
svých kolegů?
prodavačky?
vrchního?
těch lidí?

Ano, zeptám se

ho.
jí
jich

b) Zeptáš se	Jany? Petra? rodičů? té paní? kolegů? toho pána?	Už jsem se	ho jí jich	zeptal.

❒ **7.**

a) Kde je Jana?	U Petra? U vás? U rodičů? U Evy? U Tomáše? U doktora? U profesorky?	Ano, je u	něho. ní nich nás

b) Petr je ještě	v kině? ve škole? v divadle? v práci? v Londýně? v Paříži? (Paříž – Paris) v restauraci?	Ne, už se z	něho ní	vrátil.

❒ **8.**

Doplňte zájmena (Fill in the blanks with pronouns):

ON ONA ONI

Nepůjdu tam bez . . . . . . Půjdu k . . . . . . večer.
Vedle . . . . . . je ještě volno. K svátku . . . . . . koupím jen víno.
Neviděl jsi . . . . . . někde? Hledám . . . . . . už půl hodiny.
Musím . . . . . . poděkovat za dárek.
Zlobím se na . . . . . , protože nepřišel. (-šla, -šli)
. . . . . . nevidím, ale tebe ano.

mám hlad
nemáš hlad?

mám žízeň
nemáš žízeň?

L9

V KUCHYNI

Petr: Ahoj, Jano!
Jana: Ahoj! To je dobře, že jsi přišel. Právě vařím a za chvíli bude večeře.
Petr: Můžu ti nějak pomoct?
Jana: Ne, už budu hotová. Ale můžeš připravit stůl – talíře, příbory a hrníčky jsou tady ve skříni. Jíst budeme v obývacím pokoji.
Petr: Mám připravit i talíře na polévku?
Jana: Ale ne, budeme mít jen omelety s džemem.
Petr: Au! Promiň, spadl mi hrníček a rozbil se.
Jana: To nevadí. Jen musíš dobře uklidit sklo. Koš je tamhle v rohu.
Petr: Všechno je už připraveno.
Jana: Tak, nesu omelety a kávu. Můžeš si vzít, kolik chceš. Je hodně omelet. Dobrou chuť!
Petr: Dobrou chuť! Hm, to je dobré.

Cv

❐ **9.**

Mám připravit stůl?	Ne, nemusíš, udělám to sám.
Mám ti pomoct v kuchyni?	sama
Mám otevřít tu láhev?	
Mám umýt talíře?	
Mám zatelefonovat Petrovi?	

❐ **10.**

Už je večeře?	Ano, už je	hotová.
snídaně?		hotový
oběd?		připravená
		připravený

Už jsi připravil stůl?	Ano, všechno je připraveno.
Už jsi uvařila oběd?	Ano, všechno je hotovo.
Už jsi uklidil pokoj?	
Už jsi objednal telefonicky taxi a vzal peníze?	

❐ **11.**

a) Máš dost knedlíků?	Ano, mám jich dost.
Máš dost hrníčků?	
Máš dost skleniček?	
Máš dost lžiček?	

b) Kolik mám připravit talířů?	Musíš jich připravit šest.
příborů?	
nožů?	
lžiček?	
vidliček?	

❐ **12. Fill in the blanks correctly:**

rád – jsem rád – mám rád

. . . . že jsem dobře nakoupil.
. . . . dobrou černou kávu.
. . . . že už mluvíte a rozumíte česky.
. . . . si prohlížím ve městě obchody.
. . . . své kolegy v práci.
. . . . si objednávají česká jídla.

❐ **13. Odpovídejte:**

Kdo přišel k Janě na návštěvu? Měla Jana radost? Co právě dělala? Byla už večeře hotová? Pomohl Petr Janě? Jak? Co připravil na stůl? Jedli v kuchyni? Měli polévku? Co měli k večeři? Pili pivo? Rozbil Petr něco? Zlobila se Jana? Kdo uklidil sklo z hrníčku? Co řekneme, když začínáme jíst? Co řekneme, když nám jídlo chutná? Chutnaly Petrovi omelety? Snědl jich hodně?

V RESTAURACI (vrchní, host)

V: Dobrý den!
H: Dobrý den. Pane vrchní, máte volný stůl pro čtyři osoby?
V: Máte ho rezervovaný?
H: Ne.
V: Tam u okna je ještě jeden volný stůl. Prosím.
H: Děkujeme.
V: Budete si přát večeřet? Ano? Tady je prosím jídelní lístek.
H: Co nám doporučíte?
V: Doporučuju vám tradiční české jídlo – vepřovou, knedlík a zelí. Je to výborné.
H: Dobře, vezmeme si dvakrát vepřovou, jednou roštěnku a rýži a jednou řízek a bramborový salát.
V: Polévku jste si vybrali také?
H: Ne, bude to bez polévky.
V: A co budete pít?
H: Zatím jen čtyřikrát džus, později si objednáme víno.
V: Prosím, hned to bude.

H: Pane vrchní, platíme!
V: Ano. Chutnalo vám?
H: Ano, jsme spokojeni.
V: To jsem rád. Platíte dohromady?
H: Ano.
V: Tady je prosím účet.
H: Drobné si nechte. (To je dobré.) Na shledanou.
V: Na shledanou, přijďte zase.

Cv

❐ 14.

Chutná	ti	zelí	?	Ano, chutnal	mi.
	vám	bramborový salát		-a	
		rýže		-o	
		kuřecí řízek			
		české jídlo			
		bramborová polévka			

❐ 15. Odpovězte:

1. Je ten stůl rezervovaný?	1. Mám ještě jeden volný stůl.
2. Je tady, prosím vás, volno?	2. Bohužel ne, za chvíli přijde kolega.
3. Máte volný stůl pro dvě osoby?	3. Ano, je rezervován na celý večer.
4. Můžeme si sednout k tomu pánovi?	4. Moment, zeptám se ho, jestli bude souhlasit.

❐ 16.

Řekněte panu vrchnímu, že
- chcete (byste chtěli) jídelní lístek
- chcete kávu
- už chcete platit
- špatně spočítal účet
- vám zapomněl počítat džus
- chcete k polévce housku
- nerozumíte česky, jestli vám může říct jídla anglicky
- chcete rezervovat stůl pro 4 osoby na sobotu 8 hodin večer

❐ **17.**

Vezmete si Dáte si Přejete si Objednáte si	polévku ? kávu rýži vodku	Ano, ... si ji. Ano, ... si ji. Ano, ... si ji. Ano, ... si ji.
	kuře ? řízek salát víno	Ano, ... si ho. Ano, ... si ho. Ano, ... si ho. Ano, ... si ho.

❐ **18. Odpovězte na otázky podle obrázků:**

Co rád pijete?
Co nerad pijete?
Co jste pil včera?
Čeho se napijete, když máte žízeň?
Co nabídnete návštěvě?

! pít **něco**
napít se **něčeho**

❐ 19. **Odpovězte podle obrázků:**

Co rád jíte?
Co vám nechutná?
Co jste jedl včera?
Čeho se najíte, když máte hlad?
Co nabídnete návštěvě?

! jíst **něco**
najíst se **něčeho**

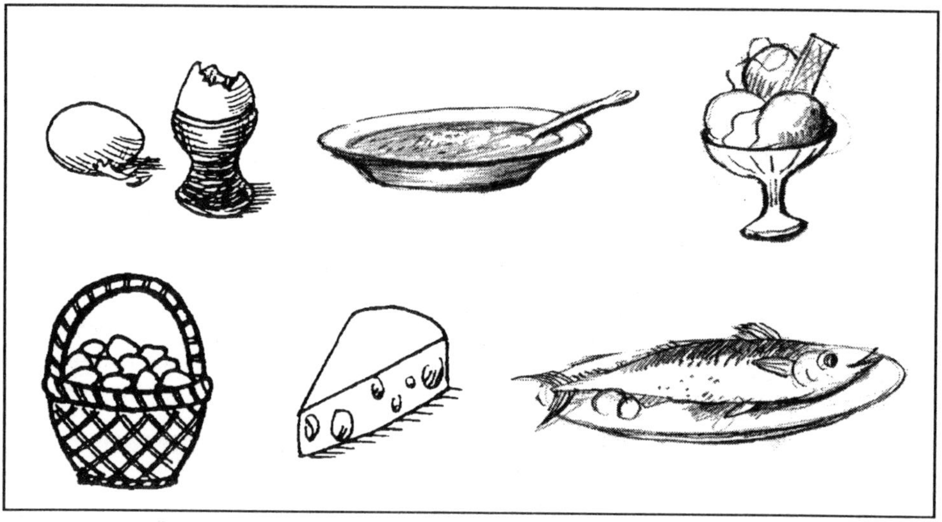

❐ 20. **Odpovězte** – 1x (jednou), 2x (dvakrát), 3x (třikrát), 4x (čtyřikrát)

Kolikrát si přejete kávu?
Kolikrát si dáte roštěnku?
Kolikrát si vezmete polévku?
Kolikrát jste už byli u nás v restauraci?
Už jste byl někdy v Praze?

❐ 21. **Doplňte verba v textu** (Fill in the blanks with verbs):

vzít, spadnout, moct, umět, přijít, připravit, nést, rozbít se, chutnat, mít, dát si, pomoct

1. To jsem rád, že . . . . 2. Máš hodně práce, chci ti . . . . 3. Kde jsou talíře? . . . . stůl. 4. Můžeš si . . . ., kolik chceš. 5. . . . . ti zákusky. 6. Sklenička mi . . . . Nezlobíš se? 7. Okno . . . . Nevíš, kde . . . . objednat nové sklo? 8. Nejvíc mi . . . . řízek a bramborový salát. 9. . . . . uklidit v kuchyni? 10. K večeři . . . . jen vajíčka. 11. Tuhle polévku . . . . uvařit.

❒ **22. Přečtěte a přeložte jídelní lístek (na straně 187):**

Co si objednáte k obědu? Co si dáte k pití?
k večeři? Co vám můžu nabídnout jako dezert?
Vybrali jste si nějaký salát?

❒ **23. Dokončete dialog:**

Máte ještě volný stůl pro 3 osoby?	....
Chtěli bychom večeřet. Co nám	....
doporučíte?	....
Je to tradiční české jídlo?	....
Vezmeme si ho všichni tři.	Polévku si nedáte?
....	Co budete pít?
....	Kávu si dáte hned, nebo později?
....	Je to všechno?
....	Hned to bude.

❒ **24. Odpovídejte podle textu:**

Kolik hostů přišlo do restaurace? Měli rezervovaný stůl? Měl vrchní ještě nějaký stůl volný? Přišli hosté večeřet? Co jim doporučil vrchní? Co si nakonec objednali k jídlu? Vybrali si také polévku? Objednali si hned víno? Vzali si k jídlu pivo? Chutnalo jim? Co odpověděli vrchnímu, když se jich na to zeptal? Myslíte si, že jejich účet byl velký?

❒ **25. Translate** (Přeložte):

Mr. Král is at the hotel. He goes to the restaurant. He wants to sit at a corner table. Unfortunately, the table is reserved. But at the entrance there is a table that is still free. Mr. Král orders his meal: bouillon, fillet with potatoes and a glass of beer. A lady comes a little later. Mr. Král is pleased. You can always enjoy your meal better in the company of a lady. She will order the same meal as Mr. Král, but without beer. Then they speak about Prague. At ten o'clock Mr. Král thanks her for a nice evening.

company	společnost F, ve společnosti (Loc)	
the same as	to stejné jako	(král – king
about (about Prague)	o + Loc (o Praze)	královna – queen)

❒ **26. Přečtěte si vtip** (joke):

poradit někomu něco (pf.) – to advise somebody, recommend
stěžovat si na něco – to complain about something

„Poraďte mi, prosím, co si mám dneska vybrat k obědu," říká host číšníkovi.
„Co vám mám poradit. No, nejméně si dnes hosté stěžují na biftek."

MLUVNÍ CVIČENÍ

1. a) *Poslouchejte:* **U koho může být ta mapa? U otce? Ne, u otce určitě není.**

   b) *Odpovídejte:*

U koho může být ta mapa? U otce?	Ne, u otce určitě není.
U koho může být ta mapa? U rodičů?	Ne, u rodičů určitě není.
U koho může být ta mapa? U matky?	Ne, u matky určitě není.
U koho může být ta mapa? Vedle u kolegů?	Ne, vedle u kolegů určitě není.

2. a) *Poslouchejte:* **Vysvětlím ti to. To je od tebe hezké, že mi to vysvětlíš.**

   b) *Reagujte:*

Vysvětlím ti to.	To je od tebe hezké, že mi to vysvětlíš.
Připravím ti to.	To je od tebe hezké, že mi to připravíš.
Pomůžu ti.	To je od tebe hezké, že mi pomůžeš.
Napíšu ti.	To je od tebe hezké, že mi napíšeš.

3. a) *Poslouchejte:* **Čeho se chceš napít? Whisky? Ne, dám si jen colu, whisky nechci.**

   b) *Odpovídejte:*

Čeho se chceš napít? Whisky?	Ne, dám si jen colu, whisky nechci.
Čeho se chceš napít? Vína?	Ne, dám si jen colu, víno nechci.
Čeho se chceš napít? Vodky?	Ne, dám si jen colu, vodku nechci.

4. a) *Poslouchejte:* **Dáte si také něco k jídlu? Ne, děkuju, už jsem jedl doma, nemám hlad.**

   b) *Odpovídejte.*

Dáte si také něco k jídlu?	Ne, děkuju, už jsem jedl doma, nemám hlad.
Můžu vám nabídnout něco ke kafi?	Ne, děkuju, už jsem jedl doma, nemám hlad.
Budete si přát večeřet?	Ne, děkuju, už jsem jedl doma, nemám hlad.

5. a) *Poslouchejte:* **Neseš mi ten chleba? Promiň, zapomněl jsem ho koupit.**

   b) *Odpovídejte:*

Neseš mi ten chleba?	Promiň, zapomněl jsem ho koupit.
Neseš mi ta vajíčka?	Promiň, zapomněl jsem je koupit.
Neseš mi to kafe?	Promiň, zapomněl jsem ho koupit.
Neseš mi tu limonádu?	Promiň, zapomněl jsem ji koupit.

6. a) *Poslouchejte:* **Jak vám chutnalo? Bylo to výborné, dal bych si ještě.**

   b) *Odpovídejte:*

Jak vám chutnalo?	Bylo to výborné, dal bych si ještě.
Chutnaly vám chlebíčky?	Bylo to výborné, dal bych si ještě.
Chutnala vám polévka?	Bylo to výborné, dal bych si ještě.
Chutnal vám ovocný salát?	Bylo to výborné, dal bych si ještě.

L10

bouřka F	storm
budík M	alarm clock
čtvrt	quarter
foukat, -ám impf.	to blow
horko	hot
hospoda F	inn
chodit, -ím impf.	to go
jaro N	spring
jezdit, -ím impf.	to go (by vehicle)
konec M	end
les M, **do lesa**	forest, wood into the forest
léto N	summer
letos	this year
mezi +Instr, Acc	between, among
minulý, -á, -é	past, last
mrak M	cloud
mýdlo N	soap
nad +Instr, Acc	over, above
nálada F	mood
naposledy	the last time
narodit se, -il se pf.	to be born
narozeniny F pl.	birthday
nebe N	heaven
nula F	nought, zero
období N	period, season
roční období	season of the year
opalovat se, -uju impf.	to sunbathe
otevřeno	open
plavat, plavu impf.	to swim, I swim
pláž F	beach
po +Loc	after
počasí N	weather
pod +Instr, Acc	under
podzim M	autumn
pršet, prší impf.	to rain, it rains
před +Instr, Acc	before
přesně	exactly
příroda F	nature
příští	next
půlnoc F	midnight
o půlnoci	at midnight
řeka F	river
s +Instr	with
schovat se, -ám pf.	to take shelter
schovat +Acc	to give shelter
sice – ale	it's true – but
skoro	nearly
slunce N	sun
sněžit, sněží impf.	to snow, it snows
sníh M (Gen **sněhu**)	snow
v soukromí N	in private
sportovec M	sportsman
sportovkyně F	sportswoman
stín M	shadow
stupeň M	degree
svítit, -ím impf.	to shine
teprve	not until
vesnice F	village
vesnický, -á, -é	country
většinou	mostly
víkend M	weekend
vítr M (Gen **větru**)	wind
vloni	last year
však = ale	however = but
vždycky = vždy	always
za +Instr, Acc	behind
zaparkovat, -uju pf. **parkovat** impf.	to park
zatímco	while
zima F	winter

leden M	January
únor M	February
březen M	March
duben M	April
květen M	May
červen M	June
červenec M	July
srpen M	August
září N	September
říjen M	October
listopad M	November
prosinec M	December

Gr

INSTRUMENTAL CASE – SINGULAR (INSTRUMENTÁL SINGULÁRU)

S KÝM? ČÍM? with whom? Pojedu **vlakem.**
with what? Chci kafe **s mlékem.**

M N	tím	naším vaším	moderním jejím	novým tvým mým svým	**-ím** **-ým**	pánem stolem městem	mužem pokojem mořem ! nádražím	**-em**
F	tou	naší vaší	moderní její	novou mou tvou svou	**-ou** **-í**	ženou	židlí věcí místností	**-ou** **-í**

! kolega (M) – s kolegou
! dnes musím jít za přítelem = dnes musím jít k příteli
today I have to go to my friend

PREPOSITIONS WITH THE INSTRUMENTAL

(PREPOZICE S INSTRUMENTÁLEM)

S, SE Jdu **s manželkou** z kina.
I go with my wife out of the cinema.

KDE + Instr X KAM + Acc

PŘED Stojíme **před kinem.** X Jde **před kino.**
We are standing in front of the cinema. He is going in front of the cinema.

NAD Obraz visí **nad postelí.** X Věším obraz **nad postel.**
The picture hangs over the bed. I am hanging the picture over the bed.

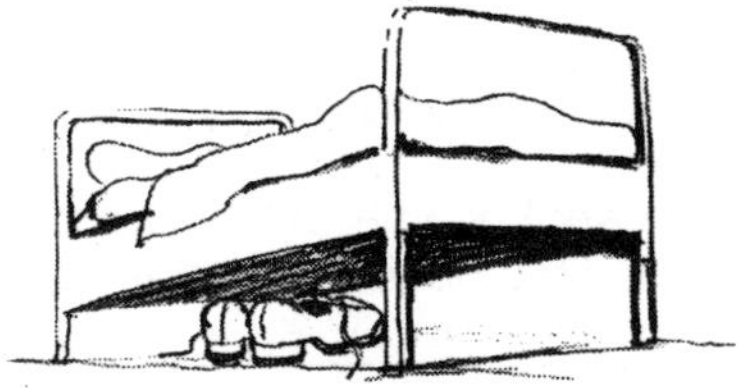

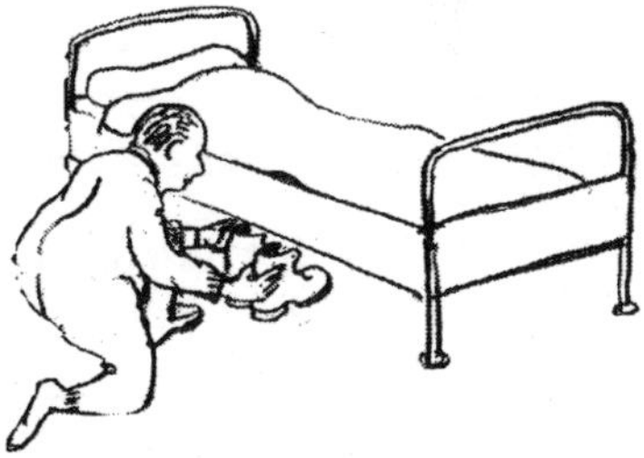

POD Boty jsou **pod postelí.** X Dám boty **pod postel.**
The shoes are under the bed. I will put the shoes under the bed.

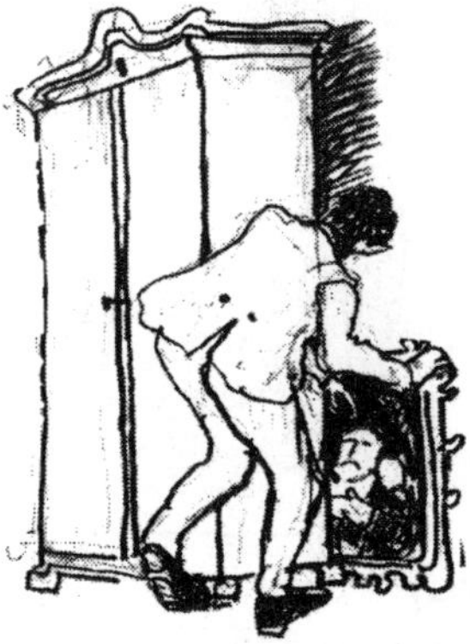

ZA Obraz stojí **za skříní.** X Dávám obraz **za skříň.**
The picture stands behind the cabinet. I put the picture behind the cabinet.

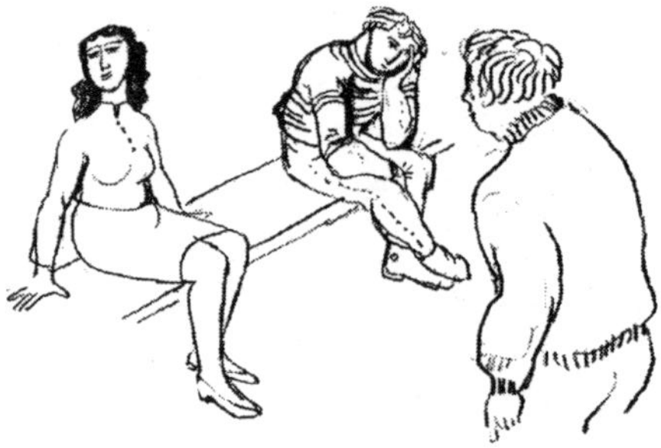

MEZI	Tomáš sedí **mezi Petrem a Janou.** Tom is sitting between Peter and Jane.	X Tomáš si jde sednout **mezi Petra a Janu.** Tom goes to sit down between Peter and Jane.

JAK? ČÍM?	Čím pojedeš? – **Vlakem.**	By what means of transport will you go? By train.
	Čím píšeš? – **Tužkou.**	With what do you write? With a pencil.
	Čím jíš? – **Lžící.**	With what do you eat? With a spoon.

Dávám kufr **na skříň.**

Kufr je **na skříni.**

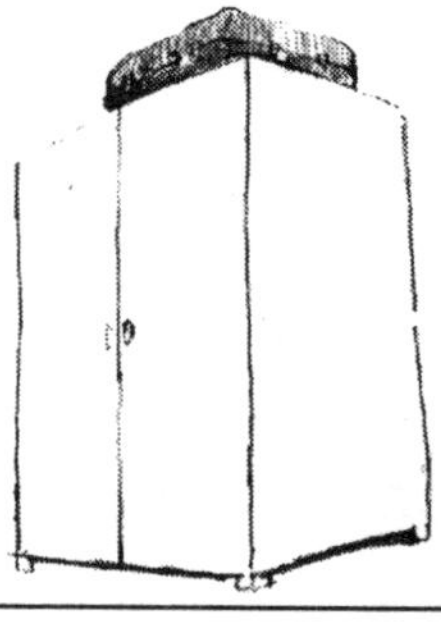

Oblek je **ve skříni**.

Příklady:

Procházím se **městem.**	I walk round the town.
Na stole stojí láhev **s mlékem.**	A bottle of (with) milk is on the table.
Na návštěvu přišel (přišli) Tomáš **se svou sestrou.**	Tom and his sister came for a visit.

Už jsi mluvil **s Petrem?** Něco ti chtěl.	Have you already spoken to Peter? He wanted to tell you something.
Před naším domem stojí nějaké auto.	A car is standing in front of our house.
Určitě pojedu **před prvním prosincem.**	I will surely go before the first of December.
Venku je 10 stupňů **pod nulou.**	It is ten degrees below zero outside.
Pan Kubát má kancelář ve třetím patře přesně **nad mou kanceláří.**	Mr. Kubát has his office on the third floor right above my office.
Pošta je hned **za rohem.**	The post office is just round the corner.
Park začíná hned **za Národním divadlem.**	The park begins just behind the National Theatre.
Nevidíš Helenu? Sedí tamhle **mezi Tomášem a Evou.**	Don't you see Helen? She is sitting there between Tom and Eve.

Cv

❒ **1.**

a) Jím | nůž. / lžíce / vidlička

Jedu | auto. / autobus / tramvaj / vlak

Myju se | teplá voda. / mýdlo

b) Piju kafe s | mléko. / cukr

Jím chleba s | máslo. / džem / sýr / salám

Do kina jdu s | manželka. / dcera a syn / můj kolega / Alena a Tomáš

c) Sejdeme se před | kino. / kavárna / metro / restaurace

Kdy se vrátil? Před | hodina. / měsíc / týden

Kdy odešel? Před | oběd. / snídaně / konference / poledne

d) Nemůžeš najít boty? Leží tamhle pod | stůl. / židle / skříň / křeslo

❒ **2. Odpovídejte na otázky:**

S kým půjdete večer do kina?
Kdo stojí před divadlem?
Čím píšete na tabuli?
S čím není ten student spokojený?
Co visí nad křeslem?
Co je za naší školou?
Za kým dnes musíte jít?

❒ **3. Přeložte otázku a odpovězte** (Translate the question and answer it):

Where does the picture hang?	over the bed
With whom are you having supper tonight?	with my good friend
When is our professor coming?	before noon
Where is the book lying?	on the desk
By what means of transport will you go to London?	by bus
Where does the cabinet stand?	between the table and the window
Where will Tom wait for you?	in front of the main railway station
Would you like coffee with milk or without it?	with milk
What is behind the yellow house?	a park
Where is my red bag?	there under the brown chair

Gr

KAM? X

sednout si pf.
sedat si impf.
to sit down

Jana **si sedne (sedá) na židli.**
Jane will sit down (sits down) in the chair.

KDE?

sedět impf.
to sit

Petr **sedí na židli.**
Peter is sitting in the chair.

lehnout si pf.
lehat si impf.
to lie down

Tomáš **si lehá (lehne) na postel.**
Tom is going to lie down on the bed.

položit (se) pf.
pokládat (se) impf.
to put
(to lie down)

Položím (pokládám) knihu **na stůl.**
I will put (I put) the book on the table.

postavit (se) pf.
stavět (se) impf.
to put, place
(oneself)

Postavím (stavím) kufr **pod lavici.**
I will put (I put) the suitcase under the bench.

ležet impf.
to lie

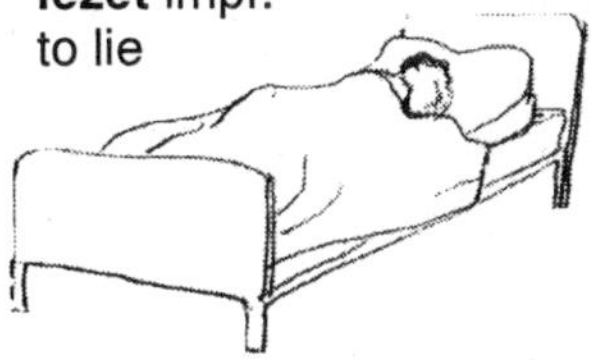

Tomáš **leží na (v) posteli.**
Tom is lying on the bed.

ležet impf.

Kniha **leží na stole.**
The book is lying on the table.

stát impf.
to stand

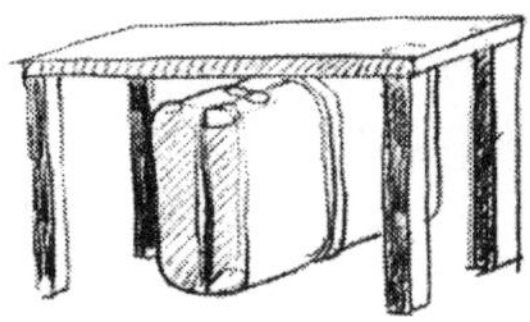

Kufr **stojí pod lavicí.**
The suitcase is (standing) under the bench.

pověsit pf.
věšet impf.
to hang

Pověsím (věším) obraz **na stěnu.**
I will hang the picture on the wall.

viset impf.
to hang

Obraz **visí na stěně.**
The picture is hanging on the wall.

Cv

❐ 4. Odpovězte na otázky:

Postavím květiny na stůl. Kde budou květiny?	(na stole)
Matka posadí dítě na židli. Kde bude dítě sedět?	(na židli)
Věším kabát do skříně. Kde visí kabát?	(ve skříni)
Tu tašku položím na stolek. Kde bude taška ležet?	(na stolku)
Tomáš staví své auto před garáž. Kde stojí jeho auto?	(před garáží)
Paní Nová pokládá skleničky do skříňky. Kde jsou skleničky?	(ve skříňce)
Helena si sedne sem na lavičku. Kde bude sedět?	(na lavičce)
Pověsíme lampu nad stůl. Kde bude lampa viset?	(nad stolem)
Petr si lehá do postele. Kde leží?	(v posteli)
Postavím se tady za Hanu. Kde budu stát?	(za Hanou)
Ty se posadíš na židli a Jana do křesla. Kde budou sedět?	(na židli, v křesle)
Postavil bys tu židli do rohu vedle okna? Kde bude židle stát?	(v rohu)
Položil bys ten sešit tam na lavici k té knize? Kde bude sešit ležet?	(u té knihy)

❐ 5. Dokončete větu:

Proč leží ta kniha tady? Musíš ji položit . . . .
Proč stojí ta židle tady? Postav ji . . . .
Proč už tady neleží příbory? Musíš je položit . . . .
Proč sedíš tady v křesle? Mohl by sis sednout . . . .
Proč ten svetr leží tady na židli? Můžeš ho pověsit . . . .
Proč stojí naše auto před domem? Už bys ho měl postavit . . . .
Proč visí ten obrázek tady nad skříní? Mohl bys ho pověsit . . . .

❒ **6. Dokončete větu:**

Můžeš si sednout . . . . ?
Chci pověsit tu fotografii . . . .
Jsem unavený, chtěl bych si na chvíli lehnout . . . .
Musíte se postavit sem za . . . .
Martin sedí mezi . . . .
Mohl bych se posadit sem . . . . ?
Studentka sedí . . . .
Pes leží . . . .
Ještě položím tu knihu . . . .
Tomáš může svůj kufr postavit . . . .
Studenti stojí . . . .

Gr

VERBS OF MOTION

(SLOVESA POHYBU)

chodit / **jít** > to go

jezdit / **jet** > to go by vehicle

IMPERFECTIVE	Infinitive	Present	Past	Conditional	Future
repeated action	CHODIT	chodí	chodil	chodil by	bude chodit
	JEZDIT	jezdí	jezdil	jezdil by	bude jezdit
1x	JÍT	jde	šel	šel by	půjde
	JET	jede	jel	jel by	pojede

Příklady:

Každý den **chodím** do práce v 7 hodin, ale *zítra* **půjdu** až v 8 hodin. — Every day I go to work at seven o'clock but tomorrow I will go only at eight o'clock.

Každý měsíc **jezdím** do Prahy, ale *tento měsíc* **nepojedu.** — Every month I go to Prague but I will not go this month.

Dříve *často* **chodil** do kina. — Formerly he often went to the cinema.

Včera jsem **šel** na koncert. — Yesterday I went to the / a concert.

Cv

❐ **7. Doplňte „jít – chodit, jet – jezdit“:**

Včera jsem . . . . . pěšky, ale . . . . . jsem tramvají. – (Vy) . . . . . příští rok na hodiny češtiny? – Tomáš . . . . . často ke své přítelkyni. – Heleno, ... taky zítra do divadla? Nechci jít sama. – Martine, rád . . . . . do Tábora, ale nemám čas. – Zítra musím . . . . . . na poštu. – Evo, ... zítra pěšky, nebo . . . . . metrem?

❐ **8. Přeložte:**

Every summer I go to the seaside. Tomorrow I have to go to the doctor. Are you going to the restaurant tomorrow evening too? Do you often go for a visit? Yesterday I did not go to school because I did not feel well. Tomorrow I will surely go. Would you not prefer to walk?

Gr

nést / nosit > to carry	vést / vodit > to lead	vézt / vozit > to carry (by vehicle)	letět / létat > to fly	běžet / běhat > to run

IMPERFECTIVE		Infinitive	Present	Past	Conditional	Future
	1x	NÉST	nese	nesl	nesl by	ponese
	repeated action	NOSIT	nosí	nosil	nosil by	bude nosit
	1x	VÉST	vede	vedl	vedl by	povede
	repeated action	VODIT	vodí	vodil	vodil by	bude vodit
	1x	VÉZT	veze	vezl	vezl by	poveze
	repeated action	VOZIT	vozí	vozil	vozil by	bude vozit
	1x	LETĚT	letí	letěl	letěl by	poletí
	repeated action	LÉTAT	létá	létal	létal by	bude létat
	1x	BĚŽET	běží	běžel	běžel by	poběží
	repeated action	BĚHAT	běhá	běhal	běhal by	bude běhat

Příklady:

L10

Každý den **nosím** do třídy učebnice i sešity, zítra si **ponesu** jen jeden sešit.
Každý den **vodí** dítě do školky matka, zítra je **povede** otec.
Zboží nám **vozí** třikrát za týden. Kam **povezete** toto zboží?
Ředitel **létá** pravidelně každý rok do Londýna, letos však **poletí** do Paříže.
Tomáš **běhá** každý den dva kilometry, dnes ale **poběží** jen jeden kilometr, protože je unavený.

❒ **9. Doplňte správně sloveso a správnou formu:**

nést – nosit: Co to pořád . . . . . v té tašce, Jardo? Včera jsem z nádraží . . . . . moc těžký kufr. Je zima, musíme už . . . . . zimní kabáty.

vést – vodit: Každý večer musím . . . . . svého psa na procházku. Kudy . . . . . cesta k hotelu? Ředitel . . . . . dobře svou školu.

Gr

ORDINAL NUMERALS (ŘADOVÉ ČÍSLOVKY)

1.	**první**	11.	jedenáct**ý**	21.	dvacátý první
2.	**druhý**	12.	dvanáct**ý**	29.	dvacátý devátý
3.	**třetí**	13.	třináct**ý**	30.	třic**átý**
4.	**čtvrtý**	14.	čtrnáct**ý**	40.	čtyřic**átý**
5.	**pátý**	15.	patnáct**ý**	50.	padesát**ý**
6.	šest**ý**	16.	šestnáct**ý**	60.	šedesát**ý**
7.	sedm**ý**	17.	sedmnáct**ý**	70.	sedmdesát**ý**
8.	osm**ý**	18.	osmnáct**ý**	80.	osmdesát**ý**
9.	dev**átý**	19.	devatenáct**ý**	90.	devadesát**ý**
10.	des**átý**	20.	dvac**átý**	100.	st**ý**
				147.	st**ý** čtyřicátý sedmý

Přečtěte: 14., 23., 45., 51. týden
5., 17., 25., 30., 60., 77., 88., 100. výročí (N) (anniversary)

KOLIK JE HODIN? (What's the time now?)

čtvrt na dvě
1:15

čtvrt na pět
4:15

půl **druhé** 1:30
(půl jedné
půl třetí
půl čtvrté...)

půl páté
4:30

tři čtvrtě na dvě
1:45

tři čtvrtě na pět
4:45

12:55 **za** pět minut jedna

1:05 jedna **a** pět minut

1:10 **za** pět minut čtvrt na dvě
jedna hodina **a** deset minut

1:20 čtvrt na dvě **a** 5 minut
za 10 minut půl druhé

1:25 **za** 5 minut půl druhé
čtvrt na dvě a 10 minut

1:35 půl druhé **a** 5 minut

1:40 **za** 5 minut tři čtvrtě na dvě
půl druhé a 10 minut

1:50 tři čtvrtě na dvě **a** 5 minut
za 10 minut dvě

A: Podívej se, kolik je hodin. Máme ještě čas?
B: Je teprve půl šesté, máme ještě půl hodiny.

A: Na kdy ti mám dát budík?
B: Musím vstávat brzo, dej mi ho na čtvrt na sedm.

budík

A: Prosím vás, do kdy má směnárna otevřeno?
B: Až do půl deváté večer.

A: Myslím, že mi jdou špatně hodinky. Mám teprve tři hodiny. Kolik máš ty?
B: Už tři hodiny a deset minut. Mně jdou hodinky přesně.

A: Ne, Petr doma není, ale čekám ho každou chvíli. Můžete počkat?
B: Zkusím počkat čtvrt hodiny, ale víc času nemám.

A: Kdy přesně začíná konference?
B: V deset, ale musíme tam být už nejpozději ve tři čtvrtě na deset.

Cv

❒ **10.**

Řekněte čas různě:

6:50 – a) šest hodin a padesát minut
b) za 10 minut sedm
c) tři čtvrtě na sedm a 5 minut

Kdy se sejdeme u metra?	(19:50 hod.)
Kdy začíná ten film v televizi?	(21:10 hod.)
Kdy máte v poledne volno na oběd?	(11:55 hod.)
Kdy jede vlak do Ostravy?	(8.30 hod.)
Kdy bude vlak v Ostravě?	(14:20 hod.)
Kdy na mě počkáš před kinem?	(18:20 hod.)

Gr

KDY? WHEN?

O + Loc

o víkendu	during the weekend
o dovolené	during the holiday
o přestávce	during the break

V + Acc

v jednu hodinu

v sobotu x	**minulou** sobotu	last Saturday
	tuto neděli	this Sunday
	příští úterý	next Tuesday

OD – DO + Gen

od středy do pátku	from Wednesday to Friday
od neděle do pondělí	from Sunday to Monday
od jedné hodiny	from one o'clock

ZA + Acc

za jednu hodinu, za pět hodin	in one hour, in five hours
za pět dní, za tři dny	in five days, in three days
za dva týdny, za šest týdnů	in two weeks, in six weeks

PO + Loc	po jedné hodině po druhé hodině po jednom týdnu	after one o'clock after two o'clock after one week
PŘED + Instr	před hodinou před rokem před měsícem	one hour ago one year ago one month ago
MEZI + Instr	mezi druhou a třetí hodinou	between two and three o'clock

minulý rok = (v)loni
tento rok = letos
příští rok

předevčírem – včera – dneska – zítra – pozítří

the day before yesterday ... the day after tomorrow

ráno – dopoledne – v poledne – odpoledne – večer – v noci – o půlnoci

at noon ... at night ... at midnight

JAK DLOUHO? HOW LONG?

Acc	**jednu hodinu**	Byl jsem tam jednu hodinu.	I was there for one hour.
	celou sobotu	Strávil jsem u nich celou sobotu.	I spent the whole Saturday/ all of Saturday with them.
	dva týdny	Jsem v Praze už dva týdny.	I have already been in Prague for two weeks .

JAK ČASTO? HOW OFTEN?

každý den		every day
jednou za týden	**1x, 2x . . . za** + Acc	once a week
dvakrát za měsíc		twice a month
pětkrát za rok		five times a year

A: Za jak dlouho budeš mít dovolenou?
B: Už za tři týdny, moc se těším.

A: Kam pojedeš letos v létě?
B: Musím domů do Holandska navštívit rodiče. Viděl jsem je naposledy před rokem.

A: Prosím vás, kdy ten dopis bude v Německu?
B: Za tři dny.

A: Už jsi mluvil s šéfem?
B: Ne. On mi něco chtěl?
A: Asi ano, hledal tě tady před půl hodinou.

A: Zapomněl jsem v hotelu pas. Budete mít ještě za půl hodiny otevřeno?
B: Ano. Naše směnárna zavírá až za dvě hodiny, to je v půl deváté.

Telefonický rozhovor:
A: Jsi to ty, Pavle? Čekám na tebe už celý týden. Proč jsi nepřijel?
B: Ale já jsem ti už před týdnem napsal, že tento týden nebudu mít čas a že přijedu až příští středu.

A: Znáš dobře Bratislavu? Potřebuju doporučit nějaký hotel.
B: Byl jsem tam jen jednou minulý rok a nevzpomínám si na žádný hotel.

A: Kdy má galérie otevřeno?
B: Od úterý do neděle celý den.

A: Už se ti vrátila manželka?
B: Ne, ještě ne, čekám na ni už od středy.

A: Přijdu tedy ve čtvrtek. Bude se ti to hodit v pět?
B: V pět teprve přijdu z práce. Přijď tak po půl šesté.

Cv

❒ **11.** (-1 hodina) = **před jednou hodinou**
(+ 1 hodina) = **za jednu hodinu**

Kdy jste přijel?	(-1 týden)
Kdy musíte odejít?	(+ 2 hodiny)
Kdy přišel ten telegram?	(- 1 hodina)
Za jak dlouho jede vlak?	(+ 15 minut) = (1/4 hodiny)
Kdy jste začal studovat češtinu?	(-1 rok)
Kdy vám končí práce v Brně?	(+ 1,5 měsíce)
Kdy zavírají v bance?	(+ 1/2 hodiny)
Kdy se vracíte do Skotska?	(+ 14 dní) = (2 týdny)
Kdy tady bude pan Kubát?	(+ chvíle)

Gr **MĚSÍCE** (MONTHS)

		KDY? V + Loc	OD/DO + Gen
I.	**leden**	v ledn**u**	od ledn**a**
II.	**únor**	v únoru	od února
III.	**březen**	v březnu	od března
IV.	**duben**	v dubnu	od dubna
V.	**květen**	v květnu	od května
VI.	**červen**	v červnu	od června
VII.	**červenec**	v červenc**i**	od červenc**e**
VIII.	**srpen**	v srpnu	od srpna
IX.	**září**	v **září**	od **září**
X.	**říjen**	v říjnu	od října
XI.	**listopad**	v listopadu	od listopad**u**
XII.	**prosinec**	v prosinci	od prosince

DATUM: **KOLIKÁTÉHO JE DNES?** + **Gen** (What is the date today?)

1. 1.	prvního ledna	
3. 2.	třetího února	
5. 3.	pátého března	
9. 4.	devátého dubna	
13. 5.	třináctého května	
19. 6.	devatenáctého června	
20. 7.	dvacátého července	
22. 8.	dvacátého druhého srpna	
28. 9.	dvacátého osmého září	
30. 10.	třicátého října	
17. 11.	sedmnáctého listopadu	
4. 12.	čtvrtého prosince	

Narodil(a) jsem se 27. 11. 1956. = dvacátého sedmého listopadu
I was born tisíc devět set padesát šest

! 1. 1. – prvního **první,** 1. 2. – prvního **druhý,** 1. 10. – prvního **desátý**...

the month remains in the nominative

Cv

❐ 12.

a) Kdy jste se narodil? Kdy se narodila vaše manželka?
Kdy máte narozeniny? Kdy má narozeniny vaše manželka?

b) Kolikátého je dnes? 8. 3., 10. 10., 17. 11., 21. 2., 23. 5., 12. 1., 31. 7., 28. 6., 1. 9., 16. 12.

L10

ROČNÍ OBDOBÍ (SEASONS OF THE YEAR)

jaro – na jaře	in spring	od – do jara
léto – v létě	in summer	léta
podzim – na podzim	in summer	podzimu
zima – v zimě	in winter	zimy

JARO

Je krásné počasí, svítí slunce. Není moc teplo, je 19 stupňů.

Na jaro se moc těším. V březnu začíná být tepleji a už můžeme začít znovu chodit na procházky. V dubnu o víkendu jezdíme ven za město. Jedeme sice autem, ale venku zaparkujeme a jdeme do přírody. Nerad chodím víc než pět kilometrů, protože děti jsou ještě malé. Náš výlet vždycky skončí v nějaké vesnické hospodě.

kam?	– **ven**	X	kde?	– **venku**
	out			outside
	– **dovnitř**			– **uvnitř**
	into			inside

Je horko, 31 stupňů ve stínu.

U nás nevíme, jestli v létě bude pršet, nebo bude hezky, proto raději jezdíme k moři. Dovolenou si beru v červenci nebo v srpnu, když děti mají prázdniny. Víc se mi ale líbí září, kdy je u moře méně lidí. Nemám moc rád horko a nerad se opaluju, proto na pláži ležím ve stínu a hodně plavu. Většinou bydlíme v hotelu, ale někdy také v soukromí.

Prší, fouká vítr, na nebi jsou černé mraky.

Podzim nemám rád. Přichází už na konci září a celý říjen prší a jsou bouřky. Venku na ulici lidi pospíchají, je jim zima. Všechno je šedivé – nebe, město i nálada. Na podzim nemám z ničeho radost. Vzpomínám na léto, těším se na vánoce a na zimu, chodím do kin a divadel a hlavně hodně pracuju.

Je zima, 5 stupňů pod nulou.
Je hodně sněhu, v noci sněžilo.

Na vánoce většinou ještě není sníh, sněžit začíná až v lednu. Nálada lidí je v zimě lepší, jezdí na hory, kupují dárky na vánoce. Naše rodina jezdí na hory až v únoru – celý týden se synem lyžuju, zatímco manželka s dcerou se lyžovat teprve učí. Za dva roky se však nenaučila skoro nic. Z každého nemůže být sportovec.

JAK TI (VÁM) JE?

Je mi teplo (horko, vedro). Je mi zima.

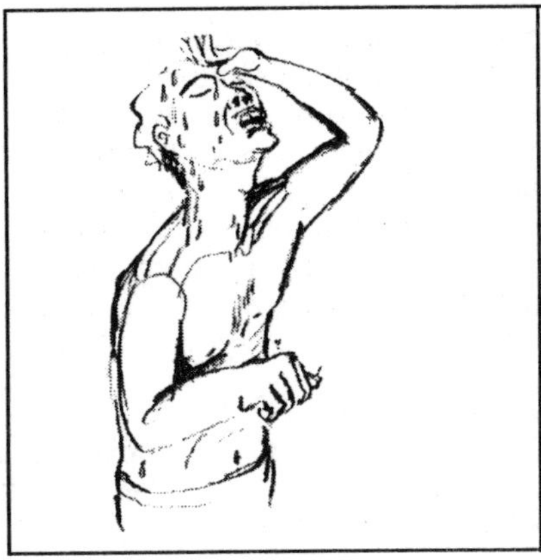

JAKÉ JE POČASÍ?
JAK JE VENKU?

How is the weather?
How is it outside?

Je hezké (krásné) počasí.	The weather is nice (beautiful).
Je hezky.	It is nice.
Je teplo.	It is warm.
Je horko.	It is hot.
Je vedro.	It is a scorcher.
Je jasno.	It is bright.
Je modré nebe.	The sky is blue.
Svítí slunce.	The sun is shining.
Je slunečný den.	It is a sunny day.
Je špatné (ošklivé) počasí.	The weather is bad.
Je ošklivě.	It is awful (ugly).
Je zima.	It is cold.
Je černé nebe.	It is overcast.
Jsou mraky.	It is cloudy.
Je bouřka.	It is stormy.
Jsou blesky.	There is lightning.
Je mlha.	It is foggy.
Prší.	It is raining.
Fouká vítr.	The wind blows.

Byl**o** hezké počasí.	The weather was nice.
Byl**o** hezky, teplo, horko, vedro,...	It was nice, warm, hot, a scorcher...
Byl**o** modré nebe, černé nebe.	The sky was blue, black, overcast.
Svítil**o** slunce. Pršel**o**.	The sun shone. It was raining.
Byl**a** mlha. Byl**a** bouřka.	It was foggy. There was a storm.
Byl slunečný den. Foukal vítr.	It was a sunny day. The wind blew.
Byl**y** blesky. Byl**y** mraky.	There was lightning. There were clouds.
Bude hezky.	The weather will be nice.
Bude svítit slunce.	The sun will shine.

KOLIK JE STUPŇŮ? What is the temperature?

1 stupeň
2, 3, 4 stupně
5, 10, 20 stupňů

nad nulou
above zero

30 °C
nad nulou

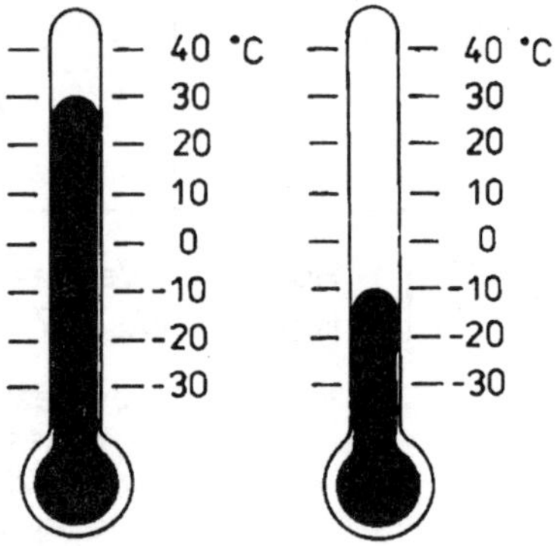

pod nulou
below zero

10 °C
pod nulou

pršet: prší – pršelo – bude pršet		**déšť** M	rain
to rain		**deštník** M	umbrella
sněžit: sněží – sněžilo – bude sněžit		**sníh** M	snow
to snow		hodně sněhu (Gen)	(much snow)
mrznout: mrzne – mrzlo – bude mrznout		**mráz** M	frost
to freeze			

Sněží.	= Padá sníh.	(It's snowing. – The snow falls.)
Mrzne.	= Je mráz.	(It's freezing – There is frost.)
Hodně prší.	= Je velký déšť.	(It's raining hard. – There is a heavy downpour.)

Padal sníh. – Bude padat sníh.
Byl mráz. – Bude mráz.
Byl velký déšť. – Bude velký déšť.

13. Opakujte:

Na výlet půjdeme, jen když
- bude ráno hezky.
- nebude pršet
- začne svítit slunce
- bude tepleji než dneska

Zůstanu doma, protože
- venku je moc horko.
- venku hodně prší
- venku je moc zima
- nikam nechci jít v tom horku

Nemám rád(a), když
- je mi zima na ruce.
- je bouřka a vidím blesky
- od rána do večera prší
- je mi moc horko

Mám rád(a), když
- svítí slunce.
- na jaře začíná být teplo
- je krásné modré nebe
- sněží a příroda je bílá

14. Ve kterém ročním období (na jaře, . . .) nebo ve kterém měsíci (v lednu, . . .) řeknete:

Je moc horko, jdu do stínu.
Zase přicházejí mraky, bude pršet.
Fouká vítr, musím si vzít kabát.
Je modré nebe, dneska bude určitě hezky.
Každý den je počasí horší a horší.
Letos byly vánoce zase bez sněhu.
Je víc než 30 stupňů ve stínu.
Jdou sem černé mraky, za chvíli bude bouřka.
Je jasno, dneska v noci bude zima.
V tom horku by byl příjemný vítr.

15. Která odpověď se nehodí? (Which answer does not fit?):

Napsal ti Petr?
- Už mi dlouho nenapsal.
- Napsal mi před týdnem.
- Napíšu mu hned zítra.
- Je to už měsíc, co nemám od něho dopis.

V kolik hodin mají přijít?
- Měli by přijít za chvíli.
- Ještě je čas, až za půl hodiny.
- Ve tři, ale vždycky chodí pozdě.
- Přijdou příští týden.
- Musejí tu být každou chvíli.

Kdy to musíš udělat?
- Ještě dneska.
- Odpoledne to musí být hotovo.
- Za deset minut už bude sedm.
- Mám čas do středy.

Kdy se asi vrátíš?
- Vrátím se asi v pět.
- Nevrátím se před večeří.
- Vrátím se nejpozději ve dvanáct.
- Přijdu příští úterý.

Jak dlouho budeš dneska studovat?
- Budu studovat celý večer.
- Už jsem si přečetl dvakrát nový text.
- Myslím, že hodinu a půl.
- Mám hodně moc práce, proto dneska studovat nebudu.

❐ 16. **Odpovídejte podle obrázku** (Answer according to the picture):

0 hod. 12 hod. 24 hod.

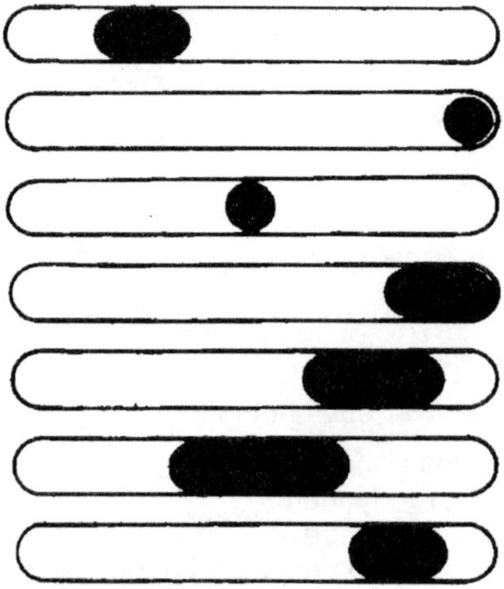

- Kdy zítra pojedeš do Prahy?
- Kdy skončil film?
- Na kdy mám připravit oběd?
- Kdy se asi vrátí?
- Kdy půjdeme na procházku?
- Jak dlouho bude trvat konference?
- Jak dlouho tady Tomáš zůstane?

❐ 17.

a) Doplňte do vět sloveso **jít**, nebo **chodit**:

Můj syn . . . . . ještě do školy. Hodně často . . . . . do kina. Dneska večer ale . . . . . do divadla . . . . . tam on a manželka, protože já nemám dneska večer čas a nemůžu . . . . . Teď, když už je venku hezky, ... celá rodina každý den na procházku. O víkendu zase . . . . . na dlouhé výlety do přírody.

b) Doplňte do vět sloveso **jet**, nebo **jezdit**:

Zítra . . . . . celá rodina navštívit mé rodiče. Bydlí na vesnici, bude to proto hezký výlet do přírody. Na jaře rádi . . . . . ven za město. V létě o dovolené každý rok . . . . . k moři, ale letos tam ne . . . . , protože dovolenou budu mít až v říjnu. Manželka a děti . . . . . na konci července na chatu.

❐ **18. Řekněte v préteritu, co bylo, co jste dělal:**

Někde musíte změnit sloveso imperfektivní na perfektivní:

vracet se – vrátit se
brát – vzít
parkovat – zaparkovat
přicházet – přijít
začínat – začít
(Bojím se, že bude pršet.
! **Bál jsem se**, že **bude** pršet.)

BYLO HEZKY

Dneska je hezky. Svítí slunce, je asi 20 stupňů. Není moc horko, proto půjdu ven do parku. V parku je ale hodně lidí, to se mi nelíbí, proto se vracím domů, beru si auto a jedu ven. Mám dobrou náladu. Dívám se z auta, vidím řeku, lesy a nakonec parkuju u řeky. Ležím, trochu se opaluju. Plavat ještě nechci, protože voda není teplá. Asi za hodinu přicházejí mraky, bez slunce je najednou zima. Rychle jedu domů, bojím se, že bude pršet a bude bouřka. Pršet však začíná, když už jsem doma.

❐ 19. Odpovídejte:

Jaké počasí je většinou na jaře? Máte rád jaro? Proč? Který měsíc už začíná být tepleji? Chodíte do přírody? Chodíte hodně kilometrů? Chodíte sám, nebo s rodinou? Hledáte na výletě nějakou hospodu nebo restauraci?

Víme určitě, jaké bude u nás v létě počasí? Prší často v létě? Jezdíte v létě raději do lesa, nebo k moři? Máte rád horko a rád se opalujete? Jel byste k moři raději v červenci, nebo v září? Proč? Kde u moře bydlíte? Jste dobrý sportovec? Umíte hodně dobře plavat? Kdy budete mít letos dovolenou a kdy budou mít děti prázdniny? Kam pojede letos vaše rodina?

Proč nemáte rád podzim? Jaké je na podzim většinou počasí? Co uděláte, když jste venku, začne pršet a vy nemáte deštník? Jakou máte náladu, když prší?

Máte rád zimu a sníh? Jezdíte lyžovat? Umíte to dobře? A co vaše rodina? Také lyžuje? Byly minulé vánoce bez sněhu?

❐ 20.

Kolikátého je dnes? V úterý? . . . . . .
Který den je 1. 4.? 9. 9.? . . . . . .

Pondělí 1. Duben	Úterý 9. Září	Pátek 23. Listopad	Středa 17. Červen	Čtvrtek 31. Srpen	Sobota 14. Březen	Neděle 4. Červenec

V dopise píšeme: **Praha 16. 12. 1997**
V Praze 16. prosince 1997

☐ 21.

KALENDÁŘ

Řekněte, co budete dělat | v pondělí 2. července?
v úterý 3. července?
ve středu 4. července?
. . . .

ČERVENEC

2	Po	12.00 – oběd s Karlem ve Slávii
3	Út	19.00 – Stavovské divadlo ! koupit 4 lístky
4	St	dopoledne – zatelefonovat doktorovi, kdy na kontrolu
5	Čt	10.00 – kontrola u doktora 16.00 – čeština
6	Pá	! Matka – narozeniny koupit dárek
7	So	11.00 – u metra Anděl plavat s Petrem
8	Ne	vrátit Karlovi kazetu – večer ! připravit si materiály do práce

Ptejte se!

Př.: S kým půjdete v pondělí na oběd?
Kdy půjdete do divadla?
Kam musíte zatelefonovat ve středu?
atd.

MLUVNÍ CVIČENÍ

1. **a)** *Poslouchejte*: **Do práce jdeme už druhého ledna? Ne, až třetího ledna.**

   b) *Odpovídejte:*

   Do práce jdeme už druhého ledna? Ne, až třetího ledna.
   Šéf má narozeniny desátého května? Ne, až jedenáctého května.

Volno na vánoce máme už dvacátého druhého prosince?	Ne, až dvacátého třetího prosince.
Pan Černý přijede z Berlína čtvrtého září?	Ne, až pátého září.

2. a) *Poslouchejte:* **Patnáctého října je neděle? Ne, patnáctého října je pondělí.**

b) *Odpovídejte:*

Patnáctého října je neděle?	Ne, 15. 10. je pondělí.
Osmnáctého února je neděle?	Ne, 18. 2. je pondělí.
Dvacátého pátého června je neděle?	Ne, 25. 6. je pondělí.
Třicátého dubna je neděle?	Ne, 30. 4. je pondělí.

3. a) *Poslouchejte:* **Kdy se vrátíte? Vrátím se za tři čtvrtě hodiny.**

b) *Odpovídejte:*

Kdy se vrátíte?	Vrátím se za tři čtvrtě hodiny.
Kdy přijde profesor Černý?	Přijde za tři čtvrtě hodiny.
Za jak dlouho jede autobus?	Jede za tři čtvrtě hodiny.
Za jak dlouho musíš odejít?	Musím odejít za tři čtvrtě hodiny.

4. a) *Poslouchejte:* **Už je čtvrt na šest? Nejdou mi hodinky.**
Za pět minut bude čtvrt na šest.

b) *Odpovídejte:*

Už je čtvrt na šest? Nejdou mi hodinky.	Za pět minut bude čtvrt na šest.
Už je půl šesté? Nejdou mi hodinky.	Za pět minut bude půl šesté.
Už je tři čtvrtě na šest? Nejdou mi hodinky.	Za pět minut bude tři čtvrtě na šest.
Už je šest? Nejdou mi hodinky.	Za pět minut bude šest.

5. a) *Poslouchejte*: **Ještě není pozdě. Jsou čtyři hodiny.**
Je pozdě, už jsou 4 hodiny a deset minut.

b) *Reagujte:*

Ještě není pozdě. Jsou čtyři hodiny.	Je pozdě, už jsou 4 hodiny a deset minut.
Ještě není pozdě. Je čtvrt na pět.	Je pozdě, už je čtvrt na 5 a deset minut.
Ještě není pozdě. Je půl páté.	Je pozdě, už je půl páté a deset minut.
Ještě není pozdě. Je tři čtvrtě na pět.	Je pozdě, už je tři čtvrtě na 5 a deset minut.

6. a) *Poslouchejte:* **Za kým jdeš tak pozdě? ptá se mě matka.**
Za panem Černým, odpovídám.

b) *Odpovídejte:*

Za kým jdeš tak pozdě? ptá se mě matka.	Za panem Černým, odpovídám.
Za kým jdete? ptají se mě v recepci hotelu.	Za panem Černým, odpovídám.
Za kým jdete? ptají se mě v kanceláři firmy.	Za panem Černým, odpovídám.

7. a) *Poslouchejte:* **Kdy jste tady byl naposledy? Minulé úterý?**
Ano, byl jsem tady, myslím, minulé úterý.

b) *Odpovídejte:*

Kdy jste tady byl naposledy? Minulé úterý?	Ano, byl jsem tady, myslím, minulé úterý.
Kdy jste byli u nás naposledy? Minulý měsíc?	Ano, byli jsme u vás, myslím, minulý měsíc.
Kdy jste si to koupil? Minulou středu?	Ano, koupil jsem si to, myslím, minulou středu.

8. a) *Poslouchejte:* **Kde jste byl vloni o dovolené? Myslím, že jste říkal – v Itálii?**
Ano, byl jsem tam vloni a letos do Itálie pojedu zase.

b) *Odpovídejte:*

Kde jste byl vloni o dovolené? Myslím, že jste říkal – v Itálii?	Ano, byl jsem tam vloni a letos do Itálie pojedu zase.
Kde jste byl vloni v létě? Myslím, že jste říkal – v Rakousku?	Ano, byl jsem tam vloni a letos do Rakouska pojedu zase.
Kde jste byl vloni v zimě o dovolené? Myslím, že jste říkal – v Africe?	Ano, byl jsem tam vloni a letos do Afriky pojedu zase.

9. a) *Poslouchejte:* **Kolikrát za týden chodíš sportovat?**
Chodím sportovat dvakrát za týden.

b) *Odpovídejte:*

Kolikrát za týden chodíš sportovat?	Chodím sportovat dvakrát za týden.
Jak často chodíš ke své matce na návštěvu?	Chodím tam dvakrát za týden.
Kolikrát za týden chodíš na češtinu?	Chodím tam dvakrát za týden.

10. **a)** *Poslouchejte:* **Půjdeme plavat?** **Nechci, plavu nerad.**

b) *Odpovídejte:*

Půjdeme plavat? Nechci, plavu nerad.
Půjdeme se opalovat? Nechci, opaluju se nerad.
Pojedeme lyžovat? Nechci, lyžuju nerad.

11. **a)** *Poslouchejte:* **Mně nevadí, že prší. Půjdeme ještě tam do toho obchodu?**
Ale ne, moc prší, já jdu domů.

b) *Odpovídejte:*

Mně nevadí, že prší. Půjdeme ještě tam do toho obchodu? Ale ne, moc prší, já jdu domů.

Mně nevadí, že je horko. Zůstaneme ještě na procházce? Ale ne, je moc horko, já jdu domů.

Mně nevadí, že je zima. Půjdeme se podívat ještě do toho kostela? Ale ne, je moc zima, já jdu domů.

JAK VÁM JE?
CO UDĚLÁTE?

L11

adresa F	address
adresát M	addressee
balík M	parcel
blanket M	form
cizina F	foreign countries
doplnit, -ím pf.	to complete,
doplňovat, -uju impf.	fill in
doporučeně	registered
hodit, -ím pf.	to throw
házet, -ím impf.	
hovor M	talk
chyba F	mistake
chybět, -ím impf.	to be missing
chybí mi	I miss
kancelář F	office
laskavý, -á, -é	kind
buď(te) tak laskav, laskava!	Will you be so kind!
letecky	by airmail
nalepit, -ím pf.	to stick on
lepit, -ím impf.	
normálně	normally
obálka F	envelope
obyčejně	ordinary
odesílatel M	sender
omyl M	error
podepsat (se), podepíšu pf.	to sign, I will sign
podepisovat, -uju impf.	
pohled M = **pohlednice** F	postcard
poslat, pošlu pf.	to send, I will send
posílat, -ám impf.	
poštovní	post (adj.)
poštovní schránka F	post-box
poukázka F	postal money order

pozdravit, -ím pf.	to greet
zdravit, -ím impf.	
pozdravovat, -uju +Acc **od** +Gen impf.	
seznam M	list
telefonní seznam	phone directory
slyšet, -ím impf.	to hear
uslyšet, -ím pf.	
spolehnout se na + Acc	to rely on
spolehnu se pf.	I will rely on
spoléhat se, -ám impf.	
štěstí N	happiness, luck
telefonát M	call
telefonní	phone (adj.)
úředník M	official, clerk (M)
úřednice F	official, clerk (F)
úspěch M	success
vážený, -á, -é	dear
vážit, -ím impf.	to weigh
zvážit, -ím pf.	
vyplnit, -ím pf.	to fill in
vyplňovat, -uju impf.	
vyřídit +Dat +Acc pf. **-ím (vzkaz)**	to give (a message)
vyřizovat, -uju impf.	
zabývat se +Instr impf. **-ám se**	to be engaged in
zalepit, -ím pf.	to seal
zalepovat, -uju impf.	
zavolat +Dat, **-ám** pf. **na** +Acc	to call
volat, -ám impf.	to call
změnit, -ím pf.	to change
měnit impf.	
známka F	stamp
znovu	again

!	Zavolám (na) kamaráda.	I will call to my friend.
	Zavolám kamarádovi.	I will call my friend.

Gr

IMPERATIVE (IMPERATIV)

Imperative — formed from the third person, plural, present, impf. + pf. (the ending drops off)
formed for: **you** (ty, vy) – **we** (my)

1\. **oni kupují** — they buy

Stem ends with **one consonant**

(ty)	kupuj!	**without ending**	buy!
(vy)	kupujte!	ending **-te**	buy!
(my)	kupujme!	ending **-me**	let's buy!

2\. **oni vezmou** — they take

Stem ends with **two consonants**

(ty)	vezmi!	ending **-i**	take!
(vy)	vezměte!	ending **-ěte/ete**	take!
(my)	vezměme!	ending **-ěme/eme**	let's take!

3\. **oni dělají** — they make, do

instead of -ají:
(-ejí / -ějí:)

(ty)	dělej!	ending **-ej**	make, do!
(vy)	dělejte!	ending **-ejte**	make, do!
(my)	dělejme!	ending **-ejme**	let's make, do!

! Stem ends in **d – t – n → ď – ť – ň**

vstanou	– vstaň, vstaňte, vstaňme!	to get up
vrátí	– vrať, vraťte, vraťme!	to come back
jedou	– jeď, jeďte, jeďme!	to go (by vehicle)

!

píšou	– piš, pište, pišme!	(**í** > **i**)	to write
koupí	– kup, kupte, kupme!	(**ou** > **u**)	to buy
vrátí se	– vrať se, vraťte se, vraťme se!	(**á** > **a**)	to return

IRREGULAR IMPERATIVE (NEPRAVIDELNÝ IMPERATIV)

			Inf.	
buď!	**buďte!**	**buďme!**	(být)	be, be, let's be
stůj!	**stůjte!**	**stůjme!**	(stát)	stand, stand, let's stand
jez!	**jezte!**	**jezme!**	(jíst)	eat, eat, let's eat
odpověz!	**odpovězte!**	**odpovězme!**	(odpovědět)	answer, answer, let's answer
měj!	**mějte!**	**mějme!**	(mít)	have, have, let's have

jít – to go

přijít – to come

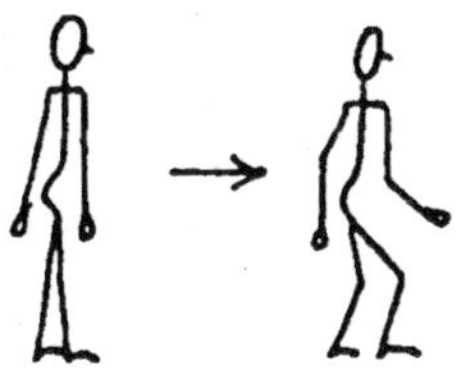

jdi! jděte!
(go!)

pojď! pojďte!
(come!)

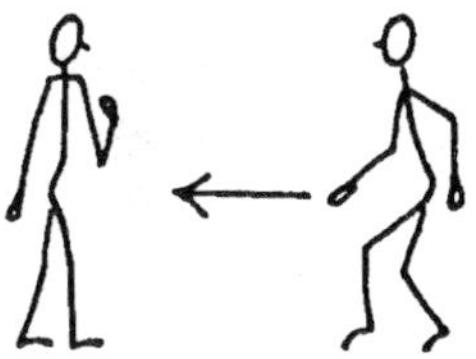

přijď! přijďte!
pojď sem! pojďte sem!
(come here!)

Příklady:

Marto, **vrať se** brzo!	Marta, come back soon!
Promiň, neviděl jsem tě.	Sorry, I did not see you.
Řekni jim to také!	Tell them it too!
Prosím vás, **otevřete** to okno!	Will you open the window, please!
Jezme více ovoce!	Let's eat more fruit!
Buď večer doma!	Be at home in the evening!
Stůjte, jede auto!	Stay here, a car is coming!
Kup mi ještě 10 dkg sýra!	Buy me another one hundred grammes of cheese!
Jdi dnes do kina sám, mám moc práce.	Go to the cinema today alone, I have a lot of work.
Jano, **pojďte** kousek se mnou, ukážu vám nejbližší stanici metra.	Jane, come with me, I will show you the nearest underground station.
Pane Kubáte, **přijďte**, prosím, už v 8 hodin ke mně.	Mr. Kubát, will you come to my place as early as eight o'clock.
Petře a Tomáši, **jeďte** se podívat také do Karlových Varů.	Peter and Tom, go to visit Karlovy Vary too.

IMPERATIVE FORM FOR THE THIRD PERSON SG. AND PL.

AŤ + pres. or fut. perfective	let ...
Ať Helena **píše** ten úkol.	Let Helen write her homework.
Ať žije mír!	Long live peace!
Ať Tomáš **koupí** chleba!	Let Tom buy bread!

NEGATIVE IMPERATIVE

= is in the **imperfective form** in almost every case (but **nezapomeň!** – pf.)

Impf.	Piš ten úkol!	**Nepiš to!**	Write the homework!
Pf.	Napiš ještě to cvičení!		Write the exercise too!
Impf.	Kupujte si ovoce!	**Nekupujte si to!**	Buy fruit!
Pf.	Kupte si také jablka!		Buy apples too!
Pf.	Vraťte se včas!	– **Nevracejte se pozdě!**	Come back in time!
	Dej mu tu knihu!	– **Nedávej mu tu knihu!**	Give him the book!
	Vezměte si kabát!	– **Neberte si kabát!**	Take your coat!
!	**Jdi! Pojď! Přijď! Choď!**	– **NECHOĎ!**	
	Jeď! Jezdi!	– **NEJEZDI!**	

Cv

❐ 1. Doplňte negativní imperativ:

Vzor: Napiš si ten úkol, ale **nepiš** ho až večer.

Dnes si **vezmi** kabát, zítra si ho . . . . , bude teplo. – **Jdi** večer k Tomášovi, ale . . . . k němu moc pozdě. – **Zatelefonuj** Heleně, ale . . . . jí moc dlouho, je to drahé. – **Přečti** to cvičení, ale . . . . ho moc rychle. – **Jeď** na nádraží metrem, ... tramvají, jezdí moc pomalu. – Dej Petrovi jen ty noviny, ten časopis mu . . . . – **Uklid'** si všechno už dnes, zítra už . . . . – Tu housku **sněz** ráno, potom už nic . . . . – **Počkej** ještě 5 minut, déle už . . . . – Ten časopis si **prohlédni**, ... si ale moc dlouho, musím ho vrátit.

❐ 2. Doplňte podle vzoru:

Vzor: Proč si nenapíšeš ten úkol?	**Napiš ho.**
Proč neumyješ ty skleničky?	Umyj . . . . . .
Proč nesníte ten zákusek?	Snězte . . . . . .
Evo, proč se už neoblékáš?	Oblékej se . . . . . .
Proč nezavřete ty dveře?	Zavřete . . . . . .
Proč si nenalepíte tu známku?	Nalepte . . . . . .

Proč Tomášovi nepoblahopřejete?	Poblahopřejte . . . . . .
Proč Janě a Petrovi nepošlete telegram?	Pošlete . . . . . .
Proč ten dopis nehodíte do schránky?	Hoďte . . . . . .
Proč jste se sem nepodepsal?	Podepište se . . . . . .
Proč jsi nedoplnil jeho jméno?	Doplň . . . . . .
Proč jsi Aleně nezavolal?	Zavolej . . . . . .
Proč jste mi nepřivezli ty kufry?	Přivezte mi . . . . . .
Proč si Helena neprohlédla ty fotografie?	Ať si je . . . . . .
Proč Tomáš včera nepřijel?	Ať . . . . . .
Proč studenti nepřišli do třídy?	Ať . . . . . .
Proč Jana nepřečetla ten text?	Ať si ho . . . . . .
Proč už ti lidé nevystoupili?	Ať . . . . . .

❐ **3. Změňte podle vzoru** (Change according to the model):

Vzor:	Musíš **psát** ten úkol.	**Piš** ten úkol (ho).
	Musíš **napsat** úkol.	**Napiš** úkol (ho).
	Musí to napsat.	**Ať to** napíše!

Musí to změnit. Musíš ten balík poslat ty. Prodavačka musí zvážit to zboží. Musíte doplnit to cvičení. Musíte odpovědět podle vzoru. Musíte dokončit tu větu. Jana to musí říct. Musíte být v 8 hodin ve třídě. Nemusíš tady stát tak dlouho. Nesmíte zapomenout na důležité věci. Musíme si vzít kabáty. Musíš Martinovi poděkovat. Musíte to říct svému kolegovi.

❐ **4. Řekněte Heleně a Tomášovi: Heleno, Tomáši, ... (udělej to, nedělej to!)**

ať ještě nepřestupuje, objedná kávu, sní polévku, vypije víno, si vezme koláč, jde s vámi do kina, k vám večer přijde, jede domů až večer, zalepí ten dopis, vám v poledne zavolá, pomůže mamince uklidit pokoj, si všímá hezkých věcí, se zúčastní toho jednání, je spokojený(-á) s tím, co má, vyplní tu poukázku.

Gr

VOCATIVE CASE (CALLING, ADDRESSING) (VOKATIV, OSLOVENÍ)

Příklady:

Můj milý přítel*i*!
Milá Helen*o*!
Vážený pan*e* ředitel*i*!
Vážené dámy, vážení pánové!
Milé kolegyně, milí kolegové!

– ! **These forms exist only for singular masculine + feminine nouns.**

Ma	hard	**-e**	studente!	
	soft	**-i**	Tomáši!	
	after h, k, ch	**-u**	Mirku! hochu!	
	ending -a	**-o**	kolego!	
F	ending -a	**-o**	slečno!	
	ending -e =	**-e**	Marie!	
	ending -ová =	**-ová**	Paní Dvořáková!	

!! **-tr** → Pet**ře**!
-dr → Alexand**ře**!
-ec → chlap**če**!

(hoch M, chlapec M – lad, boy)

– The nominative case is used for calling in the plural.

Cv

❒ **5. Ptejte se:**

paní profesorky, jestli vám to může ještě jednou vysvětlit
Petra, jestli vám může půjčit tu knihu
kamaráda, jestli by nemohl zavřít okno
slečny, jestli by vám mohla ukázat cestu na Václavské náměstí
pana ředitele, jestli byste ho mohl navštívit v kanceláři
pana Kubáta, jestli s vámi půjde na fotbal

❒ **6. Řekněte** Věře: **Věro, nemluv tak nahlas!**

Haně, ať nemluví tak nahlas	..........., nemluv tak nahlas!
tomu chlapci, ať si tady nehraje	..........., nehraj si tady!
Marii, ať otevře dveře	..........., otevři dveře!
Martinovi, ať k vám večer přijde	..........., přijď k nám večer!
Martině, ať jde nakoupit	..........., jdi nakoupit!
příteli, ať vám to ještě jednou zopakuje	..........., zopakuj to ještě 1x!
Markovi, ať podepíše ten pohled Aleně	..........., podepiš ten pohled!
Monice, ať si zkusí ty zelené šaty (clothes)	..........., zkus si ty šaty!

Gr

INSTRUMENTAL CASE OF PERSONAL PRONOUNS

(INSTRUMENTÁL OSOBNÍCH ZÁJMEN)

JÁ	TY	ON (ONO)	ONA	MY	VY	ONI, ONY, ONA
(se) mnou	(s) tebou	jím s ním	jí s ní	(s) námi	(s) vámi	jimi s nimi
with me	with you	with him, it	with her	with us	with you	with them

Příklady:

Půjdeš **se mnou** do kina?	Will you go with me to the cinema?
Ne, dneska **s tebou** nepůjdu.	No, I will not go with you today.
Tady je škola a **za ní** je park.	Here is a school and a park behind it.
Před námi stojí Petr.	Peter is standing in front of us.
Kdo je **za vámi?**	Who is standing behind you?
Půjdete taky **s nimi?**	Will you go with them too?

Cv

❐ **7.**

Rozloučíš se s(e)	Marta	?	Už jsem se s	ní	rozloučil.
	Petr a Jan			nimi	
	tvůj kolega			ním	
	přítel				
	moje sestra				

❐ **8.**

Dej ten obraz pod postel.	Ale ne,	nad	ním	už není místo.
Dej ten balík pod televizi.		pod	ní	
Dej tu tašku pod křeslo.		před	nimi	
Sedni si před Petra.		za		
Sedni si za Karla s Irenou.				

A: Petře, jsi spokojený se svým novým bytem?
B: Ne, vůbec s ním nejsem spokojený, je moc malý.

A: Aleno, nevidíš tady někde Honzu? Hledám ho.
B: Stojí tamhle před námi. Vidíš ho?

A: Jirko, přijdeš odpoledne za námi do parku?
B: Ne, Maruško, dnes nepřijdu, mám moc práce.

A: Milane, co to je pod tvou postelí?
B: Dal jsem si pod ni svůj nový kufr.

A: Jardo, prosím tě, hodil bys mi ten dopis do schránky?
B: Ale ano, po obědě půjdu do města. Ještě si ho zalep a nalep známku.

A: Pane kolego, buďte tak laskav, řekněte panu inženýru Kubátovi, ať přijde ke mně do kanceláře.
B: Pane řediteli, pan inženýr Kubát je dnes a zítra na služební cestě.
A: Řekněte tedy, prosím, jeho sekretářce, že má přijít ke mně v pátek ráno v 8 hodin.
B: Ano, spolehněte se, vyřídím to.

A: Pane, tady se musíte ještě podepsat.
B: Aha, zapomněl jsem. Promiňte.

A: Mileno, zavolej Tomášovi, ať k nám přijde zítra s manželkou.
B: Nebylo by to lepší až příští týden? Tenhle máme moc práce.
A: Tak dobře, jak chceš.

A: Davide, už jsi mu poslal ten balík?
B: Ne, ale hned zítra mu ho pošlu.

A: Pane Nováku, můžete zaparkovat přímo před naším domem.
B: Ale před ním už není žádné místo!

POŠTA – POŠTOVNÍ ZÁSILKY (THE POST OFFICE – POSTAL ARTICLES)

poslat dopis – normálně, obyčejně	to send a letter – ordinary
– doporučeně	– registered
– expres	– express
– letecky	– by airmail
– poste restante	

L11

poštovné (N) — postage
vyplnit – podací lístek na doporučený dopis — to fill in – registered letter form
– poukázku na peníze — – postal money order
– průvodku na balík — – package registration form
– blanket na telegram — – telegram form

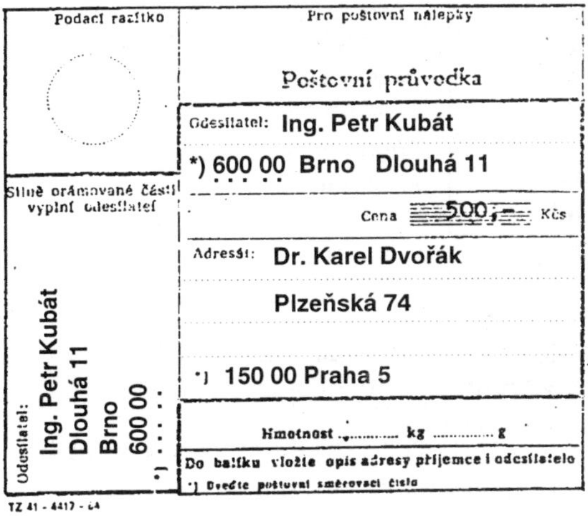

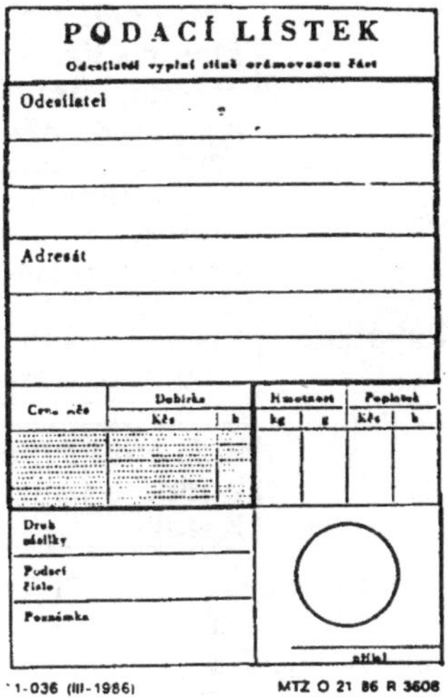

DOPIS, POHLED (LETTER, POSTCARD)

Dopis začínáme:
(příteli) ⟶ **Milý Petře!** **Milá Ireno!**
Ahoj Petře! **Ahoj Ireno!**

(úřední osobě) ⟶ **Vážený pane doktore!**
Vážená paní doktorko!

Dopis končíme: ⟶ **Ahoj! Michal**
Loučí se Michal.
Ahoj a měj se hezky! Tvůj Michal
S pozdravem Michal Šíma.

Posíláme pohled

z výletu:	**Srdečný pozdrav z Prahy Vám posílá Karel.**	Best regards from Prague from Karel.
	Krásný pozdrav z dovolené Vám posílá Karel.	Best wishes from my holiday from Karel.
na Vánoce:	**Přejeme Vám i Vaší rodině veselé Vánoce a šťastný nový rok. Karel s rodinou**	A Merry Christmas and a Happy New Year. Karel and his family
	Přeju celé Vaší rodině šťastné Vánoce a hodně štěstí a zdraví v novém roce. Karel s manželkou	A Merry Christmas and much happiness and health in the New Year to all your family. Karel and his family
	Přeju Vám do nového roku hodně úspěchů v práci i osobním životě. Karel	Much success in your work and personal life in the New Year. Karel
k svátku:	**Přeju Ti všechno nejlepší k svátku. Karel**	All the best on your name day. Karel
	K Tvému svátku Ti přeju hodně štěstí, lásky a úspěchů. Karel	Much happiness, love and success on your name day. Karel

! k narozenin**ám** = (on) birthday
Dat pl.
(narozeniny F pl.)

! In Czech when writing letters it is usual to begin personal and possessive pronouns with a capital letter.

Cv

❒ 9. Doplňte:

a) Ahoj . . . . . !
Posílám ti . . . . . pozdrav z . . . . . Je tady moc . . . . . Jsem tady už týden, domů přijedu za . . . . . ! Jana

b) Posílám . . . . . srdečný . . . . . z dovolené . . . . . teplo, chodíme . . . . ., poznali jsme hodně nových přátel. Pozdravuj také . . . . . Jana

c) Přejeme celé rodině . . . . . Vánoce a . . . . . nový rok. Na Vánoce jedeme . . . . ., zůstaneme tam i na Nový rok. Pozdravujte od nás . . . . . a brzo napište.
Loučí se Petr a Jana

L11

DÁT DOPIS DO OBÁLKY

ZALEPIT OBÁLKU

NAPSAT ADRESU

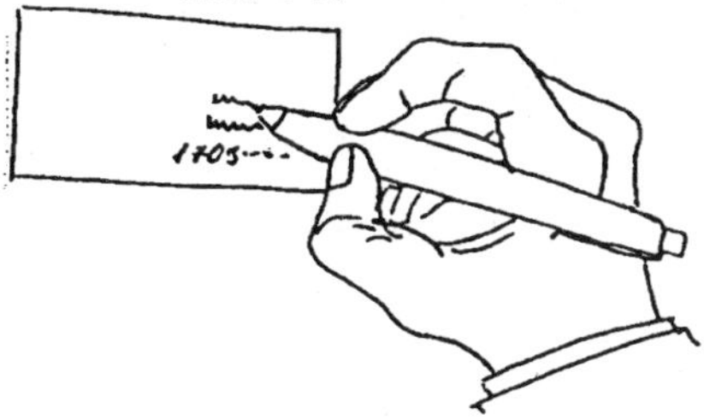

NAPSAT ADRESU ODESÍLATELE

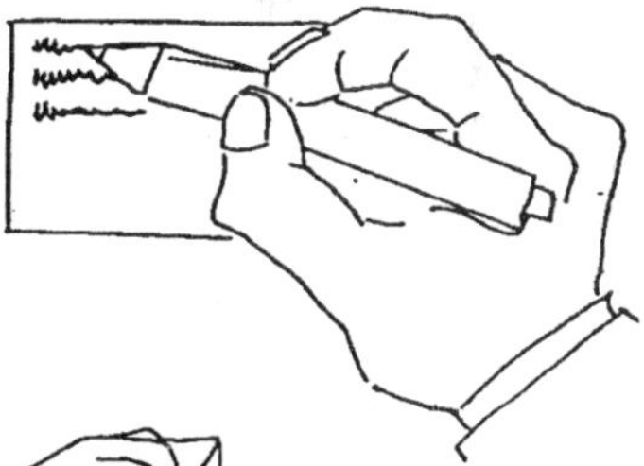

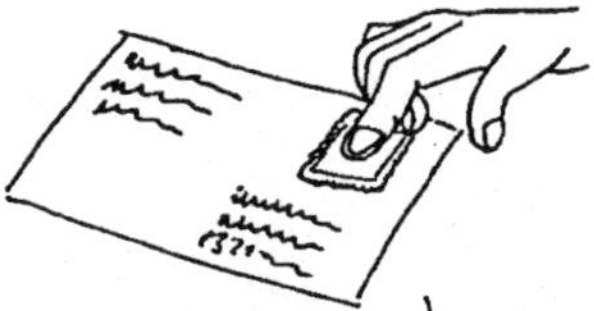

NALEPIT ZNÁMKU

HODIT DOPIS DO SCHRÁNKY

❐ 10.

Řekněte kolegovi, co musí udělat!

Musí sem na obálku napsat adresu.	Napište . . . .
Musí vyplnit podací lístek.	Vyplňte . . . .
Musí platit tamhle u pokladny.	Plaťte . . . .
Musí poslat dopis expres.	Pošlete . . . .
Musí hodit dopis do schránky.	Hoďte . . . .
Musí zvážit ten balík, jestli váží víc než jedno kilo.	Zvažte . . . .

❐ 11.

a) Spojte sloveso se substantivem:

(Match the verbs with the nouns)

nalepit	schránka
zalepit	adresa
napsat	známka
zvážit	obálka
hodit	balík
vyplnit	poukázka
poslat	peníze

b) Vyberte, co se hodí:

(Choose the suitable expressions)

jít na poštu	za 10 Kč
psát dopis	pro peníze
nalepit známku	poslat balík
napsat adresu	normálně
dát fotografii	na balík
zaplatit 8 Kč	na obálku
poslat dopis	na dopisní papír
koupit známky	doporučeně
poslat balík	za dopis do ciziny
jít do banky	do dopisu

A: Kolik stojí dopis do ciziny?
B: Letecky do Evropy 8 korun, ostatní 9 korun.
A: Dejte mi tedy známky za 18 korun

A: Prosím vás, jak se posílá dopis doporučeně?
B: Tady si vyplňte podací lístek.
A: Odesílatel jsem já?
B: Ano. A tady vzadu na obálku napište vaši adresu.

A: Prosím vás, stačí na tenhle dopis známka za 9 korun? Můžete mi ho zvážit?
B: Váží víc, musíte ještě zaplatit 3 koruny.

A: Můžu tu knihu poslat jako dopis?
B: Ne, váží víc než jedno kilo. Musíte ji poslat jako balík. Chcete to expres?
A: Ne, stačí normálně. Za jak dlouho to tam bude?
B: Za tři dny. Tady si vyplňte průvodku na balík.

A: Chci ten dopis poslat expres.
B: Tady vám chybí poštovní směrovací číslo.
A: Ale já ho neznám.
B: Seznam poštovních směrovacích čísel visí tamhle u dveří.
A: Děkuju.

poštovní směrovací číslo
Praha 1 – 110 00

Jak píšeme adresu?

Vážený pan
Petr Dvořák
Husinecká 22
130 00 Praha 3 – Žižkov

Vážená paní
Eva Veselá
nám. Dr. Beneše 12
460 01 Liberec

TELEGRAM

Telegram musí být krátký a přesný. Pište ho **čitelně** (= může se dobře číst). Nahoru napište svou adresu (= adresu odesílatele), doprostřed adresu toho, komu píšete (= adresu **příjemce**). Text nepište dlouhý, na konci se nezapomeňte podepsat.

podepisovat se – podepsat se – **podpis**
příjemce = ten, kdo přijímá = adresát
odesílatel = ten, kdo odesílá, posílá

tiskací (hůlkové) písmo (capital letters)

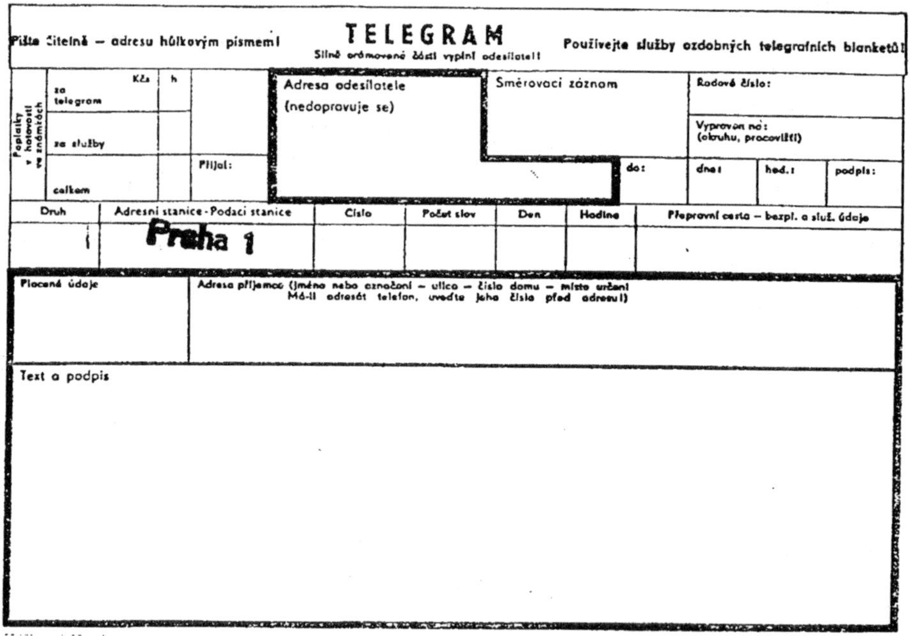

Pište čitelně – adresu hůlkovým písmem!

TELEGRAM

Silně orámované části vyplní odesilatel!

Používejte služby ozdobných telegrafních blanketů!

Poplatky v hotovosti ve známkách: za telegram – Kčs – h; za služby; celkem

Přijal:

Adresa odesilatele (nedopravuje se)

Směrovací záznam

Rodové číslo:

Vypraven na: (okruhu, pracoviště)

do: dne: hod.: podpis:

Druh	Adresní stanice - Podací stanice	Číslo	Počet slov	Den	Hodina	Přepravní cesta – bezpl. a služ. údaje
	Praha 1					

Placené údaje

Adresa příjemce (jméno nebo označení – ulice – číslo domu – místo určení. Má-li adresát telefon, uveďte jeho číslo před adresou!)

Text a podpis

❒ 12.

Vyplňte blanket na telegram – napište adresy a text. Pro text si vyberte tyto situace:

a) Dohodl jste se s kolegou, že na vás počká v Praze u autobusu v pondělí v 9 hodin ráno. Vám se ale změnil program, nemůžete být v Praze ráno, ale přijedete v pondělí až v 6 hodin večer.

b) Váš kolega je na návštěvě v Brně u svého přítele. Znáte jeho adresu a víte, že tam chce být jeden týden. Teď ale šéf vás i vašeho kolegu posílá na služební cestu. Napište mu, proč a kdy se musí vrátit.

c) Váš přítel přijel z Londýna do Prahy a přivezl nějaké důležité dokumenty pro vašeho kolegu, který pracuje v Brně. Musíte proto kolegovi poslat telegram, že si musí pro dokumenty přijet. Napište také, kdy a kde vás v Praze najde.

TELEFON

L11

telefon	
telefonát = telefonický hovor	telephone call
telefonní číslo	telephone number
telefonní seznam	telephone directory
telefonní karta	telephone card
meziměstský hovor	trunk (long-distance) call
mezistátní hovor	international call
místní hovor	local call
za/telefonovat někomu = za/volat někomu	to call somebody

Včera jsem přijel do Prahy až večer, takže jsem už neměl čas zavolat svému příteli Karlovi do Brna. Vím, že Karel na můj telefonát čeká, a proto hned dneska ráno jsem mu z kanceláře zavolal. Na druhém konci jsem neslyšel Karla ani jeho sekretářku, ale:

– Tady Svobodová. Kdo volá?
– Promiňte, to není kancelář pana Dvořáka?
– Ne, to je soukromý byt.
– Promiňte, to je omyl. Chtěl jsem číslo 58 35 96.
– Tady je 58 30 96. Nic se nestalo.

Nevím, jestli jsem chybu udělal já, nebo telefon, a zavolal jsem znovu. Bohužel bylo obsazeno. Volal jsem každou čtvrt hodinu, nakonec jsem se dovolal v 10 hodin.

– Kancelář inženýra Dvořáka.
– Dobrý den. Tady je Petr Kubát, chtěl bych mluvit s inženýrem Dvořákem.
– Počkejte si chvíli. Pane inženýre, volá Petr Kubát. Vezmete si hovor?
– Ahoj, Petře! Celé ráno čekám, že zavoláš. Tak co?
– Ahoj! Měl jsi stále obsazený telefon. Tak tedy ....

Cv

❐ 13. Na kterou otázku vám odpověděli?

.... ? Ne, tady žádný Petr nebydlí, to bude omyl.
.... ? Doktor Dvořák před chvílí odešel.
.... ? Zavolejte za půl hodiny, teď tu inženýr Kubát není.
.... ? Ano, Karel je doma. Hned ho zavolám.
.... ? Zavolejte v 11 hodin, teď pan doktor nemůže přijít k telefonu.
.... ? Ne, není doma a vrátí se až večer.
.... ? Ano, řeknu mu, že volal Karel a že přijde zítra.
.... ? Ano, můžete k panu doktorovi přijít dneska odpoledne ve tři.

❐ 14. Doplňte rozhovor:

To jsi ty, Petře? Tady je Honza. Ahoj!

....

Volám z města a potřebuju se s tebou sejít. Máš čas?

....

Jsem na Staroměstském náměstí. Kdy sem asi můžeš přijít?

....

Tak fajn. Počkám na tebe v kavárně U Týna. Víš, kde to je?

....

Ahoj!

❐ 15. Jak řeknete nebo se zeptáte na poště:

– where can you borrow (půjčit si) a telephone directory
– whether your packet weighs more than fifteen kilogrammes
– whether you must fill in a postal money order form
– how much postage abroad costs
– that you would like to send a registered letter
– that you must make an international call

❐ 16.

Napište pohled:

– pozdravujte z Prahy a napište, kdy se vrátíte domů,
– napište, že je teplo, že se už na rodinu těšíte a že ji pozdravuje váš přítel,
– píšete pozdrav ze služební cesty, vrátíte se už v pátek dopoledne a v sobotu chcete jet s celou rodinou ke Karlovi na chatu,
– píšete manželce, že ji moc pozdravujete a že Vám má na pondělí ráno koupit místenku do Brna.

❐ **17. Tvořte krátké rozhovory:**

A: Nevadí ti, když | si od tebe zatelefonuju?
si prohlédnu tyhle fotografie?
si vezmu tvůj dopisní papír?
u tebe počkám?

B: Vůbec ne, buď tu jako doma. | Zatelefonuj si, kam chceš.
Prohlédni si, co chceš.
Vezmi si, co chceš.
Počkej si, jak dlouho chceš.

❐ **18. Doplňte správné formy:**

Přijdete dnes s (manželka)? – Ne, dnes s (ona) nepřijdu, přijdu sám.
Jste spokojený s (vaše nové auto)? – Ano, jsem s (ono) velmi spokojen.
Zabýváte se (nějaký sport)? – Ne, vůbec se (on) nezabývám.
Nechtěl byste si se (já) zahrát tenis? – Nezahraju si s (vy), neumím to.
Musíme projít (ten park)? – Ano, projdeme (on).

❐ **19. Zeptejte se na výrazy, které jsou podtrženy:**
(Form questions by which you ask about the underlined expressions.)

Vzor: Jdu s Karlem do kina. **S kým že jdeš?**

Tomáš se zabývá sportem. . . . . že se zabývá?
Do práce jezdím tramvají. . . . . že jezdíš do práce?
Nejsem spokojený s tou knihou. . . . . že nejsi spokojený?
Mluvil s nějakou slečnou. . . . . že to mluvil?
Dnes za ním nechoď. . . . . že nemám chodit?
Jdi za nimi! . . . . že mám jít?
Stanice tramvaje je tamhle před tou vysokou budovou. . . . . že je?
Ten úkol musíš napsat tužkou. . . . . že ho mám napsat?

❐ **20. Říkejte opozitum:**

Vzor: Jdu **do obchodu**. On jde **z obchodu.**

Pospíchá **k lékaři.** Já už jdu . . . .
Auto stojí určitě **před domem**. Ne, stojí . . . .
Dnes přijdu **se svou novou přítelkyní**. Ty určitě přijdeš . . . .
Tomáš přijde **za hodinu.** Petr už přišel . . . .
Před obědem musím uklidit. . . . . už chci odpočívat.
Před měsícem byl u mne Tomáš. . . . . přijede Jarda.
Jdu **k našemu profesorovi na konzultaci.** Petr se vrací . . . .
Kufr leží **na skříni** a taška leží . . . .
Lidé byli **v hezkém divadle**. Lidé odcházejí . . . .
Pošta je **proti tamtomu starému domu.** Ne, je vedle . . . .
Leží moje taška ještě **na stole**? Ne, někdo ji dal . . . . (kam? Acc)
Nevšímám si **žádné** hezké slečny. Můj přítel si všímá . . . .
Už se nezúčastním **žádných** konferencí. Tomáš rád navštěvuje . . . .

❐ **21. Doplňte prepozice, kde je to nutné** (where it is necessary):

Pojedete . . . . . vlakem, nebo . . . . . autobusem? . . . . . obědem si umyjeme ruce. Dnes musím zajít . . . . . . svým přítelem Tomášem. Zítra přijede Alena . . . . . . Helenou. Vrátím se . . . . . . druhou a třetí hodinou. Stůl stojí . . . . . . oknem a postelí. David přijede až . . . . . . měsíc. Rád si všímám . . . . . . hezkých věcí. . . . . . chvíli můžeš přijít. . . . . . . chvílí tady byl Honza. . . . . . . stole stojí talíř . . . . . . polévkou a mísa (bowl) . . . . . ovocem. Projdeme ještě . . . . . . tímhle parkem a budeme na nádraží.

MLUVNÍ CVIČENÍ

1. a) *Poslouchejte:* **Kdy mám přijít? Zítra večer? Ano, přijď zítra večer.**

   b) *Odpovídejte:*

Kdy mám přijít? Zítra večer?	Ano, přijď zítra večer.
Kdy mám přijít? V neděli odpoledne?	Ano, přijď v neděli odpoledne.
Kdy mám přijít? V sobotu dopoledne?	Ano, přijď v sobotu dopoledne.

2. a) *Poslouchejte:* **Nevím, jestli mám jít s tebou do kina. Pojď se mnou, budu rád.**

   b) *Odpovídejte:*

Nevím, jestli mám jít s tebou do kina.	Pojď se mnou, budu rád.
Nevím, jestli mám jít s vámi na oběd.	Pojďte se mnou, budu rád.
Nevím, jestli mám jít s vámi na tu konferenci.	Pojďte se mnou, budu rád.

3. a) *Poslouchejte:* **Chceš už vrátit tu knihu? Ano, vrať mi ji už.**

b) *Odpovídejte:*

Chceš už vrátit tu knihu?	Ano, vrať mi ji už.
Chceš už vrátit ten deštník?	Ano, vrať mi ho už.
Chceš už vrátit těch sto korun?	Ano, vrať mi je už.
Chceš už vrátit ty hodinky?	Ano, vrať mi je už.

4. a) *Poslouchejte:* **Chceš to poslat ještě dneska, nebo až zítra? Pošli mi to, prosím tě, ještě dneska.**

b) *Odpovídejte:*

Chceš to poslat ještě dneska, nebo až zítra?	Pošli mi to, prosím tě, ještě dneska.
Chceš to poslat expres, nebo normálně?	Pošli mi to, prosím tě, expres.
Chcete to poslat poštou, nebo po kolegovi příští týden?	Pošlete mi to, prosím vás, poštou.

5. a) *Poslouchejte:* **Co mám říct Karlovi? Že přijedeš v pondělí? Ano, řekni mu, že přijedu v pondělí.**

b) *Odpovídejte:*

Co mám říct Karlovi? Že přijedeš v pondělí?	Ano, řekni mu, že přijedu v pondělí.
Co mám říct doktorovi? Že k němu dneska nepřijdeš?	Ano, řekni mu, že k němu dneska nepřijdu.
Co mám říct manželce? Že se dneska vrátíš později?	Ano, řekni jí, že se dneska vrátím později.
Co mám říct Ireně? Že jí všechno vysvětlíš později?	Ano, řekni jí, že jí všechno vysvětlím později.

6. a) *Poslouchejte:* **Manželka bohužel musela zůstat doma. Pozdravujte ji od nás.**

b) *Reagujte:*

Manželka bohužel musela zůstat doma.	Pozdravujte ji od nás.
Profesor Dvořák bohužel nemohl přijít.	Pozdravujte ho od nás.
Pojedu příští týden do Berlína ke Karlovi.	Pozdravujte ho od nás.
Moje děti leží doma nemocné.	Pozdravujte je od nás.

7. a) *Poslouchejte:* **Pan doktor má čas zítra v deset. Je špatně slyšet, můžete mi to zopakovat?**

b) *Reagujte:*

Pan doktor má čas zítra v deset.	Je špatně slyšet, můžete mi to zopakovat?
Vlak do Plzně odjíždí v 18:50.	Je špatně slyšet, můžete mi to zopakovat?
Autobus z Ostravy tady bude v půl deváté.	Je špatně slyšet, můžete mi to zopakovat?

8. a) *Poslouchejte:* **V kině dávají film 9 a 1/2 týdne. Půjdeš se mnou?**
Špatně slyším, zopakuj mi to.

b) *Reagujte:*

V kině dávají film 9 a 1/2 týdne. Půjdeš se mnou?	Špatně slyším, zopakuj mi to.
Večer si jdeme sednout do vinárny. Půjdeš s námi?	Špatně slyším, zopakuj mi to.
Máme lístky do Národního divadla. Půjdeš s námi?	Špatně slyším, zopakuj mi to.

9. a) *Poslouchejte:* Už jsi zavolal domů? Ne, je tam stále obsazeno.

b) *Odpovídejte:*

Už jsi zavolal domů?	Ne, je tam stále obsazeno.
Už jste zavolal inženýru Dvořákovi?	Ne, je tam stále obsazeno.
Už jste zavolal na fakultu?	Ne, je tam stále obsazeno.

10. a) *Poslouchejte:* **Novákovi mají stále obsazeno. Ty jsi s nimi ještě nemluvil?**

b) *Reagujte:*

Novákovi mají stále obsazeno.	Ty jsi s nimi ještě nemluvil?
Tomáš má stále obsazeno.	Ty jsi s ním ještě nemluvil?
Profesorka Dvořáková má stále obsazeno.	Ty jsi s ní ještě nemluvil?

L12

cestovat, -uju impf.	to travel
procestovat +Acc pf.	to tour through
další	next
diskutovat o +Loc impf. **-uju**	to discuss something
dojít pro +Acc pf. **dojdu**	to go, go and fetch
donést, donesu pf.	to bring
Dunaj M	the Danube
dvoulůžkový	double room
garáž F	garage
havárie F	accident
hovořit o +Loc impf.	to speak about
jednoduchý, -á, -é	simple
jednolůžkový	single room
jih M	south
jižní	southern
klíč M	key
kulturní	cultural
kufr M	suitcase
letadlo N	plane
letět, -ím impf.	to fly
poletím fut.	
loď F	ship
Maďarsko N	Hungary
mluvit o +Loc impf.	to speak about
o +Loc	about
oba M, **obě** F+N	both
obejít +Acc, **obejdu** pf.	to go round
obcházet, -ím impf.	
odletět, -ím pf.	to fly away
okolí N	surroundings
památka F	monument
pas M	passport
plán M	plan
po +Loc	after
pokračovat v +Loc **-uju** impf.	to go on, continue
poschodí N	floor
potkat +Acc (**se**), **-ám** pf.	to meet
potkávat, -ám impf.	
povídat o +Loc impf.	to talk about
projít +Instr, **projdu** pf.	to pass through
procházet, -ím impf.	
přejít +Acc, **přejdu** pf.	to pass by, over
přecházet, -ím, impf.	
přespat, přespím pf.	to spend the night
při +Loc	at, near, close to
přinést, přinesu pf.	to bring
přinášet, -ím impf.	
Rakousko N	Austria
recepce F	reception
recepční M+F	receptionist
rozejít se (**s** +Instr)	to part company (with)
rozejdeme se	
rozcházet se impf.	
rychlík M	fast train
sever M	north
severní	northern
slyšet o +Loc impf.	to hear about
uslyšet, -ím pf.	
spočívat v +Loc impf.	to consist in
správný, -á, -é	correct
stát se (něco) pf.	to happen
stane se	it happens
střední	middle
ticho N, adv.	silence
tu	here
vchod M	entrance
Vídeň F	Vienna
východ M	exit, east
východní	eastern
vyjet si, vyjedu pf.	to go for a ride
vyjíždět, -ím impf.	
vypravovat o +Loc = **vyprávět, -ím** impf.	to tell about
výtah M	lift
záležet na +Loc impf.	to depend on
záleží mi na tom	
západ M	west
západní	western
zavazadlo N	luggage
zklamat se v +Loc pf. **-u**	to be disappointed by

Gr

PREFIXES (PREFIXY)

PŘI-

TOWARDS

přijde, přijede (domů) — pf.
přichází, přijíždí — impf.

OD(e)-

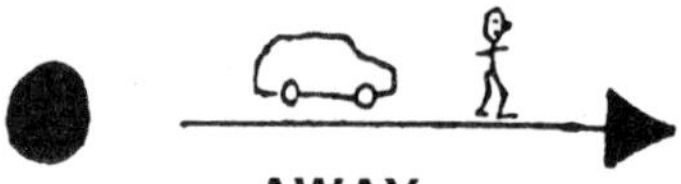

AWAY

odejde, odjede (ven) — pf.
odchází, odjíždí — impf.

VY-

OUT

vyjde, vyjede — nahoru / z garáže — pf.
vychází, vyjíždí — impf.

S(e)-

DOWN

sejde, sjede (dolů) — pf.
schází, sjíždí — impf.

V(e)-

IN, INTO

vejde, vjede (do garáže) — pf.
vchází, vjíždí — impf.

PRO-

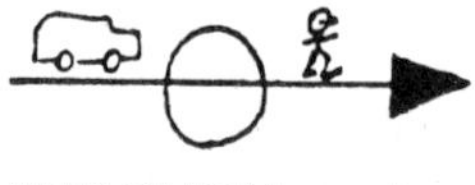

THROUGH = skrz + Acc

projde, projede — městem (+Instr) kudy? / skrz město — pf.
prochází, projíždí — impf.

PŘE-

ACROSS, OVER

přejde, přejede (ulici) pf.
přechází, přejíždí impf.

OB(e)-

AROUND, ABOUT

obejde, objede (náměstí) pf.
obchází, objíždí impf.

S(e)-

! REFLEXIVE

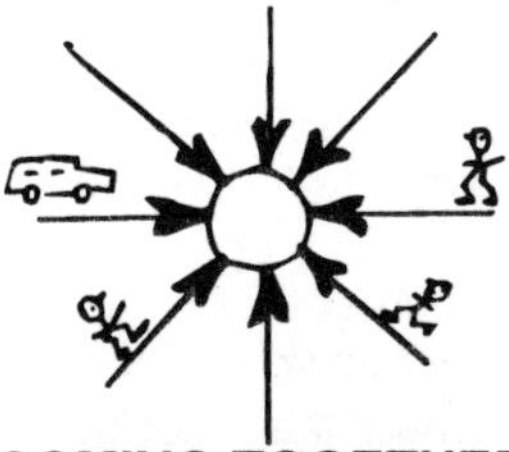

COMING TOGETHER

sejdou se, sjedou se pf.
scházejí se, sjíždějí se impf.

ROZ(e)-

! REFLEXIVE

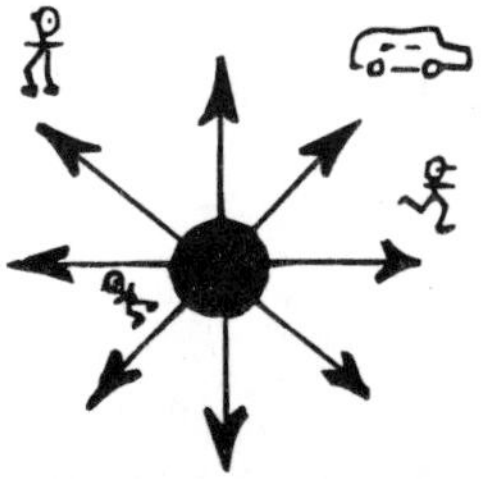

MOVING APART

rozejdou se, rozjedou se pf.
rozcházejí se, rozjíždějí se impf.

DO-

TOWARDS (INTO)

dojde, dojede pf.
dochází, dojíždí impf.

Příklady:

Rodiče k nám **přijedou** v sobotu.	Our parents will arrive at our place on Saturday.
Přijď už v pět!	Come as early as at five!
Manžel **odjede** na služební cestu.	My husband will leave on a business trip.
Kdy musíš **odejít**?	When do you have to leave?
Vyjedu nahoru výtahem.	I will go up by lift.
Už **jsme vyjeli** z Prahy.	We have already gone out of Prague.
Vyšel z obchodu na ulici.	He came out of the shop into the street.
Musíš **vyjít** do třetího poschodí.	You have to go up to the third floor.
Sejdeme se zítra u Národního divadla.	We will meet at the National Theatre tomorrow.
Delegáti **se sjeli** ze všech zemí světa.	The delegates came from all the countries of the world.
Do obchodu **vešla** nějaká paní.	A lady entered the shop.
Auto **vjelo** do garáže.	The car went into the garage.
Přešli jsme ulici na druhou stranu.	We crossed over to the opposite side of the street.
Auto **přejelo** most.	The car went across the bridge.
Auto **objelo** náměstí.	The car went round the square.
Obešli jsme všechny obchody.	We went round all the shops.
Výtah **sjede** za chvíli do přízemí.	The lift will go down to the ground floor in a moment.
Sejdu dolů pěšky.	I will go down on foot.
Kdy **dojde** dopis do Anglie?	When will the letter get to England?
Máme málo benzínu, s tím **nedojedeme** domů.	We do not have much petrol, we will not get home on it.
S Pavlem **jsme se rozešli** až v metru.	We did not part company with Paul until we were in the subway.
Delegáti **se rozjeli** domů.	The delegates went home.

Cv

❐ **1. Vyberte správný význam** (Choose the correct meaning):

donesu přinesu vynesu odnesu roznesu snesu	= ?	něco ven z pokoje něco dolů na ulici z třetího poschodí ti něco k jídlu dopisy na různá místa (various) ti tu knihu až domů ten kufr nahoru do třetího poschodí

❐ 2.

Vyjedeme	brzo ráno 10. 6.	,	Brnem	jen **projedeme**
	ráno 5. 6.		Bratislavou	
	16. 6.		Vídní	
	24. 6.		Mnichovem	

a	do Rakouska	**dojedeme** už	11. 6.
	do Maďarska		6. 6.
	do Itálie		17. 6.
	do Francie		25. 6.

Mnichov M (Munich)

❐ **3. Vyberte správné verbum:**

(Vyšli – přešli) jsme ven na ulici. Po konferenci se všichni delegáti (odešli – rozešli). Autobus Brnem jen (projel – vyjel). Do Bratislavy jsme (dojeli – přijeli) až v devět. Na poštu půjdu, až (přepíšu – dopíšu) dopis. Auto (vyjelo – přejelo) náměstí a zaparkovalo před hotelem. Nad naším městem (vyletělo – přeletělo) letadlo. Letadlo (odletělo – vyletělo) přesně podle plánu. Musel jsem čekat, protože letadlo (vletělo – přiletělo) o půl hodiny později. Vlak (vjel – přejel) do stanice.

4. Doplňte prefixy:

a) vy- 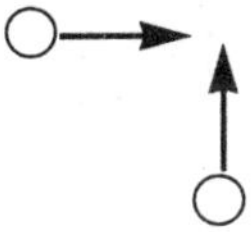

– jeli jsme ven z města.
– šli jsme z hotelu a začalo pršet.
– nesli vám už kufry z hotelu ven?
– jeli jsme až nahoru do 12. poschodí.

b) od(e)- 

– jdeme v osm, vlak jede v půl deváté.
– jedete s manželem, nebo v Praze ještě zůstanete?
– letíme do Montrealu ještě dneska.
– nesu ten dopis na poštu až zítra.

c) při- 

– nesl jsem ti kafe.
– letěl jsem už včera večer.
– píšu taky něco do dopisu tvé matce, dej mi ho.

d) do- 

– neseme vám zavazadla až do pokoje.
– jeli jsme do Prahy přesně podle plánu.
– jdeš, prosím tě, do obchodu pro cigarety?
– šel jsem na poštu pro balík.

Gr

LOCATIVE CASE – SINGULAR (LOKÁL SINGULÁRU)

O KOM? ABOUT WHOM?
O ČEM? ABOUT WHAT?

	M, N		F	
	o tom, jednom o vašem, našem o novém, mém, tvém, svém o moderním, jejím	**-om** **-em** **-ém** **-ím**	o té, jedné o naší, vaší, o nové, mé, tvé, své o moderní, její	**-é** **-í** **-é** **-í**
soft consonants	o muži, Tomášovi o moři ! o nádraží		o židli, skříni, místnosti ! o paní	
		(-ovi)	**-i**	
hard consonants	o pánovi, panu o Karlu Novákovi	**-ovi** **(-u)**	o ženě **D=L!**	**-e**
	o stolu/stole o městu/městě	**-u/-e**		

-u x -e
- **KDE?** → **-e** (tradiční): ve městě
- **O ČEM?** → **-u, -e:** **o městu, o městě**

!

-k	>- **ku**	(v parku)
-h	>- **hu**	(na jihu)
-ch	>- **chu**	(v tichu)
-r	>- **ru**	(na severu)

!! rok – v roce

!

-ka >	**-ce**	(o matce)
-ha >	**-ze**	(o Praze)
-ra >	**-ře**	(o sestře)
-cha >	**-še**	(o soše, socha = statue)

! cizí slova: v rádi**u**
v program**u**

měsíce: v ledn**u**, v únor**u**

abstraktní slova: původ (origin) – o původ**u**
půvab (grace) – o půvab**u**

d t n m b p v f + <u>-e</u> = dě tě ně mě bě vě fě (na obědě, na mostě)

LOCATIVE CASE OF PERSONAL PRONOUNS

L12

(LOKÁL OSOBNÍCH ZÁJMEN)

já	ty	on, ono	ona	my	vy	oni, ony, ona
o mně	**o tobě**	**o něm**	**o ní**	**o nás**	**o vás**	**o nich**
about me	about you	about him, it	about her	about us	about you	about them

Forma lokálu má vždycky prepozici. (The locative form always has a preposition.)

VERBS WITH THE LOCATIVE

(SLOVESA S LOKÁLEM)

diskutovat o	politické situaci	to discuss
mluvit o	tom moderním hotelu	to talk about
povídat o	zajímavém filmu	to talk about
hovořit o	jižním Slovensku	to speak about
vypravovat o	hezké dovolené	to tell about
informovat (se) o	ceně pokoje	to find out about
slyšet o	té nové knize	to hear about
ptát se po	panu profesorovi	to ask about, after
spočívat v	nové metodě	to consist in
zklamat se v	přítelkyni	to be disappointed by
záležet na	dobré práci !	to depend on

PREPOSITIONS WITH THE LOCATIVE

(PREPOZICE S LOKÁLEM)

NA	Vidíš dole **na ulici** toho pána?	Do you see the man down on the street?	kde?
V	Auto už je **v garáži**.	The car is already in the garage.	kde?
O+L	Mluvili jsme **o tom filmu.** Vyprávím mu **o nové knize.** Slyšíme často **o vašem hlavním městě.**	We were speaking about the film. I am telling him about the new book. We often hear about your capital.	o čem?
PO+L	**Po roce** přijel zase do Prahy. **Po práci** jsme šli do kavárny. Přišel jsem až **po Pavlovi.**	He came to Prague again after one year. We went to the café after work. I arrived only after Paul did.	kdy?
	Po ulici jede autobus. Celý den jsem chodil **po Praze.**	The bus goes along the street. I spent all day walking round Prague.	kde?
PŘI+L	**Při obědě** jsme spolu diskutovali. **Při práci** chci mít ticho.	We had a discussion at lunch. I want silence while working.	kdy?

Cv

❐ 5.

Čteme o	vaše město	vaše barevná televize
Mluvíme o	váš nový program	pražská univerzita
Slyšeli jsme o	nový český film	jedna nová restaurace
	obchodní dům Kotva	tato noc
	jižní Slovensko	jižní Morava
	příští týden	minulá středa
	minulý rok	velká zima

Praha – pražský (adj.)

❐ 6.

Víte něco o	Národní divadlo?	Ne, nevím o	něm	nic.
	váš bratr		ní	
	náš profesor		nich	
	česká literatura			
	česká historie			
	Eva a její přítel			

❐ **7. Řekněte ve správném tvaru:**

V (červenec) mám dovolenou. V (zima) pojedu lyžovat. V (leden) přijede moje rodina. Studuje na (filozofická fakulta). Nebydlí v (Praha), ale v (Brno). Pokoj je ve (čtvrté poschodí). Auto má v (naše garáž). V (ta restaurace) nevaří dobře. Mluvíme o (Alena a Petr). Tomáš je v (můj pokoj). Tvůj dopis jsem si přečetl až ve (vlak). Na (program) je Devátá symfonie. Budeme cestovat po (celá Evropa). Při (práce) potřebuju ticho. Hned po (škola) půjdu koupit lístky.

❐ **8. Zeptejte se svého kolegy, kolegyně:**

if he (she)	has already spoken with his (her) friend about the new job
	has already found out about the departure of the fast train
	has already heard about the new French film
	would like to meet you for supper
	has already been to eastern Slovakia
if his (her)	flat is on the third or the fourth floor
he (she)	has already found his (her) keys
	would like to spend his (her) holiday in Northern Europe
	would wait for you at the entrance to the theatre
	would go with you to the wine cellar after the concert

L12

V HOTELU

Host: Dobrý den. Mám tu rezervované dva pokoje na jméno Černý.
Recepční: Ano, mám tu na vaše jméno dva pokoje. Jsou ve třetím poschodí – číslo 311 a 313. Tady máte klíče.
Host: Tady je můj pas. Jaká je cena pokoje za noc?
Recepční: 950 korun za jeden pokoj. Zavazadla chcete přinést do pokoje?
Host: Ano, jsou ještě v autě.
Recepční: Dejte mi prosím klíče od auta. Zaparkujeme ho v naší garáži a doneseme vám zavazadla.
Host: Tady jsou. Je to ten zelený mercedes před vchodem. A my si vyjedeme výtahem do třetího poschodí.

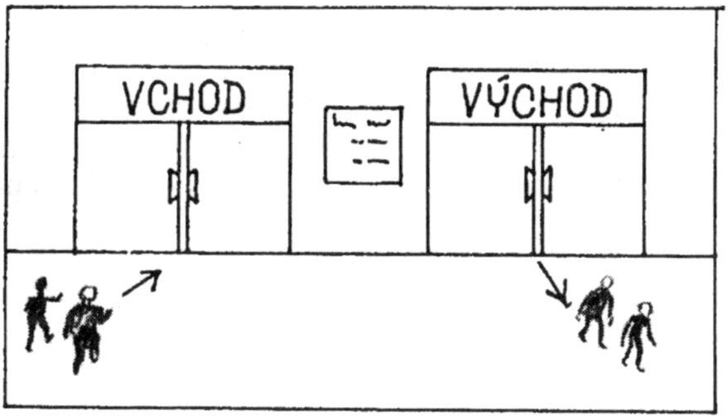

Cv

❐ 9.

Řekněte o sobě (Tell about yourself):

Bydlíte rád v hotelu?
Kde bydlíte tady v Čechách?
Máte velký byt? Kolik má místností?
Co napíšete domů o Praze?
Když nemůžete najít svůj hotel, koho se zeptáte na cestu?
Pojedete někam tento víkend?
Jezdíte vždycky na dovolenou autem?
Kam jezdíte o dovolené nejraději?
Chodíte sám do přírody?

❒ **10. Doplňte prepozice:**

mám rezervaci . . . jméno Dvořák
cena . . . jeden dvoulůžkový pokoj
doneseme kufr . . . pokoje
klíče . . . auta
cena pokoje . . . jednu noc
auto stojí . . . vchodem
vyjedeme nahoru . . . výtahem
vyjedeme . . . čtvrtého poschodí
zavazadla jsou . . . východu

V RECEPCI

Dobrý den. Chtěl bych dvoulůžkový pokoj.
– Na jak dlouho?
Na dva nebo tři dny.
– Mám volný jeden dvoulůžkový pokoj ve čtvrtém poschodí.
Je do ulice, nebo do parku?
– Do ulice, do parku nemáme žádný volný.
Dobře, vezmu si ho. Tady je můj pas.
– Prosím, tady jsou klíče. Zavazadla vám doneseme do pokoje.

❒ **11. Tvořte rozhovor:**

A: Dobrý den. Chtěl bych | jednolůžkový pokoj. / dvoulůžkový pokoj. / dva dvoulůžkové pokoje.

B: Na jak dlouho?
Na kolik dní?

A: Jen do zítra.
Na čtyři dny.
Na jeden týden.

B: Bohužel, mám volný pokoj jen na 3 dny.
Mám volný pokoj (volné pokoje) ve 4. poschodí.

A: Je do ulice, nebo do parku?
Chtěl bych pokoj do parku.

B: Můžete dostat pokoj, jaký chcete.
Bohužel, pokoje do parku jsou všechny obsazené.

A: Kolik stojí pokoj na 1 den?
Jaká je cena pokoje za 1 den?

B: Jednolůžkový stojí 950 Kč na den.
Dvoulůžkový stojí 1 500 Kč za noc.

A: Dobře, vezmu si ho.

B: Můžu prosit váš pas? Děkuju.
Tady jsou klíče. Zavazadla vám doneseme do pokoje.

L12

DOVOLENÁ

Paní Dvořáková potká v kavárně paní Černou. Začíná léto a tak spolu mluví o dovolené.

„Kam letos pojedete na dovolenou?" zeptá se jako první paní Dvořáková.

„Letos to vůbec není jednoduché. Už příští týden začne manželovi dovolená a včera se nám rozbilo auto. Manžel měl malou havárii, ale nic se mu nestalo. Musíme změnit plány na dovolenou."

„Kam jste chtěli jet?"

„Chtěli jsme cestovat po střední Evropě, ale nakonec pojedeme jen do Rakouska a Maďarska. V sobotu odjedeme rychlíkem do Bratislavy, tam přespíme v hotelu a hned další den pojedeme lodí po Dunaji do Vídně. Tam chceme strávit několik dní, vyjedeme si i ven za město podívat se na okolí, obejdeme kulturní památky. Z Vídně odjedeme autobusem do Maďarska. Manželovi potom už končí dovolená, 10. července už musí být v kanceláři. Já a děti se s manželem rozejdeme – on odletí zpátky do Prahy a já a děti pojedeme na jižní Slovensko k jedné mé kamarádce. Na jižním Slovensku zůstaneme asi týden."

Na konci července se obě paní zase potkají. O čem si asi budou vyprávět?

„Dobrý den, paní Černá. Tak jaká byla dovolená? A jaké jste měli počasí?"

A teď pokračujte vy, co vyprávěla paní Černá o své dovolené.

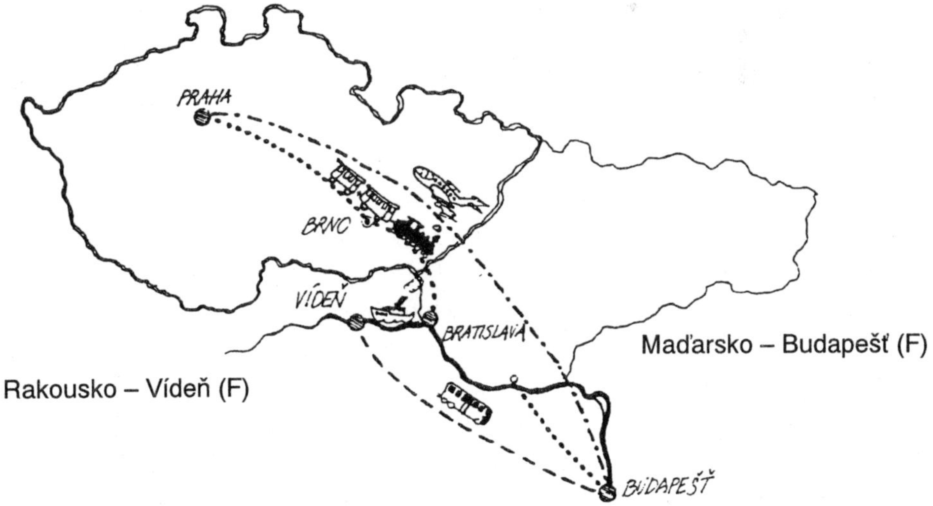

odjedeme z Prahy **pře**spíme 1 noc **vy**jedeme si ven za město

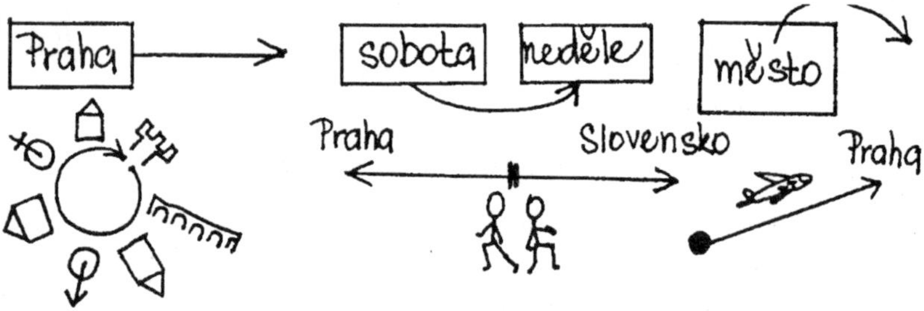

obejdeme památky **roze**jdeme se **od**letí do Prahy

Cv

❒ **12. Řekněte podle textu, která informace je správná a která ne:**

1. Paní Dvořáková uviděla na ulici paní Černou.
2. Paní Černá nemá chuť mluvit s paní Dvořákovou.
3. Obě se spolu potkají v kavárně.
4. Začnou mluvit o dovolené.
5. Paní Černá se ptá a paní Dvořáková odpovídá.
6. Paní Černá už má příští týden dovolenou.
7. Pojede s manželem na dovolenou autem.
8. Bohužel autem nepojedou, protože se včera rozbilo.
9. Manžel měl havárii a teď leží v nemocnici.
10. Havárie skončila dobře, nikomu se nic nestalo.
11. Paní Černá s manželem chtěli cestovat po celé Evropě.
12. Chtěli si prohlédnout střední Evropu.
13. Navštíví Rakousko a Maďarsko.
14. Domů se vrátí spolu.
15. Pan Černý se vrátí už 9. července, manželka a děti ještě ne.
16. Zůstanou na Slovensku 14 dní.

❒ **13. Odpovídejte:**

Kam chtěla jet paní Černá s rodinou o dovolené?
Proč nemohli jet autem? Co se stalo manželovi?
Čím nakonec jeli na dovolenou?
Jak byli dlouho v Bratislavě?
Co dělali ve Vídni?
Kam odjeli z Vídně?
Proč se paní Černá rozešla v Maďarsku s manželem?
Jak se vrátil pan Černý do Prahy?
Kam odjela paní Černá a děti?

❐ 14. Vyberte, jaké měli manželé Černých počasí:

Měli špatné počasí, každý den pršelo.
Neměli špatné počasí, ale nebylo moc teplo.
Měli dobré počasí, ale několikrát pršelo.
Měli hezké počasí, ani jeden den nepršelo.
Měli krásné počasí, stále svítilo slunce a bylo teplo.

❐ 15. Vypravujte sám o dovolené:

havárie auta – změna plánů – cesta do Rakouska a Maďarska – rychlíkem do Bratislavy – noc v hotelu – lodí do Vídně – návštěva okolí města a kulturních památek – autobusem do Maďarska – konec dovolené manžela – letadlem do Prahy – paní Černá a děti týden na jižním Slovensku u kamarádky

❐ 16.

Byl jsem s rodinou na **Slovensku.**	Řekněte mi něco o . . .
V srpnu jsem strávil několik dní **v Bratislavě.**	Řekněte mi něco o . . .
V červnu jsem navštívila **Brno.**	Řekněte mi něco o . . .
Prohlédla jsem si **staré město.**	Řekněte mi něco o . . .
Bydlela jsem **v hotelu Hvězda.**	Řekněte mi něco o . . .
Už jsme se vrátili, **dovolená** skončila.	Řekněte mi něco o . . .
Jeli jsme na výlet i do **okolí města.**	Řekněte mi něco o . . .

❐ 17.

Řekneš otci o naší dovolené?
Řekneš matce o našem plánu?
Řekneš otci o našem novém autu?
Řekneš matce o té havárii?
Řekneš otci a matce o Janě a Karlovi?

Už jsem	s ním	o ní	mluvil.
	s ní	o něm	
	s nimi	o nich	

❐ 18.

Líbí se vám to?	Vůbec	se mi to **ne**líbí.
Hodí se vám to?		se mi to **ne**hodí.
Je to jednoduché?		to **ne**ní jednoduché.
Je to těžké?		to **ne**ní těžké.
Chce se ti jít do kina?		se mi **ne**chce jít do kina.

❐ 19.

Komu končí dovolená a **komu** začíná?

Alena	končí dovolená a	Pavel	začíná.
Ty		já	
On		ona	
Kolega		šéf	

❐ 20.

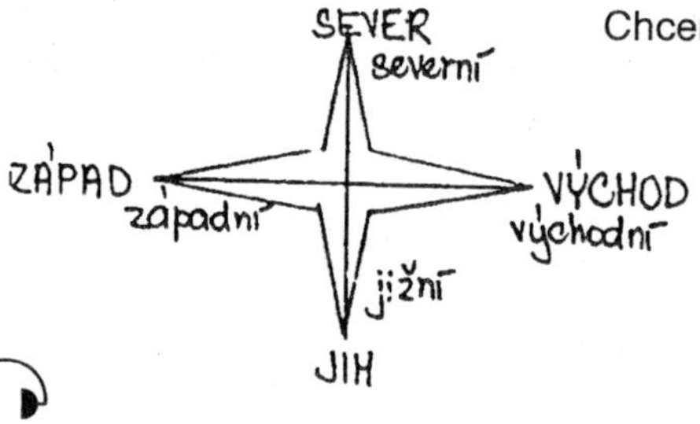

Chceme cestovat po severní(m) | Evropa
jižní(m) | Amerika
východní(m) | Morava
západní(m) | Slovensko

❐ **21. Dejte do správného tvaru:**

A: Ahoj, (Petr)! Jakou jsi měl (sobota a neděle)?
B: Měl jsem se dobře. V (sobota) jsem nic (zajímavý) nedělal. Dopoledne jsem došel do (obchodní dům) pro (káva a cigarety). Tam jsem potkal (jedna stará přítelkyně), kterou jsem viděl naposledy před (rok). Byla s (manžel) v (cizina). Vrátila se už (1. květen), ale nezavolala (já). Bohužel měla málo (čas), takže jsem se s (ona) dohodl, že zítra spolu někam půjdeme, ale že (ona) mám večer ještě zavolat. Číslo (telefon) se nezměnilo. Odpoledne jsem začal číst (ta nová kniha), kterou mám od (ty). Moc se (já) líbí. A večer, jak víš, jsem šel do (kino).
A: No jo, to vím, ale zapomněl jsem jméno (film).
B: Valmont od (Miloš Forman).
A: Ještě jsem (on) neviděl, musíš mi o (on) vyprávět. Mám na (on) jít?
B: Určitě. (Já) se moc líbil.

❐ **22. Doplňte předložky:**

A: A . . . neděli? Kam jste nakonec šli?
B: Sešel jsem se . . . přítelkyní . . . metra Anděl. Nejdřív jsme šli spolu . . . kávu. Alena hodně vyprávěla . . . Mexiku, kde byla . . . manželem dva roky. Hodně cestovali . . . celé Americe. Dostal jsem . . . ní hodně pozdravů . . . cest. Dala mi malý dárek, měl jsem . . . něho radost. A co jsi dělal ty?
A: Já jsem se byl podívat . . . muzeu Mozarta Bertramka.
B: Vím, že ho . . . rekonstrukci otevřeli . . . týdnem, ale nebyl jsem tam ještě. Je . . . Praze 5, viď?
A: Ano. Nejlépe se tam jede . . . tramvají číslo 9 . . . Václavského náměstí nebo číslem 6 . . . Národního divadla.

❐ **23. Odpovězte:**

Odkud vyšla ta slečna?	tamten obchod
Kam jste přešli?	druhá strana
Kde stojí křeslo?	ta žlutá podlaha
Kdy se delegáti rozjeli?	středa – 1 hodina

Kdy budete mít dovolenou?	červenec a srpen
Kam odjel ředitel?	služební cesta – New York
O kom jste mluvili?	naše nová přítelkyně
O čem byste chtěli diskutovat?	televizní program
O kom Petr stále hovoří?	já a ona
Kde jste byl o dovolené?	jižní Rakousko a severní Itálie
Kde mám své zavazadlo?	váš dvoulůžkový pokoj
Co objelo to auto?	celé město
Po kom se ptal ten pán?	náš doktor
Kdy došel ten dopis?	středa 14. 5.

❐ **24. Řekněte opozitum:**

Napravo je **vchod**, nalevo je . . . . Vlak **přijede do** Plzně v 8 hodin a . . . . v 8.10 hodin. Studenti **se sešli** ráno a v poledne . . . . To červené auto **vjelo do** garáže a za chvíli zase . . . . Můj kamarád **přijel** ve středu a . . . . v sobotu. **Před** obědem jsme si dali aperitiv a . . . . černou kávu. Taška nestála **na** stolku, ale . . . . Je Dana **ve** třídě? Ne, právě vyšla . . . . Výtah **vyjel** nahoru a za chvíli zase . . . . dolů. Je ten pokoj **s** koupelnou? Ne, je . . . . Kdy **odletí** letadlo **do** Istanbulu? Kdy . . . . letadlo. . . . . ?

MLUVNÍ CVIČENÍ

1. a) *Poslouchejte:* **Stalo se něco manželovi při havárii? Ne, nic se mu nestalo.**

b) *Odpovídejte:*

Stalo se něco manželovi při havárii?	Ne, nic se mu nestalo.
Stalo se něco manželce při havárii?	Ne, nic se jí nestalo.
Stalo se něco Janě a Tomášovi při havárii?	Ne, nic se jim nestalo.

2. a) *Poslouchejte:* **O čem ti tak dlouho vyprávěl? O svém plánu na léto? Ano, vyprávěl mi o něm dlouho.**

b) *Odpovídejte:*

O čem ti tak dlouho vyprávěl? O svém plánu na léto?	Ano, vyprávěl mi o něm dlouho.
O čem ti tak dlouho vyprávěl? O své dovolené?	Ano, vyprávěl mi o ní dlouho.
O čem ti tak dlouho vyprávěl? O havárii svého auta?	Ano, vyprávěl mi o ní dlouho.

3. a) *Poslouchejte:* **Víte, že do Brna pojedeme už příští týden? Ano, vím o tom.**

b) *Odpovídejte:*

Víte, že do Brna pojedeme už příští týden?	Ano, vím o tom.
Víte, že do Berlína nepojedeme vlakem, ale poletíme?	Ano, vím o tom
Víte, že náš rychlík odjíždí už v osm?	Ano, vím o tom.

4. a) *Poslouchejte:* **Byli jsme tři týdny v Itálii. Počasí bylo nádherné.**
To jste měli ale štěstí! Tady tři týdny pršelo!

b) *Reagujte:*

Byli jsme tři týdny v Itálii.	To jste měli ale štěstí!
Počasí bylo nádherné.	Tady tři týdny pršelo.
Byli jsme měsíc v Americe.	To jste měli ale štěstí!
Počasí bylo nádherné.	Tady měsíc pršelo.
Byli jsme čtrnáct dní v jižní Francii.	To jste měli ale štěstí!
Počasí bylo nádherné.	Tady čtrnáct dní pršelo.

5. a) *Poslouchejte:* **Zpátky z Berlína jste letěl?**
Ne, neletěl jsem, přijel jsem vlakem.

b) *Odpovídejte:*

Zpátky z Berlína jste letěl?	Ne, neletěl jsem, přijel jsem vlakem.
Zpátky z Vídně jste letěl?	Ne, neletěl jsem, přijel jsem vlakem.
Zpátky z Francie jste letěl?	Ne, neletěl jsem, přijel jsem vlakem.

6. a) *Poslouchejte:* **Kolega Fišer už přiletěl?**
Přiletěl v pondělí a dneska ráno už odletěl.

b) *Odpovídejte:*

Kolega Fišer už přiletěl?	Přiletěl v pondělí a dneska ráno už odletěl.
Kolega Fišer už přijel?	Přijel v pondělí a dneska ráno už odjel.
Kolega Fišer už přišel?	Přišel v pondělí a dneska ráno už odešel.
Kolega Fišer to už přinesl?	Přinesl to v pondělí a dneska ráno to už odnesl.

7. a) *Poslouchejte:* **Zůstanete několik dní v Bratislavě?**
Ne, jen tam přespíme a hned další den pojedeme do Vídně.

b) *Odpovídejte:*

Zůstanete několik dní v Bratislavě?	Ne, jen tam přespíme a hned další den pojedeme do Vídně.
Zůstanete několik dní v Brně?	Ne, jen tam přespíme a hned další den pojedeme do Vídně.
Zůstanete několik dní v Maďarsku?	Ne, jen tam přespíme a hned další den pojedeme do Vídně.

8. a) *Poslouchejte:* **Už jste se setkal s kolegou Dvořákem?**
Ne, potkal jsem ho jen na ulici a to neměl čas

b) *Odpovídejte:*

Už jste se setkal s kolegou Dvořákem?	Ne, potkal jsem ho jen na ulici a to neměl čas.
Už jste se setkal po dovolené s paní Dvořákovou?	Ne, potkal jsem ji jen na ulici a to neměla čas.
Už jste se setkal s panem Dvořákem a jeho manželkou?	Ne, potkal jsem je jen na ulici a to neměli čas.

L13

bazén M	swimming-pool
běhat, -ám impf.	to run
bolest F (Gen **-i**)	pain, hurt, ache
bolet, bolí impf.	to hurt
cítit se, -ím impf.	to feel
donutit +Acc **k** +Dat pf. **nutit, -ím** impf.	to force
duch M	spirit
hlava F	head
horečka F	fever
chřipka F	influenza
chudák!	poor man!
jo = ano	yeah = yes
kapesník M	handkerchief
kašlat, kašlu impf. **zakašlat** pf.	to cough
kontrola F	control, check
krev F (Gen **krve**)	blood
krk M	throat
lék M	medicine
lékárna F	chemist's
lékař M	doctor
líný, -á, -é	lazy
navrhovat +Dat +Acc **-uju** impf. **navrhnout, -nu** pf.	to propose
noha F	leg, foot
oko N, pl. F **oči**	eye, eyes
pacient M	patient
pacientka F	
papírový, -á, -é	paper (adj)
plavky F pl.	swimming-suit
poliklinika F	health centre
poradit +Dat +Acc pf. **radit, -ím** impf.	to advise
prášek M (tableta F)	pill
prášek na praní	washing powder
prohlídka F	inspection, examination
předepsat +Dat +Acc **-píšu** pf. **předepisovat, -uju** impf.	to prescribe
převléknout se, -nu pf. **převlékat se, -ám** impf.	to change clothes
přízemí N	ground floor
recept M	prescription, recipe
ručník M	towel
rýma F	cold
řídit (auto), -ím impf.	to drive
sestra, zdravotní sestra F	nurse
smůla F	bad luck
sportovat, -uju impf.	to go in for sports
škoda F	pity
tělo N	body
teplota F	temperature
usnout, usnu pf.	to fall asleep
vypadat, -ám (jak) impf.	to look (like)
vyspat se, -ím pf.	to get sleep
vzduch M	air
záda N pl.	back
zahrada F	garden
změřit, -ím pf. **měřit** impf.	to measure
zub M	tooth
zubař M	dentist

Nechce se mi nikam jít. = Nechci nikam jít.
Chce se mi spát. = Chci spát.

Gr

L13

LOCATIVE CASE – PLURAL (LOKÁL PLURÁLU)

O KOM? O ČEM? about whom? about what?

o těch všech	našich vašich	nových mých, tvých	moderních jejích
-ěch	**-ich**	**-ých**	**-ích**

	hard cons.		soft cons.	
M	pánech stolech	**-ech**	mužích pokojích	**-ích**
N	městech (jablkách)	**-ech**	mořích nádražích	**-ích**
F	! místnostech	**-ech**	židlích	**-ích**
	ženách	**-ách**		

Čechy (F pl.) – **v Čechách** (in Bohemia)
Karlovy Vary (M pl.) – **v Karlových Varech**
Mariánské Lázně (F pl.) – **v Mariánských Lázních**

1) **M tvrdá**, která končí na

-k	+ **ích**	> **-cích**
-g, -h	+ **ích**	> **-zích**
-ch	+ **ích**	> **-ších**

(= palatalizace tvrdých konsonantů jako v Lok sg. F a v Nom pl. Mž:
k > c, Slovák – Slováci
h > z, Praha – Praze
ch > š, Čech – Češi)

vlak – ve vla**cích**
kolega – o kole**zích**
Čech – o Če**ších**

! hotel – v hotel**ích**, v hotelech
les – v les**ích**

2) **N tvrdá,** která končí na **-ko, -go, -ho, -cho + -ách**

středisko – ve středisk**ách**, ve středis**cích**
jablko – o jablk**ách** (o jablcích)

Cv

❒ **1. Řekněte v plurálu:** o svém plánu – **o svých plánech**

Vyprávěl mi
- o svém plánu.
- o svém bratrovi
- o tom Čechovi
- o novém filmu
- o tom českém městě
- o pražském náměstí

Vyprávěl mi o . . . .

Mluvil jsem s nimi	o své sestře. o své cestě o nové knize o své přítelkyni o své havárii	Mluvil jsem s nimi o . . . .

❐ 2.

V rádiu jsem slyšel o	nové tramvaje. pražská divadla soukromé obchody naše řeky vaše problémy České Budějovice Spojené státy americké (USA) tví rodiče pražské kulturní památky Češi, Irové, Angličani a Američané	Slyšel jste o nich taky?

❐ 3.

Tablety musíte brát Přijede znovu Vrátí se Do Čech se vrátil Znovu telefonoval	po šesti po sedmi po osmi po deseti	minuty (F) hodiny (F) dny (M) měsíce (M) léta (N)	 (Je mi 30 **let**.)

Gr

1x denně	=	jednou **za den**	once a day
2x týdně		dvakrát **za týden**	twice a week
3x měsíčně		třikrát **za měsíc**	three times a month
4x ročně		čtyřikrát **za rok**	four times a year

Příklady:

Berte **třikrát denně** dvě tablety.	Take two pills three times a day.
Chodím **dvakrát týdně** na češtinu.	I attend a Czech course twice a week.
Jezdím **jednou měsíčně** do Londýna.	I go to London once a month.
Přijíždí **dvakrát ročně** do Prahy.	He comes to Prague twice a year.

CONJUNCTION „ABY“ (SPOJKA „ABY“)

L13

ABY – in order that, so that

a + conditional

↓

já	–	**abych** mohl(a)	so that	I can
ty	–	**abys** mohl(a)		you can
on	–	**aby** mohl		he
ona	–	**aby** mohla		she can
ono	–	**aby** mohlo		it
my	–	**abychom** mohli(y)		we can
vy	–	**abyste** mohl(i),(y)		you can
oni	–	**aby** mohli		
ony	–	**aby** mohly		they can
ona	–	**aby** mohla		

! always: **aby + past tense of the verbs** x so that, in order that + present tense

Příklady:

Učím se česky, **abych mohl** mluvit se svým kolegou. — I am learning Czech so that I can speak to my colleague.

Proč se učím česky? — Why am I learning Czech?

Tomáš si přeje, **abys** k němu brzy **přišel**. — Tom wishes that you would visit him soon.

Co si přeje Tomáš? — What does Tom wish?

With reflexive verbs :

vrátit se — ty – **aby ses vrátil** (so that you would come back)

koupit si — **aby sis koupil** (so that you would buy)

Cv

❐ **4.**

a) Řekni mu, / Řekněte mu, — aby —

přijít zítra večer
přinést zítra slovník
napsat bratrovi
nekupovat alkohol
koupit něco k jídlu
dobře **se** vyspat, protože zítra bude mít těžký den

1. 2.

b) Chtěl(a) bych, | abys / abyste |
udělat **to** ještě dneska (abys to udělal . . .)
vysvětlit **mi** tento problém
změnit datum mé kontroly
uvařit **mi** čaj
vrátit **se** brzo
přečíst **si** tenhle dopis

c) Učím se česky, abych |
moct číst české noviny
rozumět své kolegyni
cestovat v Čechách bez problémů
umět napsat česky jednoduchý dopis

TĚLO:

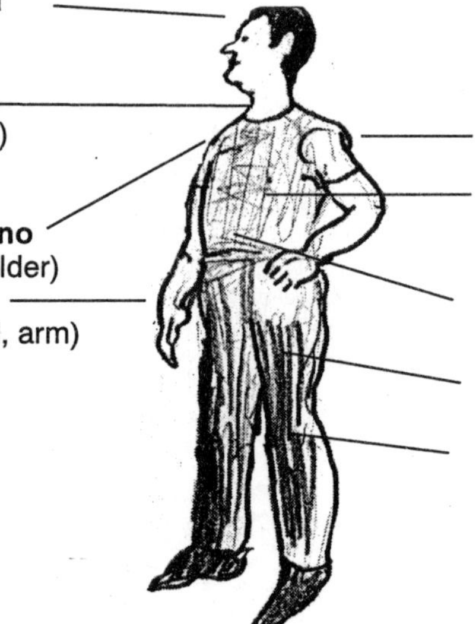

Co tě bolí?
Bolí mě hlava a **v krku.**

PLURÁL

noha – nohy (F)
ruka – **ruce** (F)
oko (N) – **oči** (F)
ucho (N) – **uši** (F)

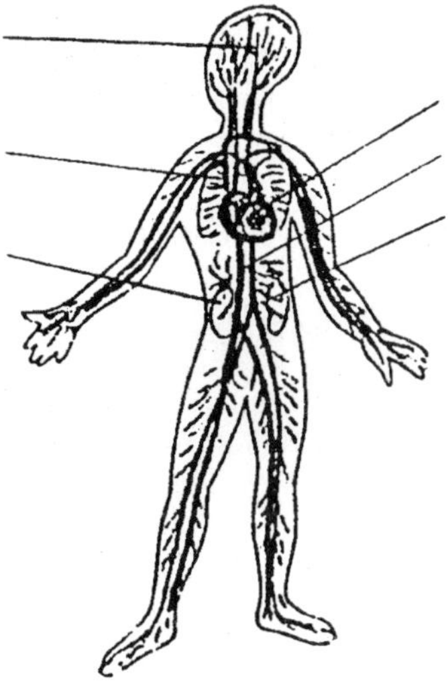

mozek (brain)

plíce (F pl.) (lungs)

ledviny (F pl.) (kidneys)

srdce (heart)
krev (blood)

žaludek (stomach)

HLAVA (head):

obličej (M) (face)

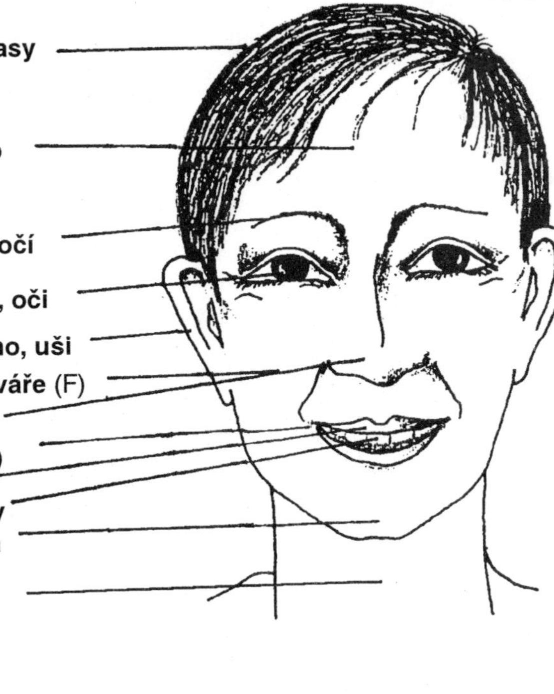

vlas, vlasy

čelo

obočí

oko, oči

ucho, uši

tvář, tváře (F)

nos

ústa (N pl.)

ret, rty

zub, zuby

brada

krk

Cv

❐ 5.

Petra každý den něco bolí.

V pondělí	ho bolí	v krku,	nemůže proto	jíst zmrzlinu.
V úterý		noha		sportovat.
Ve středu		pravá ruka		nic psát.
Ve čtvrtek		hlava		učit **se**.
V pátek		obě nohy		hrát fotbal.
V sobotu		zub		jít do kina.
V neděli		oči		číst.

❐ 6. **Rozhovor:**

Chceš **kafe?** — Ne, nesmím.
Proč? — **Musím jít dneska brzo spát a po kafi neusnu.**
A **čaj** si dáš? — Ano, dám.

Změňte rozhovor: pivo – budu řídit – džus
zmrzlina – bolí mě v krku – čokoláda
víno – je mi špatně – čaj
dort – vážím víc kilogramů (= ztloustnout) – ovoce
minerálka – je mi špatně, když ji piju po jídle – pivo

❐ 7. **Vyberte, co se hodí** (Choose the appropriate words):

Abych byl zdravý
– jím hodně ovoce a zeleniny
– piju hodně kávy a vína
– nejím hodně sladkého a slaného jídla
(cukr – sladký)
(sůl – slaný)

Aby mě nebolela hlava
– jdu se dívat na televizi
– vezmu si prášek
– jdu si na chvíli lehnout
– jdu ven na procházku

Abych dobře spal
– otevřu si na noc okno
– přečtu si v noci něco hezkého
– hodně se najím a napiju

Abych nedostal chřipku
– vypiju horký čaj s citrónem
– vezmu si aspirin
– půjdu si zahrát tenis

L13

JAK TI JE?

– Ahoj!
– Ty ale nevypadáš dobře!
  Co ti je?

– Ahoj!
– Ale, bolí mě zuby.

– Už jsi byl u zubaře?

– Teď tam právě jdu a bojím se.

– Neboj se, určitě tě to bude bolet méně než teď. Večer se na tebe přijdu podívat.

– Raději nechoď. Mám určitě taky horečku, a až se vrátím od zubaře, půjdu si hned lehnout. Asi dostanu chřipku.

Jak ti je?
Jak je ti?
vám

Je mi špatně.
Není mi ještě dobře.
Není mi nějak dobře, budu asi nemocný.
Jsem nemocný.

X

Je mi už dobře.
Jsem už zdravý.

Jak se cítíte?
cítíš?

Cítím se špatně. X Cítím se dobře.

Co ti je?
Co je ti?
vám

Vypadáš špatně.
Nevypadáš dobře.

Nic mi není.
Bolí mě hlava.
zub.
záda.
v krku.
Mám horečku (teplotu).
Mám chřipku.
Mám rýmu.
Kašlu. Mám kašel.

U LÉKAŘE

Pacient: Dobrý den, pane doktore. Jdu na kontrolu. Týden jsem ležel doma s angínou.
Lékař: Dobrý den. Jak se cítíte?
Pacient: Je mi lépe než před týdnem, ale cítím se velmi unavený.

Lékař: Ještě berete penicilín?
Pacient: Dneska mi končí.
Lékař: Prohlédnu vám krk. Bolí vás to?
Pacient: Trochu.
Lékař: Sestra vám změří teplotu a vezme krev. Uvidíme.

Lékař: Ještě to není dobré. Předepíšu vám další lék. Budete ho brát po osmi hodinách. Na kontrolu přijďte zase za týden, objednejte se u sestry. Tady je recept, lékárna je v přízemí polikliniky.
Pacient: Děkuju, na shledanou.

Co chcete koupit v lékárně? What would you like to buy at the chemist's?

Volný prodej léků Non-prescription medicines

prášky proti bolení hlavy
na spaní

(tablety)

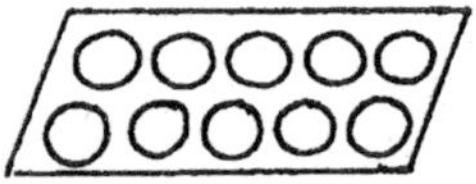

mast

kapky

teploměr
thermometer

papírové kapesníky
paper handkerchiefs

náplast
sticking plaster

VE ZDRAVÉM TĚLE ZDRAVÝ DUCH

On: Dobré ráno. Kolik je hodin?
Ona: Už na tebe čekám. Je jedenáct. Já jsem vstávala v devět – venku je tak krásně, byla jsem na zahradě. Vyspal ses dobře?
On: Vůbec ne. Cítím se unavený a bolí mě hlava.
Ona: Spal jsi moc dlouho, to není zdravé. Rychle se nasnídej, ať můžeme jít.
On: Kam? Mně se nikam nechce.
Ona: Ale prosím tě, nebuď líný. Necítíš se dobře a máš špatnou náladu právě proto, že nic neděláš – nesportuješ, nikam nechodíš. Navrhuju jít hrát tenis, nebo jít plavat do bazénu. Co si vybereš?

On: Raději půjdu do bazénu než na tenis.
Ona: Tak jo. Ale nemysli si, že budeš ve vodě odpočívat. Donutím tě, abys plaval. Teď pospíchej. Jdi se obléknout a nezapomeň si dát do tašky plavky a ručník s mýdlem. Já se jdu zatím převléknout.

Cv

❒ 8.

Půjdeme do kina?	Ne, **mně se chce**	spát. jít na procházku. zůstat doma.
	Ne, **nechce se mi**	nikam jít. jít do kina. dělat nic.

❒ 9.

A: Měli bychom sportovat. Chceš jít	hrát tenis, běhat,	nebo	volejbal? plavat?

B: Raději půjdu	hrát volejbal plavat	než	tenis. běhat.

❐ **10.**

Hraju volejbal | v teplácích
(v teplákách)
v trenýrkách
ve sportovních botách
v plavkách
v brýlích

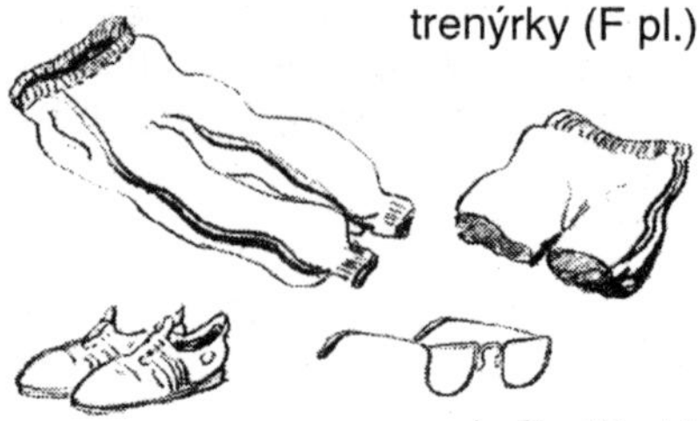

Jdu si obléknout . . . .

Jdu se převléknout do . . . .

❐ **11.**

Jak se cítí nebo co chce ON a ONA?

Není mu (jí) dobře.	Cítí se výborně.
Vstává brzo, protože venku je krásně.	Vstane pozdě a cítí se unavený.
Nikam se mu (jí) nechce jít.	Chce hned jít sportovat.
Je líný(-á).	Rád(a) sportuje.
Má dobrou náladu.	Má špatnou náladu.
Chce jít plavat do bazénu.	Nechce, ale nakonec musí souhlasit.
Musí se nejdřív rychle nasnídat a potom obléknout.	Jde se převléknout a dát si do tašky plavky a ručník.

❐ **12.**

JAK PORADÍTE? Spojte A, B, C s 1, 2, 3 (Connect A, B, C with 1, 2, 3):

A Už dlouho mě bolí v krku. Bral jsem penicilín, ale nepomohl mi. Co mám dělat?

B Hodně kašlu, nejvíc ráno. Poslední měsíc jsem měl hodně práce, cítím se unavený. Jsem kuřák.

C Je mi často špatně od žaludku. Jsem většinou nervózní a v noci nemůžu spát. Doktor mi doporučil, abych víc odpočíval a méně pracoval. Je to správné?

1. Kašlete, protože určitě hodně kouříte. Dáte si cigaretu, hned jak vstanete. Musíte přestat kouřit, odpočinout si a chodit do přírody na zdravý vzduch.

2. Myslím si, že jste neležel, když jste bral penicilín. Určitě jste nebyl stále v teple. Nechoďte ven, nepijte nic studeného a pijte čaj.

3. Doktor má pravdu. Vaše problémy jsou nervové. Nesmíte myslet na problémy, musíte chodit hodně na procházky, odpočívat, nekuřte, nepijte kafe ani alkohol a jezte ovoce. Nejlepší by pro vás bylo odjet na dovolenou.

❒ **13. Co říkají?**

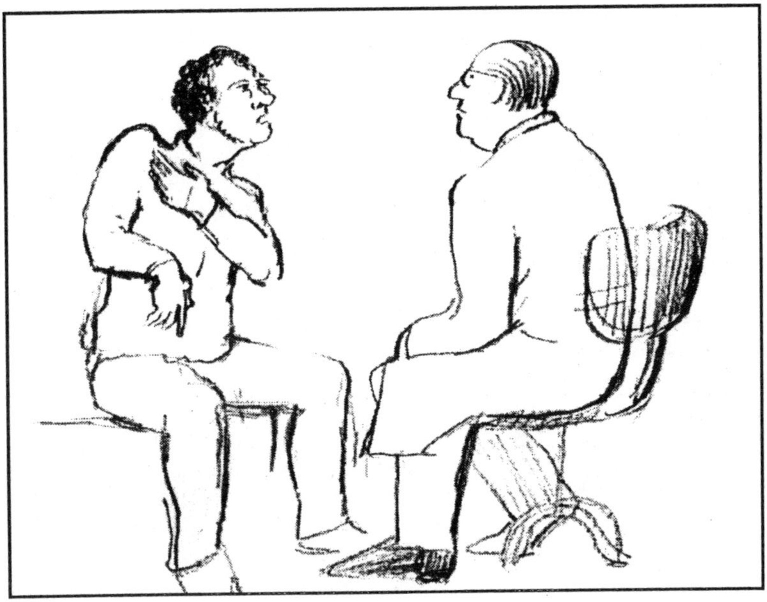

uhodit (se) – to bump (against)
boule F – bump
rameno N – shoulder
na rameni, -ě (-u) – on the shoulder

CO ŘÍKÁME? WHAT DO WE SAY?

RADOST PLEASURE, JOY

Už je zdravý. He is now healthy.

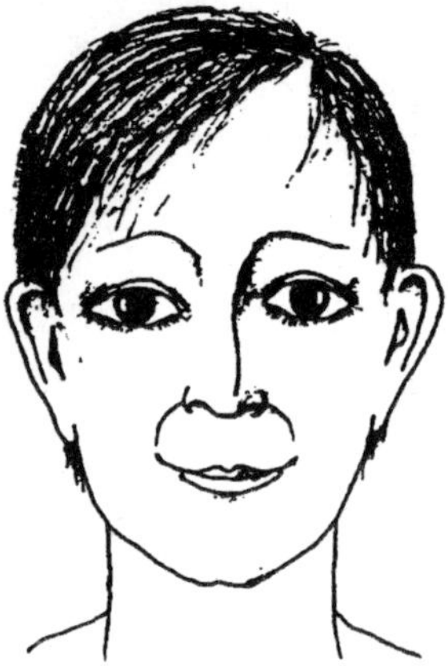

To jsem rád.	I am glad.
Mám radost.	I am delighted.
To je fajn.	That's fine.
To mě těší.	It pleases me.
Udělalo mi to velkou radost.	It was a great pleasure for me.

SMUTEK SADNESS, SORROW

Je velmi nemocný. He is very ill.

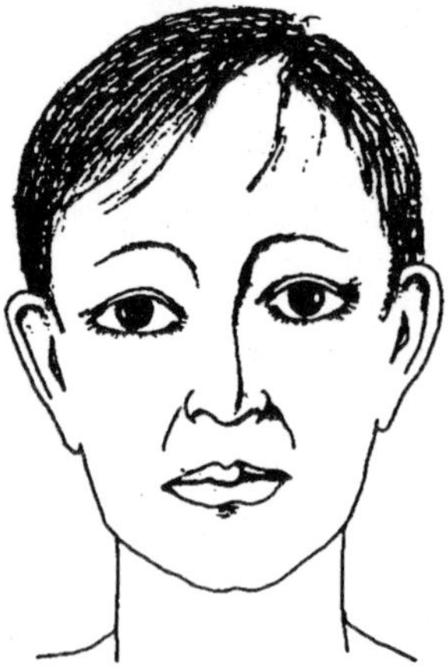

To je mi líto.	I am sorry.
Je mi ho líto.	I am sorry about him.
To mě mrzí.	I am very sorry.
Chudák!	Poor man!
To je škoda.	It is a pity.
To je smůla.	That's bad luck.

L13

chata F

Jsem na chatě.
Jedu na chatu.

Vaše chata je v lese u jezera (lake). Máte jeden týden volno a chcete ho na chatě aktivně strávit.
Co budete dělat?

Zlomil jsem si ruku (nohu).	I broke my arm (leg).
Není to nic vážného.	It is nothing serious.
Jeho zranění není vážné.	His injury is not serious.
Jeho zranění bylo smrtelné.	He suffered a fatal injury.
Zemřel.	He died.
Byl na operaci slepého střeva.	He was operated on for appendicitis.
Má velké bolesti.	He feels great pain.
Horečka mu stoupla.	His temperature went up.
klesla.	down.
Teče mi krev z nosu.	My nose is bleeding.
Říznul jsem se do prstu.	I cut my finger.
Spadl a odřel si nohu.	He fell down and scratched his leg.
Vymkl jsem si kotník.	I sprained my ankle.
Mám průjem.	I have got diarrhoea.
Zavolejte na pohotovost.	Call the emergency service.
Už přijela sanitka.	The ambulance has just come.
Točí se mi hlava.	I feel dizzy.
Chce se mi zvracet.	I feel like vomitting.
Spadlo mi něco do oka.	Something has got in my eye.
Popálil jsem si ruku.	I burnt my hand.
Nemám chuť k jídlu.	I have no appetite.
Musím jít na rentgen.	I have to go for an X-ray.

Který zub vás bolí?	Which tooth is troubling you?
Posaďte se do křesla.	Sit down in the chair.
Vypadla mi plomba.	My filling fell out.
Dám vám injekci.	I will give you an injection.
Dvě hodiny nejezte.	You must not eat for two hours.
první pomoc	first aid
interní oddělení	internal medicine ward
chirurgické oddělení	surgical ward
krční, nosní, ušní oddělení	throat, nose, ear ward
zubní oddělení	dental ward
gynekologické oddělení	gynecological ward
rentgen	X-ray
Kde je tady lékárna?	Where is the chemist's here?
Prosil bych nějaké tablety na bolesti hlavy.	I would like some headache pills.
Bohužel, tento lék je jen na recept.	Unfortunately, you can get this medicine only by prescription.

L14

autoservis M	car service
a proto	and therefore
benzín M	petrol
benzínová pumpa F	petrol pump
bezolovnatý	lead-free
dálnice F	highway
dolít, doleju pf.	to fill up
lít, leju impf.	
doprava F	traffic, transport
dopravní policie F	traffic police
je dovoleno	it is permitted
dovolený, -á, -é	permitted
jednat s +Instr **o** +Loc **-ám** impf.	to negotiate with somebody about
jiný, -á, -é	other
kilometr M	kilometre
koncert M	concert
kraj M	side, edge
na kraji +Gen	on the side on the edge
materiál M	material
mávat +Dat, **na** +Acc **-ám** impf.	to wave at
zamávat pf.	
motorest M	pull-up, road house
možná	maybe
je to možné	it is possible
nádrž F	tank
nápad M	idea
natankovat, -uju pf.	to refuel
nejvyšší	highest
olej M	oil
opravdu	really
opravit, -ím pf.	to repair
opravovat, -uju impf.	
plný, -á, -é	full
pokuta F	fine, penalty
policie F	police
policista M	policeman

poprosit +Acc **o**+Acc pf.	to ask for
prosit, -ím, impf.	
porucha F	breakdown
pořádek M	order
v pořádku	in order
průkaz M	licence, card
předem	in advance
přední sklo N	windscreen
předpokládat, -ám impf.	to suppose
recepce F	reception
rychlost F(Gen **-i**)	speed
řidič M	driver
řidičský průkaz M	driving licence
silnice F	road
stavit se (kde), -ím pf.	to drop in
stejný, -á, -é	same
stihnout, -nu pf.	to catch (on time)
stopař M	hitchhiker
stopařka F	
stopovat, -uju impf.	to hitchhike
tolik	so many, so much
totiž	namely
začátek M	beginning, start
zakázat +Dat +Acc pf.	to forbid
zakážu	I will forbid
zakazovat, -uju impf.	
je zakázáno	it is forbidden
zastavit, -ím pf.	to stop
zastavit se pf.	to stop oneself
zdát se (+Dat) impf.	to seem
zdá se mi	it seems to me
zkontrolovat, -uju pf.	to check
kontrolovat impf.	
Co se dá dělat?	What is there to be done?
Nedalo se nic dělat.	There was nothing to be done.
Udělalo se mi špatně.	I did not feel well.

Gr

DATIVE CASE – PLURAL (DATIV PLURÁLU)

KOMU? ČEMU To whom? To what?

					hard cons.		soft cons.	
těm všem	našim vašim	novým mým, tvým	moderním jejím	**M**	pánům stolům		mužům pokojům	**-ům**
-ěm	**-im**	**-ým**	**-ím**	**F**	ženám	**-ám**	židlím ! věcem	**(! -em)** **-ím**
				N	městům	**-ům**	mořím nádražím	**(! -em)** **-ím**

1) **F**, která končí na sufix **-ost:** **-em** — místnost – místnost**em**, rychlost – rychlost**em**

\+ **F**, která v Gen sg. končí na **-i:** **-em** — věc (Gen: věci) – věc**em**, noc (Gen: noci) – noc**em**

2) ! lidi – lid**em**, děti – dět**em**

Příklady:

Pomůžu **vám.**	I will help you.
Poradil **rodičům**, aby to koupili.	He advised his parents to buy it.
Zakázal jsem **dětem**, aby tam chodily.	I forbade my children to go there.
Navrhl jsem **svým kolegům**, abychom šli hned.	I proposed to my colleagues that we go at once.
Tramvaj jede až k **těm vysokým budovám.**	The tram goes as far as the high buildings.
Ten časopis jsem půjčil **manželům Dvořákovým.**	I lent the magazine to Mr. and Mrs. Dvořák.
Svým sourozencům věřím.	I believe my brothers and sisters.
Co pořád máš **proti mým názorům**?	What do you constantly have against my opinions?

❐ 1. Dejte do správného tvaru:

Co je tam vzadu proti	ty moderní domy obchody ta bílá auta ty stoly a židle naše kanceláře	?

Co máš proti	ti lidi Slováci ti cizinci ty děti kolegové návštěvy	?

❐ 2. Tvořte věty:

a)

Byl k Přijde k Naproti Má stále něco proti Přišla k	nám nim němu ní vám	milý. až večer. stál profesor. • na návštěvu.

b)

Jak Pomohl Zaplatil Poslal Rezervoval Poradil Bylo	mu jí jim nám	to chutnalo? hodně. dovolenou v Itálii. pohled z Prahy. čtyři místa v hotelu. správnou metodu. dobře.

❐ 3. Dejte do správného tvaru:

	KOMU	CO
Napsal jsem Objednal jsem Řekl jsem Dal jsem	rodiče kamarádi pan Kubát prodavačka	dopis káva pravda stokoruna

Přinesl jsem	manželka	ta nová kniha
Půjčil jsem	Karel a Jana	auto
Zaplatil jsem	číšník	černá káva
Uvařil jsem	přátelé	dobrá večeře
Poslal jsem	děti	několik knih
Ukázal jsem	cizinci	Praha
Vybral jsem	návštěva z Toronta	dobrý hotel v centru

❐ **4.**

A: Doktor mi zakázal,	abych kouřil.
poradil	abych pil alkohol.
	abych sportoval.
	abych každý den chodil plavat.
	abych změnil svůj program dne.

B: Mému manželovi	
Mému otci	to zakázal taky
Mé manželce	to poradil taky.
Mé matce	

Gr

DECLENSION OF NUMERALS (DEKLINACE ČÍSLOVEK)

1 **jeden, jedna, jedno** – deklinace jako „ten, ta, to".

2 **dva** (M), **dvě** (F, N)
oba (M), **obě** (F, N) — **3 tři** — **4 čtyři** — **5–99**

	2	3	4	5–99
Nom	dva, dvě oba, obě	tři	čtyři	pět, devět
Gen	dvou, obou	tří	čtyř	pěti, devíti
Dat	dvěma, oběma	třem	čtyřem	pěti, devíti
Acc	dva, dvě, oba, obě	tři	čtyři	pět, devět
Loc	o dvou, obou	o třech	o čtyřech	o pěti, devíti
Instr	dvěma, oběma	třemi	čtyřmi	pěti, devíti

100 **sto** – deklinace jako „město“
1000 **tisíc** – deklinace jako „pokoj“ ! 5000 – pět tisíc
1000 000 **milion** – deklinace jako „stůl“

KOLIK? **několik** **tolik** **mnoho**

Nom, Acc	kolik	několik	tolik	mnoho
Gen, Dat, Loc, Instr	kolika	několika	tolika	mnoha

VŠICHNI, všechny, všechna

Nom	všichni (Ma) všechny (Mi, F) všechna (N)
Gen	všech
Dat	všem
Acc	všechny (M, F) všechna (N)
Loc	o všech
Instr	všemi

VŠECHNO – deklinace jako „co“

Nom	všechno	co
Gen	všeho	čeho
Dat	všemu	čemu
Acc	všechno	co
Loc	o všem	o čem
Instr	vším	čím

Otevřeno máme **od devíti do čtyř** hodin odpoledne.	We are open from nine to four o'clock in the afternoon.
Studenti bydleli **po dvou.**	The students lived in twos.
U dvou aut zjistili chybu v motoru.	They discovered a defect in the engine of two cars.
Budeme večeřet **s oběma hosty.**	We will have supper with both guests.
K těmto **třem** problémům se ještě vrátím.	We will return to the three problems later.
Výstavu navštívily **dva miliony** lidí.	The exhibition was visited by two million people.
Na náměstí byly **tisíce** lidí.	There were thousands of people on the square.
Byl jsem tady **před několika** lety.	I visited this place several years ago.
Před mnoha lety žil jeden král.	Once upon a time there lived a king.
Na jednání přišli **všichni** a přinesli **všechny materiály**.	Everybody came to the negotiation and brought all the materials.

Číšník podal **všem** skleničku.	The waiter gave a glass to everybody.
Chci se podívat **do všech** kostelů.	I want to visit all the churches.
! **Všemu** rozumím. (+ Dativ)	I understand everything.
O všem vím, **všechno** znám.	I know about everything, I know everything.

Cv

❒ **5.**

a) Schůze bude zítra od | 1 / 2 / 3 | do | 3 / 4 / 5 | •

b) Koncert trvá od 8 / 7 / 6 | do | 10 / 9 / 8 | •

c) Přišel v 9, ale po | 10 / 15 / 20 / 25 | minutách musel odejít.

d)

Mluvili jsme spolu o (všechno).	(Všichni) už přišli.
Neboj se, vzal jsem (všechno).	Viděl jsem (všichni kolegové).
Rozumím skoro (všechno).	Mluvil jsem se (všichni).
Se (všechno) jsem spokojený.	Vím o (všechny problémy).

❒ **6. O kolik je větší?** – o deset centimetrů / o dva centimetry / o jeden centimetr / o hodně — By how much is it bigger?

a) O kolik let jsi starší? – o | 2 roky / 4 roky / 5 let / 7 let

b) V obchodě mi vrátili **o** | 10 korun / 15 / 9 | **méně. / více.**

❐ **7. Přečtěte číslovky:**

Poslal jsem telegram 2 přátelům. Vrátí se asi v 8 hodin. Vrátil se po 2 měsících. Jednání trvalo od 12 do 14 hodin. Zeptali jsme se 4 cizinců. V novinách jsem četl zprávu o 1 sportovci. Před 15 lety ještě žil v Praze. Přijel před 4 měsíci. Po 3 letech ho už nepoznal. Ve městě žijí víc než 2 miliony obyvatel. Slovník má asi 45 000 slov. V pokladně jsou jen do 3 hodin. Jednali o 5 problémech. Co víš o těch 2 mladých cizinkách? Prezident odjel na 2 návštěvy. Poděkoval jsem všem 3 kamarádům.

Gr

TIME CONJUNCTIONS (ČASOVÉ SPOJKY)

Když Až	**Dříve než Než**	**Jakmile Hned jak**	**Kdykoliv Vždycky když**	**Zatímco**	**Dokud**
when	before	as soon as	whenever	while	until

Příklady:

Až se vrátíš, hned mi zavolej. — When you come back, call me at once.
Skončíme jednání **dřív, než** začne recepce. — We will finish our negotiations before the reception begins.
(Dřív) než přijdeš, bude oběd hotový. — The lunch will be prepared before you come.

Přijedu domů, **jakmile** skončíme. — I will come home as soon as we finish.
Budu mít radost, **kdykoliv** přijdeš. — I will be pleased whenever you come.
Zatímco ty budeš v kanceláři, já půjdu nakoupit. — While you are in the office, I will go to shop.
Dokud nedostanu pozvání, nepůjdu. — Until I receive an invitation, I won't go.

NA DÁLNICI

Pan Fišer a pan Kubát jedou po dálnici.

K: Nejste unavený, pane Fišere? Už řídíte víc než dvě hodiny. Mohli bychom zastavit a odpočinout si.
F: To je dobrý nápad. Zastavíme tamhle u motorestu. Je tam i benzínová pumpa, musím vzít benzín, nádrž už je skoro prázdná. Jen jestli tam mají bezolovnatý benzín.

❖ ❖ ❖

Á, výborně. Mají ho. Můžete jít zatím do motorestu, než natankuju. A musím také zkontrolovat olej a dolít vodu, takže to bude chvíli trvat.
K: Chcete objednat předem něco k pití nebo k jídlu?
F: Ne, objednám si sám, děkuju.

❖ ❖ ❖

K: Všechno v pořádku?
F: Ano, dolil jsem jen trochu vody, olej je v pořádku. Tak co jste si dal?
K: Zatím jen džus, měl jsem velkou žízeň. S jídlem čekám na vás.
F: Já si dám tonik, nechci nic sladkého. Jídlo vyberte vy, dám si to stejné. Po jídle si dám kávu.
K: Budou dvě hodiny, ve tři už určitě budeme v Praze. Krásně to stihneme, jednání začíná v půl čtvrté. Pojedeme hned do kanceláře, nebo se stavíme u vás v hotelu?
F: Nejdřív pojedeme do hotelu, musím si vzít ještě nějaké materiály, které budeme při jednání potřebovat. A jestli vám to nebude vadit, převléknu se. Po jednání se už totiž nestihnu převléknout na recepci.
K: V kolik začíná?
F: V sedm. Předpokládám, že jednání neskončí dřív než v půl sedmé. Výborně, už nám nesou jídlo. Dobrou chuť.
K: Dobrou chuť.

8. Vyberte odpověď (Choose the answer):

1. O čem budete jednat?	1. na tom, že materiály připraví do pondělí
2. Na čem jste se dohodli?	2. o termínu, kdy se otevře nový hotel
3. Co ještě potřebujete?	3. cestu po dálnici do Brna a potom po silnici do Jihlavy
4. Kterou cestu jsi mu poradil?	4. na parkovišti u dálnice
5. Kde jste zastavili?	5. umýt přední sklo u auta
6. Kde jste se stavili?	6. v hotelu u pana Fišera

9. Spojte věty spojkami:

a) Př.: Udělám to, **dřív než** se vrátí domů.

Objednám kávu	, dřív(e) než	přijdeš.
Jednání skončí	, než	začne recepce.
Převléknu se		přijde návštěva.
Musím se napít		budu brát benzín.
Musím zkontrolovat olej		pojedeme.
Musím vzít benzín		mi dojde.
Stavíme se v hotelu		pojedeme do kanceláře.

b) Př.: **Jakmile** se vrátíš, budeme večeřet.
Hned jak se vrátíš, budeme večeřet.

Začneme jednání,	jakmile	přijde pan Fišer.
Pojedeme,	hned jak	zkontroluju olej v motoru.
Skončíme jednání,		se dohodneme na nějakém termínu.
Napíšu tu zprávu,		přijdu domů.
Zatelefonuju vám,		dostanu zprávu, kdy přijede.
Neboj se, stihneme to. Půjdeme,		se převléknu.

c) Př.: **Vždycky když** mám dovolenou, prší.
Kdykoliv mám dovolenou, prší.

Vždycky když	přijedu do Prahy, bydlím v hotelu Evropa.
Kdykoliv	mě přišel navštívit, přinesl mi růže.
	jsme s nimi jednali, nikdy jsme se nedohodli na přesném termínu.

d) Doplňte **když,** nebo **až**:

Když Až	skončí jednání, vezmu vás na večeři. přišel kolega Kubát, mohli jsme konečně začít jednání. uvidíme motorest, zastavíme a uděláme si přestávku. jsem zastavil u benzínové pumpy, neměl jsem už skoro žádný benzín. budeš vědět, jestli pojedeš do Brna, zavolej mi. mě zastavila policie, bál jsem se, že jsem jel moc rychle.

❐ **10. Řekněte, ať se nebojí, že to určitě stihnete:**

To nemůžeme stihnout, už je půl osmé. Určitě to nestihneme, začne to za pět minut. Už musíš jít, nestihneš přijít včas do práce. Bojím se, že nestihnu vlak do Prahy. Stihneme ještě odpoledne nakoupit?	Neboj se, určitě to stihneme. stihneš.

CO JE VÁM, PANE ŘIDIČI?

Dopravní policie zastavila u auta, které stojí na kraji silnice.

– Pane řidiči, máte poruchu?
– Ne, auto je v pořádku.
– Tak nemáte benzín?
– Ne, mám plnou nádrž.
– Tak co se vám stalo? Proč jste tady zastavil?
– Promiňte, udělalo se mi najednou špatně. Ale už je to lepší, hned pojedu dál.
– Za dva kilometry je motorest, odpočiňte si tam. Chcete, abychom jeli s vámi?
– Ne, děkuju, už je mi opravdu dobře.

❐ **11. Co uděláte?**

Na dálnici vám došel benzín.	– Zastavíte jiné auto a benzín si od něho koupíte. – Půjdete pěšky k benzínové pumpě.
Už řídíte velmi dlouho a jste unavený.	– Zastavíte na parkovišti, abyste si odpočinul. – Nezastavíte, chcete si odpočinout až doma.

V autě se vám udělalo špatně.
- Víte, že na dálnici nesmíte zastavit, a proto jedete až na parkoviště.
- Hned zastavíte, nečekáte na parkoviště.

Na dálnici máte poruchu.
- Opravíte si auto sám.
- Poprosíte jiného řidiče, aby zatelefonoval do autoservisu.

U silnice stopuje mladá žena.
- Neberete stopaře, proto nezastavíte a jedete dál.
- Žena se vám líbí, a proto jí zastavíte.

stopařka

stopař, stopařka (M, F)
stopovat auto
jet, jezdit stopem

POKUTA

Bydlím dost daleko od centra, a proto jsem se rozhodl, že svého přítele Martina, který je u mě na návštěvě, vezmu večer na koncert autem. Koncert byl od osmi. Vyjeli jsme pozdě, pořád se nám zdálo, že máme dost času, takže jsme museli pospíchat. Věděl jsem, že jedu rychleji, než je dovoleno, ale nečekal jsem, že budu mít smůlu a potkám dopravní policii. Ale to už jsem viděl na kraji silnice policistu, který mával, abych zastavil.
„Dobrý den, váš řidičský průkaz prosím." Podal jsem mu ho.
„Pane řidiči, jakou rychlostí jste jel?"
„No, možná jsem jel trochu rychleji, ale ne o moc."
„ Ve městě je nejvyšší dovolená rychlost šedesát kilometrů za hodinu, vy jste ale jel osmdesátkou."

„To není možné. O tolik víc jsem nemohl jet."
„ Ale je to možné. Zaplatíte pokutu. A nebude malá."
Pokutu jsem zaplatil, nedalo se nic dělat. Začátek koncertu jsme samozřejmě nestihli. Přijeli jsme pět minut po začátku.

policista (M)

Cv

❒ **12.**

a) Nejvyšší dovolená rychlost ve městě je 60 km/h **(šedesát kilometrů za hodinu)**
na dálnici je 110 km/h
na silnici je 90 km/h

Já jezdím většinou rychlostí o 10 kilometrů menší.

b) **Jak rychle** jezdíte?
Jakou rychlostí jezdíte?

Jezdím stovkou. (100 km/h = stovka)
Jezdím devadesátkou. (90 km/h = devadesátka)
Jezdím šedesátkou. (60 km/h = šedesátka)

L14

☐ **13. Dokončete větu:**

Podal jsem policistovi . . .	dost času
Rozhodl jsem se, že na koncert pojedu . . .	svou manželku
Vezmu na služební cestu . . .	řidičský průkaz
Zdálo se mi, že máme ještě . . .	z okna
Když jsem odcházel, manželka mi mávala . . .	autem
Předpokládám, že budu hotový . . .	zítra večer
Nestihl jsem se vrátit . . .	před začátkem jednání

☐ **14.**

před +Instr **po +Loc**

Stavím se u tebe před u vás	oběd konference jednání večeře	, protože po	oběd konference jednání večeře	nebudu mít čas.

☐ **15.**

Co asi volá ten pán?

BENZÍNOVÁ PUMPA	PETROL PUMP
Kolik chcete benzínu?	How much petrol do you want?
20 litrů bezolovnatého.	Twenty litres of lead-free.
Plnou nádrž.	Fill up the tank.
Můžete mi zkontrolovat olej?	Can you check the oil level?
Máte málo oleje.	There is not much oil left.
Potřebujete ho vyměnit.	You need to change it.
Můžete si ho koupit u nás.	You can buy it here.
Můžete mi nalít trochu vody do chladiče?	Can you put a little water in the radiator?
Potřebuju nahustit pneumatiky.	I need to inflate my tires.
Můžete mi umýt přední sklo?	Can you clean the windscreen?

AUTOOPRAVNA = AUTOSERVIS	CAR SERVICE
Kde je nejbližší autoopravna?	Where is the nearest car service?
Pracuje i o víkendu?	Does it work during the weekend too?
Píchl jsem. Můžete mi vyměnit pneumatiku?	I had a puncture. Can you change my tire?
Mám poruchu motoru.	The engine has broken down.
Něco se stalo v motoru.	There is something wrong with the engine.
Můžete mě odtáhnout do autoopravny?	Can you tow me to the car service?
Brzdy nefungují dobře.	The brakes do not work well.
Nemůžu nastartovat.	I can't start.
Ukradli mi stěrače.	The windscreen wipers have been stolen.
Bohužel nemáme náhradní díly na vaši značku.	Unfortunately, we do not have the spare parts for your make.
Oprava bude trvat dva dny.	It will take two days to repair it.
Nemůžete mi to opravit do zítra?	Can't you repair it till tomorrow?
Bohužel, rychleji to nejde.	Unfortunately, we cannot do it more quickly.

PARKOVÁNÍ	PARKING
Kde je hlídané parkoviště?	Where is there a car park here?
Hledám místo na parkování.	I am looking for a parking place.
Nevíte, kde bych mohl zaparkovat?	Don't you know where I could park here?
Zákaz stání (parkování).	No parking.
Tady můžete parkovat jen jednu hodinu.	You can park here only for one hour.
Můžete si sem zacouvat.	You can back your car in here.

L14

POLICIE	POLICE
Dopravní policie	Traffic police
Pane řidiči, řidičský průkaz prosím.	Sir, your driving licence, please.
Jakou jste jel rychlostí?	How fast were you going?
Jel jste rychleji, než je povoleno.	You exceeded the speed limit.
Zaplatíte pokutu.	You will be fined.
Nedal jste přednost v jízdě.	You did not yield the right of way.
Jedete po vedlejší silnici.	You are driving on a side road.
hlavní	main
Neviděl jste dopravní značku?	Did you not see the traffic sign?
V obci je nejvyšší povolená rychlost 60 km/h.	There is a speed limit of sixty kilometres per hour in this village.
Objížďka	Detour, by-pass
Policejní stanice	Police station
Ztratil jsem pas.	I lost my passport.
Chci ohlásit ztrátu pasu.	I want to report a lost passport.
Ukradli mi pas a peněženku.	My passport and purse have been stolen.
Chci ohlásit krádež pasu.	I want to report that my passport was stolen.
Zloděje jsem neviděl.	I did not see the thief.
Vykradli mi auto.	My car has been stolen.
Je to značka Mercedes, má bílou barvu, státní poznávací značku	It is a white Mercedes, its registration number is ...
Přepadli mě v noci ve 3 hodiny ráno v ulici ...	I was assaulted at three o'clock in the morning in the street ...
Byl jsem svědkem havárie.	I have witnessed an accident.

celní	customs (adj).
celnice F	customs office
celník M	customs official
clo N	customs
detail M	detail
firma F	firm
hala F	hall
i když	even when
jazyk M	language, tongue
kdyby	if
letiště N	airport
návrh M	proposal
nepříjemnost F (Gen **-i**)	trouble, nuisance
obchodník M	businessman, trader
odvézt, odvezu pf. **odvážet, -ím** impf.	to take away (by vehicle)
oprava F	repair
osobně	personally
osobní	personal
pasový, -á, -é	passport (adj.)
proclení N	customs-clearance
prohlídka F	inspection, examination
projednat +Acc pf. **jednat o** +Loc impf.	to discuss
prostudovat +Acc **-uju** pf. **studovat** impf.	to study
přijíždět, -ím impf. **přijet, -jedu** pf.	to arrive in, at
přímo	directly
případ M	case
v tom případě	in this case, event
příště	next time
reklamovat impf. **-uju**	to make a complaint
servis M	service
situace F	situation
smlouva F	contract
stejně	just as, in the same way
stěžovat si na +Acc impf. **-uju**	to complain about
technik M **technička** F	technician
vízum N (Gen **víza**)	visa
výrobek M	product
zajistit, -ím pf. **zajišťovat, -uju** impf.	to guarantee, to ensure
záruční doba F	guarantee period
zástupce M **zástupkyně** F	representative
země F	land, country

Jak dlouhou záruční dobu má tento výrobek?
What guarantee period does this product have?

Naše firma vám zajistí všechny dokumenty.
Our company will guarantee you all the documents.

Výrobky odvezeme přímo na místo.
We will transport the products to the respective place directly.

Situaci projedná osobně náš zástupce.
The situation will be discussed personally by our representative.

Jednali jsme o návrhu smlouvy.
We discussed our proposed contract.

Musíte zaplatit clo za auto.
You have to pay duty on the car.

Do Prahy jsem přiletěl ráno v devět.
I arrived in Prague (by plane) at nine o'clock in the morning.

Smlouvu podepíšeme jen v tom případě, že změníme tento bod.
We will sign the contract only in the event that you change this point.

Gr L15

INSTRUMENTAL CASE – PLURAL (INSTRUMENTÁL PLURÁLU)

S KÝM? ČÍM? With whom? With what?

					hard cons.		soft cons.	
těmi všemi	našimi vašimi	novými mými, tvými	moderními jejími	**M**	pány stoly	**-y**	muži pokoji	**-i**
-ěmi	**-imi**	**-ými**	**-ími**	**N**	městy		moři ! nádražími	
				F	ženami	**-ami**	židlemi ! místnostmi	**-emi** **(-mi)**

1) **F**, která v Gen sg. končí na **-i:** **-mi** místn**ost** – místnost**mi**
věc – věc**mi**

2) ! lidi – lid**mi**
děti – dět**mi**

být spokojený s + Instr — to be satisfied with
být známý + Instr — to be well-known for
seznámit se s + Instr pf. — to make the acquaintance of
seznamovat se s + Instr impf.
setkat se s + Instr pf. — to meet
setkávat se s + Instr impf.
(roz)loučit se s + Instr (pf.) — to take (one's) leave of
zabývat se + Instr impf. — to be engaged in

Příklady:

Dům **se sedmi místnostmi.** — A house with seven rooms.
Byl jsem tam **se svými dvěma dětmi.** — I was there with my two children.
Mluvil jsem **s několika lidmi.** — I spoke to several persons.
Nejsem spokojený **s pražskými obchody.** — I am not satisfied with Prague shops.
Sedí tamhle **mezi dvěma přáteli.** — He is sitting there between two friends.
Zabývám se **mnoha sporty.** — I am engaged in many sports.
Praha je známá **svými historickými památkami.** — Prague is known for its historical monuments.
Odešla už **před třemi hodinami.** — She already left, three hours ago.

Cv

❒ 1.

a)

Ne, Jana	tady není.	Odešel před	5	minutami.
profesor		Odešla	10	
inženýr Kubát			15	
pan doktor			20	

b)

O Pavlovi nic nevím.	Naposledy mi napsal před	5	dny.
O Petru Kubátovi	napsala	10	dny
O doktoru Dvořákovi		2	týdny
O Heleně		3	týdny
		3	měsíci
		4	měsíci

❒ 2.

a)

Tady je nějaká taška s	knihy	jablka	pomeranče
	brambory	vajíčka	vejce
	minerálky	chlebíčky	
	housky	časopisy	

b)

Mluvil jsem	s vašimi	rodiče	hosté
	s těmi	děti	lidi
	s několika	přátelé	cizinci
	se dvěma	kolegové	doktoři

c) Pan Fisher je obchodní zástupce z Velké Británie

a zabývá se	smlouva mezi našimi firmami
	situace v naší firmě
	několik problémů
	důležité ekonomické otázky (**ekonomický** - economic)
	automatické stroje (**automatický stroj** M - automatic machine)
	počítače (**počítač** M – computer)
	naše výrobky
	export do České republiky
	import výrobků naší továrny do Velké Británie (**továrna** F– factory)

Gr L15

DEKLINACE „kolega“: M končí na **-a** (M ending with **-a**)

sg.

Nom	kolega
Gen	koleg**y**
Dat	koleg**ovi**
Acc	koleg**u**
Loc	o koleg**ovi**
Instr	koleg**ou**

Dat, Loc – jako „pán“
Gen, Acc, Instr – jako „žena“

pl.

Nom	kolegové
Gen	kolegů
Dat	kolegům
Acc	kolegy
Loc	o kolezích
Instr	kolegy

jako „pán“

Pane koleg**o**!

Příklady:

Vidím tamhle **kolegu.**	I see my colleague there.
Večer se sejdu **s Honzou.** (Honza = Jan)	In the evening I will meet John.
Kolego, pojďte sem!	Come here, colleague!
Ahoj, **Jirko!**	Hello, George!
Tamtoho **turistu** jsem už jednou potkal.	I have already met that tourist once.
Schůzi začne **předseda.**	The chairman will begin the meeting.
Po předsedovi bude mluvit doktor Kubát.	Mr. Kubát will speak after the chairman.

DEKLINACE „centrum“, „muzeum“ (cizí slova v češtině – foreign words)

sg.

Nom	centr**um**	muze**um**
Gen	centr**a**	muze**a**
Dat	centr**u**	muze**u**
Acc	centr**um**	muze**um**
Loc	o centr**u**	o muze**u**
Instr	centr**em**	muze**em**

jako „město“
-um jen v Nom, Acc

pl.

Nom	centra	=	muzea
Gen	center	x	muze**í**
Dat	centrům	x	muze**ím**
Acc	centra	=	muze**a**
Loc	o centrech	x	o muze**ích**
Instr	centry	x	muze**i**

jako „město“ x Nom, Acc jako „město“
Gen, Dat,
Loc, Instr jako „moře“

Příklady:

Tramvaj jede **do centra.**	The tram goes to the centre.
V Národním muzeu je nová výstava.	There is a new exhibition in the National Museum.
Praha se stala **kulturním centrem** Evropy.	Prague became a cultural centre of Europe.
Vyprávěl mi **o muzeích** v Praze.	He told me about the museums in Prague.
Výrobky prodáváme **do** všech **průmyslových center.**	We sell the products to all the industrial centres.
Do České republiky už jezdíme **bez víza.**	We can go to the Czech Republic now without a visa.
Vízum nepotřebujete.	You do not need a visa.
Pojď odpoledne **do Muzea** hudby.	Come to the Museum of Music in the afternoon.

Gr

CONDITIONAL SENTENCES (PODMÍNKOVÉ VĚTY)

Kdybych měl čas, **šel bych** s tebou. **kdyby** – if

If I had time, I would go with you.

Kdy + kondicionál **! conditional in both clauses**

Kdy + bych měl, šel bych . . . .

já	–	kdybych měl čas	if I had time
ty	–	kdybys měl čas	if you had time
on	–	kdyby měl čas	if he
ona	–	kdyby měla čas	she had time
ono	–	kdyby mělo čas	it
my	–	kdybychom měli čas	if we had time
vy	–	kdybyste měl(i) čas	if you had time
oni	–	kdyby měli čas	
ony	–	kdyby měly čas	if they had time
ona	–	kdyby měla čas	

The form with reflexive verbs: ty – kdyby **ses** vrátil if you came back

kdyby **sis** vzal if you took

Příklady:

Kdyby přišel Tomáš dříve, **vypili bychom** si spolu kávu.
If Tom came sooner, we would have coffee together.

Kdybyste otevřeli nový servis, vaše výrobky **by se** lépe **prodávaly.**
If you opened a new service, your products would sell better.

Kdyby bylo hezky, **jeli bychom** na chatu.
If it's nice, we'll go to the cottage.

Cv

❒ **3.**

a) Co byste dělal, kdybyste měl čas? Co bys dělal, kdybys měl čas?

Kdybych měl čas,
- jít do divadla
- přečíst si noviny
- navečeřet se v restauraci
- zahrát si s tebou tenis
- zůstat doma a odpočívat
- poslouchat koncert z rádia

b)

1. Kdyby už v kině neměli lístky,	dát si kávu v kavárně
2. Kdyby mě nebolela hlava,	podívat se na ten film
3. Kdybys přijel na návštěvu,	mít velkou radost
4. Kdyby pršelo,	změnit náš plán
5. Kdyby Jana dostala peníze dnes,	ten kabát si koupit
6. Kdyby se nás zeptali,	odpovědět jim
7. Kdyby inženýr Dvořák uměl anglicky,	moct pracovat v naší firmě v Londýně

c) Co byste dělal, kdybyste měl celý den volno?
Co by se stalo, kdybych vám nevrátil peníze?
Co byste dělal, kdyby se vám v noci daleko od města rozbilo auto?
Co byste dělal, kdyby se ztratila manželka?
Co byste dělal, kdybyste dostal horečku před důležitým jednáním?

JEDNÁNÍ (pan Kubát a pan Fisher)

K: Vítám vás u nás v Praze. Jsem Petr Kubát, obchodník naší firmy.
F: Těší mě. Já jsem John Fisher. Jsem rád, že vás poznávám osobně, zatím jsme spolu mluvili jen telefonicky.
K: Jakou jste měl cestu?
F: Cesta byla příjemná, i když trvala dlouho.
K: Posaďte se prosím. Můžu vám nabídnout kávu?
F: Děkuju, rád si vezmu.
K: A teď k věci. Návrh smlouvy znáte. Souhlasíte s ním?
F: Chtěl bych s vámi projednat některé detaily. Jak dlouhou záruční dobu mají vaše výrobky?
K: Dva roky. Reklamovat je můžete přímo u nás, nebo u našeho zástupce v New Yorku
F: Naši zákazníci si stěžují na špatný servis. Opravy trvají dlouho.
K: Situace teď bude lepší. Otevíráme v New Yorku nový servis a naši technici zajistí rychlou opravu přímo na místě.
F: V tom případě se smlouvou souhlasíme. Ale ještě jednou si ji prostuduju. Podepíšu ji zítra.
K: V pořádku. Která hodina se vám zítra hodí?
F: Přijdu stejně jako dneska, v deset. Kdybych nemohl přijít, zavolám vám.
K: Chcete, abychom pro vás poslali do hotelu auto?
F: Ne, děkuju.

L15

NA LETIŠTI

Do Prahy jsme přiletěli v půl třetí. Cesta z Frankfurtu nebyla dlouhá, trvala jen hodinu. Když jsme vystoupili z letadla, autobus nás odvezl do haly. U pasové kontroly bylo hodně lidí, protože přiletělo ještě jiné letadlo a letiště v Praze je velmi malé.

Pasová kontrola: Váš pas, prosím. Přijíždíte jako turista?
– Ne, jsem z firmy Ford Motor Company a budu v České republice pracovat.
V pořádku. Vízum nepotřebujete. Můžete jít na celní prohlídku.
Ať se vám u nás líbí.

Celní kontrola:
Celník: Dobrý den. Máte něco k proclení? Alkohol? Cigarety?
– Ne, mám jen osobní věci.
Celník: Přijíždíte na dlouho?
– Ano, budu tady pracovat. Ale své věci si přivezu, až příště pojedu do Čech autem. Mám otevřít kufr?
Celník: Ne, nemusíte. V pořádku. Můžete jít.

Konečně jsem byl po půl hodině venku. V hale mě nikdo nečekal. Vzal jsem si taxi a odjel do naší pražské kanceláře.

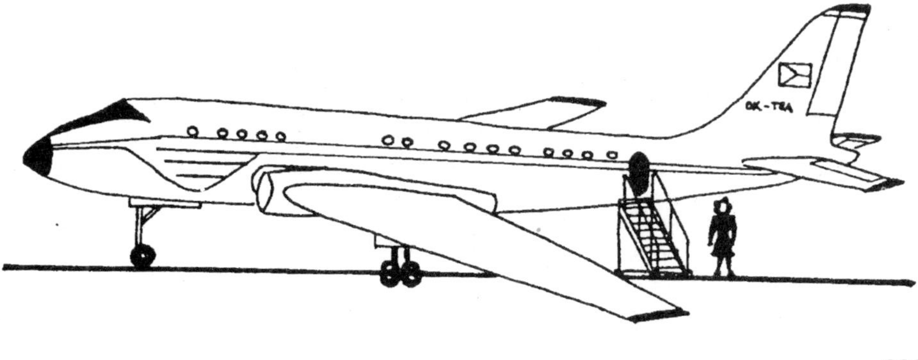

Cv

❒ 4.

letět – 1x
létat – mnohokrát

přiletět (pf.) – **přilétávat** (impf.)
odletět (pf.) – **odlétávat** (impf.)

Co to je?

1. Letiště	1. Jízdenka, která platí pro letadla
2. Letenka	2. Žena, která nám v letadle nabízí jídlo a pití
3. Letuška	3. Místo, kam přilétávají a odkud odlétávají letadla
4. Letový řád	4. Stroj, ve kterém můžeme létat ve vzduchu
5. Letadlo	5. Seznam, kde se dozvíme, kdy a kam můžeme letět

❒ 5.

a) Myslím, že už **přijíždí**	náš vlak. náš autobus. naše tramvaj.	Ale ne, **přijede** až	za čtvrt hodiny. za 10 minut. za 5 minut.
b) Myslím, že už **přichází**	kolega Dvořák. pan doktor. Petr.	Ale ne, říkal, že **přijde** až	za hodinu. za půl hodiny. v noci.

❒ 6.

Mám problém. Potřebuju	přivézt domů jednu skříň. odvézt domů knihy. odnést dopis na poštu. přinést něco k jídlu. vynést nahoru tenhle stůl.	Já ti to	přivezu. odvezu. odnesu. přinesu. vynesu.

❒ **7. Řekněte se správnou prepozicí a ve správném tvaru**
(Say with the correct preposition and in the correct form):

Blahopřeju (+Dat k+Dat)	manželka – narozeniny
Bojím se (+Gen)	letadlo
Vezmu si (+Acc od+Gen)	ty – bonbon
Cestuju (po+Loc)	Čechy a Morava
Čekal jsem (na+Acc)	profesor – čtvrt hodiny
Děkuju (+Dat za+Acc)	vy – dárek
Dojdi (pro+Acc)	noviny!
Doporučuju (+Dat +Acc)	ty – tato kniha

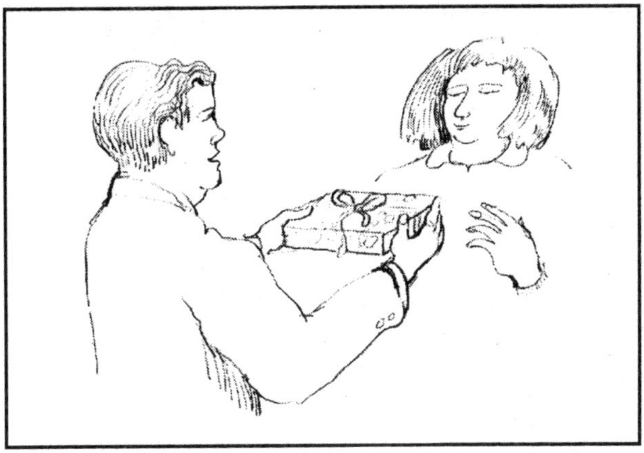

Dozvěděl jsem se (+Acc od+Gen)	Petr – zajímavá informace
Jednáme (s+Instr o+Loc)	oni – obchod mezi našimi firmami
Rozloučil jsem se (s+Instr)	Petr už včera
Chtěl bych se informovat (o+Loc)	situace vaší firmy
Pořád musím myslet (na+Acc)	naše cesta do Austrálie
Omlouvám se (+Dat za+Acc)	vy – ta nepříjemnost
Můžete mi rozměnit (+Acc za+Acc)	stovka – drobné
Zaplatil jsem (+Acc za+Acc)	800 Kč – tahle košile
Pomáhám (+Dat v+Loc)	Jana – její práce
Vyprávěl jsem (+Dat o+Loc)	rodiče – naše dovolená
Už se připravujeme (na+Acc)	dovolená
Souhlasím (s+Instr)	váš plán
Pozdravujte (+Acc od+Gen)	manžel – já

❒ **8. Odpovídejte:**

Bojíte se letět?
Létáte často?
Je pro vás drahé létat?
Co si myslíte o pražském letišti?
Které země jste navštívil? Kde se vám líbilo nejvíc?
Kdybyste měl dovolenou celý rok, kde byste ji chtěl strávit?

❒ **9. Odpovídejte:**

Jak se jmenujete? **(jméno, příjmení** – name, surname)
Kdy a kde jste se narodil? **Spojené království Velké Británie a Severního Irska**
Kolik je vám let?
Kde bydlíte? Jaká je vaše přesná adresa? A telefonní číslo?

Jste svobodný, nebo ženatý? (**svobodný** – single x **ženatý** – married
Kolik máte dětí? Kolik je jim let? **vdaná** – married)
Kde pracujete?
Kde jste studoval?
Které jazyky znáte?
Z které země jste přijel?
Proč jste přijel do Čech, na Moravu?
Která česká, moravská města jste už navštívil?
Co si myslíte o Češích? A o češtině?

LETIŠTĚ	AIRPORT
Odkud jezdí autobusy na letiště?	Where do coaches to the airport leave from?
Kde jsou České aerolinie? (ČSA)	Where are Czech Airlines?
V kolik hodin letí letadlo do...?	What time does the plane to ... leave (fly)?
Už přistálo letadlo z Dublinu?	Has the plane from Dublin already landed?
Letadlo přistane za 5 minut.	The plane will land in five minutes.
Letadlo má zpoždění.	The plane is delayed.
Praha nepřijímá pro mlhu. Letadlo letí do Brna.	Prague Airport is closed owing to fog. The plane is flying to Brno.
Jak dlouho trvá let?	How long does the flight take?
Kde je mezipřistání?	Where is the intermediate stop?
Chci letět nejbližším letadlem do ...	I want to fly to ... on the next plane.
Dostavte se k odletu linky ČSA ...	Will passengers please go to the departure of ČSA line ...
Prosíme cestující, aby se dostavili k východu číslo 3.	Will passengers please go to gate number three.
K odbavení musíte přijít hodinu před odletem.	You must go to the check-in counter one hour before departure.
Tady máte palubní lístek.	This is your boarding pass.
Máte 5 kilogramů nadváhu.	Your luggage is five kilogrammes overweight.
Za jeden kilogram zaplatíte ... Kč.	You will pay ... crowns per kilogramme.
Příruční tašku si můžete vzít do letadla.	You can take your hand baggage to the plane.
Letíme ve výšce 1000 metrů.	We are flying at a height of 1000 metres.
Právě letíme nad Paříží.	We are just now flying over Paris.
Připoutejte se, prosím. Přistáváme.	Fasten your seat belts, please. We are landing.
Rezervujte mi jednu letenku do ...	I would like to book one ticket to ...
Bohužel, linka je už obsazená.	Sorry, we are fully booked.
Dám vás na čekačku. Přijďte se zeptat zítra ráno. Možná se něco uvolní.	I will put your name on the waiting list. Come ask tomorrow morning, there may be some vacancies.

L15

CELNICE	CUSTOMS OFFICE
Celní a pasová kontrola	Customs and passport control
Celník	Customs official
Váš pas, prosím.	Your passport, please.
Máte vstupní vízum?	Have you got an entry visa?
Máte něco k proclení?	Have you anything to declare?
Ne, mám jen věci pro osobní potřebu.	No, I have only things for my personal use.
Za to musíte zaplatit clo.	You have to pay duty on it.
Z toho se neplatí clo.	This is duty-free.
Je zakázáno dovážet do České republiky ...	To import ... to the Czech Republic is forbidden.
Není dovoleno vyvézt víc než ...	You are not allowed to export more than ...

CO ŘÍKÁME?	WHAT DO WE SAY?
ZDRAVÍME	**WE GREET**
Dobré ráno!	Good morning!
Dobrý den!	Good day!
Dobrý večer!	Good evening!
Ahoj!	Hello! Hi!
Na shledanou!	Good-bye!
Na shledanou zítra.	See you tomorrow.
Na shledanou v neděli.	See you on Sunday.
Dobrou noc!	Good night!
Ahoj!	Bye!
Za chvíli ahoj.	See you later (in a short while).
JAK SE MÁTE?	**HOW ARE YOU?**
Jak se máte?	How are you?
Děkuju, dobře.	I am well, thank you.
Děkuju, jde to.	Quite well, thank you.
Jak se má manžel?	How is your husband?
Jak se daří manželovi?	
Má se dobře. X Má se špatně.	He is well. X He is not well.
Cítí se dobře. X Vůbec se necítí dobře.	He feels well. X He does not feel at all well.
Je spokojený.	He is satisfied.
Je šťastný. X Je nešťastný.	He is happy. X He is unhappy.
Je přepracovaný.	He is overworked.
Jak se má váš otec?	How is your father?
Je vážně nemocný.	He is seriously ill.
To je mi líto.	I am sorry to hear that.
Pozdravujte ho ode mne.	Give him my best regards.
Děkuju, vyřídím to.	Yes, I will, thank you.
OSLOVUJEME	**WE ADDRESS**
Pane Kubáte! Paní Kubátová!	Mr. Kubát! Mrs. Kubát!
Slečno!	Miss!
Pane doktore! Paní doktorko!	Doctor!
Dámy a pánové!	Ladies and gentlemen!
Vážení přátelé!	Dear friends!
Milí kolegové a kolegyně!	Dear colleagues!
v dopise: Milý Pavle!	in a letter: Dear Paul
Milá Jano!	Dear Jane
Vážený pane!	Dear Sir
Vážená paní!	Dear Madam

PŘEJEME	WE WISH
Šťastnou cestu!	Pleasant journey!
Hezký víkend!	Have a nice weekend!
Hezkou dovolenou!	Have a nice holiday!
Mějte se hezky!	Have a nice time!
Dobře se bavte!	Enjoy it!
Hodně štěstí!	Much luck!
Na zdraví!	Cheers!
Blahopřeju! Gratuluju!	Congratulations!
Všechno nejlepší!	Best wishes!
Všechno nejlepší k svátku.	Happy name day.
k narozeninám.	birthday.
Veselé Vánoce a šťastný nový rok.	A Merry Christmas and a Happy New Year.
Všechno nejlepší v novém roce.	Best wishes for the New Year.

SOUHLASÍME	WE AGREE
Ano.	Yes.
Jistě. Určitě.	Certainly. Surely.
Samozřejmě.	Of course.
Máte pravdu.	You are right.
To je pravda.	That's true.
Je to tak.	Quite true.
Souhlasím.	I agree.
Taky si to myslím.	I think the same.
To si myslím!	
Dobrá.	Good. OK.
Správně.	Right.
Ano, to se mi hodí.	Yes, it suits me.
To je dobrý nápad.	That's a good idea.

NESOUHLASÍME	WE DISAGREE
Ne.	No.
Vůbec ne.	Not at all.
V žádném případě.	On no account.
To není možné.	That's not possible.
Mýlíte se.	You are mistaken.
To není pravda.	It's not true.
Nemáte pravdu.	You are not right.
Ne, nesouhlasím.	No, I disagreee.
Ne, je to jinak.	No, it is otherwise.

NEVÍTE	YOU DON'T KNOW
Nevím.	I don't know.
Možná.	Maybe.
Snad.	Perhaps.
Je to možné.	It's possible.
Asi máte pravdu.	Maybe you are right.
Asi ano, ale nevím to určitě.	Maybe, but I am not quite sure about it.
Pravděpodobně ano.	Probably yes.
Půjdeš tam? Ještě nevím.	Are you going to go there? I don't know yet.
Asi ano.	Maybe I am.
Možná.	Maybe.
To se uvidí.	We will see.
Platí.	Agreed.
To je jedno.	It makes no difference.

DĚKUJEME	WE THANK
Děkuju.	Thank you.
Mockrát děkuju. – Není zač.	Thank you very much. – That's all right.
Rádo se stalo.	It was a pleasure.
Prosím.	You are welcome.
Předem vám děkujeme.	We thank you in advance.
Za všechno vám děkujeme.	Thank you for all you have done for us.
Ale to je samozřejmé.	It's the least I could do.
To nestálo za řeč.	It was a trifle.
To je od vás milé.	It's very nice of you.

OMLOUVÁME SE	WE APOLOGIZE
Promiňte. – To nevadí.	Excuse me. – It doesn't matter.
Nic se nestalo.	No harm done.
To je v pořádku.	It's OK.
Pardon.	Pardon.
Promiňte, nechtěl jsem.	Sorry, I didn't mean to.
Omlouvám se, že jsem přišel pozdě, ale není to moje vina.	I am sorry I am late but I am not to blame for it.
Chci se vám omluvit, byla to moje chyba.	I want to apologize to you, I was to blame for it.
Nezlobte se.	Don't be angry.
Omluvte mě na okamžik.	Excuse me for a moment.
Promiňte, nemůžu za to.	I am sorry, I am not to blame for it.

POZVÁNÍ	**INVITATION**
Přijďte k nám někdy.	Come to visit us sometime.
Přijdu rád.	It will be a pleasure.
S radostí.	With pleasure.
Proč ne?	Why not?
Rád(a). Velmi rád.	Gladly. Very gladly.
To je dobrý nápad.	That's a good idea.
Děkuju za pozvání.	Thank you for your invitiation.
Chtěl bych vás pozvat dneska na večeři.	I'd like to invite you for supper today.
Bohužel, dneska nemůžu.	I'm sorry I can't today.
Škoda, nehodí se mi to.	That's a pity, it doesn't suit me.
Opravdu nemůžu, mám moc práce.	I really can't, I am very busy.
A zítra byste měl čas?	And what about tomorrow?
Ano, zítra se mi to hodí.	Yes, it suits me tomorrow.
Zítra přijdu velmi rád.	It will be a pleasure for me to come tomorrow.
Přijdu vám naproti.	I will come to meet you.
Smím prosit? (o tanec)	May I ask you? (to dance)
Omluvte mě, netančím.	Excuse me, I don't dance.
Je mi líto, jsem moc unavená.	I am sorry, I am very tired.
PŘEDSTAVUJEME SE	**WE INTRODUCE OURSELVES TO EACH OTHER**
Jsem ...	I am ...
Jmenuju se ...	My name is ...
Dovolte, abych se představil.	Let me introduce myself.
To je můj přítel ...	This is my friend ...
Chci vám představit svého přítele.	I'd like to introduce my friend to you.
Těší mě.	It's nice to meet you.
Těší mě, že vás poznávám.	
Jsem rád, že vás poznávám.	I am glad that I get to know you.
že jsem vás poznal.	that I got to know you.
Znáte se?	Do you know each other?
Představím vás. To je ...	I will introduce you. This is ...
Mohl byste mě seznámit s ...?	Could you introduce me to ...?
Rád bych se s ní(m) seznámil.	I would like to meet him.
Promiňte, nejste pan ...?	Excuse me, aren't you Mr ...?
Rád bych se s vámi (s tebou) rozloučil.	I'd like to say good-bye.
Je mi líto, musím se rozloučit.	I'm sorry, I've got to say good-bye.
Bohužel už musím jít.	I am sorry, I have to go already.

Rád bych zůstal, ale nemůžu.	I'd like to stay but I can't.
Děkuju za krásný večer.	Thank you for a nice evening.
Děkuju za návštěvu.	Thank you for your visit.
Kdy se zase uvidíme?	When will we see each other again?
Přijďte zase brzo.	Come again soon.
Škoda, že nemůžete zůstat déle.	It's a pity that you can't stay longer.
Pozdravujte doma.	Give my best regards at home.

LÍBILO SE VÁM TO? / DID YOU LIKE IT?

Líbil se vám film?	Did you like the film?
Co říkáte filmu?	What's your opinion of this film?
Líbil se mi.	I liked it.
Je to dobrý film.	It is a good film.
Je zajímavý.	It is interesting.
Je to vynikající film.	It is an outstanding film.
Moc se mi nelíbil.	I didn't like it much.
Je to průměrný film.	This is an average film.
Je to slabé.	Nothing much.
Nudí mě to.	It is boring.
Nestál za nic. / Za moc to nestálo.	It was not much.
Zklamalo mě to.	It was disappointing to me.
Je to fantastické.	It is fantastic.
Je to senzační.	It is great.

NEROZUMÍM / I DON'T UNDERSTAND

Promiňte, co jste říkal?	Excuse me, what did you say?
Prosím?	Pardon?
Můžete mi to zopakovat?	Can you repeat it to me?
Bohužel jsem nerozuměl.	I'm sorry I didn't understand.
Můžete mi to říct ještě jednou?	Can you tell me it once more?
Nerozumím slovu „ ... “.	I don't understand the word "... ".
Nevím, co znamená „ ... “.	I don't know what "... " means.
Můžete, prosím vás, mluvit pomaleji?	Can you speak more slowly, please?
Mohl byste mluvit hlasitěji?	Could you speak more loudly?
Můžete mi to říct anglicky?	Can you say it to me in English?
Česky tomu nerozumím.	I don't understand it in Czech.

PROSÍME, ŽÁDÁME / WE ASK (FOR)

Prosím vás, řekněte nám ...	Please, tell us ...
podejte mi ...	pass me ...
Mohl byste mi říct, ...?	Could you tell me ...?
Můžete mi podat ...?	Can you pass me ... ?

Mohl bych vás o něco poprosit?	Could I ask you about something?
Můžu vás poprosit o ty noviny?	Can I ask you about the newspapers?
Nebude vám vadit, když budu kouřit?	Won't you mind my smoking?
Neměl byste drobné za stovku?	Wouldn't you have change for a one-hundred crown note?
Byl byste tak hodný a sedl si sem dopředu?	Would you be so kind as to sit down there to the front.
Buďte tak hodný a ...	Be so kind as to . . .
Dovolíte, abych otevřel okno?	May I open the window?
Dovolte, abych vám pomohl.	Let me help you.
Můžu vám nějak pomoct?	May I help you in any way?
Děkuju, jste moc hodný.	Thank you, it's very nice of you.
Ne, děkuju.	No, thank you.

CO BUDEME DĚLAT? / WHAT ARE WE GOING TO DO?

Mám nápad. Půjdeme na koncert.	I have an idea. Let's go to a concert.
Nechtěli byste se trochu projít?	Would you not like to take a walk?
Nechcete jít ke mně?	Would you not like to come to me?
Já bych šel do bazénu. Kdo půjde se mnou?	I would like to go to the swimming pool. Who will go with me?

OMYL / MISTAKE

To je omyl.	It's a mistake.
Mýlíte se.	You are mistaken.
Spletl jsem se.	I made a mistake.
Spletl jsem si číslo.	I dialled a wrong number.
směr.	I took the wrong direction.
Zmýlil jsem se.	I made a mistake.

MÁM STRACH / I AM AFRAID (HAVE FEAR)

Bojím se, že se mu něco stalo.	I am afraid that something happened to him.
Bojím se o něho (o ni).	I am anxious about him (her).
Nemějte strach.	Do not worry.
Nebojte se.	Do not be afraid.
Nedělejte si žádné starosti.	Do not let it trouble you.

PŘEKVAPENÍ / SURPRISE

Neříkejte!	You don't say!
To je ale překvapení! No tohle!	What a surprise!
To není možné!	It is not possible!
Vy si děláte legraci!	You are joking!

To nemůže být pravda!	It can't be true!
To je dobrý nápad!	That's a good idea!
Cože? Jak to?	What? How is it possible?

ZKLAMÁNÍ — **DISAPPOINTMENT**

To je škoda.	It's a pity.
Co se dá dělat.	What can you do.
Proč? Co se stalo?	Why? What happened?
Ale to nejde. Přece ...	But it's not possible.

PROTESTUJEME — **WE PROTEST**

To není možné!	It is not possible!
To musí být nějaký omyl.	There must be a mistake.
To nemůžete!	You can't do this!
Na to nemáte právo!	You have no right to!
To není spravedlivé.	It is not right.
Budu si stěžovat na ambasádě!	I will complain at our embassy.
Jak tě něco takového mohlo napadnout!	How could you think such a thing!

JSEM NESPOKOJENÝ — **I AM NOT SATISFIED**

Už toho mám dost.	I am sick of it.
Už to víc nevydržím.	I can't bear it any more.
Nudím se.	I am bored.
To je ostuda!	What a shame!
skandál!	What a scandal!
To je drzost!	What arrogance!
Nechte toho!	Stop it!
Přestaňte.	Stop it!
Dejte mi pokoj.	Let me be.

POCHYBY — **DOUBTS**

O tom pochybuju.	I have doubts about it.
Nevěřím.	I do not believe it.
To sotva.	Hardly.
Pravděpodobně ne.	Probably not.
Třeba.	Maybe. Possibly.
Patrně.	Maybe. Probably.
Spíš(e) ne.	Rather not.
Nejspíš(e) ano.	Rather.
Prý ano.	Supposedly yes.

VEŘEJNÉ NÁPISY **(PUBLIC NOTICES)**

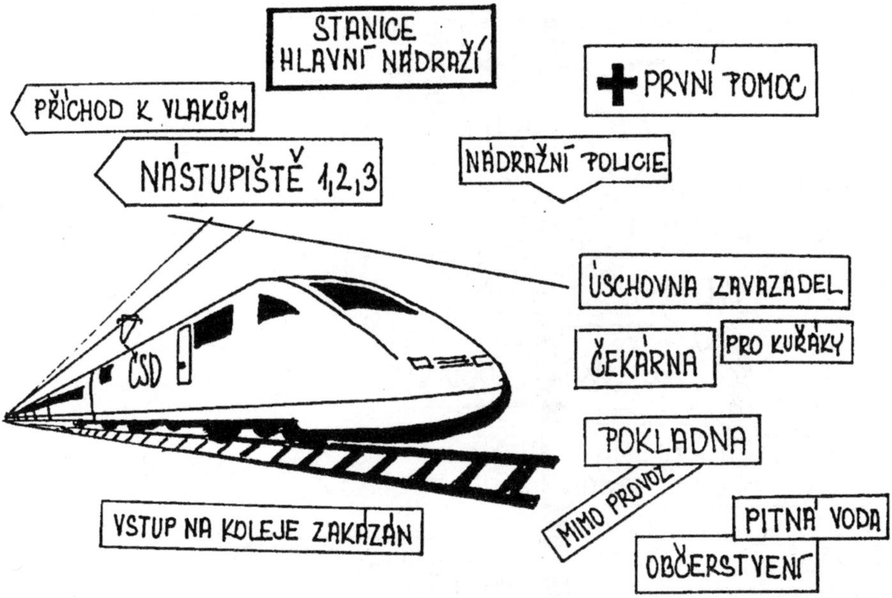

Stanice Hlavní nádraží	Main railway station
Příchod k vlakům	Entrance to the trains
Nástupiště 1, 2, 3	Platform number 1, 2, 3
První pomoc	First Aid
Nádražní policie	Railway station police
Úschovna zavazadel	Left luggage office
Čekárna pro kuřáky	Waiting room for smokers
(pro matky s dětmi)	(for mothers and children)
Pokladna	Box office
Mimo provoz	Out of order
Pitná voda	Drinking water
Občerstvení	Refreshments
Vstup na koleje zakázán	Entering the line is prohibited
Zastávka na znamení	Request stop

METRO: **UNDERGROUND, SUBWAY:**

Ukončete výstup a nástup, dveře se zavírají	Stop getting on and off, the door is closing.
Příští stanice ...	Next station ...
Konečná stanice	Terminal

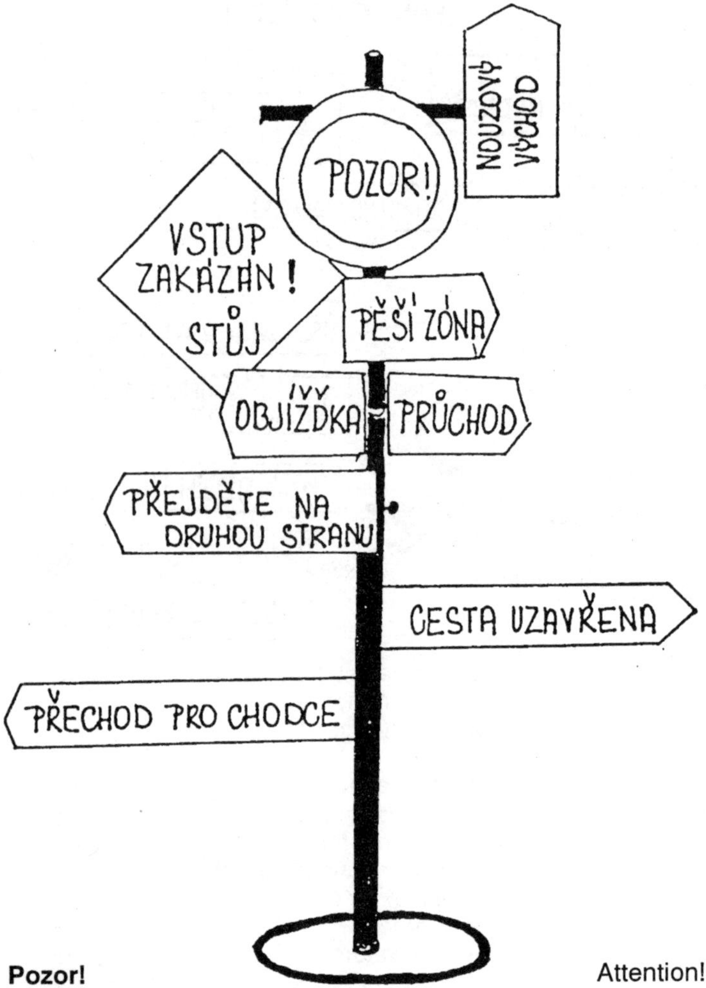

Pozor!	Attention!
Nouzový východ	Emergency exit
Vstup zakázán	No entry
Stůj!	Stop!
Pěší zóna	Pedestrian zone
Průchod	Passage
Přejděte na druhou stranu!	Cross to the opposite side!
Cesta uzavřena	Road closed
Přechod pro chodce	Pedestrian crossing

Koupaliště	Swimming pool
Pro neplavce	Non-swimmers
Pouze pro plavce	Swimmers only
Koupání zakázáno	Swimming forbidden
Na trávník vstup zakázán	Keep off the grass

Ztráty a nálezy	Lost and found
Půjčovna aut	Car hire
Vrátnice	Porter's lodge
Okružní jízda městem	Sightseeing tour

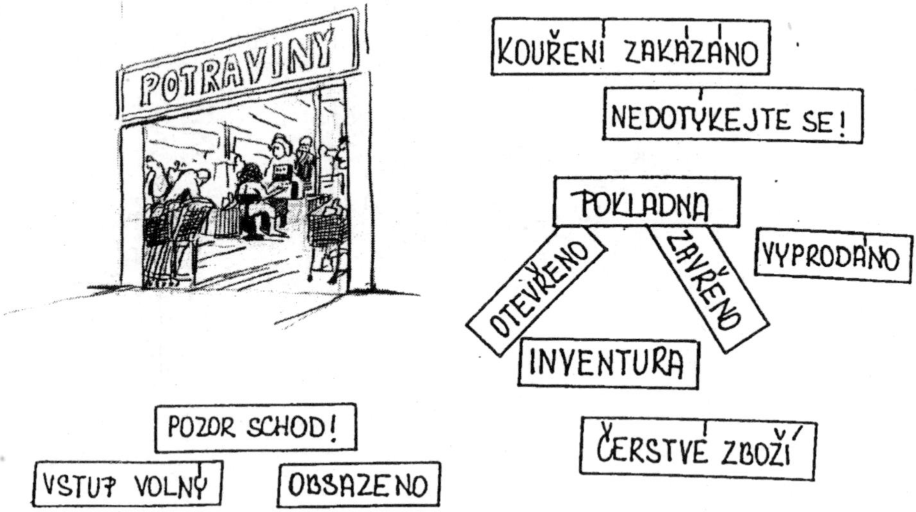

Potraviny	Groceries
Kouření zakázáno	No smoking
Nedotýkejte se!	Do not touch!
Pokladna	Cash register
Otevřeno	Open
Zavřeno	Closed
Vyprodáno	Sold out
Inventura	Stock-taking
Čerstvé zboží	Fresh goods
Pozor, schod!	Mind the step!
Obsazeno	Occupied
Vstup volný	Free entrance

DEKLINACE SINGULÁRU DECLENSION OF THE SINGULAR

Ma

	MASKULINUM			FEMININUM			NEUTRUM		
N	mladý moderní	pán	muž	mladá moderní	žena	židle	nové moderní	město	moře
G	mladého moderního	pána	muže	mladé moderní	ženy	židle	nového moderního	města	moře
D	mladému modernímu	pánovi	muži (-ovi)	mladé moderní	ženě	židli	novému modernímu	městu	moři
Acc	mladého moderního	pána	muže	mladou moderní	ženu	židli	nové moderní	město	moře
L	o mladém o moderním	pánovi	muži (-ovi)	o mladé o moderní	ženě	židli	o novém o moderním	městu/ě	moři
I	mladým moderním	pánem	mužem	mladou moderní	ženou	židlí	novým moderním	městem	mořem

Mi

N	nový	stůl	pokoj
G	nového	stolu	pokoje
D	novému	stolu	pokoji
Acc	nový	stůl	pokoj
L	o novém	stolu/e	pokoji
I	novým	stolem	pokojem

F (Gen -i)

místnost	nádraží
místnosti	nádraží
místnosti	nádraží
místnost	nádraží
o místnosti	o nádraží
místností	nádražím

DEKLINACE PLURÁLU DECLENSION OF THE PLURAL

	MASKULINUM		
N	mladí Ma nové Mi	páni stoly	muži pokoj**e**
G	mlad**ých** modern**ích**	pán**ů** stol**ů**	muž**ů** pokoj**ů**
D	mlad**ým** modern**ím**	pán**ům** stol**ům**	muž**ům** pokoj**ům**
Acc	mladé moderní	pány stoly	muže pokoje
L	o mlad**ých** o modern**ích**	pán**ech** stol**ech**	muž**ích** pokoj**ích**
I	mlad**ými** modern**ími**	pány stoly	muži pokoji

FEMININUM		
mlad**é** moderní	žen**y**	židl**e**
mlad**ých** modern**ích**	žen	židl**í**
mlad**ým** modern**ím**	žen**ám**	židl**ím**
mlad**é** moderní	žen**y**	židl**e**
o mlad**ých** o modern**ích**	žen**ách**	židl**ích**
mlad**ými** modern**ími**	žen**ami**	židl**emi**

NEUTRUM		
nov**á** moderní	měst**a**	moře
nov**ých** modern**ích**	měst	moří
nov**ým** modern**ím**	měst**ům**	moř**ím**
nov**á** moderní	měst**a**	moře
o nov**ých** o modern**ích**	měst**ech**	moř**ích**
nov**ými** modern**ími**	měst**y**	moři

	M	F
N	lid**i**, lidé	děti
G	lidí	dětí
D	lid**em**	dět**em**
Acc	lidi	děti
L	o lid**ech**	o dět**ech**
I	lid**mi**	dět**mi**

=

F
místnosti
místností
místnost**em**
místnosti
o místnost**ech**
místnost**mi**

N
nádraží
nádraží
nádraž**ím**
nádraží
o nádraž**ích**
nádraž**ími**

VÝJIMKY DEKLINACE IRREGULAR DECLENSIONS

M „KOLEGA“

N	kolega **sg.**	**pl.** kolegové
G	koleg**y**	kolegů
D	kolegovi	kolegům
Acc	koleg**u**	kolegy
L	o kolegovi	o kolezích
I	koleg**ou**	kolegy

Př.: turista
předseda – chairman
houslista – fiddler
fotbalista – football player

N „KUŘE“ – chicken

N	kuře **sg.**	**pl.** kuř**ata**
G	kuř**ete**	kuř**at**
D	kuř**eti**	kuř**atům**
Acc	kuře	kuř**ata**
L	o kuř**eti**	o kuř**atech**
I	kuř**etem**	kuř**aty**

Př.: zvíře – animal
děvče – girl
kotě – kitten
dítě sg. N – child x pl. F děti

N - „-UM“ sg. pl.

	sg.	pl.	
N	centr**um**, muze**um**	centra	muze**a**
G	centra, muzea	center	muze**í**
D	centru, muzeu	centrům	muze**ím**
Acc	centr**um**, muze**um**	centra	muze**a**
L	o centru, muzeu	o centrech	o muze**ích**
I	centrem, muzeem	centry	muze**i**

DEKLINACE ČÍSLOVEK DECLENSION OF NUMERALS

1
- JEDEN – jako „ten“ (toho – jednoho, tím – jedním)
- JEDNA – jak „ta“ (tu – jednu, tou – jednou)
- JEDNO – jako „to“ (tomu – jednomu, tom – jednom)

	2		3	4	5
N	**DVA** (M)	**DVĚ** (F, N)	**TŘI**	**ČTYŘI**	**PĚT**
G	dvou		tří	čtyř	pěti
D	dvěma		třem	čtyřem	pěti
Acc	dva (M)	dvě (F, N)	tři	čtyři	pět
L	o dvou		třech	čtyřech	pěti
I	dvěma		třemi	čtyřmi	pěti

N	**RUCE** HANDS	**NOHY** LEGS
G	rukou	nohou, noh
D	rukám	nohám
Acc	ruce	nohy
L	o rukou o rukách	o nohou o nohách
I	rukama	nohama

OČI EYES	**UŠI** EARS
očí	uší
očím	uším
oči	uši
o očích	o uších
očima	ušima

DEKLINACE ZÁJMEN
DECLENSION OF PRONOUNS

	WHO	WHAT	EVERYTHING
N	KDO	CO	VŠECHNO
G	koho	čeho	všeho
D	komu	čemu	všemu
Acc	koho	co	všechno
L	o kom	o čem	o všem
I	kým	čím	vším

sg.	THE M	THE N	THE F
N	TEN	TO	TA
G	toho	toho	té
D	tomu	tomu	té
Acc	toho (Ma), ten (Mi)	to	tu
L	o tom	o tom	o té
I	tím	tím	tou

THE, ALL

pl.	M	N	F
N	TI, všichni (Ma) TY, všechny (Mi)	TA všechna	TY všechny
G	těch, všech		
D	těm, všem		
Acc	ty všechny	ta všechna	ty všechny
L	o těch, všech		
I	s těmi, všemi		

	I	YOU	WE	YOU	HE, IT	SHE	THEY	ONESELF
N	JÁ	TY	MY	VY	ON, ONO	ONA	ONI, ONY, ONA	SE, SI
G	mě, mne	tě, (bez) tebe	nás	vás	ho, jeho, bez něho	jí, u ní	jich, u nich	sebe
D	mi, (ke) mně	ti, (k) tobě	nám	vám	mu, jemu, k němu	jí, k ní	jim, k nim	sobě, si
Acc	mě, mne	tě, (pro) tebe	nás	vás	ho, jeho, pro něho	ji, pro ni	je, pro ně	sebe, se
L	o mně	o tobě	o nás	o vás	o něm	o ní	o nich	o sobě
I	mnou	tebou	námi	vámi	jím, s ním	jí, s ní	jimi, s nimi	sebou

Deklinace posesívních zájmen   Declension of possessive pronouns

sg.

	MY, MINE M	MY, MINE F	MY, MINE N	OURS M	OURS F	OURS N	HERS M, N	HERS F
N	MŮJ	MÁ, MOJE	MÉ, MOJE	NÁŠ	NAŠE	NAŠE	JEJÍ	JEJÍ
G	mého	mé	mého	našeho	naší	našeho	jejího	její
D	mému	mé	mému	našemu	naší	našemu	jejímu	její
Acc	mého (Ma) můj (Mi)	mou, moji	mé, moje	našeho (Ma) náš (Mi)	naši	naše	jejího (Ma) její (Mi)	její
L	o mém	o mé	o mém	o našem	o naší	o našem	o jejím	o její
I	mým	mou	mým	naším	naší	naším	jejím	její

HIS, THEIR(S)

JEHO, JEJICH

nemění se
(does not change)

YOUR(S) (sg.)
M TVŮJ – jako „můj" (mého – tvého, mému – tvému)
F TVÁ, TVOJE – jako „má, moje" (mé – tvé, mou – tvou)
N TVÉ, TVOJE – jako „mé, moje" (o mém – o tvém)

YOUR(S) (pl.)
M VÁŠ – jako „náš" (našeho – vašeho)
F VAŠE – jako „naše" (naší – vaší)
N VAŠE – jako „naše" (naším – vaším)

pl.

N	MÍ, MOJI (Ma) MÉ, MOJE (Mi)	MÉ, MOJE (F)	MÁ, MOJE (N)
G	mých		
D	mým		
Acc	mé, moje	mé, moje	má, moje
L	o mých		
I	mými		

N	NAŠI (Ma) NAŠE (Mi)	NAŠE (F)	NAŠE (N)
G	našich		
D	našim		
Acc	naše		
L	našich		
I	našimi		

N	JEJÍ (M, F, N)
G	jejích
D	jejím
Acc	její
L	o jejích
I	jejími

M TVÍ, TVOJI – jako „mí, moji" (mých – tvých)
F TVÉ, TVOJE – jako „mé, moje" (mým – tvým)
N TVÁ, TVOJE – jako „má, moje" (mými – tvými)

VAŠI, VAŠE – jako „naši, naše" (našich – vašich, našim – vašim)

	Infinitive	Present tense		Future tense	Past tense	Conditional	Imperative
1.	DĚL**AT** (impf.)	děl**ám**	-ám, -áš, -á	budu děl**at**	děl**al**(a) **jsem**	děl**al**(a) **bych**	děl**ej**! děl**ejte**!
	UDĚL**AT** (pf.)	X	-áme, -áte, -ají	udělám	udělal(a) jsem	udělal(a) bych	udělej! udělejte!
2.	MLUV**IT** (impf.) ROZUM**ĚT** (impf.)	mluv**ím** rozum**ím**	-ím, -íš, -í -íme, -íte, **-í x -ějí**	budu mluv**it** budu rozum**ět**	mluv**il**(a) jsem rozum**ěl**(a) jsem	mluv**il**(a) bych rozum**ěl**(a) bych	mluv! mluv**te**! rozuměj! rozuměj(te)!
	KOUP**IT** (pf.)	X		koupím	koupil(a) jsem	koupil(a) bych	kup! kupte!
3.	NAKUP**OVAT** (impf.)	nakup**uju**	-uju (uji), -uješ, -uje -ujeme, -ujete, -ujou (ují)	budu nakup**ovat**	nakup**oval**(a) jsem	nakup**oval**(a) bych	nakup**uj**! nakup**ujte**!
Irregular verbs	**ČÍST** (impf.)	**čtu**	-u, -eš, -e -eme, -ete, -ou	budu **číst**	**četl**(a) jsem	četl(a) bych	**čti! čtěte**!
	PŘEČÍST (pf.)	X		přečtu	přečetl(a) jsem	přečetl(a) bych	přečti! přečtěte!
	PSÁT (impf.)	**píšu**		budu **psát**	ps**al**(a) jsem	psal(a) bych	**piš! pište**!
	NAPSAT (pf.)	x		napíšu	napsal(a) jsem	napsal(a) bych	napiš! napište!
	JET (impf.)	**jedu**		! **pojedu**	**jel**(a) jsem	jel(a) bych	**jeď! jeďte**!
	PŘIJET (pf.)	X		přijedu	přijel(a) jsem	přijel(a) bych	přijeď! přijeďte!
	JÍT (impf.)	**jdu**		! **půjdu**	! **šel** jsem, **šla** jsem	šel, šla bych	**jdi! pojď! jděte! pojďte!**
	PŘIJÍT (pf.)	X		přijdu	přišel, přišla jsem	přišel, přišla bych	**přijď! přijďte!**

PŘEHLED OBTÍŽNĚJŠÍCH SLOVES (SURVEY OF MORE DIFFICULT VERBS)

Infinitive	Aspect	1st pers. sg (I)	3rd pers. pl. (they)	Imperative	Past tense	Translation
bát se	impf.	bojím	bojí se	boj se!	bál se	to have fear
brát	impf.	seberu	berou	ber!	bral	to take
být	impf.	jsem	jsou	buď!	byl	to be
česat	impf.	češu, česám	češou, -ají	češ, česej!	česal	to comb
číst	impf.	čtu	čtou	čti!	četl	to read
hrát	impf.	hraji	hrají	hrej! hraj!	hrál	to play
hřát	impf.	hřeji	hřejí	hřej!	hřál	to warm
chtít	impf.	chci	chtějí	chtěj!	chtěl	to want
jet	impf.	jedu	jedou	jeď!	jel	to go (by vehicle)
jíst	impf.	jím	jedí	jez!	jedl	to eat
jít	impf.	jdu	jdou	jdi!	šel, šla	to go
klást	impf.	kladu	kladou	klaď!	kladl	to put
krýt	impf.	kryji	kryjí	kryj!	kryl	to cover
lhát	impf.	lžu	lžou	lži!	lhal	to lie
mít	impf.	mám	mají	měj!	měl	to have
mýt	impf.	myji	myjí	myj!	myl	to wash
moci	impf.	mohu, můžu	mohou, můžou	(po)moz!	mohl	can
najít	pf.	najdu	najdou	najdi!	našel	to find
najíst se	pf.	najím se	najedí se	najez se!	najedl se	to eat up
nalézt	pf.	naleznu	naleznou	nalezni!	nalezl	to find
nést	impf.	nesu	nesou	nes!	nesl	to carry
obout	pf.	obuji	obují	obuj!	obul	to wear shoes
otevřít	pf.	otevřu	otevřou	otevři!	otevřel	to open
péci	impf.	peču	pečou	peč!	pekl	to bake
pít	impf.	piji	pijí	pij!	pil	to drink
plakat	impf.	pláču	pláčou	plač!	plakal	to cry
poslat	pf.	pošlu	pošlou	pošli!	poslal	to send
prát	impf.	peru	perou	per!	pral	to wash
přát si	impf.	přeji si	přejí si	přej si!	přál si	to wish
přijmout	pf.	přijmu	přijmou	přijmi!	přijal	to accept
psát	impf.	píšu	píšou	piš!	psal	to write
růst	impf.	rostu	rostou	–	rostl	to grow
říci	pf.	řeknu	řeknou	řekni!	řekl	to say
smát se	impf.	směji se	smějí se	směj se!	smál se	to smile
smět	impf.	smím	smějí	–	směl	may
sníst	pf.	sním	snědí	sněz!	snědl	to eat up
spát	impf.	spím	spí	spi!	spal	to sleep
stát	impf.	stojím	stojí	stůj!	stál	to cost
stát se	pf.	stanu se	stanou se	staň se!	stal se	to happen
stonat	impf.	stůňu	stůňou	stonej!	stonal	to be ill
téci	impf.	teču	tečou	teč!	tekl	to flow
ukázat	pf.	ukážu	ukážou	ukaž!	ukázal	to show
umřít	pf.	umřu	umřou	umři!	umřel	to die
vědět	impf.	vím	vědí	věz!	věděl	to know
vést	impf.	vedu	vedou	veď!	vedl	to lead

Infinitive	Aspect	1st pers. sg (I)	3rd pers. pl (they)	Imperative	Past tense	Translation
vézt	impf.	vezu	vezou	vez!	vezl	to carry
vzít	pf.	vezmu	vezmou	vezmi!	vzal	to take
začít	pf.	začnu	začnou	začni!	začal	to begin
zapnout	pf.	zapnu	zapnou	zapni!	zapnul	to switch on
zavřít	pf.	zavřu	zavřou	zavři!	zavřel	to shut
zvát	impf.	zvu	zvou	zvi!	zval	to invite
žít	impf.	žiji	žijí	žij!	žil	to live

Infinitive	Aspect	Present tense	Past tense	Future tense
JÍT PŘIJÍT	impf. pf.	jde –	šel, šla, šli přišel, -šla, -šli	půjde přijde
CHODIT PŘICHÁZET	impf. impf.	chodí přichází	chodil přicházel	bude chodit bude přicházet
JET PŘIJET	impf. pf.	jede –	jel přijel	pojede přijede
JEZDIT PŘIJÍŽDET	impf. impf.	jezdí přijíždí	jezdil přijížděl	bude jezdit bude přijíždět
NÉST PŘINÉST	impf. pf.	nese –	nesl přinesl	ponese přinese
NOSIT PŘINÁŠET	impf. impf.	nosí přináší	nosil přinášel	bude nosit bude přinášet
VÉST PŘIVÉST	impf. pf.	vede –	vedl přivedl	povede přivede
VODIT PŘIVÁDĚT	impf. impf.	vodí přivádí	vodil přiváděl	bude vodit bude přivádět
VÉZT PŘIVÉST	impf. pf.	veze –	vezl přivezl	poveze přiveze
VOZIT PŘIVÁŽET	impf. impf.	vozí přiváží	přiváží přivážel	bude vozit bude přivážet

běžet (impf.) – běží – běžel – poběží (to run)
přiběhnout (pf.) – přiběhl – přiběhne

běhat (impf.) – běhá – běhal – bude běhat
přibíhat (impf.) – přibíhá – přibíhal – bude přibíhat

SUMMARY OF PREPOSITIONS WITH DIFFERING CASES

Preposition	Case	Question	Meaning	Examples
MEZI between among	Instr	kde? (where?)	place – in the middle	Obraz visí mezi okny. The picture hangs between the windows.
	Acc	kam? (to where?)		Pověsím obraz mezi okna. I will hang the picture between the windows.
	Instr	kdy? (when)	time – between, till	Přijde mezi druhou a třetí. He will come between two and three o'clock.
NA on for	Loc	kde?	place	Obraz visí na stěně. The picture hangs on the wall.
	Acc	kam?		Obraz pověsím na stěnu. I will hang the picture on the wall.
		kdy?	time	Jel na týden na hory.
NAD above, over	Instr	kde?	place – higher	Obraz visí nad stolem. The picture hangs above the table.
	Acc	kam?		Pověsil obraz nad stůl. He hung the picture above the table.
O about, in, during	Loc	kdy?	time	o prázdninách – during the holidays o dovolené – during the holiday o Vánocích – at Christmas
		o čem?	theme	o filmu – about the film
	Acc		comparative	Je o tři roky mladší. He is three years younger than me. Přišel o dvě hodiny dříve. He came about two hours earlier.
POD under	Instr	kde?	place – under	Kniha byla pod stolem. The book was under the table.
	Acc	kam?	place – under	Dej tašku pod stůl. Put the bag under the table.
PŘED in front of before	Instr	kde?	place – in front	Auto je před domem. The car is in front of the house.
	Acc	kam?		Auto jede před dům. The car goes in front of the house.
	Instr	kdy?	time – before	Přišel před obědem, před druhou. He came before lunch, before two o'clock.

V, VE	Loc	kde?	place	Byl ve městě. He was in the town.
in, at, on		kdy?	time	v zimě, v létě, v lednu, . . . in winter, in summer, in January
	Acc	kdy?	time	v sobotu, v neděli, v jednu hodinu on Saturday, on Sunday, at one o'clock

ZA	Instr	kde?	place – behind	Za domem stojí auto. A car stands behind the house.
behind, in	Acc	kam?	place – behind	Postav auto za dům. Park the car behind the house.
		kdy?	time – in the course of	1x za týden, za hodinu, za rok once a week, once an hour, once a year
			time – then	Přijdu za hodinu, za dva dny, za pět minut pět I will come in one hour, in two days, at five minutes to five.
		za kolik?	price	Televize za 10 000 korun. TV set for 10 000 crowns.

Prepositions with one case:

GENITIV

bez	**od**	**do**	**z**	**u**	**vedle**	**blízko**	**kolem, okolo**
without	from, since	till, by	from	at, near	next to	near	round, about

podle	**pomocí**	**během**	**kromě**	**včetně**	**místo**
according to	with the help of	during	except, besides	including	instead of

DATIV

k, ke	**proti, naproti**	**díky**	**kvůli**	**vůči**
to	against	thanks to	for the sake of, because of	towards

AKUZATIV

pro	**přes**	**mimo**	**skrz**	**ob** den
for	across, over	except, outside	through	every other day

LOKÁL

při	**po**
at	after, round

INSTRUM.

s
with

PO	+ Loc	kde? (place)	Chodil po městě, po parku. He walked round the town, in the park.
round, after		kdy? (time – then)	Po obědě měl kávu. He had coffee after lunch.

LEKCE 1

1.

jsem – jste – jsi – jsou – jsme – je – je

2.

jsme – nejsme, jsi – nejsi, je – není, jsem – nejsem, jste – nejste, je – není

3.

Jsem Čech (Angličan). Ano, jsem (Ne, nejsem) Čech. Ano, je (Ne, není) Češka. Ano, jsem (Ne, nejsem) cizinec. Ano, jsem (Ne, nejsem) student. Ne, Tomáš není cizinec, je Čech. Ano, Eva je (není) cizinka. Ano, profesorka je (není) tady. Ne, (já) nejsem Čech. Ano, jsme (Ne, nejsme) doma. – Ano, jsem (Ne, nejsem) doma. Ano, Eva a Tomáš jsou (ne, nejsou) tady.

The room. There is a big room. A brown table and a brown chair stand at the front of the room. A young man is sitting in the chair. A bed is on the left. The bed is white. A picture is hanging up there. There is a woman in the picture. A small table stands on the right. A colour TV and a flower stand on the table. A big case and a white lamp stand at the back. A book and a dictionary lie in the case. A black radio stands on the case. A modern window is near it. A lamp hangs from the ceiling and a carpet is on the floor. In the middle stands a red armchair.

K s. 29, 30

ta skříň, ten kufr – ta židle – ten dům – ten obraz – to město, ta Praha – ta postel – ten stůl, ta kniha – ten chléb – ten rohlík – to křeslo, ta lampa – ten pán (muž) – ta paní (žena)

6.

Nahoře je lampa. Nalevo stojí (pán, žena, dítě...). Na stole leží tužka (pero, slovník...). Postel je nalevo (napravo...). Tady je profesor (student, slečna...). Vzadu je skříň (stůl...). Skříň je tam (vzadu...). Jsem tady (v pokoji, ve městě, tam vzadu...). Student je tam (vepředu...). Uprostřed sedí Tomáš (Eva, žena...). Ten pán je profesor (cizinec, Čech...). Rádio stojí na skříni (tam, vzadu...). Lampa visí nahoře (nalevo...). Ve skříni je kniha (slovník...).

7.

ten jeden cizinec, Čech, slovník, stůl, pán, obraz, muž
ta jedna lampa, skříň, studentka, postel, židle, kniha, televize, Češka, paní, žena
to jedno okno, rádio, křeslo, dítě

8.

Ten cizinec je . . .ý. To okno je . . .é. Tam stojí . . .ý profesor. To je . . .é křeslo. Vlevo stojí . . .á postel. Nahoře visí . . .ý obraz. To je . . .á skříň. Ten slovník je . . .ý. Uprostřed stojí . . .ý stůl. Jedno . . .é rádio je na skříni. To je . . .á židle. Kde je ta . . .á kniha? Kde je ten . . .ý muž? To je . . .é dítě.

9.

Křeslo je . . .é. Cizinec je . . .ý. Nalevo stojí . . .á postel. Tam visí . . .ý obraz. To dítě je . . .é. Vepředu stojí . . .ý stůl. To je . . .ý pokoj. Na stole leží . . .á kniha. Na skříni stojí . . .é rádio. Nahoře visí . . .ý obraz.

10.

Ne, stůl není hnědý, je bílý. Ne, profesor není mladý, je starý. Ne, ta žena není hezká, je ošklivá. Ne, okno není velké, je malé. Ne, postel není modrá, je zelená. Ne, skříň není stará, je moderní. Ne, to dítě není malé, je velké.

11.

Kde je velký stůl? Jaká cizinka stojí tady? Co leží na stole? Kde je černé rádio? Co je vzadu ve skříni? Kdo sedí na židli? Jaká žena je tam? Jaký profesor sedí vzadu?

12.

Ne, lampa není nahoře, je dole. Ne, okno není vepředu, je vzadu. Ne, televize není napravo, je vlevo. Ne, profesor není tady, je tam. Ne, rádio není dole, je nahoře. Ne, postel není vzadu, je vepředu. Ne, není to muž, je to žena. Ne, není to pán, je to paní. Ne, není to cizinec, je to cizinka. Ne, pokoj není moderní, je starý. Ne, ta žena není ošklivá, je hezká. Ne, to dítě není velké, je malé. Ne, ten profesor není starý, je mladý.

LEKCE 2

K s. 37

A: Is the professor already in the classroom?
B: No, not yet.

A: Is Jane already at home?
B: No, she is still at school.

A: Where is the book?
B: Here on the table.

A: Is father already at home?
B: No, he is still at work.

A: Why isn't Peter at home?
B: He is at the cinema.

A: Where is the black sweater?
B: Here on the chair.

A: Where is my sweater?
B: It is in the cabinet.

2.

na židli – na okně – ve (na) skříni – v pokoji – na lampě – na koberci – na obraze – v (na) televizi – na květině – ve slovníku – na křesle (v) – ve třídě – na fakultě – v gramatice – v bytě – v češtině – v Praze – v parku – v (na) posteli – ve městě

3.

v popelníku – na podlaze – v učebnici – na (v) magnetofonu – na tabuli – na (v) lavici – v telefonu – v kavárně – v restauraci – na chodbě – v Čechách a na Moravě – v Evropě – v bance – na (v) kameře – na lavičce – v diáři – na veletrhu – v zaměstnání – v (na) moři

4.

nakupuju v obchodě -uju, -uješ, -uje, -ujeme, -ujete, -ujou (-ují)
pracuju dobře
nestuduju na fakultě
nevysvětluju gramatiku
kontroluju cvičení

prodávám v obchodě -ám, -áš, -á, -áme, -áte, -ají
dělám úkol
obědvám v restauraci
odpovídám na otázku
poslouchám profesorku
snídám v jídelně
vstávám brzy

jsem ve škole – jsem, jsi (jseš), je, jsme, jste, jsou

5.

Mám, Petr má, mají, máme: malou dceru, novou televizi, velkou rodinu, hezkou kamarádku, moderní třídu, starou postel, bílou skříň, českou profesorku, milou maminku.

Mám, máme, . . .: malou dceru a hodného syna, novou profesorku a nového profesora, chytrou studentku a chytrého studenta, mladou cizinku a mladého cizince, starou maminku a starého tatínka, hodnou manželku a hodného manžela

Mám nový svetr, starý slovník, zelený koberec, červené křeslo.

K s. 44

A: Whose is the book on the table?
B: Mine.

A: Is your car in the street?
B: No, it is in the garage.

A: Whose child is standing there?
B: It is their son Tom.

Mr. Kubát and his family. Mr. Kubát is a professor at the faculty. Now he is in the classroom and he is explaining new grammar.
He likes working. He is a happy man. He has a nice flat, a good wife, a pretty daughter and a clever son. His wife is now at home. She works too, in a hospital, but now she is ill. Her work is interesting.
Their son Tom is still at school. He is clever, he studies well. He likes Czech and English.
Their daughter's name is Jane, she is a pretty girl. She is a shop-assistant, she sells in a shop. She likes watching TV, she likes going to the cinema and theatre too. Today she sells only in the morning, she has the afternoon free.

K s. 45, 46

A: Is your job good?
B: Yes, my job is good.

A: Is their son already big?
B: No, he is still small.

A: Does Tom answer your question?
B: No, he doesn't.

A: Are you looking at your old professor?
B: No, I am looking at our woman-professor.

A: Whose dictionary is here on the desk?
B: This is my dictionary.

A: Is their daughter a shop-assistant?
B: No, she is a professor.

A: How is your wife? Is she well?
B: I am sorry, she is not. She is ill now.
A: I am sorry.

6.

A: Is the professor already explaining new grammar?
B: No, he is still explaining the old one.

A: Are you still studying the old lesson?
B: No, I am already studying the new one.

A: Where do you have the new book?
B: Here on the table.

A: Where do they sell this book?
B: Here in the shop at the faculty.

A: Does your friend like cinema?
B: She likes cinema but she doesn't like TV.

A: Do you have time now?
B: Yes, I have, but I am watching TV.

A: What do you have on the table?
B: This is a new TV.
A: Where do you have the old one?
B: The old one is in the cabinet.

A: Where do you work?
B: I work at the faculty as a professor.

A: Do you have family?
B: I have a wife, a son and a daughter.

7.

Mám barevnou televizi. Máte chytrého syna. Studuju českou gramatiku. Máte rád tu práci? Mám rád moderní divadlo. Profesor vysvětluje novou gramatiku. V pokoji máme bílou postel, hnědou skříň, černý stůl, modrý obraz a staré rádio. Poslouchám toho českého profesora a tu českou profesorku.

8.

Cizinec je v Praze. Rodina je v bytě. Postel stojí v pokoji.
Prodavačka prodává v obchodě. Matka pracuje v nemocnici. Ten pán je ve městě. Profesorka je na fakultě. Student studuje na univerzitě.

9.

Vidíte také jednu velkou cizinku, tuhle mladou profesorku, tu nemocnou dceru, tuto šťastnou manželku, tamtu milou prodavačku, jednu starou paní, moderní ženu?

Mr. Smith and his family. Mr. Smith is an Englishman. At home in England he works as a professor at the faculty, but in Prague he is a student. He studies Czech at the university. He is alone in Prague, he thinks about his family. His wife, Mrs. Smith, doesn't work but she is not in Prague. She is at home in England. In the morning she rests, in the afternoon she does shopping, in the evening she watches TV or goes to the cinema. She has a nice day.
His daughter is already big. Her name is Jane. She doesn't study any more, she works in a hospital as a doctor. She likes her job very much. She works in the morning as well as in the afternoon, she has free time only in the evening.
His son Tom still studies at university in London. He doesn't like studying, he is not a good student but he is clever. He likes only cinema, video and sport.

10.

My se díváme na . . . Vy se také díváte? Díváš se na TV? Petr se taky dívá. Co děláte? Co děláš?
Máte rád(a) divadlo? Máš rád(a) kino? On má velmi rád manželku, ona má ráda manžela.
Dneska nemám čas, . . . Oni dneska nemají čas, . . . Oni mají volno, . . . Máte taky volno?
Vzpomínáš na rodinu? On vzpomíná na dceru.
Nakupuju večer . . . Manželka nenakupuje, nakupuju já. Syn a dcera nakupujou (-ují) . . .
Odpoledne studujeme . . . Vy také studujete . . .? Jana studuje . . . Manželka pracuje . . . Otec pracuje . . . Syn a dcera ještě nepracujou (-ují). Večer už nepracuju (-uji).
Vysvětlujete ještě tu gramatiku? Profesor nevysvětluje . . .

11.

Na koho myslí ten muž?	(Ten muž myslí) na svou hezkou přítelkyni.
Co prodává prodavač?	(Prodavač prodává) knihu, sešit, obraz a pero.
Co studuje student?	(Student studuje) českou gramatiku.
Kde pracuje vaše žena?	Moje žena pracuje v obchodě v Praze.
Kde má svou tužku?	Svou tužku má ve třídě na lavici.
Co vysvětluje profesor ve škole?	Profesor vysvětluje ve škole novou lekci.
Co děláte teď?	Teď studuju češtinu.
Co má rád pan Taylor?	Pan Taylor má rád svou práci.
Kde nakupujete?	Nakupuju ve městě.
Na koho se díváte?	Dívám se na jeho syna a vaši dceru.

LEKCE 3

K s. 54

A: Do you already understand Czech?
B: No, I don't understand it yet.

A: Where do you live in Prague?
B: In Prague 6.

A: What time does school begin?
B: I think that it begins as early as eight o'clock in the morning.

A: Who is already in the classroom?
B: Only Tom is sitting there.

A: Where do you like sitting in the cinema?
B: In the front rows, because I see badly.

A: Is Peter already asleep?
B: No, he is just lying in bed, he is tired.

A: How long have you been studying?
B: For three hours, I am going to finish in a moment.

A: When do you get up in the morning?
B: As early as at seven o'clock, it is too early.

K s. 56, 57

A: Do you already understand Czech?
B: No, I understand only a little.

A: Are you already asleep?
B: No, not yet, but I am very tired.

A: Do you drink coffee at home in the morning?
B: No, I drink coffee at work in the afternoon.

A: Have you been reading for a long time?
B: About one hour.

A: What are you reading?
B: An interesting book.

A: Where are you going?
B: For a walk.

A: Tom, are you pleased that you are already breaking up?
B: I am, my brother is in Prague today.
A: Where are you going together?
B: We are going to view Prague.

A: What are you putting on?
B: The new sweater.

A: What is father asking about?
B: He is asking how I am and about school.

A: Whom is our professor asking after?
B: He is asking after the student from England.

2.

....	já a manželka	začínáme pracovat, obědváme v restauraci, vstáváme, odpočíváme doma a posloucháme magnetofon, pospícháme domů
....	si já a manželka	prohlížíme Prahu
....	já a manželka	už ležíme v posteli, ještě sedíme v práci, končíme a jdeme domů.
....	syn a dcera	začínají pracovat, obědvají v restauraci, vstávají, odpočívají doma a poslouchají magnetofon, pospíchají domů,
....	si syn a dcera	prohlížejí Prahu
....	syn a dcera	leží v posteli, ještě sedí v práci, končí a jdou domů.

3.

jít: jdu – jdeš – jdou – jdou
pít: piju – pijete – pije
číst: čtete – čteme – čtou

4.

on jde nakupovat, telefonovat, pracovat, on se začíná taky dívat, poslouchat, on si jde taky oblékat . . ., on začíná taky rozumět, on si to taky začíná myslet, mluvit, být, jde psát, spát, on začíná taky číst . . .

On jde taky odpočívat, ona si začíná knihu taky prohlížet, jdete studovat, vy jdete taky snídat a pít čaj?

K s. 59

A: Are you looking at the young woman?
B: No, I am not looking at her.

A: Are you going for the book?
B: Yes, I am going for it.

B: Are you asking after the new student?
B: Yes, I am asking after him. I have a book for him.

A: Why are they looking at us that way?
B: Because they don't know us yet.

A: Jane, do you have the exercise-book for me?
B: I am sorry, I have it at home.

6.

Ano, dívám se na ni. Myslím na ni. Zdravím ho. Nevidím je. Prohlížíme si ji. Vysvětluje ji. Vzpomíná na něho. Mám pro vás dopis. Je pro mě těžká.

MY DAY

It's seven o'clock in the morning. How does my day begin? It begins early – I get up as early as at seven o'clock because I don't like being in a hurry. I wash, put on clothes and then I have a long breakfast. It is not a long way to school, I walk there.

It's ten o'clock in the morning. I am sitting in the classroom. I have been studying for two hours, there will be a break in a moment. My professor asks about something, but I am not thinking about Czech and answer his question incorrectly. Now we begin to write an exercise.

It's three o'clock in the afternoon. The lessons are over, I go home. But then I can see Peter. I am very pleased that I can see him. He has a Czech-English dictionary for me. Peter is my friend but he doesn't live in Prague. We speak to each other for a long time, I ask him how he is, what he is doing, how is his family. Then we go for a walk, we see the sights of old Prague, we drink coffee and Coca-Cola in a café.

It's ten o'clock in the evening. I am already lying in bed but I am not asleep yet. I am reading an interesting book. I don't watch TV because there is no good program. I have been reading for one hour and I am beginning to be tired. I am not reading or listening to the radio anymore. I will go to bed in a moment.

WHAT DO THEY DO?

	Father	Jane	Peter
7 in the morning	He is already at work and begins to work.	She wakes up and puts on clothes.	He still sleeps.
12 (noon)	He has lunch in a restaurant. He is in a hurry, he does not have time.	She has a break at school. She rests and looks at something.	He sits in the room and reads. Maybe he is ill because he isn't at school.
4 in the afternoon	He goes home. He is tired. He sees a man and greets him: Good day.	Jane and her friend sit in a café. They are pleased, they talk to each other and drink coffee.	He is always at home. He does not sit any more, now he lies in bed and watches TV. He does not like being alone at home.
8 in the evening	He takes a rest. He sits in the room and reads the newspaper.	Jane phones and does not answer his question.	Peter has supper and asks about school.
11 at night	He sleeps.	She writes something. She has a dictionary and a book on the table. Maybe she studies.	He sleeps.

10.

Nakupuješ taky ve městě? Pracuješ večer taky dlouho? Vzpomínáš taky často na svou rodinu? Odpočíváš taky odpoledne doma? Začíná tvůj den taky v 7 h? Obědváš taky v jídelně ve škole?

Ve škole mluvím česky.	Mluvíš taky ve škole česky?
Rád piju kávu.	Piješ taky rád(a) kávu?
Čtu zajímavou knihu.	Čteš taky zajímavou knihu?
Ráno stále pospíchám.	Pospícháš ráno taky stále?
V 10 hodin máme ve škole přestávku.	Máte v 10 hodin ve škole taky přestávku?
Ve třídě píšeme dlouhé cvičení.	Píšete ve třídě taky dlouhé cvičení?
Ráno vstávám v 7 hodin.	Vstáváš ráno taky v 7 hodin?
Stojím na náměstí a prohlížím si ho.	Stojíš taky na náměstí a prohlížíš si ho?
Jdu pěšky.	Jdeš taky pěšky?
V 10 hodin už ležím v posteli.	Ležíš už v 10 hodin taky v posteli?

11.

Tomáš a Marta taky pospíchají. Studenti si taky prohlížejí starou Prahu. Oni se taky dívají na televizi. Profesoři vysvětlují gramatiku. Studenti už taky dobře rozumějí. Ti muži mají hezkou knihu. Dívky se taky oblékají dobře. Studenti jdou taky pěšky. Oni myslí taky často na svou rodinu. Tomáš a Petr nenakupují rádi.

12.

1. nové rádio – ho (je), 2. housku – ji, 3. knihu a slovník – je, 4. kávu – ji, 5. vy – vás, 6. na svou rodinu – na ni, 7. tvůj – tě, 8. Tomáš – pro něho, pro něj, 9. studujeme – pro nás, 10. českou gramatiku – ji, 11. jsem – pro mě, 12. ty – na tebe, 13. novou televizi – na ni, 14. student – na něho, na něj, 15. můj otec a moje matka – na ně.

13.

Teď píšu dlouhé cvičení. Píšeš ho (je) taky?
Tam vidím hezkou dívku. Vidíš ji taky?
Tam jde můj profesor. Zdravím ho.
Myslím na našeho přítele. Myslíš na něho taky?
Mám nový magnetofon. Často ho poslouchám.
Ona má pro mě dopis. Má pro tebe taky jeden?
To jsou studenti z Anglie. Znáte je?
Čteme knihu a noviny. Čtete je taky?
Tady je pan Kubát. Má pro nás zajímavou knihu.

LEKCE 4

K s. 71

A: When will you go to Prague?
B: Not until Friday afternoon.

A: Will you go to Prague on Saturday?
B: No, I will not go, I have no time.

A: Will you go to Prague by train?
B: No, by bus.

A: Will you go alone?
B: No, Tom will go too.

A: When will you come back from Prague?
B: I will not come back until maybe Sunday evening.

A: I have a new book here. Do you want to look at it?
B: I have no time now, I will look at it in a moment.

A: When will Jane come?
B: Tomorrow morning at eight o'clock.

A: Will you go to the cinema this evening?
B: I won't go, I have no time.

A: Who will go to the cinema too?
B: I think Peter will go too.

A: Is Tom buying the coat?
B: No, he will not buy it until tomorrow.

A: Are you paying for the coffee?
B: No, the gentleman will pay for it.

A: Will anyone else come?
B: Maybe Peter.

A: When will you come? On Saturday or on Sunday?
B: On Saturday. I have to study on Sunday.

A: What time does the train go?
B: I will look at the information notice.

A: When will you leave Prague?
B: At ten o'clock in the evening.

K s. 73

A: Where will you go for a trip?
B: To Prague.
A: And when?
B: On Saturday morning.

A: Where will you go on Saturday?
B: Maybe I will go to Germany.

A: When will you come back from school?
B: Not until the afternoon.

A: I can see that Jane is already putting clothes on. Where is she going?
B: I think she is going to the theatre.

A: Where are you coming from so late?
B: It's not so late, it's only ten o'clock, I am coming from the cinema.

A: Why are you going to the railway station?
B: I am going to buy a seat-reservation to Prague.

A: Where does the bus to Brno go from?
B: I think that it goes from platform number eleven.

A: When will Peter come back from Germany?
B: Not today, maybe on Wednesday.

A: Will you go to the café too?
B: No, I will go for a walk.

A: When will Helen come back from work?
B: At four o'clock. Why?
A: We are going to a concert together. But there is still enough time.

A: Where is Tom?
B: He goes to buy a dictionary at the shop.

A: Will you go for a walk too?
B: No, I will go to the restaurant for a coffee.

A: I am getting on the train now, it leaves in a moment.
B: So bye!

A: Good afternoon! Excuse me, does this bus go to the railway station?
B: No, this is number five, number six goes to the railway station.
A: Thank you.

A: Good afternoon! Excuse me, is this the way to the railway station?
B: Yes, you can see it there ahead.

1.

Jsem v nemocnici, v kavárně, v kině, na koncertě, na nádraží, v parku, v hotelu, na univerzitě, v obchodě, v Praze, na poště, v Anglii, na Moravě.
Jdu (jedu) do nemocnice, do kavárny, do kina, na koncert, na nádraží, do parku, do hotelu, na univerzitu, do obchodu, do Prahy, na poštu, do Anglie, na Moravu.
Vracím se z nemocnice, z kavárny, z kina, z koncertu, z nádraží, z parku, z hotelu, z univerzity, z obchodu, z Prahy, z pošty, z Anglie, z Moravy.

K s. 77

A: Do you want to learn Czech?
B: Yes, I do.

A: Can you speak English too?
B: Only a little.

A: Can you buy me a seat-reservation, please?
B: Yes, I can. Where do you want to go and when?
A: To Prague on Saturday morning.

A: Tom, you have to get up already. It is already seven o'clock. We mustn't come late to school.
B: So then I have to hurry. I don't want to be late.

A: Do you want something in the shop?
B: No, thank you, I don't want anything.

A: May I smoke here?
B: No, you may not smoke here.

A: Shall I go to the theatre by tram or by car?
B: You can go by tram or on foot, it's not far.

A: Colleague, you are to come to the faculty tomorrow morning.
B: Who says so?
A: Your professor. He wants to talk with you.
B: It suits me. I have free time in the morning.

2.

nechci – nemůžu – nesmíme – nemáme – neumím – nemusím

3.

Musíme nakupovat. Můžeš odpoledne odpočívat? Může profesor vysvětlovat novou gramatiku? Co chcete dělat večer? Eva chce pracovat. Pan Kubát a paní Kubátová chtějí jet do Prahy. Nechceme přijít pozdě. Mám psát dopis. Proč nechcete pozdravit toho pána? Už máme vystupovat. Helena a Jana smějí odpovídat.

4.
Chceš taky jet dneska do Prahy? Chceš si taky koupit hezkou knihu? Chceš se taky podívat na zajímavý film? Už chceš taky zaplatit? Chceš jet taky ráno na výlet? Chceš se taky učit českou gramatiku?

5.
Tomáši, musíš taky koupit místenku do Prahy, musíš taky zdravit našeho profesora, musíš taky pít čaj, musíš taky stát na náměstí, musíš taky čekat na paní profesorku, musíš taky psát úkol, musíš taky jít večer brzo spát.

6.
Pane Kubáte, prosím vás, můžete jet zítra do Prahy, umíte dobře mluvit anglicky, můžete přijít zítra do práce už v 7 hodin, můžete mi koupit místenku, umíte hrát tenis, můžete večeřet v restauraci?

7.
Heleno, nesmíš tady odpočívat, ve třídě mluvit, v nemocnici kouřit, v sobotu jet do Brna, jít ve středu na výlet, se teď dívat na televizi.

8.
Mám už jít nakupovat? Mám už jít do školy? Mám už vařit kávu? Nemají se už vrátit? Máme jet vlakem, nebo autobusem? Mám už vstávat?

9.
Nepojedu (ani) metrem ani tramvají. Nekoupím si (ani) knihu ani noviny. Nepůjdu (ani) s přítelem ani s přítelkyní. Neumím (ani) anglicky ani francouzsky. Ten pán není (ani) Skot ani Angličan.

I will go to Prague

I want to go to Prague for a trip. Prague isn't far and so I will go on Saturday morning and come back from Prague on Sunday evening. I don't want to come back too late because I have lessons early on Monday morning. But first of all I have to find out when I will go and by what means of transport. Therefore I am going to the railway station and I ask there if I can go to Prague by train. Unfortunately only one train leaves for Prague, in the evening at seven o'clock, and it doesn't suit me. Therefore I go to the bus station. I read on the information notice that a bus to Prague goes from platform number twelve and that it goes every hour. It suits me. I choose the bus that goes at eight o'clock in the morning, I will arrive in Prague at ten o'clock.
I am already looking forward to it but today it's only Wednesday. I have to buy a seat-reservation because I want to sit in the bus. I dislike standing. Therefore I go to the box-office and say: "Excuse me, I want one seat-reservation to Prague for Saturday at eight a. m." I have to buy the ticket at once and I pay forty crowns. It is a lot. Well, I don't have to do anything now, only to look forward to Prague. We have school tomorrow and on Friday.

Are you going to Prague too?

J: Hello!
A: Hello! How are you?
J: Well. I'm happy to see you.
A: Me too. Where are you going?
J: I am going to buy tickets to the cinema. I want to go with Jane.
A: So we can walk together for a while. I am going to the bus station.
J: Where are you going to go?
A: Helen and I – Helen is my friend from school – want to go to visit Prague.
J: And when are you going to go? I want to go there too.
A: On Saturday morning by bus at eight o'clock.
J: Great, it suits me, I have free time on Saturday. May I go too?
A: Of course you may. Will you go alone, or will Jane go too?
J: I will go alone, Jane isn't here on Saturday.
A: Do you want to buy a seat-reservation?
J: Thank you, it's very nice of you. Here is the money – forty crowns. It's enough. When will we meet?
A: On Saturday morning at the bus station. The bus goes from platform number nineteen.
J: OK. I'm looking forward to it already. Bye!
A: Bye!

10.

Jsem v Ostravě, v Americe, v Brně, v Austrálii, ve Skotsku, v Irsku, ve Walesu, v Doveru, v Londýně, v New Yorku.
Jedu do Ostravy, do Ameriky, do Brna, do Austrálie, do Skotska, do Irska, do Walesu, do Doveru, do Londýna, do New Yorku.

LEKCE 5

1.

Myslím na (školu) – Acc. Ano, chci se na ni podívat (Ne, nechci se na ni podívat). Čekám na (Tomáše) – Acc. Těším se na něho. Ano, jdu (Ne, nejdu) na fakultu. Ano, ten autobus jede (Ne, nejede) na nádraží. Na židli je (svetr) – Nom. Na stole mám (sešit) – Acc. Tomáš se ptá na (novou gramatiku) – Acc. Ten lístek platí do Prahy, ... – Gen., na metro ... – Acc. Zeptám se na něj, ... – Acc. Dnes půjdu do obchodu ... – Gen., na poštu, ... – Acc. Tramvaj číslo 14 jede na nádraží.

2 a, b

Je vedle (u), musíte jít kolem divadla, nádraží, pošty, nemocnice, fakulty, obchodu, hotelu, kina

5.

Vidíte tam, čekáš tady na, díváš se na, těšíš se na + někoho = Acc
Je tam, sedí tady, přijde ještě + někdo = Nom.

7.

Ne, nevidím nikoho, nejde nikam, nepojedu tam nikdy, nic si neprohlíží, žádný sešit tady neleží, odnikud se neznáme, nikdy nepůjdu, nikdo tady nic neví, nikde tady není, žádnou lekci se nenaučím, žádného pána nevidím, nic nehledám, nikoho se nezeptám, nikde tady nikoho nevidím.

K s. 102

A: When will you come tomorrow?
B: At six o'clock but I have to leave again as early as eight o'clock .

A: When will the bus arrive in Prague?
B: At 8.20 and it will leave in ten minutes.

A: Do you want to read this book? It's a very nice one.
B: Yes, it will be a pleasure for me to read it.

A: Will you write to me soon?
B: Yes, I'll write to you as early as tomorrow.

A: Are you already writing the homework?
B: Not yet, but I will begin to write it in a moment.

A: Would you like coffee?
B: Yes, it would be a pleasure.

A: What would you prefer? Coffee or tea?
B: I would prefer coffee.

A: Would you like to go to the cinema too?
B: It will be a pleasure for me, the only thing I have to do is to put my clothes on.

A: Will you go to Prague tomorrow too?
B: I don't know yet, I will decide tomorrow morning.

A: May I come on Saturday morning? Do you have time?
B: Well, I will get up approximately at nine o'clock, then I will go to buy something. You can come about eleven o'clock.

A: What time do you finish work tomorrow?
B: At two o'clock, you can come as early as at three o'clock.

A: Are you going already?
B: No, I will stay here longer.

A: I am just going to buy something. Will you wait for me?
B: I can't wait for you, my Czech lesson begins in a moment.

In Prague

Prague is a beautiful old town. I know it already a little. I know where Wenceslas Square and the National Museum are, I know where I will find the Astronomical Clock, the church and the university. I will go there this Saturday. I think that John will be waiting for me at the railway station. I will put my bag into the left-luggage office and we will go at once together into the town. It doesn't matter if I don't see John there, I know how to get to the student residence where John lives. First of all I will go by tube line C, then I will change at the Museum station for line A. I will get out of the tube at the Hradčanská station and will have to go still by tram number one.

Peter: Hello, John!
John: Hello, welcome to Prague. Do you want go to the town at once or will we have a cup of coffee first?
P: First of all I'd like a cup of coffee, I have to wake up.
J: OK. There is a pleasant café just next to the railway station. Let's go there. You surely haven't tube tickets, have you?
P: No, I haven't.
J: We will buy them right now here in the vending-machine. I think that ten are enough.
P: Are the tickets valid only for the tube or for the bus and tram as well?
J: They are valid for everything. We can go by any means of transport.
P: Don't you need tickets?
J: No, I have a student ticket.
P: Where are we now?
J: We are on the National Street by the Vltava. You can see the National Theatre there on the left and Charles Bridge down there. Do you want to see it?
P: Surely!
J: We will go round the Café Slavia and then straight on. At the place where you-can see the tower we will turn left to Charles Bridge. Our National Library is opposite it. Do you like Prague?
P: Yes, I like it very much.
J: Now I have to go back to the student residence, I am expecting a call from Germany at five o'clock. Will you go too or do you want to stay in the town?
P: I would prefer to stay here and see something by myself. How can I get to the Old Town Square?
J: Now we are next to the faculty. I will go by tube to the student residence and you will go straight on here. This is Kaprova Street. At the end of it you can see

a big white church and the square is just next to it. But you will not see the Astronomical Clock yet, you have to go about fifty metres to the right and there is the Astronomical Clock on the tower.

P: Thanks! When we will meet again?

J: At seven o'clock here at the tube. See you then!

P: Bye!

On the square

I can say that I'm standing in the middle of Prague. You know already that this is Wenceslas Square. I'm standing in its lower part, I can see the museum at the upper end and I'm looking around me. It's afternoon. People go from work, somebody is in a hurry, somebody goes for a walk or for a coffee. I don't want more coffee. What do I want to do then? I'm a tourist and I want to see all the sights of Prague. Now I will go to view the Astronomical Clock. But I have my map in the hotel and I don't know how to get to the clock. I think it's not far. A girl is passing by. I like her and I ask I her with pleasure: "Which way is it to the square where the Astronomical Clock is?" I ask in Czech, I can already speak Czech a little.

"I can see you speak Czech only a little, I'll explain how to get there in English," the girl says.

"Or – I am going there too, but first of all I have to drink coffee. If you are not in a hurry, we can drink coffee together and then we will go to the Old Town Square. Do you agree?" What shall I answer?

9.

Jsem turista. Jsem na Václavském náměstí. Vidím muzeum. Chci jít na Staroměstské náměstí. Protože neznám cestu. Kolem jde hezká dívka. Ta dívka se mi líbí. (Líbí se mi ta dívka.) Ptám se na cestu. Dívka chce jít na kávu. Ptá se, jestli půjdu taky. Nevím, co odpovím.

10.

Kde jste (jsi)? Pospícháš(-te)? Je muzeum dole? Proč potřebuješ(-te) mapu? Chceš(-te) ještě kávu? Jak mluvíš(-te) česky? Líbí se ti (vám) ta dívka? Je orloj daleko? Co musíš nejdříve udělat? (Co si dáš nejdřív?) Půjdeš(-te) taky?

11.

v kavárně – na (Helenu) – jde – ahoj – vidím – na (Helenu) – ho – tady není – čas – co – (kávu) – odpovídá – celý – v práci – líbí – mám – v sobotu a v neděli – studuju (jsem) – (fyziku) – chceš – na fakultě

13. a)

Ne, teprve dopředu, nahoru, dolů přijde – dozadu, doprostřed ji dám.

b)

Už je vepředu, nahoře na skříni, v obchodě, uprostřed, nalevo, na poště, na stole, vzadu, dole, ve škole, na fakultě.

14.

Ale ano, něco tady leží, nějaký student to ví, někoho vidím, nějakou si vezmu, někdy odpovídám dobře, někam půjdeme, někde tady leží, nějak ti (vám) to půjde, odněkud ho znáš (znáte).

15. a)

Ne, uvařím ji – umyju ho – počkám na něho – udělám ho, je – nasnídám se – navečeří se – přečtu je – uvítám ji – sním ji – vyčistím si je – zaplatí – zeptám se na ni – vysvětlí ji – vystoupím – koupím si ho – prohlédnu si ji – zahne – vrátím se – uklidí ho – vezmu si ho – otevřu ho (je) – probudí se až za chvíli (potom, večer ...)

b)

Už ho (je) zavírám – na ni odpovídají – si ji vybírám – vstávám – ho prodává – odpočíváme – se obléká – přestupuju – telefonuju – si ji opakuju – obědvám – za ni děkuju – ho (je) dělám.

16.

Vypiješ ten čaj? Sníš ten chléb? Přečteš si tu knihu? Zeptáš se na novou gramatiku? Navečeříš se v restauraci? Skončíš už práci? Zopakuješ si starou gramatiku? Počkáš na přítele? Uvaříš kávu? Nezapomeneš tu knihu? Opravíš to cvičení? Nastoupíš u koleje? Oblékneš si dnes ten nový kabát? Prohlédneš si zítra orloj? Koupíš si něco v obchodě? Vybereš si něco? Zaplatíš v restauraci? Taky přivítáš svého přítele v Praze?

17.

Nikdy nikdo nic neví. – Knihovna je u mostu. – Stará Praha se mi líbí. – Musím jít pěšky? – Kde je tady blízko nějaké parkoviště? Musíte jít asi 100 metrů. – Turista si prohlíží starý kostel. – Jděte stále rovně a potom doleva (nalevo). – Mám jet tramvají, nebo metrem? Jak chcete. – Těšíš se na přítele? – Děkuju, to stačí. – Jak se dostanu na nádraží? – Bydlíte v hotelu, nebo v koleji? – Nechci ani kávu ani čaj. – Vítám vás (tě) v Čechách. – Kam dáš tu knihu? Na stůl. – Kde visí ten obraz? Na stěně. – Rozumíte už trochu anglicky? – Tady není žádný student.

LEKCE 6

1.

Vidím jeho knihu. Čteme jeho noviny. Jeho svetr je ve skříni. Líbí se ti má (moje) práce? Kdo je můj kamarád?

2.

svého bratra – svůj slovník – své (svoje) noviny – svou (svoji) kamarádku – svou (svoji) rodinu

3.

Ti profesoři jsou Češi. Ti muži jsou Australané (Australani). Ti cizinci jsou Američané (Američani). Ti páni (pánové) jsou Francouzi. Ti doktoři jsou Italové. Ty studentky jsou Angličanky. Ty profesorky jsou Češky. Ty ženy jsou Australanky. Ty cizinky jsou Američanky. Ty paní jsou Francouzky. Ty doktorky jsou Italky.

4.

Vidíš dobře ty studenty, úředníky, doktory, Čechy, muže, cizince, učitele, lidi?

5.

Koupím dvě jízdenky, dva lístky, dva dorty, dvě tašky, dva chlebíčky, dvě kafe, dva čaje.
Na stole mám tvé svetry, vaše dopisy, tvé knihy, vaše učebnice.
Na ulici vidím staré domy, moderní obchody, velké autobusy, nějaké muže, mladé cizince, nějaké ženy, staré věže, červené tramvaje, bílá auta, hezká kina, malé děti.

K s. 123

A: When will you be at home tomorrow?
B: I will be at work in the morning but I will be at home before one o'clock.

A: What will you do in the evening?
B: I will stay at home and I will watch TV.

A: Do you already have tickets to the theatre?
B: No, I will not have them until tomorrow.

A: Professor, when will you have time for a tutorial?
B: Not today but tomorrow I will have time at four o'clock. You will find me in my study.

6.

jdu otevřít – už otvírám; musím připravit knihy – už se na ni připravuješ; představuje se nový kolega – představit svého bratra; za chvíli se už musím rozloučit – loučí se paní Nová; připijeme si? – připíjí si Pavel – připíjí si Jana; vítá návštěvu – kdo ho přivítá?

8.

budu kupovat – si budu číst – budeš dělat – budou 4 – budu rád – budete rozumět – budu se učit – budu mít – nebudu kouřit – budu to potřebovat – budu muset koupit – budu muset jít

9.

Až přijdu domů, budu si ještě číst. Až přijde, vypijeme si kávu. Až kam jede ta tramvaj? Proč přijde dneska Tomáš až v 10 hodin večer? Když bude někdo zvonit, otevřeme. Když mám dovolenou, jedu do Anglie. Jede tenhle vlak do Brna? Dnes přijde náš profesor až později. Budu čekat, až přijdeš.

10.

Co budeš (budete) dělat, až budeš v Praze? Co děláš, když máš návštěvu? Co budeš dělat, až budeš mít dovolenou? Co děláš, když jdeš na návštěvu? Co děláš, když někoho navštívíš? Co děláš, když sedíš v kavárně? Co budeš dělat, až budeš nemocný? Co děláš, když dostaneš dárek? Co děláš, když tvůj přítel přijde pozdě? Co budeš dělat, když autobus nepojede až na nádraží?

Visit. It's Saturday, two o'clock in the afternoon. The Kubáts are at home and are reading. Suddenly somebody rings and Mrs. Kubát goes to open the door. When she comes back, she has a wire in her hand.
"Paul, a wire from Helen! She is coming by train to the main railway station today at two o'clock. But that's now! It's no longer possible for us to meet her."
"Is Helen coming? That's fine. She'll have to come on her own, I think that she will be here in about an hour."
"In only one hour? I have to hurry to buy something, I have nothing here. What shall I buy?" "We have coffee at home, you can buy three or four pieces of cake or sandwiches."
At three o'clock somebody rings the bell and in a moment the Kubáts are welcoming Helen.
"Hello, Helen! We are happy to see you again."
"Hello! I am happy too. And here I'd like to introduce my sister Jane to you."
"It's nice to meet you. My name is Monika Kubát and this is my husband Paul. Come in."
"Sit down. May I offer you coffee or tea?" Monika Kubát asks.
"I would like coffee. What about you, Jane?" Helen says.
"Me too, thank you."
"Do you smoke?" Paul Kubát offers cigarettes.
"Thank you, neither Helen nor I smoke. But I think you could call me Jane. Do you agree?" Jane answers.
"It would be a pleasure. Let's drink a toast to it," Paul says and he is already opening a bottle of wine. Mrs. Kubát is preparing glasses and before long they all drink to each other – "Cheers! To using each other's Christian names."
At six o'clock Helen will take a look at her watch. "Our train leaves in one hour, we must say good-bye."

"It's a pity that you have to go already. Thank you for your nice visit," the Kubáts say when the girls leave.
"When will you come to Prague again?"
"I will have holidays in two months and if I have time I will surely come. I will write to you," Helen says.
"Bon voyage!"

Kubátovi mají návštěvu

Kubátovi (jsou) doma a čekají (návštěvu) „Nemáš cigaretu?" ptá se pan Kubát. „To víš, že (mám). Ale (moc) kouříš, to není zdravé," odpovídá paní Kubátová. „Když čekám, musím (kouřit)," říká pan Kubát.
Návštěva (přichází). Je to pan Čapek z (Brna), kolega z práce. „Ahoj! (Pojď) dál!" vítá ho pan Kubát. Paní Kubátová (ho) ještě nezná, proto se představuje: „Dobrý (den). Já jsem Petr Čapek." „(Těší) mě, jsem ráda, že (vás poznávám)," říká paní Kubátová. „A děkuju za květiny."
Paní Kubátová (nabízí) kávu a dort. „Děkuju (vezmu si)," děkuje pan Čapek. Pan Kubát nabízí cigaretu: „(Kouříš)?" „Ne, nekouřím, není to (zdravé)," říká pan Čapek. „Už bude (šest) hodin, musím (se rozloučit). V 7 hodin jede vlak. Musím najít taxi, už nemám čas," říká pan Čapek. „Tam dole (stojí) jedno taxi, podívej!" (odpovídá) pan Kubát. „To je dobře. Nemusím se bát, že přijdu (pozdě)."
„Děkujeme za (milou návštěvu)," loučí se paní Kubátová. „Kdy zase (přijdeš)?" ptá se pan Kubát. „Za tři měsíce budu mít (dovolenou) a myslím, že (přijedu). Ale teď už (musím) pospíchat. Na shledanou!" (loučí se) pan Čapek. „(Šťastnou) cestu!" (loučí se) Kubátovi.

12.

N: Dobrý večer (den). Můžu vám představit svého bratra Tomáše?
K: Dobrý večer (den), pane Nováku. Těší mě, že vidím vašeho bratra. Můj manžel přijde až později, je ještě v práci.
N: To nevadí. Jestli smíme, tak na něho počkáme, paní Kubátová.
K: Ale samozřejmě, můžete čekat. Můžu vám nabídnout kávu nebo skleničku vína?
N: Děkujeme, vezmeme si kafe.
K: Tady je kafe a chlebíčky.

A: Můžu vám nabídnout cigaretu?
B: Děkuju, nekouřím.

A: Už se musím rozloučit. Můj vlak jede za hodinu. Děkuju za hezký večer.
B: A já děkuju za milou návštěvu. Zase vás ráda brzy uvidím. Na shledanou.

A: Prosím ke stolu. Posložte si, tady jsou zákusky, chlebíčky, víno a pivo.
B: Děkuju, vezmu si jen kousek dortu.
A: To je málo. Můžu vám dát ještě jeden kousek?
B: Ne, děkuju. To opravdu stačí. Už nemůžu.

A: Mohl(a) bych vás dneska pozvat na večeři?
B: Bohužel, dneska nemůžu, mám ještě práci.

A: Neruším? Už je 8 hodin.
B: Ale ne, jsem rád(a), že vás vidím.

A: Brzo zase přijďte, jste u nás vždycky vítán.
B: Přijdu rád.

13.

Ne, ten byt není velký. Jmenujou se kuchyň, dětský pokoj, obývací pokoj a ložnice. Spíme v ložnici. Jíme v kuchyni. Návštěvu posadíme do obývacího pokoje. Myjeme se v koupelně. Postele dáme do ložnice. Jídelní stůl dáme do kuchyně. Kabát si svlékáme na chodbě. Když je hezky, můžeme být na balkoně.

LEKCE 7

2.

Je mi . . . let. Je mi zima (teplo). Ano, líbí (ne, nelíbí) se mi v Praze. Ano, je mi líto, že nemám dovolenou. Ano, hodí se mi to. (Ve čtyři se mi to hodí.) Vysvětlí mi (nám) to profesor. Zatelefonuje mi (zítra). Ano, objednám ti (vám) kávu s mlékem. Samozřejmě vám dveře otevřu. Přijdu k vám (v sobotu). Protože to česky ještě neumím. Nevadí mi to, jsem rád(a).

3.

Rozumíte mi, když mluvím česky? Můžete mi odpovědět česky? Poděkuješ jim? Vysvětlí nám profesor gramatiku? Patří ta taška tobě (vám)? Dáš si teď kávu? Kolik vám (ti) je let? Kdy mi zavoláte?

4.

svému příteli – tomu starému pánovi – našemu kamarádovi – tvé milé matce – tomu modernímu hotelu – naší přítelkyni – té vaší sekretářce – díky příjemné atmosféře se mi tam líbí – mé manželce a mně

5.

Telefonuju Petrovi, kolegovi, bratrovi, Pavlovi, Honzovi, otci, příteli, Tomášovi, strýcovi (strýci).
Píšu rodině, Janě, kamarádce, sestře, mamince, tetě.
Je naproti obchodu, parku, kostelu, hotelu, kinu, metru, orloji, parkovišti, nádraží.
Je naproti poště, škole, fakultě, restauraci, věži.

7.

Já jsem byl(a) = byl(a) jsem, ty jsi byl(a) = byl(a) jsi, vy, pane kolego, jste byl, Petr byl, my všichni jsme byli, přátelé byli.
Jana (ne)šla, Petr (ne)šel, Jana a Petr (ne)šli, rodiče (ne)odešli.

8.

vstal – snídal – četl – poslouchal – šel – chtěl – vybral – prohlížel – nevěděl – líbily – koupil – odešel – bylo – měl – šel – prohlédl – nebyl – musel – nevypil – přišla – měl – neviděl – mluvili – ptali – zaplatili – odešli – řekli

9.

1.=3. – 2.=5. – 3.=2. – 4.=4. – 5.=1. – 6.=7. – 7.=8. – 8.=6.

10.

a) koupil(a) bych si to – čekal(a) bych – počkal(a) bych na tebe – podíval(a) bych se na to – napsal(a) bych vám – zatelefonoval(a) bych vám – studoval(a) bych – vypil(a) bych to – byl(a) bych rád(a) – udělal(a) bych to hned – dal(a) bych ti to – bydlel(a) bych v Praze – musel(a) bych odejít

b) řekl(a) bych to – neřekl(a) bych vám to – chtěl(a) bych to – mohl(a) bych – mohl(a) bych to udělat – šel (šla) bych tam – nešel (nešla) bych tam rád(a) – odešel (odešla) bych ven – přijel(a) bych vlakem – odjel(a) bych zítra – měl(a) bych radost – přečetl(a) bych to rychle – vzpomněl(a) bych si – zapomněl(a) bych to rád(a) – vzal(a) bych si to – otevřel(a) bych okno – snědl(a) bych všechno – začal(a) bych studovat

11.

Řekl byste mi, . . . Mohl bych se . . . Chtěl bych ti . . . Chtěli bychom . . . Rád bych šel . . . Rád bych vám to vysvětlil . . .Rád bych ti to dal . . . Otevřel byste . . .

12.

(Ne)chtěl(a) bys (byste) mi něco říct? Přišel (přišla) bys (byste) dneska večer k nám? Šel (šla) bys (byste) do kina? Neměl(a) bys (byste) pro mě nějakou hezkou knihu? Mohl(a) bys (byste) otevřít okno? Mohl(a) bys (byste) mi zítra zavolat? Mohl(a) bych zavřít dveře, protože je zima? Líbil by se ti (vám) dárek, který jsem dostal? Uvařil(a) bys (byste) mi dobrou černou kávu? Udělal(a) bys (byste) to kvůli mně? Byl(a) bys (byste) tak hodný(á) a dal(a) mi tu knihu? Vzpomněl(a) by sis (byste si) na mou adresu? Dal(a) bys (byste) mé sekretářce ten dopis? Nechtěl(a) by ses (byste se) dívat na televizi?

K s. 150

A: What can I do for you?
B: I'd like 4 rolls.

A: Why didn't you come to school yesterday?
B: Excuse me, please, I didn't feel well.

A: George, why didn't you visit us yesterday?
B: I had to stay at home, we had visitors.

A: Eve, could you pass me the book?
B: Certainly. Here it is.

A: Tom, do you have anything against Helen?
B: No, I have never had anything against her.

A: Why didn't you help them yesterday?
B: Because we had no time. We were studying.

A: Have you already reached twenty years of age?
B: No, I'll be twenty in three months.

A: Director, excuse me for being late. The train was delayed.
B: It doesn't matter, come in.

A: You didn't feel well yesterday, did you?
B: No, I felt very unwell.

A: Did you believe what he said?
B: No, he didn't tell the truth.

A: Hannah, how did you spend your holiday?
B: It was great. I was at the seaside. It was warm there.

A: David, where were you delayed so long?
B: No tram came for a long time.

A: Have you already ordered the meal?
B: No, we are waiting for you.
A: What would you like?
B: You have to advise us.

A: Did you understand him?
B: No, not at all.

A: Did you visit the cottage on Saturday?
B: No, we had something to do at home.

A: Helen, would you already be able to answer this question in German?
B: No, I wouldn't be able to yet. It's very difficult.

A: Did you get the roses from your husband?
B: Yes, I got them from him.

A: Where were you on Wednesday?
B: On a business trip.

Where have you been so long? "Hello! Why are you so late? I have been waiting here for half an hour." Peter was a little angry when I met him. Yesterday we made an agreement by phone that we would meet at the Astronomical Clock at five o'clock and spend all evening together. We haven't seen each other for a long time because Peter hasn't been in Prague for one month.
"Sorry, Peter. I was delayed at work. I had an important negotiation, I couldn't finish sooner. But I was already feeling nervous, I was afraid that you may not wait for me."
"The important thing is that you came. Where will we go? Did you plan anything?" Peter asked me.
"I planned nothing. What would you like to do?"
"I feel cold. First of all we will go for coffee and then we will see," Peter answered
"For the time being, two espressos with milk," I ordered in a café.

"Where have you been all month?" I asked.
"I was on a business trip in London the first two weeks in December. Then I took leave and went to our cottage. I waited until my wife and children had their winter holiday. We spent Christmas as well as New Year's Day there. The stay there was beautiful! And what about you? Where did you spend Christmas?"
"I had to stay in Prague because my wife fell ill. I was sorry because I had been looking forward to skiing."
"Well, I could have spent whole days skiing but I don't know how to. I was just reading, going for walks and resting. I needed it, a lot of work awaits me now."

What did I do yesterday? Yesterday was a long day. I began at seven in the morning because I had to be in the office as early as at eight o'clock. I was expecting a business partner. The negotiation took all morning. I did not go for lunch until one o'clock.
In the afternoon I phoned my wife at home because she didn't feel well in the morning and stayed at home. She was still feeling unwell so that I had to meet my son at three o'clock and take him home by car. Then I returned to the office again and dictated a letter to my secretary. We finished at five o'clock and I was already on my way home when I remembered that I didn't have a gift for my wife. How could I forget it! I went back to the centre and was looking in the shops. In the end I bought her roses and perfume and also sandwiches and a bottle of wine. I came home late. The children were just having supper. My wife was a little angry but then I congratulated her on her name day, gave her flowers and the gift and we all spent the evening in a pleasant atmosphere.

14.

sejdeme se – strávíme – budu, nebudu – zůstaneš – budu moct – si objednáš – budu jen odpočívat, budu si číst a chodit – vezmu si – budu lyžovat – počkám – budu potřebovat

15.

Rád(a) bych si četl(a) a hodně odpočíval(a) – si něco koupil(a) – šel (šla) na procházku – jel(a) na služební cestu – si vzal(a) dovolenou – odešel (odešla) domů – odjel(a) na chatu – lyžoval(a).

16.

Ráno jsem odešel do práce v 7 hodin. V 8 hodin přišel můj obchodní partner. Naše jednání trvalo dvě hodiny. Naobědval jsem se sám v restauraci. Zatelefonoval jsem domů manželce. Manželce bylo špatně, proto zůstala doma. Synovi skončila škola ve 3 hodiny. (Syn skončil školu ve 3 hodiny.) Musel jsem mu jít naproti. Zapomněl jsem, že manželka má svátek. Koupil jsem jí květiny. Měl jsem chuť na víno a chlebíčky. Večeřeli jsme spolu. Doma bylo krásně.

17.

Už jsem ji přečetl. Už jsem si ji naplánoval. Už jsem mu poblahopřál. Už jsem jí zatelefonoval. Už jsem se naobědval. Už jsem si ho vzal. Už jsem přestoupil. Už jsem si ho koupil. Už k nám přišel včera. Už jim ji vysvětlil. Už jsem si ho prohlédl. Už jsem jí to řekl. Už jsem mu ho (je) nabídl. Už jsem ho navštívil. Už jsme si připili. Už zazvonilo. Už jsem mu poděkoval. Už jsem jí pomohl.

LEKCE 8

HOW MUCH SHALL I PAY? (shop-assistant, customer)
C: How much shall I pay?
S: 356 crowns. Don't you have change, please?
C: Unfortunately not, I have just a five-hundred crown banknote.
S: Never mind, I'll solve it in some way. Here you have 144 crowns back.
C: Can you change a two-crown coin for me, please? I need one crown to phone.
S: Surely, here are two crowns.
C: Thank you very much. Good-bye.
S: Good-bye.

2.

Dejte mi prosím . . . kávy, cukru, čaje, chleba a másla, sýra, vody, vína, mléka, salámu, piva, minerálky, kávy, soli.

4.

Chtěl(a) bych . . . čínského čaje, bílého vína, světlého piva, černého chleba, ementálského sýra, studené vody, vinného střiku, studeného džusu, vídeňské kávy, šunkového salámu, francouzského sektu.

6.

Mám ho (ji) od manžela, manželky – od syna, dcery – od mladší sestry, staršího bratra – od svého přítele, své kamarádky.

7.

Je vedle toho velkého domu, toho moderního obchodu, hlavního nádraží, té restaurace. Jdu do Národního divadla, nového kina, obchodního domu, tvého pokoje.

8.

od Heleny – do banky – vedle (u, blízko) té mladé ženy – bez Petra – kolem našeho domu – z kina – od koho – od manžela – bez cukru – bez mléka – do skříně – vedle (u) lampy.

In the grocery (shop-assistant, customer)

C: Good morning.
S: Good morning. What can I do for you?
C: Just a moment, I put it on a piece of paper. Here it is. So: two packages of coffee, one hundred grammes of this salami, two hundred grammes of hard cheese and four rolls.
S: Don't you want bread? It's soft, they've just brought it.
C: You can give me half a loaf. Do you take empty bottles?
S: Yes, you can put them there. Is that everything?
S: I'd also like some fruit.
S: We have apples, pears, oranges, lemons. What would you prefer?
C: Apples.
S: Is one kilogramme enough?
C: Yes. That's all. How much shall I pay?
S: Just a moment, I'll count it in a minute. It's 94,50 crowns.
C: I can't find my purse. Where could I have put it? Well, it's here in my bag. Here is a one-hundred crown banknote.
S: And here you have 5,50 crowns back. Good-bye. Come again.
C: Good-bye.

In the clothes shop (shop-assistant, customer)

C: Good afternoon!
S: Good afternoon! What can I do for you?
C: I'd like a summer jacket, size 50. Can you show me any?
S: You can choose here, please. Which do you like?
C: I quite like that grey jacket. Is it my size?
S: Just a moment, I'll look at it. Yes, it's size 50.
C: May I try it on?
S: Surely. There is a cabin at the back and here is a big mirror.
C: I'll try it on here. Does it fit me?
S: I think you need a bigger one.
C: Yes, this bigger one fits me well. How much does it cost?
S: 1 540 crowns.
C: I'll take it.
S: You will pay there at the cash register. Good-bye and come again.
C: Good-bye.

10. (Choose)

Trousers, shoes	– They are small for me. They fit me well. I don't like their colour.
Skirt	– It's too big for me. Don't you have a smaller one? I'd like another colour. It doesn't fit me, I won't take it.
Shirt	– It's not in fashion, I won't take it, thank you. I'll take it, it goes with my skirt. It fits me well, but it's very expensive.

Suit:

jacket, trousers – It's very expensive. Don't you have a cheaper one? It doesn't fit me well. May I try on the blue one? The jacket fits me well, but the trousers are too big for me.

Chtěl bych ten modrý svetr. Můžu si ten svetr zkusit v kabině? To není moje velikost. Nic se mi nelíbí. Nevím, jestli si mám vzít ten modrý, nebo hnědý svetr. Tenhle svetr mi nesluší, chtěla bych jinou barvu. Tohle tričko mi je malé, chtěl bych větší (nemáte nějaké větší)?

11.

něco, nic zajímavého, nového, hezkého, dobrého

12. c)

krásnější, hezčí, mladší, modernější, starší, zajímavější

13.

Nejhůř(e) – nejméně – nejlépe – nejvíc(e) – nejméně – nejvíc(e)

14.

nejlepší student – studuje nejlépe, pomalejší než tvoje – jezdí pomaleji, nejhorší diktáty – píše nejhůř(e), něco zajímavějšího – vypravuje zajímavěji, nejkrásnější šaty – obléká se nejkrásněji, zdravější než bílý – žít zdravěji, něco lacinějšího – nakupovat laciněji

15.

lépe – víc(e) – pomaleji – tepleji – méně – laciněji – hůř(e)

16.

méně – nejméně, hezčí – nejhezčí, rychleji – nejrychleji, zajímavější – nejzajímavější, staršího – nejstaršího, tepleji – nejtepleji, lépe – nejlépe, dřív(e) –nejdřív(e)

17.

moje (má) nejlepší kamarádka, naše nejhezčí studentka, moje nejdražší rádio, náš nejrychlejší sportovec, náš nejlevnější koberec, naše nejkrásnější žena, moje (mé) nejstarší boty, naše nejmodernější restaurace

18.

lacinější – nejchladnější – nejpozději – hůř(e) – lepší – pomaleji – nejstarší – méně – hezčí – nejmladšího – nejlepšímu

19.

něco sladšího – kratšího – těžšího – lehčího – delšího – snadnějšího – chytřejšího

20.

Tato jablka jsou už špatná. Nemáte nějaká lepší? . . . jsou naše nejlepší.
Tato sukně je mi velká. Nemáte nějakou menší? . . . je naše nejmenší.
Tyto kalhoty jsou moc drahé. Nemáte nějaké lacinější (levnější) . . . jsou naše nejlacinější.
Tato kniha není zajímavá. Nemáte nějakou zajímavější? . . . naše nejzajímavější.
Tyto boty nejsou moderní. Nemáte nějaké modernější? . . . naše nejmodernější.

21.

To je moc drahé. Nemáte něco lacinějšího (levnějšího)? To není hezké. Nemáte něco hezčího? To není nové. Nemáte něco novějšího? To není zajímavé. Nemáte něco zajímavějšího? To je moc laciné (levné). Nemáte něco dražšího?

22.

lépe – lépe – víc(e) – méně – pomaleji – tepleji – rychleji

LEKCE 9

1.

Jsou (byli) tam dva cizinci, doktoři, Američané, jsou (byly) tam talíře, hrníčky, dárky.
Ale ne, je (bylo) tam pět cizinců, doktorů, Američanů, talířů, hrníčků, dárků.
Jsou (byly) tam dvě cizinky, housky, skleničky, jsou (byla) tam dvě divadla, kina, auta.
Ale ne, je (bylo) tam pět cizinek, housek, skleniček, divadel, kin, aut.

3.

a) Budou asi tvých kolegů, našich přátel, mých kamarádů, těch cizinců, těch Angličanů, tvých sester, našich přítelkyň, mých kamarádek, těch cizinek, těch Angličanek.
b) Zeptám se těch lidí, tamtěch pánů, tamtěch starých žen, tamtěch dětí, těch mladých prodavaček.

4.

Vajíčka se vaří . . . Do Berlína jsem jel . . . Na služební cestě jsem byl . . . V Praze jsem strávil . . . Doma jsem už nebyl . . . Je mi . . . let.

5.

Ve městě bylo mnoho velkých a starých aut, moderních divadel a kin, starých i nových budov, hezkých ulic, malých obchodů, lidí, malých dětí, hezkých dívek, mladých chlapců, starých mužů a starých žen.
Koupil(a) jsem si několik bílých košil, zimních sak, moderních obleků, hnědých bot, minisukní, červených růží, českých knih a českých časopisů, modrých hrníčků a talířů, skleniček, červených triček.

In the kitchen

Peter: Hello, Jane!

Jane: Hello! That's fine that you came. I'm just cooking, supper will be in a moment.

Peter: Can I help you in any way?

Jane. No, I will be ready soon. But you can set the table – plates, cutlery, mugs are here in the case. We will eat in the sitting-room.

Peter: Shall I set out soup plates too?

Jane: No, we will just have omelettes with jam.

Peter: Ouch! Sorry, I dropped a mug and it broke to pieces.

Jane: Never mind. You just have to clean the glass up properly. The waste bin is there in the corner.

Peter: Everything is prepared now.

Jane: Well, I'm bringing the omelettes and coffee. Help yourself to as many as you want. There are a lot of omelettes. Bon appetit!

Peter: Bon appetit! Hmm, it tastes good.

12.

Jsem rád(a) – Mám rád(a) – Jsem rád(a), jsme rádi – Rád(a) – Mám rád(a) – Rádi.

In the restaurant (headwaiter, guest)

H: Good evening!

G: Good evening! Headwaiter, do you have a table for four persons free?

H: Have you reserved it?

G: No.

H: There is a table free there by the window. This way, please.

G: Thank you.

H: Would you like to have supper? Yes? Here is the menu.

G: What would you recommend us?

H: I recommend a traditional Czech meal – pork, Czech dumplings and sauerkraut. It's delicious.

G: Well, we would like two porks, one stewed steak and rice and one fillet and potato salad.

H: Have you chosen a soup too?

G: No, we don't want soup.

H: What would you like to drink?

G: For the time being only four glasses of juice, later we will order a bottle of wine.

H: You will get the meals in a minute.

G: Headwaiter, the bill, please.

H: Did you enjoy it?

G: Yes, we are satisfied.

H: I am glad. Do you want to pay together?

G: Yes.

H: This is your bill.
G: Keep the change. Good-bye.
H: Good-bye, come again.

15.

1.=3., 2.=2., 3.=1., 4.=4.

16.

Pane vrchní, můžete mi přinést jídelní lístek? (Chtěl bych jídelní lístek.) – Jednu kávu, prosím. – Pane vrchní, platím. – Pane vrchní, špatně jste spočítal účet. – Zapomněl jste mi počítat džus. – Mohl bych dostat k polévce housku? – Nerozumím česky, mohl byste mi jídla říct anglicky? – Pane vrchní, mohl byste mi rezervovat stůl na . . .?

17.

Ano, vezmu si ji. Dám si ji. Přeju si ji. Objednám si ji (ho).

21.

1. přijdeš – 2. pomoct – 3. připravím – 4. vzít – 5. dám – 6. spadla – 7. se rozbilo, mám – 8. chutná – 9. můžu – 10. si dáme – 11. umím

25.

Pan Král je v hotelu. Jde do restaurace. Chce sedět u stolu v rohu. Stůl je bohužel rezervovaný. Ale u vchodu je ještě jeden stůl volný. Pan Král si objedná(vá) jídlo: masový vývar, řízek a brambory a jedno pivo. Později přichází nějaká dáma. Pan Král je rád. Ve společnosti dámy vždycky chutná lépe. Dáma si objedná to stejné jako pan Král, ale bez piva. Potom mluví o Praze. V 10 hodin jí pan Král poděkuje za milý večer.

26. (Joke)

"Recommend, please, what I should choose for lunch today," the guest says to the waiter.
"What shall I recommend? Well, today our guests are complaining the least about the beef."

LEKCE 10

1.

Jím nožem, lžící, vidličkou. Jedu autem, autobusem, tramvají, vlakem. Myju se teplou vodou, mýdlem. Piju kafe s mlékem, cukrem. Jím chleba s máslem, s džemem, se sýrem, se salámem. Do kina jdu s manželkou, s dcerou a synem, se svým kolegou, s Alenou a Tomášem.

Sejdeme se před kinem, kavárnou, metrem, restaurací. Před hodinou, měsícem, týdnem. Před obědem, snídaní, konferencí, polednem. Leží tamhle pod stolem, židlí, skříní, křeslem.

2.

Do kina půjdu večer s (přítelem). Před divadlem stojí (můj kolega). Na tabuli píšeme (křídou). Student není spokojený s (úkolem). Nad křeslem visí (hodiny). Za naší školou je (park). Musím jít za (profesorem).

3.

Kde visí obraz? Nad postelí. – S kým dnes večer jíte (večeříte)? Se svým dobrým přítelem. – Kdy přijde náš profesor? Před polednem. – Kde leží kniha? Na lavici. – Čím pojedeš do Londýna? Autobusem. – Kde stojí skříň? Mezi stolem a oknem. – Kde bude na tebe Tomáš čekat? Před hlavním nádražím. – Chceš kávu s mlékem, nebo bez mléka? S mlékem. – Co je za tím žlutým domem? Park. – Kde je moje červená taška? Tam pod tou hnědou židlí.

4.

Květiny budou na stole. Dítě bude sedět na židli. Kabát visí ve skříni. Taška bude ležet na stolku. Jeho auto stojí před garáží. Skleničky jsou ve skříňce. Helena bude sedět na lavičce. Lampa bude viset nad stolem. Petr leží v posteli. Budeš stát za Hanou. Já budu sedět na židli a Jana v křesle. Židle bude stát v rohu vedle okna. Sešit bude ležet na lavici u té knihy.

7.

nešel (nešla), jel(a) – budete chodit – chodí – půjdeš – bych jel(a), jít – půjdeš, pojedeš

8.

Každé léto budu jezdit k moři. Zítra musím jít k lékaři. Půjdeš(-te) zítra večer taky do restaurace? Chodíš často na návštěvu? Včera jsem nešel (nešla) do školy, protože mi nebylo dobře. Zítra už určitě půjdu. Nešel (nešla) bys(te) raději pěšky?

9.

nosíš – nesl(a) – nosit; vodit – vede – vede

K s. 212, 213

A: Find out what time it is. Do we have still time?
B: It's only half past five, we still have half an hour.

A: For what time shall I set your alarm-clock?
B: I have to get up early, set it at a quarter past six.

A: Excuse me, till when is the exchange-office opened?
B: Till half past eight in the evening.

A: I think that my watch keeps the wrong time. It shows only three o'clock. What time does your watch show?
B: Already ten minutes past three. My watch is exact.

A: No, Peter isn't at home but I expect him to come any moment. Can you wait?
B: I'll try to wait a quarter hour but I haven't more time.

A: When exactly does the conference begin?
B: At ten, but we must be there at a quarter to ten at the latest.

K s. 214, 215

A: How long is it till your holiday?
B: Just three weeks, I'm looking forward to it a lot.

A: Where will you go this summer?
B: I have to go home to Holland to visit my parents. I saw them for the last time a year ago.

A: Excuse me when will the letter get to Germany?
B: In three days.

A: Have you already spoken to the boss?
B: No. Did he want anything from me?
A: I think so, he was looking for you here half an hour ago.

A: I forgot my passport in the hotel. Will you still be open in half an hour?
B: Yes. Our exchange-office will close in two hours, that means at half past eight.

Telephone call:

A: Is it you, Paul? I have been waiting for you all week. Why didn't you come?
B: But I wrote to you already one week ago that I would have no time this week and that I would not come until next Wednesday.

A: Do you know Bratislava well? I need to recommend a hotel.
B: I have been there only once last year and I don't remember any hotel.

A: What are the opening hours of the gallery?
B: From Tuesday to Sunday all day.

A: Has your wife already come back?
B: No, not yet, I have been expecting her since Wednesday.

A: Then I will come on Thursday. Will five o'clock suit you?
B: I won't come from work till five. Come at about half past five.

12.

Osmého třetí (března), desátého desátý (října), sedmnáctého jedenáctý (listopadu), dvacátého prvního druhý (února), dvacátého třetího pátý (května), dvanáctého první (ledna), třicátého prvního sedmý (července), dvacátého osmého šestý (června), prvního devátý (září), šestnáctého dvanáctý (prosince).

Spring. The weather is nice, the sun shines. The weather isn't too warm, 19 degrees. I am looking forward to the spring a lot. In March the weather begins to be warmer and we can already begin to go for walks again. In April we go out of town during the weekends. We go by car, it's true, but when we get out of town we park and go into the countryside. I don't like walking farther than five kilometres because our children are still small. Our trip always finishes in a country pub.

Summer. The weather is hot, 31 degrees in the shade.
In our country we don't know if it will rain in the summer or if the weather will be nice and this is the reason why we prefer to go to the sea. I take my leave in July or in August when the children have holidays. But I prefer September more when there are fewer people at the seaside. I don't like very hot weather and sunbathing and so I lie on the beach in the shade and swim a lot. Mostly we stay at hotels but sometimes in private accommodation too.

Autumn. It's raining, the wind is blowing, there are black clouds in the sky.
I dislike autumn. It comes already at the end of September and it keeps raining and there are a lot of storms all through October. Outside on the streets people are in a hurry, they feel cold. Everything is grey – the sky, the town, as well as the mood. In autumn I get no pleasure from anything. I think about summer, look forward to Christmas and the winter, go to cinemas and theatres and most of all I work a lot.

Winter. It's cold, 5 degrees below zero. There is a lot of snow, the snow fell at night. There is no snow during Christmas week, it does not begin to snow until January. People are in higher spirits in winter, they go to the mountains and buy Christmas gifts. Our family does not go to the mountains until February – I ski with my son all week while my wife and daughter are only learning to ski. In two years, however, she has learnt almost nothing. Not everybody can become a sportsman.

13.

We will go for a trip only if – the weather is nice in the morning – it doesn't rain – the sun begins to shine – the weather is warmer than today
I will stay at home because – the weather is too hot outside – it is raining a lot outside – the weather is too cold outside – I don't want to go anywhere in the hot weather
I don't like it when – I feel my hands freezing – a storm comes and I can see lightning – it keeps raining from morning to evening – I feel too hot
I like it – when the sun shines – it begins to be warm in spring – there is a nice blue sky – it's snowing and the countryside is white

14.

The weather is too hot, I go into the shade. Clouds are coming again, it's going to rain. The wind blows, I have to put on my coat. The sky is blue, today the weather will surely be nice. Every day the weather grows worse and worse. This year there was no snow at Christmas again. It is more than 30 degrees in the shade. Black clouds are coming here, the storm will come in a moment. The sky is clear, tonight it will be cold. Wind would be pleasant in the hot weather.

15.

Did Peter write to you? What time are they coming? When do you have to do it? When will you come back, approximately? How long are you going to study today?

16.

When will you go to Prague tomorrow? When did the film finish? What time shall I prepare lunch for? When will he come back, approximately? When will we go for a walk? How long will the conference last? How long is Tom going to stay here?

17.

a) chodí – chodí – jde (půjde) – jde (půjde) – jít – chodí – chodíme
b) pojede – jezdíme – jezdíme – nepojedeme – pojedou

18.

Dneska bylo hezky. Svítilo slunce, bylo asi 20 stupňů. Nebylo moc horko, proto jsem šel (šla) ven do parku. V parku bylo ale hodně lidí, to se mi nelíbilo, proto jsem se vrátil(a) domů, vzal(a) (jsem) auto a jel(a) ven. Měl(a) jsem dobrou náladu. Díval(a) jsem se z auta, viděl(a) jsem řeku, lesy a nakonec jsem zaparkoval(a) u řeky. Ležel(a) jsem, trochu jsem se opaloval(a). Plavat jsem ještě nechtěl(a), protože voda nebyla teplá. Asi za hodinu přišly mraky, bez slunce bylo najednou zima. Rychle jsem jel(a) domů, bál(a) jsem se, že bude pršet a bude bouřka. Pršet však začalo, když už jsem byl(a) doma.

20.

Který den je prvního čtvrtý (dubna)? Prvního dubna je pondělí . . .

LEKCE 11

1.

neber – nechoď – netelefonuj – nečti – nejezdi – nedávej – neuklízej – nejez – nečekej – neprohlížej

3.

Ať to změní – pošli ho ty – ať zváží to zboží – doplňte to cvičení – odpovězte podle vzoru – dokončete tu větu – ať to řekne – buďte v 8 hodin ve třídě – nestůj tady tak dlouho – nezapomeňte na důležité věci – vezměme si kabáty – poděkuj mu – řekněte mu to.

4.

Heleno, Tomáši, nepřestupuj, objednej kávu, sněz polévku, vypij víno, vezmi si koláč, pojď s námi do kina, přijď večer k nám, jeď domů až večer, zalep ten dopis, zavolej mi v poledne, pomoz mamince uklidit pokoj, všímej si hezkých věcí, zúčastni se toho jednání, buď spokojený(-á) s tím, co máš, vyplň tu poukázku.

5.

Paní profesorko, můžete mi to ještě jednou vysvětlit? Petře, můžeš mi půjčit tu knihu? Kamaráde, nemohl bys zavřít okno? Slečno, mohla byste mi ukázat cestu na Václavské náměstí? Pane řediteli, mohl bych vás navštívit v kanceláři? Pane Kubáte, půjdete se mnou na fotbal?

6.

Hano – chlapče – Marie – Martine – Martino – příteli – Marku – Moniko

7.

s Martou – s Petrem a Janem – se svým kolegou – s přítelem – s mou sestrou

K s. 235, 236

A: Peter, are you satisfied with your new flat?
B: No, I am not satisfied at all, it's too small.

A: Alena, can't you see John somewhere around here? I'm looking for him.
B: He is standing there in front of us. Can you see him?

A: George, will you come to meet us in the park in the afternoon?
B: No, Mary, I won't come today, I am very busy.

A: Michael, what is under your bed?
B: I put my new suitcase under it.

A: Jarda, could you drop the letter in the letter-box for me, please?
B: O.K., I will go to the town after lunch. Seal it and put a stamp on it.

A: Colleague, be so kind as to tell Mr. Kubát to come to my office.
B: Director, Mr. Kubát is on a business trip today and tomorrow.
A: Will you tell his secretary, please, that he is to come to see me on Friday morning at eight o'clock.
B: Yes, you can rely on me, I'll give him the message.

A: You still have to sign it here, sir.
B: Oh, I forgot. Sorry.

A: Milena, phone Tom and tell him that he should visit us tomorrow with his wife.
B: Wouldn't it be better not to invite him until next week? We are very busy this week.
A: Well, as you wish.

A: David, have you already sent the parcel?
B: No, but I will send it as early as tomorrow.

A: Mr. Novák, you can park directly in front of our house.
B: But there are no more places in front of it!

11.

nalepit známku – zalepit obálku – napsat adresu – zvážit balík – hodit do schránky – vyplnit poukázku – poslat peníze.
jít na poštu poslat balík – psát dopis na dopisní papír – nalepit známku na obálku – napsat adresu na balík – dát fotografii do dopisu – zaplatit 8 Kč za dopis do ciziny – poslat dopis doporučeně – koupit známky za 10 Kč – poslat balík normálně – jít do banky pro peníze.

K s. 240, 241

A: How much does it cost to send a letter abroad?
B: 8 crowns by air to Europe, otherwise 9 crowns.
A: Then give me stamps for 18 crowns.

A: Excuse me, how can I send a registered letter?
B: Fill in the registration form.
A: The sender – that's me?
B: Yes. Write your address here on the back side of the envelope.

A: Excuse me, is a 9 crown stamp enough for this letter? Can you weigh it for me?
B: It's overweight, you have to pay 3 crowns more .

A: May I send the book as a letter?
B: No, it weighs more than one kilogramme. You have to send it as a parcel. Do you want to send it express?
A: No, it is sufficient to send it as an ordinary parcel. How long will it take to get there?
B: Three days. Fill in the despatch-note.

A: I want to send the letter express.
B: The post code is missing.
A: But I don't know it.
B: The list of post codes is hanging there at the door.
A: Thank you.

Wire. A wire must be short and exact. Write it legibly (= so that one can read it well). On the upper part write your address (= sender's adress), into the middle the address of the person to whom you are writing (= receiver's address). Don't write a long message, don't forget to sign at the end.

12.

Fill in a telegram form, write addresses and text. Choose these situations for the text:

a) You made an agreement with your colleague that he will wait for you in Prague at the bus station on Monday morning at nine o'clock. Your schedule, however, has changed and you can't arrive in Prague in the morning, but you will come on Monday as late as at six o'clock in the evening.

b) Your colleague is on a visit to his friend in Brno. You know his address and know that he wants to spend one week there. Now, however, your boss sends both you and your colleague on a business trip. Write to him (to explain) why and when he must come back.

c) Your friend arrived in Prague from London and brought some important documents for your colleague who works in Brno. You have therefore to send your colleague a telegram to tell him that he must come for the documents. Write also when and where he will find you in Prague.

Phone. Yesterday I did not arrive in Prague until the evening, so that I had no time to call my friend Charles to Brno. I know Charles is waiting for my call and therefore I called him from my office first thing this morning. I didn't hear either Charles or his secretary speaking at the other end, but Svobodová speaking. Who is calling?

– Excuse me, isn't this Mr. Dvořák's office?
– No, this is a private flat.
– Excuse me, it's a mistake. I wanted the number 58 35 96.
– This is 58 30 96. It doesn't matter.

I don't know whether I or the phone made the mistake, and I called again. It was busy, unfortunately.

I kept calling every fifteen minutes and in the end I succeeded, at ten o'clock.

– Mr. Dvořák's office.
– Good day. This is Peter Kubát, I'd like to speak to Mr. Dvořák.
– Wait a minute. Sir, Peter Kubát is on the phone. Will you take the call?
– Hello, Peter! I have been waiting all morning for you to call me. So what?
– Hello! Your line was busy all the time. So . . .

13.

Dobrý den. Je Petr doma? (Můžete mi zavolat k telefonu Petra?) – No, no Peter lives here, it will be a mistake.
Je tam, prosím, doktor Dvořák? – Dr. Dvořák left a short while ago.
Mohl bych mluvit s inženýrem Kubátem? – Call in half an hour, Mr. Kubát is not in now.
Je, prosím, Karel doma? – Yes, Charles is at home. I'll call him at once.
Chtěl bych mluvit s doktorem (Černým). – Call at eleven o'clock, the doctor can't come to the phone now.
Je (Martin) doma? – No, he is not at home and he will not come back until evening.
Prosím vás, můžete mu vyřídit, že volal Karel a že přijdu zítra? – Yes, I will tell him that Charles called and that he will come tomorrow.
Mohl bych dnes odpoledne ve tři přijít k panu doktorovi? – Yes, you can call on the doctor today at three o'clock in the afternoon.

14.

– Ahoj, Petře. Co potřebuješ? Odkud voláš?
– Mám. Kde jsi teď?
– Asi za půl hodiny.
– To víš, že vím. Tak za chvíli ahoj!

15.

Kde si můžu půjčit telefonní seznam? Neváží můj balík víc než 15 kilogramů (kilo)? Musím vyplnit poštovní poukázku? Kolik je poštovné do ciziny? Chtěl bych ten dopis poslat doporučeně. Musím si zavolat mezistátně.

16.

Write a postcard:
- send best regards from Prague and write when you will come back home,
- write that the weather is warm, that you are already looking forward to seeing the family and give them regards from your friend,
- you are sending regards from your business trip, you will come back as early as Friday morning and you want to go with your whole family to Charles' cottage on Saturday,
- you are writing to your wife that you send her many regards and that she is to buy you a seat-reservation to Brno for Monday morning.

18.

s manželkou – s ní; se svým novým autem – s ním; nějakým sportem – jím; se mnou – s vámi; tím parkem – jím

19.

Čím – Čím – S čím – S kým – Za kým – Za kým – Před čím – Čím

20.

od lékaře – za domem – bez své nové přítelkyně – před hodinou – po obědě – za měsíc – od našeho profesora z konzultace – pod skříní – z hezkého divadla – vedle toho starého domu – pod stůl – každé hezké slečny – všechny konference

21.

vlakem, nebo autobusem – před obědem – za svým přítelem – s Helenou – mezi druhou a třetí hodinou – mezi oknem a postelí – za měsíc – hezkých věcí – Za chvíli – Před chvílí – Na stole – talíř s polévkou a mísa s ovocem – tímhle parkem

LEKCE 12

1.

donesu, přinesu ti něco k jídlu – donesu, přinesu ti tu knihu až domů – vynesu, odnesu něco ven z pokoje – vynesu, odnesu ten kufr nahoru – roznesu dopisy na různá místa – snesu, vynesu něco dolů na ulici

2.

Vyjedeme brzo ráno desátého června, Brnem jen projedeme a do Rakouska dojedeme už jedenáctého června. – We will start out early on 10 June, only pass through Brno, and arrive in Austria already on 11 June.

3.

vyšli – rozešli – projel – dojeli, přijeli – dopíšu – přejelo – přeletělo – odletělo – přiletělo – vjel

4.

We went out of the town. We went out of the hotel and it began to rain. Had they already carried your luggage out of the hotel? We went upwards as far as the twelfth floor.
We shall go at eight, the train leaves at half past eight. Are you going with your husband or will you stay in Prague longer? We are flying to London today. I will not carry the letter to the post office until tomorrow.
I brought you coffee. I arrived (by plane) last evening. I will also put something in the letter for your mother, give it to me.
We will bring your luggage to the room. We arrived in Prague exactly according to the plan. Are you going to the shop for cigarettes? I went to the post office for a parcel.

5.

. . . o vašem městě – vašem novém programu – novém českém filmu – obchodním domě Kotva – jižním Slovensku – příštím týdnu – minulém roku . . . o vaší barevné televizi – pražské univerzitě – jedné nové restauraci – této noci – jižní Moravě – minulé středě – velké zimě.

6.

Víte něco o Národním divadlu(-e) (o něm) – o vašem bratrovi (o něm) – o našem profesorovi (o něm) – o české literatuře (o ní) – o české historii (o ní) – o Evě a jejím příteli(-ovi) (o nich).

7.

v červenci – v zimě – v lednu – na filozofické fakultě – v Praze – v Brně – ve čtvrtém poschodí – v naší garáži – v té restauraci – o Aleně a Petrovi – v mém pokoji – ve vlaku – na programu – po celé Evropě – při práci – po škole

8.

Mluvil(a) jsi (jste) už se svým přítelem o té nové práci? Informoval(a) ses (jste se) už o odjezdu rychlíku? Už jsi (jste) slyšel(a) o tom novém francouzském filmu? Chtěl(a) by ses (byste se) setkat se mnou u večeře? Už jsi (jste) byl(a) na východním Slovensku? Je tvůj (váš) byt ve třetím, nebo čtvrtém poschodí? Už jsi (jste) našel(-šla) ty klíče? Chtěl(a) bys (byste) strávit svou dovolenou v severní Evropě? Počkal(a) bys (byste) na mě u vchodu do divadla? Půjdeš (-ete) se mnou po koncertě ještě do vinárny?

At the hotel

Guest: Good afternoon. I have two rooms booked here under the name Černý.
Receptionist: Yes, two rooms are booked in your name. They are on the third floor, numbers 311 and 313. Here are the keys.
Guest: Here is my passport. What's the price for one room for one night?
Receptionist: 950 crowns for one room. Do you want me to take your luggage to the room?
Guest: Yes, it is still in the car.
Receptionist: Will you please give me the keys to your car. We will park it in our garage and bring you your luggage.
Guest: Here they are. It is the green Mercedes in front of the entrance. And we will go by lift to the third floor.

9.

Tell about yourself: Would you like to be accommodated at a hotel? Where do you live here in Bohemia? Do you have a big flat? How many rooms does it have? What will you write home about Prague? When you can't find your hotel, whom will you ask after the way?
Will you go somewhere for this weekend? Do you always go on holiday by car? Where do you prefer to go on your holiday? Do you go alone to the countryside?

10.

na jméno – za pokoj – do pokoje – od auta – na (za) jednu noc – před vchodem – Θ výtahem – do čtvrtého poschodí– u (vedle) východu

At the receptionist's

Good afternoon. I would like a double room.
– For how long?
For two or three days.
– I have one double room free on the fourth floor.
Does it look over the street or the park?
– It looks over the street, we have no room free looking over the park.
Well, I'll take it. Here is my passport.
– Here are your keys, please. We will take your luggage to the room.

11.

A: Good afternoon. I'd like a single room, a double room, two double rooms.

B: For how long? For how many days?

A: Only for tomorrow, for four days, for a week.

B: I'm sorry, I have a free room for three days only. I have a room free (rooms free) on the fourth floor.

A: Does it look over the street or the park?
I'd like a room with a view of the park.

B: You can get the room you want. Sorry, the rooms which look over the park are all occupied.

A: How much does the room cost for one day? What's the price of the room for one day?

B: A single room costs 950 crowns a day. A double room costs 1 500 crowns a night.

A: Well, I'll take it.

B: May I ask you for your passport? Thank you. Here are your keys. We will bring your luggage to the room.

The holidays. Mrs. Dvořák meets Mrs. Černá in the café. Summer is beginning, and so they talk to each other about their holidays. "Where will you go for your holiday this year?" Mrs. Dvořák asks first.
"It is not at all easy this year. My husband's leave will begin next week, and our car broke down yesterday. My husband had a small accident but nothing happened to him. We have to change our holiday plans."
"Where did you want to go?"

"We wanted to travel through Central Europe, but in the end we will go only to Austria and Hungary. On Saturday we will leave by fast train to Bratislava, we will spend the night at a hotel there and the next day we will go at once by boat to Vienna along the Danube. We want to spend several days there, we will take a ride out of the town to view the surroundings and we will visit cultural sights. We will go from Vienna by bus to Hungary. Then my husband's holiday will have already finished, he must be in his office already on 10 July. My children and I will separate from my husband – he will fly back to Prague and the children and I will go to southern Slovakia to visit a friend of mine. We will stay in southern Slovakia approximately one week."
Both ladies meet again at the end of July. What will they be talking about?
"Good afternoon, Mrs. Černá. How did you enjoy your holiday? And what sort of weather did you have?"
And now it's your turn to continue what Mrs. Černá was saying about her holiday.

12.

Correct Answers – 3.– 4.– 6. – 8. – 10. – 12. – 13. – 15.
Wrong Answers – 1. – 2. – 5. – 7. – 9. – 11. – 14. – 16.

14.

They had bad weather, it rained every day. – They didn't have bad weather but it wasn't too warm. – They had good weather but it rained several times. – They had nice weather, it didn't rain a single day. – They had nice weather, the sun kept shining and it was warm.

16.

Řekněte mi něco o Slovensku, Bratislavě, Brnu (Brně), starém městě, hotelu Hvězda, dovolené, okolí města.

19.

Aleně, tobě, jemu, kolegovi končí dovolená a Pavlovi, mně, jí, šéfovi začíná.

20.

Chceme cestovat po severní Evropě, jižní Americe, východní Moravě, západním Slovensku

21.

Petře – sobotu a neděli – v sobotu – nic zajímavého – do obchodního domu – pro kávu a cigarety – jednu starou přítelkyni – před rokem – s manželem v cizině – prvního května – mi – málo času – s ní – jí – telefonu – tu novou knihu – od tebe – mi – do kina – filmu – od Miloše Formana – ho – o něm – na něj – mně.

22.

v neděli – s přítelkyní – u metra – na kávu – o Mexiku – s manželem – po celé Americe – od ní – z cest – z něho – v muzeu – po rekonstrukci – před týdnem – v Praze – tramvají – z Václavského náměstí – od Národního divadla

23.

Ta slečna vyšla z tamtoho obchodu. Přešli jsme na druhou stranu. Křeslo stojí na té žluté podlaze. Delegáti se rozjeli ve středu v jednu hodinu. Dovolenou budu mít v červenci a v srpnu. Ředitel odjel na služební cestu do New Yorku. Mluvili jsme o naší nové přítelkyni. Chtěli bychom diskutovat o televizním programu. Petr stále hovoří o mně a o ní. O dovolené jsem byl v jižním Rakousku a severní Itálii. Své zavazadlo máte ve svém dvoulůžkovém pokoji. Auto objelo celé město. Ten pán se ptal po našem doktorovi. Ten dopis došel ve středu čtrnáctého května.

24.

východ – odjede – se rozešli – vyjelo – odjel – po obědě – pod stolkem – ze třídy – sjel – bez koupelny – přiletí z Istanbulu

LEKCE 13

1.

Vyprávěl mi o svých plánech – o svých bratrech – o těch Češích – o nových filmech – o těch českých městech – o pražských náměstích.
Mluvil jsem s nimi o svých sestrách – o svých cestách – o nových knihách – o svých přítelkyních – o svých haváriích.

2.

V rádiu jsem slyšel o nových tramvajích – o pražských divadlech – o soukromých obchodech – o našich řekách – o vašich problémech – o Českých Budějovicích – o Spojených státech amerických – o tvých rodičích – o pražských kulturních památkách – o Češích, Irech, Angličanech a Američanech.

3.

po šesti minutách – po sedmi hodinách – po osmi dnech – po deseti měsících – po šesti letech.

4.

Řekni mu, aby přišel zítra večer – přinesl . . . – napsal . . . – nekupoval . . . – koupil . . . . – se dobře vyspal . . .

Chtěl(a) bych, abys (abyste) to udělal(a) . . . – abys(te) mi tento problém vysvětlil(a) – abys(te) změnil(a) . . . – abys(te) mi uvařil(a) čaj – aby ses (abyste se) vrátil(a) brzo – aby sis (abyste si) přečetl(a) . . . Učím se česky, abych mohl(a) číst . . . – abych rozuměl(a) . . . – abych cestoval(a) . . . abych uměl(a) napsat . . .

7.

jím hodně ovoce a zeleniny – jdu ven na procházku – otevřu si na noc okno –vypiju horký čaj s citronem

K s. 273

HOW ARE YOU?

– Hello!

– Hello!

– You don't look well!
What's wrong with you?

– I have a toothache.

– Have you already been to the dentist?

– I'm just going there and I am afraid.

– Don't be afraid, it will surely hurt you less than now. I will come to see you in the evening.

– You had better not come. I surely have a fever too, and when I come back from the dentist I will go to bed at once. Maybe I will get influenza.

How do you feel?	I feel unwell. I don't feel well yet. I don't feel quite well, maybe I will be ill. I am ill.	I feel well already. I am healthy already.
How do you feel?	I feel unwell.	I feel well.
What's your trouble?	You look unwell. You don't look well.	I am OK. I have a headache. I have a toothache. My back hurts. I have a sore throat. I have a fever (temperature). I have the flu. I have a cold. I have a cough.

At the surgery

Patient: "Good morning, doctor. I have come for an examination. I was in bed at home one week with tonsillitis."

Doctor: "Good morning. How do you feel?"

Patient: "I feel better than a week ago but I feel very tired."

Doctor: "Are you still taking penicillin?"

Patient: "It ends today."

Doctor: "I'll examine your throat. Does it hurt?"

Patient: "A little".

Doctor: "My nurse will take your temperature and some of your blood. We will see."

Doctor: "It's not all right yet. I'll prescribe you another medicine. You will take it every eight hours. Come for an examination again after a week, make an appointment with my nurse. Here is your prescription, the chemist's is on the ground floor of the health centre."

Patient: "Thank you, good-bye."

A sound mind in a healthy body

He: Good morning. What's the time now?

She: I'm already waiting for you. It's eleven. I got up at nine – the weather is so nice outside, I was in the garden. Did you have a good sleep?

He: Not at all. I feel tired and I have a headache.

She: You slept too long, it's not healthy. Take your breakfast quickly so that we can go.

He: Where? I don't feel like going anywhere.

She: Don't be lazy, please. You don't feel well and are in a low spirits precisely because you do nothing – you don't go in for sports or go anywhere. I suggest going to play tennis or to swim at the swimming pool. What will you choose?

He: I would prefer going to the swimming pool to playing tennis.

She: Well. But don't think that you will be taking a rest in the water. I'll force you to swim. Hurry now. Go to dress and don't forget to put your swimming suit, towel and soap into your bag. In the meantime I'll go to change my dress.

9.

We should go in for sports. Do you want to go / to play tennis / or / volleyball? to run / to swim?

I'd rather go / to play volleyball / to / tennis. to swim / to run.

10.

Jdu si obléknout tepláky, trenýrky, sportovní boty, plavky.

Jdu se převléknout do tepláků, trenýrek, sportovních bot, plavek.

12.

A: I have had a sore throat for a long time. I was taking penicillin but it didn't help me. What shall I do?

2. I think that you were not in bed when you were taking penicillin. You surely weren't constantly warm. Don't go outside, don't drink anything cold and drink tea.

B: I am coughing a lot, especially in the morning. Last month I was very busy, I feel tired. I smoke.

1. You cough because you surely smoke a lot. You smoke a cigarette the moment you get up. You must stop smoking, take a rest and go to the countryside into the open air.

C: I often feel sick in the stomach. Mostly I am nervous and can't sleep at night. My doctor recommended that I take more rest and work less. Is that right?

3. The doctor is right. Your problems are nervous. You mustn't think of your problems, you must go for walks a lot, take a rest. Don't smoke, don't drink either coffee or spirits and eat fruit. It would be best for you to go for a holiday.

LEKCE 14

1.

Co je tam vzadu proti těm moderním domům – obchodům – těm bílým autům – těm stolům a židlím – našim kancelářím?
Co máš proti těm lidem – Slovákům – těm cizincům – těm dětem – kolegům – návštěvám?

3.

Napsal jsem rodičům dopis. Objednal jsem kamarádům kávu. Řekl jsem panu Kubátovi pravdu. Dal jsem prodavačce stokorunu. Přinesl jsem manželce tu novou knihu. Půjčil jsem Karlovi a Janě auto. Zaplatil jsem číšníkovi černou kávu. Uvařil jsem přátelům dobrou večeři. Poslal jsem dětem několik knih. Ukázal jsem cizincům Prahu. Vybral jsem návštěvě z Toronta dobrý hotel v centru.

5.

a) Schůze bude zítra od jedné do tří – od dvou do čtyř – od tří do pěti.
b) Koncert trvá od osmi do deseti – od sedmi do devíti – od šesti do osmi.

c) Přišel v devět, ale po deseti – patnácti – dvaceti – dvaceti pěti minutách musel odejít.

d) o všem – všechno – všemu – se vším – všichni – všechny kolegy – se všemi – o všech problémech

7.

dvěma přátelům – v osm hodin – po dvou měsících – od dvanácti do čtrnácti – čtyř cizinců – o jednom sportovci – před patnácti lety – před čtyřmi měsíci – po třech letech – dva milióny – čtyřicet pět tisíc slov – do tří hodin – o pěti problémech – o těch dvou mladých cizinkách – na dvě návštěvy – všem třem kamarádům

On the highway

Mr. Fišer and Mr. Kubát go on the highway.

K: Aren't you tired, Mr. Fišer? You have already been driving for more than two hours. We could stop and take a rest.

F: That's a good idea. We will stop there at the road house. There is also a petrol station there, I have to take on petrol, the tank is almost empty. I only wonder if they have lead-free petrol.

F: Great. They have it. You can go to the road house while I tank up. I have to check the oil too and put water in, so it will take some time.

K: Do you want me to order you something to drink or to eat in advance?

F: No, I will order it myself, thank you.

K: Is everything OK?

F: Yes, I put in only some water, the oil is OK. What did you have?

K: Just a glass of juice. I was very thirsty. I waited, to eat with you.

F: I will order a glass of tonic, I don't want anything sweet. You choose the meal, I will order the same. Then I will have coffee.

K: It will be two hours, we will surely be in Prague at three o'clock. We will make it without problems, the negotiation does not begin until half past three. Will we go to the office at once or will we stop at your hotel?

F: First of all we will go to the hotel, I have still to take some materials that we will need during the negotiation. If you don't mind, I will change my clothes. I won't have time after the negotiation to change my clothes for the reception.

K: At what time does it begin?

F: At seven. I suppose the negotiation won't finish sooner than at half past six. Great, they are bringing us the meal. Bon appetit.

K: Bon appetit.

8.

1. = 2., 2. = 1., 3. = 5., 4. = 3., 5. = 4., 6. = 6.

1. What will the negotiation be about? 2. About the date on which the new hotel will be opened.

2. What agreement did you make? 1. That he will prepare the materials by Monday.
3. What do you need still? 5. To wash the windscreen of the car.
4. Which way did you direct him? 3. Along the highway from Brno and then along the road to Jihlava.
5. Where did you stop? 4. At the car park by the highway.
6. Where did you stop off? 6. In the hotel at Mr. Fišer's room.

9.

d) až – když – až – když – až – když

WHAT HAPPENED TO YOU, DRIVER?

The traffic police stopped by the car that stands by the roadside.
– Driver, did you have an accident?
– No, my car is OK.
– So do you not have petrol?
– No, I have a full tank.
– So what happened to you? Why did you stop here?
– Excuse me, suddenly I felt unwell. But it's better now already, I will go on at once.
– There is a road house after two kilometres, take a rest there. Do you want us to go with you?
– No, thank you, I feel really well already.

Fine. I live quite far from the centre and so I decided that I would take my friend Martin, who is visiting me, to the concert in the evening by car. The concert was from eight. We set off late. It seemed to us constantly that we had time enough, so in the end we had to hurry. I knew that I was exceeding the speed limit but I didn't expect to have bad luck and meet the traffic police. But at this moment I have already seen a policeman at the side of the road, who was waving at me to stop.
"Good evening, your driving licence, please." I gave it to him.
"Driver, at what speed were you going?"
"Well, maybe I exceeded the speed limit but not much."
"The speed limit in town is sixty kilometres an hour, but you were going at a speed of eighty kilometres."
"It's impossible. I couldn't exceed it by so much."
"But it's possible. You will pay a fine. And it won't be a small one."
I paid the fine, I couldn't do anything else. We didn't catch the beginning of the concert, of course. We came five minutes after the beginning.

13.

řidičský průkaz – autem – svou manželku – dost času – z okna – zítra večer – před začátkem jednání

14.

Stavím se u tebe (u vás) před obědem, konferencí, jednáním, večeří, protože po obědě, konferenci, jednání, večeři nebudu mít čas.

LEKCE 15

1.

a) Ne, Jana tady není, odešla před pěti, deseti, patnácti, dvaceti minutami.
b) O Pavlovi nic nevím. Naposledy mi napsal před pěti, deseti dny, před dvěma, třemi týdny, třemi měsíci, čtyřmi měsíci.

2.

a) Tady je nějaká taška s knihami, bramborami, minerálkami, houskami, jablky, vajíčky, chlebíčky, časopisy, pomeranči, vejci.
b) Mluvil jsem s vašimi rodiči, hosty, s těmi dětmi, lidmi, s několika přáteli, cizinci, se dvěma kolegy, doktory.
c) . . . zabývá se smlouvou mezi našimi firmami, situací v naší firmě, několika problémy, důležitými ekonomickými otázkami, automatickými stroji, počítači, našimi výrobky, exportem do České republiky, importem výrobků . . .

3.

a) Kdybych měl čas, šel bych do divadla – přečetl bych si noviny – navečeřel bych se v restauraci – zahrál bych si s tebou tenis – zůstal bych doma a odpočíval bych – poslouchal bych koncert z rádia.
b) 1. dal bych si kávu v kavárně, 2. podíval bych se na ten film, 3. měl bych velkou radost, 4. změnil bych náš plán, 5. ten kabát by si koupila (koupila by si ten kabát), 6. odpověděli bychom jim, 7. mohl by pracovat v naší firmě

Negotiation (Mr. Kubát and Mr. Fisher)
K: Welcome to Prague. I am Peter Kubát, a businessman from our company.
F: It's nice to meet you. My name is John Fisher. I am pleased to meet you personally. We have only ever spoken on the phone before.
K: How was your journey?
F: The journey was fine even though it took a long time.
K: Will you sit down, please. May I offer you coffee?
F: Thank you, it would be a pleasure.
K: Now let's get to the point. You know the proposal of the contract. Do you agree with it?
F: I'd like to discuss some details with you. How long is the guarantee period of your products?
K: Two years. You can make a claim directly to us or to our representative in New York.

F: Our customers complain of bad service. It takes a long time to repair something.
K: The situation is going to improve. We are opening a new service centre in New York and our technicians will ensure a quick repair on the spot.
F: In this case we agree with the contract. But I will study it once more. I'll sign it tomorrow.
K: It's OK. What time suits you tomorrow?
F: I will come at the same time as today, at ten. If I can't come, I will call you.
K: Do you want us to send a car to the hotel for you?
F: No, thank you.

At the airport. We arrived in Prague at half past two. The flight from Frankfurt wasn't long, it took just one hour. When we got out of the plane, the bus took us to the hall. There were a lot of people at customs control because another plane had just arrived and the airport in Prague is very small.
Passport control: Your passport, please. Are you coming as a tourist?
No, I am from the Ford Motor Company and I will work in the Czech Republic.
That's OK. You don't need a visa. You can go to customs control. Have a nice stay here.

Customs control: Customs official: Good day. Do you have anything to declare? Alcoholic beverages? Cigarettes?
– No, I have just things for my personal use.
Customs official: Are you coming for a long time?
– Yes, I will be working here. But I will bring my things when I come to the CzechRepublic next time by car. Should I open my suitcase?
Customs official: No, you don't have to. It's OK. You can go.
Finally, after half an hour I was outside. Nobody awaited me in the hall. I took a taxi and left for our Prague office.

4.

1.=3., 2.=1., 3.=2., 4.=5., 5.=4.

7.

Blahopřeju manželce k narozeninám. Bojím se letadla. Vezmu si od tebe bonbon. Cestuju po Čechách a Moravě. Čekal jsem na profesora čtvrt hodiny. Děkuju vám za dárek. Dojdi pro noviny! Doporučuju ti tuto knihu. Dozvěděl jsem se od Petra zajímavou informaci. Jednáme s nimi o obchodu mezi našimi firmami. Rozloučil jsem se s Petrem už včera. Chtěl bych se informovat o situaci vaší firmy. Pořád musím myslet na naši cestu do Austrálie. Omlouvám se vám za tu nepříjemnost. Můžete mi rozměnit stovku za drobné? Zaplatil jsem 800 korun za tuhle košili. Pomáhám Janě v její práci. Vyprávěl jsem rodičům o naší dovolené. Už se připravujeme na dovolenou. Souhlasím s vaším plánem. Pozdravujte ode mě manžela.

CZECH-ENGLISH VOCABULARY
ČESKO-ANGLICKÝ SLOVNÍČEK

A

a	and
aby	so that, in order
adresa F	address
adresát M	addressee
ahoj!	hello! hi!
ale	but
anglicky	English
anglický, -á, -é	English
Angličan M	Englishman
Angličanka F	Englishwoman
Anglie F	England
ani – ani	neither – nor
ano	yes
a proto	and therefore
asi	maybe
atmosféra F	atmosphere
autobus M	bus
autobusový, -á, -é	bus
automat M	vending-machine
autoservis M	car service
až (do)	until

B

balíček M	packet
balík M	parcel
banka F	bank
barevný, -á, -é	colourful, colour
barva F	colour
bát se + Gen impf.	to be afraid
bojím se	I am afraid
bazén M	swimming-pool
běhat impf.	to run
benzín M	petrol
benzínová pumpa F	petrol pump
bez + Gen	without
bezolovnatý	lead-free
biftek M	beef(steak)
bílý, -á, -é	white
blahopřát + Dat **k** + Dat, **-přeju** impf. **poblahopřát** pf.	to congratulate on
blanket M	form
bohužel	unfortunately
bolení N	ache
bolest F (Gen **-i**)	pain, hurt, ache
bolet impf.	to hurt
boty F pl.	shoes
bouřka F	storm
bramborový, -á, -é	potato
brambory F pl.	potatoes
brát + Acc, **beru** impf. **vzít, vezmu** pf.	to take, I take
bratr M	brother
brýle F pl.	glasses
brzo = brzy	early, soon
březen M	March
budík M	alarm-clock
budova F	building
bydlet impf.	to live
byt M	flat
být, jsem	to be, I am

C

celní	customs (adj.)
celnice F	customs office
celník M	customs official
celý, -á, -é	whole
cena F	price
centrum N (Gen **-a**)	centre
cesta F	way
cestovat impf.	to travel
cigareta F	cigarette
cítit se impf.	to feel
citron M	lemon
cizina F	foreign countries
cizinec M	foreigner
cizinka F	
clo N	duty
co	what
cukr M	sugar
cvičení N	exercise

Č

čaj M	tea
čas M	time
časopis M	magazine
část F (Gen **-i**)	part
často	often
Čech M	Czech

Čechy F pl.	Bohemia
čekat na + Acc impf. **počkat** pf.	to wait for
černý, -á, -é	black
červen M	June
červenec M	July
červený, -á, -é	red
Česká republika F	Czech Republic
česko-anglický	Czech-English
česky	Czech
český, -á, -é	Czech
Češka F	Czech
čeština F	Czech language
čí?	whose?
čím?	by what?
číslo N	number
číst + Acc, **čtu** impf. **přečíst** pf.	to read, I read
čistit (si) + Acc impf. **vyčistit (si)** pf.	to clean
číšník M	waiter
člověk M	man (human being)
čtvrt F, adv.	quarter
čtvrtek M	Thursday
čtyřikrát	four times

D

dál(e)!	come in!
daleko	far
dálnice F	highway
další	next
dárek M	gift
dát, dej! + Acc pf. **dávat** impf.	to give, give!
dát si + Acc pf. **dávat si** impf.	to have
dcera F	daughter
den M	day
děkuju	thank you
děkovat + Dat **za** + Acc impf. **poděkovat** pf.	to thank for
dělat + Acc impf. **udělat** pf.	to do, to make
dělník M	worker
denně	daily
deska F	record
deštník M	umbrella
detail M	detail
dětský pokoj M	children's room
dík = **děkuju**	thanks = thank you
diktovat + Dat + Acc impf. **nadiktovat** pf.	to dictate
diskutovat o + Loc impf.	to discuss sth.
dítě N, pl. **děti** F	child, children
divadlo N	theatre
dívat se na + Acc impf. **podívat se** pf.	to look at
dívka F	girl
dlouho	long
dlouhý, -á, -é	long
dneska = **dnes**	today
do + Gen	to, into
doba F	time
dobrý, -á, -é	good
dobře	well
docela (hezký)	quite (nice)
dohodnout se na + Loc pf.	to agree about
dohromady	altogether
dojít pro + Acc, **-jdu** pf.	to go for
dole	down
doleva	to the left
dolít + Acc, **doleju** pf. **lít, leju** impf.	to fill up, I will fill up
dolů	down
doma	at home
domů	(to) home
donést + Acc, **donesu** pf. **donášet** impf.	to bring, I will bring
donutit + Acc **k** + Dat pf. **nutit** impf.	to force
dopis M	letter
dopisní	letter (adj.)
doplnit + Acc pf. **doplňovat** impf.	to fill in
dopoledne adv., N	morning, forenoon
doporučeně	registered
doporučovat + Dat + Acc impf. **doporučit** pf.	to recommend
doprava	to the right
doprava F	traffic, transport
dopravní policie F	traffic police
doprostřed	to the middle
dopředu	to the front
dort M	cake
dost	enough
dostat + Acc, **dostanu** pf. **dostávat** impf.	to get, I will get
dostat se někam, dostanu se pf.	to get (somewhere) I will get (to where)

dovolená F	holiday
je dovoleno	it's permitted
dovolený, -á, -é	permitted
dozadu	to the back
dozvědět se + Acc pf.	to come to know
dozvím se,	I will come to know
oni se dozvědí	
dozvídat se impf.	
drahý, -á, -é	expensive
drobné (peníze) pl.	change (money)
držet + Acc, impf.	to hold
dřív(e)	earlier
duben M	April
duch M	spirit
důležitý, -á, -é	important
dům M, pl. **domy**	house, houses
Dunaj M	the Danube
dvakrát	twice
dvoulůžkový pokoj M	double-room
džem M	jam

E, F

espreso N	espresso
fakulta F	faculty
firma F	firm
fotbal M	football
fotografie = fotka F	photo
foukat impf.	to blow
francouzsky	French

G

garáž F	garage
gramatika F	grammar

H

hala F	hall
haléř M	heller
havárie F	accident
hezký, -á, -é	nice, pretty
hlad M	hunger
hlava F	head
hlavně	mainly
hledat + Acc impf.	to seek, to look for
hned	at once
hnědý, -á, -é	brown
hodina F	hour
hodinky F pl.	wrist watch
hodit + Acc pf.	to throw
házet impf.	
hodit se + Dat impf.	to suit
hodně	many, much
hodný, -á, -é	good
horečka F	fever
horko	hot
horký, -á, -é	hot
horší	worse
hospoda F	inn
host M, pl. **hosté, hosti**	guest
hotový, -á, -é	ready
houska F	roll
hovor M	talk
hovořit o + Loc impf.	to speak about
hrát + Acc impf.	to play
na + Acc	
zahrát si pf.	
hrníček M	mug
hruška F	pear
hůř(e)	worse

CH

chata F	cottage
chlapec M	boy
chléb, chleba M	bread
chlebíček M	sandwich
chodba F	corridor
chodit impf.	to go
chřipka F	influenza
chtít, chci, oni chtějí	to want, I want, they want
chudák! M	poor boy!
chutnat + Dat impf.	to enjoy (taste of)
chuť F	appetite,
dobrou chuť!	bon appetit!
chvíle F	moment
chyba F	mistake
chybět impf.	to be missing
chytrý, -á, -é	clever
x hloupý, -á, -é	stupid

I

i = a taky	as well
i když	even when
informace F	information
informační	informational
informovat + Acc **(se)** **o** + Loc impf.	to inform about
Irsko N	Ireland

J

já	I
jablko N	apple
jak	how
jakmile	at the moment
jako	as, like
jaký, -á, -é	what, what sort
Japonsko N	Japan
jaro N, **na jaře**	spring, in spring
jazyk M	language, tongue
jednání N	negotiation(s)
jednat s + Instr **o** + Loc impf.	to negotiate with
jednoduchý, -á, -é	simple
jednolůžkový pokoj M	single room
jednou	once
jeho, její, jejich	his, her, their
jen = jenom	only
jestli	if
jestli(že)	if
ještě	still
jet, jedu impf. fut. **pojedu** **jezdit** impf.	to go, I go (by vehicle)
jídelní lístek M	menu
jídlo N	food, meal
jih M, **na jihu**	south, in the south
jiný, -á, -é	other
jíst, jím, oni jedí impf.	to eat, I eat, they eat
jistě	surely
jít, jdu, fut. **půjdu** impf.	to go, I go
jízdenka F	ticket
jižní	southern
jméno N	name
jmenovat se impf.	to be called
jo = ano	yeah = yes

K

k, ke + Dat	to, towards
kabát M	coat
kabina F	cabin
kalhoty F pl.	trousers
kam	(to) where
kamarád M	friend
kamarádka F	friend
kancelář F	office
kapesník M	handkerchief
kapky F pl.	drops
kašlat, kašlu impf. **zakašlat** pf.	to cough
káva F	coffee
kavárna F	café
každý, -á, -é	every, each
kde	where
kdo	who
kdy	when
kdyby	if
kdykoliv	whenever
když	when
kilometr M	kilometre
kino N	cinema
klíč M	key
knedlík M	dumpling
kniha F	book
knihovna F	library
koberec M	carpet
kolega M	colleague
kolegyně F	colleague
kolej F	student residence
kolem (+ Gen)	around
kolik	how much
koncert M	concert
končit (+ Acc) impf. **skončit** pf.	to finish
konec M	end
konference F	conference
kontrola F	control, check
kontrolovat + Acc impf. **zkontrolovat** pf.	to control, check
koruna F	crown
kostel M	church
koš M	waste-bin
košile F	shirt
koupelna F	bathroom
koupit + Acc pf. **kupovat** impf.	to buy
kouřit impf. **vykouřit** + Acc pf.	to smoke
kraj M	side, edge
na kraji + Gen	on the side, edge
krásně	beautifully
krásný, -á, -é	beautiful
krev F	blood
krk M	throat
kromě + Gen	with the exception of
křeslo N	armchair
který, -á, -é	who, which
kudy	which way
kufr M	suitcase
kuchyň F	kitchen
kulturní	cultural

kupé N (undecl.)	compartment
kuře N, pl. **kuřata**	chicken, chickens
kus, kousek M	piece
květen M	May
květina F	flower

L

laciný, -á, -é	cheap
láhev F, pl. **láhve**	bottle
lampa F	lamp
láska F	love
laskavý, - á, -é	kind
laskav, -a, -o,	kind
buďte tak laskav!	be so kind!
lavička F	bench
leden M	January
lehký, -á, -é	soft
lehnout si, lehnu si pf. **lehat si** impf.	to lie down, I will lie down
lék M	medicine
lékárna F	chemist's
lékař M	doctor
lekce F	lesson
lépe	better
lepší	better
les M, **do lesa**	woods, into the woods
letadlo N	plane
letecky	by airmail
letět, fut. **poletím** impf.	to fly
letiště N	airport
letní	summer (adj.)
léto N, **v létě**	summer, in summer
5 let	five years
letos	this year
levný, -á, -é	cheap
ležet impf.	to lie
líbit se + Dat impf.	to please
líbí se mi	it pleases me (I like)
lidé, lidi M pl.	people
limonáda F	flavoured soda water
líný, -á, -é	lazy
lístek M, pl. **lístky**	ticket
listopad M	November
líto, je mi líto	I'm sorry
loď F	ship
loučit se s + Instr impf. **rozloučit se** pf.	to say good-bye
ložnice F	bedroom
lyže F pl.	skis
lyžovat impf.	to ski
lžíce F	spoon
lžička F	teaspoon

M

Maďarsko N	Hungary
málo	little
malý, -á, -é	small
maminka F	mother
manžel M	husband
manželka F	wife
mapa F	map
máslo N	butter
masový, -á, -é	meat
mast F (Gen **-i**)	ointment
materiál M	material
matka F	mother
mávat + Dat impf. **na** + Acc **zamávat** pf.	to wave at
měkký, -á, -é	soft
méně	less
měnit + Acc **na** + Acc impf. **vyměnit** pf.	to change something for something
menší	smaller
měřit + Acc impf. **změřit** pf.	to measure
měsíc M	month, moon
měsíčně	monthly
město N	town
metr M	metre
metro N	underground, subway
mezi + Instr, Acc	between, among
milion M	million
milý, -á, -é	dear
minerálka F	mineral water
minulý, -á, -é	past, last
místenka F	seat-reservation
místo N	place
místnost F (Gen **-i**)	room
mít + Acc, **mám**	to have, I have
mladík M	young boy
mladý, -á, -é	young
mléko N	milk
mluvit s + Instr **o** + Loc impf.	to speak with about
mnoho = moc	much, many
mockrát	many times

moct (moci), můžu	can, I can
moderní	modern
modrý, -á, -é	blue
moment M	moment
moře N	sea
most M	bridge
motorest M	motel
možná	maybe
možný, je to možné	possible, it's possible
mrak M	cloud
můj, moje (má, mé)	my, mine
muset	must
muzeum N (Gen **-a**)	museum
muž M	man
my	we
mýdlo N	soap
myslet na + Acc impf.	to think about
si + Acc	
mýt se impf.	to wash (oneself)
si + Acc	
umýt se pf.	

N

na + Acc, Loc	on, at
nabídnout + Dat + Acc pf.	to offer
nabízet impf.	
nad + Instr, Acc	over, above
nádherný, -á, -é	beautiful, splendid
nadiktovat + Dat + Acc pf.	to dictate
diktovat impf.	
nádraží N	railway station
nádražní	railway station (adj.)
nádrž F	tank
nahlas	loudly
x potichu	in a silent way
nahoru	up
nahoře	up
najednou	suddenly
najíst se + Gen, **-jím** pf.	to eat
najít, najdu + Acc pf.	to find, I will find
na konci + Gen	at the end
nakonec	in the end
nakreslit + Acc pf.	to draw
kreslit impf.	
nakupovat impf.	to buy
nakoupit pf.	
nálada F	mood
nalepit + Acc pf.	to stick on
lepit impf.	
nalevo	to the left
náměstí N	square
naobědvat se pf.	to have lunch
nápad M	idea
napít se + Gen, **-piju** pf.	to drink
náplast M	sticking plaster
naposledy	the last time
napravo	on the right
naproti	opposite
napsat + Acc, **napíšu** pf.	to write, I will write
psát impf.	
narodit se pf.	to be born
národní	national
narozeniny F pl.	birthday
nasnídat se pf.	to have breakfast
nástupiště N	platform
nastupovat impf.	to get in, on
nastoupit pf.	
náš, naše	our, ours
natankovat pf.	to refuel
navečeřet se pf.	to have supper
návrh M	proposal
navrhovat + Dat + Acc impf.	to propose
navrhnout pf.	
návštěva F	visit
navštěvovat + Acc impf.	to visit
navštívit pf.	
ne	no
nebe N	heaven
nebo	or
něco	something
neděle F	Sunday
nechat si + Acc impf.	to let, leave
nějaký, -á, -é	some
nejdřív(e)	first of all
nejvyšší	the highest
někam	(to) somewhere
někde	somewhere
někdo	somebody
někdy	sometime(s)
některý, -á, -é	some
Němec M	German
Německo N	Germany
německy	German
nemocnice F	hospital
nemocný, -á, -é	ill
nepříjemnost F (Gen-**i**)	trouble, nuisance
nerad, -a, -o	not gladly
nervózní	nervous
nést, nesu + Acc impf.	to carry, I carry
než, dříve než	than, before

nic	nothing
nikam	(to) nowhere
nikde	nowhere
nikdo	nobody
nikdy	never
noc F (Gen **-i**), **v noci**	night, at night
noha F	leg, foot
normálně	normally
noviny F pl.	newspaper
nový, -á, -é	new
nula F	nought, zero
nutit + Acc **k** + Dat impf.	to force
donutit pf.	
nůž M, pl. **nože**	knife

O

o + Loc	about
oba M, **obě** F + N	both
obálka F	envelope
období N	period, season
roční období	seasons of the year
oběd M	lunch
obědvat impf.	to have lunch
obejít + Acc, **obejdu** pf.	to go round, I will go round
obcházet impf.	
obchod M	shop
obchodní dům M	department store
obchodník M	businessman
objednávat + Acc impf.	to order
objednat pf.	
objednávka F	order
oblek M	dress
oblékat se impf.	to wear
si + Acc	
obléknout se pf.	
obličej M	face
obraz M	picture
obrázek M	small picture
obsazený, -á, -é	occupied
je obsazeno	it's occupied, busy
obyčejně	ordinary
obývací pokoj M	sitting-room
obyvatel M, pl. **obyvatelé**	inhabitant
od + Gen	from
odejít, odejdu pf.	to leave, I will leave
odcházet impf.	
odesílatel M	sender
oděvy M pl. (sg. **oděv**)	clothes
odjet,	to leave (by vehicle)
odjedu pf.	I will leave
odjíždět impf.	(by vehicle)
odkud	from where
odletět pf.	to fly away
odlétat impf.	
odněkud	from somewhere
odpočívat impf.	to rest
odpočinout si pf.	
odpoledne adv., N	afternoon
odpověď F (Gen **-i**)	answer
odpovídat + Dat	to answer at
na + Acc impf.	
odpovědět, odpovím, oni odpovědí pf.	
odvézt + Acc,	to take away
odvezu pf.	I will take away
odvážet impf.	
okno N	window
oko N, pl. **oči** F	eye
okolí N	surroundings
olej M	oil
omeleta F	omelette
omlouvat se + Dat	to apologize for
za + Acc impf.	
omluvit se pf.	
omluvit + Acc pf.	to apologize
omlouvat impf.	
omyl M	error
on, ona, ono	he, she, it
onemocnět pf.	to fall ill
opalovat se impf.	to sunbathe
opálit se pf.	to get tanned
opět	again
oprava F	repair
opravdu	really
opravit + Acc pf.	to repair, correct
opravovat impf.	
orloj M	astronomical clock
osoba F	person
osobně	personally
osobní	personal
ošklivý, -á, -é	ugly
otázka F	question
otec M	father
otevírat (otvírat) + Acc impf.	to open
otevřít, otevřu pf.	
otevřeno	open
ovoce N	fruit
ovocný, -á, -é	fruit
ovšem	of course

P

pacient M	patient
pacientka F	patient
památka F	monument
pán M	Mr, gentleman
paní F	Mrs, lady
papír M	paper
papírový, -á, -é	paper
park M	park
parkovat impf.	to park
zaparkovat pf.	
parkoviště N	car park
partner M	partner
partnerka F	partner
pas M	passport
pasový, -á, -é	passport
pátek M	Friday
patřit + Dat impf.	to belong
peněženka F	purse
peníze M pl. (Gen **peněz**)	money
pero N	pen
pes M	dog
pěšky	on foot
pít, piju + Acc impf.	to drink, I drink
vypít pf.	
pití N	drink
pivo N	beer
plán M	plan
plánovat + Acc impf.	to plan
naplánovat pf.	
platit + Acc, **za** + Acc impf.	to pay
zaplatit pf.	
plavat, plavu impf.	to swim, I swim
zaplavat si pf.	
plavky F pl.	swimming-suit
pláž F	beach
plný, -á, -é	full
po + Loc	after
poblahopřát + Dat **k** + Dat, **-přeju** pf.	to congratulate
blahopřát impf.	
počasí N	weather
počítač M	computer
počkat na + Acc pf.	to wait for
čekat impf.	
pod + Instr, Acc	under
podat + Dat + Acc pf.	to pass
podávat impf.	
podepsat (se), podepíšu (se) pf.	to sing, I will sign
podepisovat (se) impf.	
podívat se na + Acc pf.	to look at
dívat se impf.	
podle + Gen	according to
podpis M	signature
podzim M, **na podzim**	autumn, in autumn
pohled M, **pohlednice** F	postcard
pojď(te)!	come!
pokladna F	cash register
pokoj M	room
pokračovat v + Loc impf.	to go on, continue
pokuta F	fine, penalty
poledne N, **v poledne**	noon, at noon
polévka F	soup
policie F	police
policista M	policeman
poliklinika F	health centre
položit + Acc pf.	to lay down
pokládat impf.	
pomáhat + Dat impf.	to help
pomoct, pomůžu pf.	
pomeranč M	orange
pomocí + Gen	by help
pondělí N	Monday
poprosit + Acc **o** + Acc pf.	to ask for
prosit impf.	
poradit + Dat + Acc pf.	to advise
radit impf.	
porucha F	breakdown
pořád	constantly
pořádek M, **v pořádku**	order, in order
posadit se pf.	to sit down
posaď(te) se!	sit down!
poschodí N	floor
poslat, pošlu + Acc pf.	to send, I will send
posílat impf.	
poslouchat + Acc impf.	to listen to
pospíchat impf.	to hurry
postavit + Acc pf.	to build
stavět impf.	
postel F	bed
pošta F, **na poště**	post
poštovní schránka F	post-box
potkat + Acc **(se)** pf.	to meet
potkávat impf.	
potom = pak	then
potraviny F pl.	groceries
potřebovat + Acc impf.	to need
poukázka F	postal money order
pověsit + Acc pf.	to hang
věšet impf.	

povídat o + Loc impf.	to talk about
povědět pf.	
povím, oni povědí	
pozdě	late
pozdrav M	greeting
pozdravit + Acc pf.	to greet
zdravit impf.	
pozdravovat + Acc	to greet
od + Gen impf.	
poznávat + Acc impf.	to become familar with
poznat pf.	
práce F	work
pracovat impf.	to work
pracovna F	study
prášek M	pill
prášek na praní	washing powder
pravda F	truth
to není pravda	it's not true
právě (teď)	just now
prázdniny F pl.,	holidays
o prázdninách	during holidays
prázdný, -á, -é	empty
pražský, -á, -é	Prague
pro + Acc	for
problém M	problem
probudit (se) pf.	to wake up
probouzet (se) impf.	
procestovat + Acc pf.	to travel through
k proclení N	to declare
proč	why
prodavač M	shop-assistant
prodavačka F	shop-assistant
prodávat + Acc impf.	to sell
prodat pf.	
profesor M	professor
profesorka F	professor
program M	program
prohlídka F	inspection, examination
prohlížet si + Acc impf.	to view
prohlédnout si pf.	
procházka F	walk
procházet se impf.	to take a walk
projít se, -jdu pf.	
projednat + Acc pf.	to discuss
jednat o + Loc impf.	
projít kudy (Instr) pf.	to pass through,
projdu	
procházet impf.	
projít se, projdu se pf.	to take a walk
procházet se impf.	
prominout + Dat + Acc pf.	to excuse
promiň(te)!	Excuse me!
prosím	please, you are welcome
prosinec M	December
prostudovat + Acc pf.	to study
studovat impf.	
proti + Dat	against, opposite
proto	therefore
protože	because
pršet impf.	to rain
průkaz M	licence
průvodčí M, F	conductor
první	first
přát + Dat **(si)**+ Acc	to wish,
přeju impf.	I wish
popřát, popřeju pf.	
přece	yet
přečíst + Acc, **přečtu** pf.	to read, I will read
číst impf.	
před + Instr, Acc	before
předem	in advance
předepsat + Dat + Acc,	to prescribe
předepíšu pf.	I will prescribe
předepisovat impf.	
přední sklo N	windscreen
předpokládat + Acc impf.	to suppose
představovat + Acc **(se)** + Dat impf.	to introduce (oneself)
představit se pf.	
přejít +Acc, **přejdu** pf.	to pass by, over
přecházet impf.	
přeložit + Acc pf.	to translate
překládat impf.	
přesně	exactly
přespat, přespím pf.	to spend the night
přestávka F	pause, break
přestupovat impf.	to change
přestoupit pf.	
převléknout se pf.	to change clothes
převlékat se impf.	
při + Loc	at
příbor M	cutlery
přijď(te)!	come!
příjemný, -á, -é	pleasant
přijet, přijedu pf.	to arrive (by vehicle)
přijíždět impf.	
přijít, přijdu pf.	to arrive
přicházet impf.	
přijmout + Acc pf.	to accept,
přijmu,	I will accept,

přijal jsem	I accepted
přijímat impf.	
příklad M	example
přiletět pf.	to fly in
přímo	directly
přinést + Acc, **-nesu** pf.	to bring
přinášet impf.	
případ M	case
v tom případě	in this case
připít si na + Acc pf.	to toast (a person)
připiju si	I will toast
připíjet si impf.	
připravený, -á, -é	prepared
připravovat se na + Acc impf.	to prepare, get ready
připravovat + Acc	
připravit pf.	
příroda F	nature
příště	next time
příští	next
přítel M	friend
přítelkyně F	friend
přivézt + Acc pf.	to bring
přivezu	I will bring
přivážet impf.	
přivítat + Acc pf.	to welcome
vítat impf.	
přízemí N	ground floor
psát + Acc, **píšu** impf.	to write, I write
napsat pf.	
ptát se + Gen **na** + Acc impf.	to ask about
zeptat se pf.	
půjčit + Dat + Acc pf.	to lend
půjčovat impf.	
půl(ka)	half
půlnoc F (Gen **-i**),	midnight
o půlnoci	at midnight

R

rád, -a, -o	gladly
raději	rather
rádio N	radio
radit + Dat + Acc impf.	to advise
poradit pf.	
radost F (Gen **-i**)	pleasure
Rakousko N	Austria
ráno N, adv.	morning, early
recepce F	reception
recepční M + F	receptionist
recept M	prescription, recipe
reklamovat + Acc impf.	to make a complaint
restaurace F	restaurant
rezervovaný, -á, -é	reserved
rezervovat + Acc impf.	to reserve
ročně	yearly
rodiče M pl.	parents
rodina F	family
roh M	corner
na rohu	at the corner
za rohem	round the corner
rohlík M	roll
rok M, **10 let**	year, ten years
rovně	straight
rozbít (se), rozbiju pf.	to break, I will break
rozbíjet (se) impf.	
rozejít se (s + Instr)	to part company with,
rozejdeme se pf.	we will part company
rozcházet se impf.	
rozhlas nádražní M	railway station loudspeaker
rozhovor M	conversation
rozloučit se s + Instr pf.	to say good-bye
loučit se impf.	
rozměnit + Acc **na** + Acc pf.	to change for
měnit impf.	
rozumět + Dat impf.	to understand
ručník M	towel
ruka F, pl. **ruce**	hand
různý, -á, -é	various
růže F	rose
ryba F	fish
rychle	quickly
rychlík M	fast train
rychlost F (Gen **-i**)	speed
rýma F	cold
rýže F	rice

Ř

ředitel(ka) M (F)	director
řeka F	river
říct (říci), řeknu pf.	to say, I will say,
řekl jsem	I said
říkat impf.	
řidič M	driver
řidičský průkaz M	driving licence
řídit + Acc **(auto)** impf.	to drive
říjen M	October

říkat + Dat + Acc impf.	to say, tell
říct (říci) pf.	
řízek M	fillet

S

s + Instr	with
sako N	jacket
salám M	salami
sám, sama, -o	alone
samoobsluha F	self-service supermarket
samozřejmě	obviously of course
sedět impf.	to sit
sednout si pf.	to sit down
sedat si impf.	
sejít (dolů), sejdu pf.	to go down
scházet impf.	
sejít se s + Instr pf.	to meet
sejdu se	I will meet
scházet se impf.	
sekretářka F	secretary
sem	here
servis M	service
sestra F	sister
zdravotní sestra	nurse
sešit M	exercise-book
sever M	north
severní	northern
seznam M	list
telefonní seznam	phone directory
scházet + Dat impf.	to miss
scházet se s + Instr impf.	to meet
sejít se pf.	
schovat (se) pf.	to take, give shelter
schovávat (se) impf.	
schránka poštovní F	post-box
schůze F	meeting
sice – ale	it's true – but
silnice F	road
Silvestr M	a New Year's Eve Party
situace F	situation
skleničká F	(a) glass
sklo N	glass
skončit pf.	to end, finish
končit impf.	
skoro	nearly
Skotsko N	Scotland
skříň, skříňka F	cabinet

sladký, -á, -é	sweet
slaný, -á, -é	salty
slečna F	Miss, young woman
Slovák M	Slovak
Slovensko N	Slovakia
slovník M	dictionary
slovo N	word
slunce N	sun
slušet + Dat impf.	to suit
sluší mi	it suits me
služební	business (trip)
slyšet + Acc **o** + Loc impf.	to hear
uslyšet pf.	
smát se + Dat impf.	to laugh, I laugh
směju se	
zasmát se pf.	
směnárna F	exchange office
smět, smím impf.	may
smlouva F	contract
smůla F	bad luck
smutek M	sadness
sněžit impf.	to snow
snídaně F	breakfast
snídat impf.	to have breakfast
nasnídat se pf.	
sníh M (Gen **sněhu**)	snow
sníst + Acc, **sním** pf.	to eat, I will eat
jíst impf.	
sobota F	Saturday
socha F	statue
souhlasit s + Instr impf.	to agree with
soukromí N	private
spadnout pf.	to fall down
spadl jsem	I fell down
padat impf.	
spát, spím impf.	to sleep, I sleep
spočítat + Acc pf.	to count, figure
počítat impf.	
spočívat v + Loc impf.	to consist in
spokojený, -á, -é s + Instr = **spokojen, -a, -o**	satisfied
spolehnout se na + Acc pf.	to rely on
spoléhat se impf.	
spolu	together
sport M	sport
sportovat impf.	to play at sport
sportovec M	sportsman
sportovkyně F	sportswoman
sportovní	sport (adj.)
správně	correctly

správný, -á, -é	correct
sprcha F	shower
srpen M	August
stačit, to stačí impf.	to be enough, it's enough
stále	constantly
stanice F	station
starý, -á, -é	old
stát, stojím impf.	to cost, I cost,
stál jsem	I cost (past)
to stojí 10 korun	it costs ten crowns
stát se (něco) pf.	to happen
co se stalo?	what happened?
stavit se pf.	to drop in
stejně	just as, in the same way
stejný, -á, -é	same
stěna F	wall
stěžovat si + Dat **na** + Acc impf.	to complain about
stihnout + Acc pf.	to catch (on time)
stín M	shadow
sto N	one hundred
stopař M, **stopařka** F	hitchhiker
stopovat impf.	to hitchhike
stovka = stokoruna F	a hundred-crown banknote
strávit + Acc pf.	to spend
trávit impf.	
stroj M	machine
strýc M	uncle
středa F	Wednesday
střední	middle
student M	student
studentka F	student
studentský, -á, -é	student
studený, -á, -é	cold
studovat + Acc impf.	to study
stůl, stolek M	table
stupeň M	degree
sukně F	skirt
sůl F (G **soli**)	salt
svátek M	name day
světlý, -á, -é	light
svetr M	sweater
svítit impf.	to shine
svlékat se (si + Acc) impf.	to undress
svléknout se pf.	
svobodný, -á, -é	free
syn M	son
sýr M	cheese

Š

šaty M pl.	clothes
šedivý, -á, -é	grey
šéf M	boss
škoda!	pity!
škola F	school
špatně	badly
špatný, -á, -é	bad
šťastný, -á, -é	happy
x nešťastný, -á, -é	unhappy
štěstí N	happiness, luck

T

tabule F	blackboard
tady	here
tak	so
taky = **také**	also, too
takže	so that
talíř M	plate
tam	there
tamten, tamta, tamto	that
taška F	bag
tatínek M	father
tedy	therefore
teď	now
technik M	technician
telefon M	telephone
telefonát M	telephone call
telefonicky	by phone
telefonní	phone (adj.)
telefonovat + Dat impf.	to phone
zatelefonovat pf.	
telegram M	wire
televize F	television
tělo N	body
ten, ta, to	the
tenhle, tahle, tohle	this
tepláky M pl.	track suit
teplo N, adv.	warmth, warm
teploměr M	thermometer
teplota F	temperature
teplý, -á, -é	warm
teprve	not until
těšit se na + Acc impf.	to look forward to
těší mě	it pleases me
teta F	aunt
těžký, -á, -é	heavy, difficult
ticho N, adv.	silence, silently
tisíc M	thousand
tmavý, -á, -é	dark

tolik so many, so much
totiž namely
továrna F factory
tradiční traditional
tramvaj F tram
tramvajenka F tram ticket
trenýrky F pl. short trousers
trochu a little
trvat impf. to take (some time)
třída F classroom, class
tu = tady here
tudy this way
turista M tourist
tužka F pencil
tvrdý, -á, -é hard
tvůj, tvoje (tvá, tvé) your
ty you
týden M week
týdně weekly

U

u + Gen at, near, by
ubrus M tablecloth
účet M bill
učit se + Acc impf. to learn
  naučit se pf.
učitel M teacher
udělat + Acc pf. to do, make
  dělat impf.
ucho N, pl. **uši** F ear, ears
ukazovat + Acc impf. to show
  ukázat, ukážu pf.
uklízet + Acc impf. to clean
  uklidit pf.
úkol M task, homework
ulice F street
umět (něco udělat) to know how
umýt + Acc **(se)** pf. to wash
  mýt, myju impf.
unavený, -á, -é tired
únor M February
uprostřed in the middle
určitě sure
úřednice F clerk
úředník M official
úschovna F left-luggage room
uslyšet + Acc **o** + Loc pf. to hear
  slyšet impf.
usnout pf. to fall asleep
  usínat impf.
úspěch M success
úterý N Tuesday
uvařit + Acc pf. to cook
  vařit impf.
už already, now

V

v, ve + Loc, Acc in, at
vadit + Dat impf. to matter,
  to nevadí it doesn't matter
Vánoce F pl. Christmas
vařit + Acc impf. to cook
  uvařit pf.
váš, vaše your
vážený, -á, -é dear
vážit + Acc impf. to weigh
  zvážit pf.
vdaná married
věc F (Gen **věci**) thing
večer M, adv. evening
večeře F supper
večeřet impf. to have dinner
  navečeřet se pf.
vědět, vím, oni vědí impf. to know, I know, they know
vedle + Gen next to
vejce = vajíčko N egg
velikost F (Gen **-i**) size
velký, -á, -é big, great
velmi very
ven out
venku outside
vepředu in front
vepřový, -á, -é pork
věřit + Dat impf. to believe
  uvěřit pf.
veselý, -á, -é merry
vesnice F village
vesnický, -á, -é country
větší bigger
většinou mostly
věž F tower
vchod M entrance
víc(e) more
Vídeň F Vienna
vidlička F fork
viď? isn't it?
vidět + Acc impf. to see
  uvidět pf.
víkend M weekend

víno N	wine
viset impf.	to hang
vítat + Acc impf.	to welcome
přivítat pf.	
vítr M (Gen **větru**)	wind
vízum N (Gen **víza**)	visa
vjet, vjedu pf.	to get
vjíždět impf.	
vlak M	train
vlas M, pl. **vlasy**	hair, hairs
vlevo = **nalevo**	on the left
vloni = **loni**	last year
Vltava F	Vltava (Moldau)
voda F	water
volat + Dat impf.	to call
na + Acc	
zavolat pf.	
volejbal M	volleyball
volno	free
volný, -á ,-é	free
vpravo = **napravo**	on the right
vpředu	in front
vrátit + Acc pf.	to give back
vracet impf.	
vrátit se pf.	to come back
vracet se impf.	
vrchní M	head waiter
vstávat impf.	to get up
vstát, vstanu pf.	
však, avšak	however
všichni, všechny, všechna M, F, N	everybody, all
všechno	everything, all
všimnout si + Gen pf.	to notice
všímat si impf.	
vůbec	at all
vy	you
vybírat si + Acc impf.	to choose
vybrat si, vyberu pf.	
výborně	well done
výborný, -á, -é	wonderful
východ M	exit, east
východní	eastern
vyjet, vyjedu pf.	to go for a ride
vyjíždět impf.	
výlet M	trip
vyměnit + Acc **za** Acc pf.	to exchange
měnit impf.	
vypadat impf.	to look
vypít + Acc, **vypiju** pf.	to drink, I will drink
pít impf.	
vyplnit + Acc pf.	to fill in
vyplňovat impf.	
vypravovat o + Loc impf.	to tell about
= **vyprávět** impf.	
výrobek M	product
výročí N	anniversary
vyřídit + Dat + Acc pf.	to give a message
vyřizovat impf.	
vyspat se pf.	to get sleep
vystupovat impf.	to get off, out
vystoupit pf.	
vysvětlovat + Dat + Acc impf.	to explain
vysvětlit pf.	
výtah M	lift
vývar M	bouillon
vzadu	at the back
vzduch M	air
vzít + Acc, **vezmu (si)** pf.	to take, I will take
brát, beru impf.	
vzor M	model
vzpomínat na + Acc impf.	to remember sth.
vzpomenout si pf.	
vždycky = **vždy**	always

Z

z, ze + Gen	from
za + Instr, Acc	behind, beyond
za hodinu	in an hour
zabývat se + Instr impf.	to be engaged in
začátek M	beginning, start
začínat impf.	to begin
začít, začnu pf.	
záda N pl.	back
zahnout, zahněte! pf.	to turn, turn!
zahýbat impf.	
zahrada F	garden
záchod M	lavatory
zajímavý, -á, -é	interesting
zajistit + Acc pf.	to guarantee
zajišťovat impf.	
je zakázáno	it's forbidden
zakázat + Dat + Acc pf.	to forbid
zakážu	
zakazovat impf.	
zákaznice F	customer
zákazník M	customer
zákusek M	sweet
zalepit + Acc pf.	to seal
lepit impf.	

záležet na + Loc impf.	to depend on
západ M	west
západní	western
zaparkovat pf.	to park
parkovat impf.	
zaplatit + Acc, **za** + Acc pf.	to pay
platit impf.	
zapomenout + Acc pf.	to forget
na + Acc	
zapomínat impf.	
záruční doba F	guarantee period
září N	September
zase	again
zastavit + Acc **(se)** pf.	to stop (oneself)
zástupce M	representative
zatím	in the meantime
zatím ahoj!	see you later!
zatímco	while
zavazadlo N	luggage
zavolat + Dat pf.	to call
na + Acc	
volat impf.	
zavřít, zavřu + Acc pf.	to shut, I will shut
zavírat impf.	
zazvonit pf.	to ring
zvonit impf.	
zboží N	goods
zdát se + Dat impf.	to seem
zdá se mi	it seems to me
zdraví N	health
zdravit + Acc impf.	to greet
pozdravit pf.	
zdravotní sestra F	nurse
zdravý, -á, -é	healthy
zdržet se pf.	to stay
zeď F	wall
zelenina F	vegetables
zelený, -á, -é	green
země F	land, country
zeptat se + Gen **na** + Acc pf.	to ask after
ptát se impf.	
zima F, adv.	winter, cold
zimní	winter (adj.)
zítra	tomorrow
zklamat se v + Loc pf.	to be disappointed by
zklamu se	
zkontrolovat + Acc pf.	to check
kontrolovat impf.	
zkusit + Acc pf.	to try
zkoušet impf.	
zlobit se na + Acc impf.	to be angry at / with
rozzlobit se pf.	to get angry
změna F	change
změnit + Acc pf.	to change
měnit impf.	
změřit + Acc pf.	to measure
měřit impf.	
zmrzlina F	ice cream
známka F	stamp
znát + Acc impf.	to know
poznat pf.	
znovu	again
zpáteční	return, round-trip
zpátky	back
zpoždění N	delay
zrcadlo N	mirror
zub M	tooth
zubař M	dentist
zúčastnit se + Gen pf.	to take part
účastnit se impf.	
zůstat, zůstanu pf.	to stay
zůstávat impf.	
zvonit impf.	to ring
zazvonit pf.	

Ž

žádný, -á, -é	none, no
že	that
že?	isn't it?
žena F	woman
ženatý	married
židle F	chair
žízeň F	thirst
žlutý, -á, -é	yellow

CONTENTS (OBSAH)

Abbreviations (zkratky)

M	–	masculine
Ma	–	masculine animate
Mi	–	masculine inanimate
F	–	feminine
N	–	neuter
Nom	–	nominative – 1st case
Gen	–	genitive – 2nd case
Dat	–	dative – 3rd case
Acc	–	accusative – 4th case
Loc	–	locative (sometimes called ablative) – 6th case
Instr	–	instrumental – 7th case
sg.	–	singular
pl.	–	plural
3rd p. pl.	–	3rd person plural
pf.	–	perfective verb
impf.	–	imperfective verb
K.	–	conversation
inf.	–	infinitive
Cv	–	cvičení – exercises
Gr	–	gramatika – grammar